Muna Tatari, Klaus von Stosch (Hg.)

Trinität – Anstoß für
das islamisch-christliche
Gespräch

BEITRÄGE ZUR KOMPARATIVEN THEOLOGIE

HRSG. VON

KLAUS VON STOSCH

BD. 7

Muna Tatari, Klaus von Stosch (Hg.)

Trinität – Anstoß für das islamisch-christliche Gespräch

FERDINAND SCHÖNINGH

Paderborn · München · Wien · Zürich

Umschlagabbildung:
Anna Heiny, *ohne Titel*

Bibliografische Information der Deutschen Nationalbibliothek

Die Deutsche Nationalbibliothek verzeichnet diese Publikation in der Deutschen
Nationalbibliografie; detaillierte bibliografische Daten sind im Internet über
http://dnb.d-nb.de abrufbar.

© 2013 Ferdinand Schöningh, Paderborn
(Verlag Ferdinand Schöningh GmbH & Co. KG, Jühenplatz 1, D-33098 Paderborn)

Internet: www.schoeningh.de

Einbandgestaltung: Evelyn Ziegler, München
Printed in Germany.
Herstellung: Ferdinand Schöningh, Paderborn

ISBN 978-3-506-77538-2

INHALTSVERZEICHNIS

I. Aktuelle trinitätstheologische Modelle im christlich-muslimischen Dialog

II. Einheit und Vielfalt in Gott denken

III. Zur Beziehungswilligkeit und Beziehungsmächtigkeit Gottes

Einleitung

Das Gottesbild stellt in jeder Religion den Ausgangspunkt und das Zentrum für theologische Auseinandersetzungen mit den eigenen Glaubensinhalten und der Verhältnisbestimmung zu anderen Religionen dar. In Bezug auf andere Religionen ist das Gottesbild immer wieder der zentrale Punkt, um die Differenzen zwischen den Religionen herauszustellen. Auch und besonders im christlich-muslimischen Gespräch wird das Gottesbild immer wieder als das entscheidend Unterscheidende betont. An das Christentum entstehen in diesem Zusammenhang Anfragen, wie sich das Bekenntnis zu einem dreifaltigen Gott und damit das Festhalten an der Trinität als konkreter Monotheismus ausweisen lässt. Aber auch für den Islam stellt sich eine Reihe von Fragen, die ausloten, wie der muslimische Gottesbegriff gegen die Einwände des neuzeitlichen Atheismus verteidigt werden kann. Wie können etwa relational strukturierte Vollkommenheiten (wie Liebe, Barmherzigkeit oder Allmacht) von Gott ausgesagt werden, ohne ihn von der Schöpfung abhängig zu machen? Wie kann man überhaupt die Differenz der Schöpfung aus der Einheit Gottes ableiten oder zumindest mit dieser Einheit vermitteln? Ja, in welchem Verhältnis stehen Einheit und Differenz überhaupt zueinander – eine Frage, die gerade im Zuge der sogenannten Postmoderne immer drängender für die Theologie geworden ist? Und wie kann man von einem präexistenten Wort in Gott bzw. von Gottes Offenbarsein sprechen, ohne dass dadurch die Einheit Gottes gesprengt wird?

All diese Fragen fordern jeden Gottesglauben neuzeitlich heraus und verlangen nach systematischen Antworten. In der christlichen Theologie ist es seit dem deutschen Idealismus üblich geworden, die genannten Fragen mit Hilfe der Trinitätstheologie zu beantworten und auf diese Weise Einheit und Vielfalt in einer Weise miteinander zu vermitteln, die der Differenz der Schöpfung und ihrer eigenen Freiheitsgeschichte ein bleibendes theologisches Recht einräumt. Die Lehre von der Trinität ist somit für das Christentum zu einem entscheidenden Schlüssel in der Auseinandersetzung mit dem spätmodernen Differenzdenken sowie den Anfragen des modernen Atheismus an den Gottesglauben geworden. Angesichts dieser Renaissance und Neukonfiguration der Trinitätstheologie in Neuzeit und Moderne ist es sehr spannend, wie sich Muslime zu dieser und ihrer Schlüsselfunktion für theologisches Denken verhalten.

Die entscheidende Frage lautet also nicht, wie Muslime die Trinitätslehre als dogmatische Glaubenslehre beurteilen. Hierzu ist bereits genügend publiziert worden, und wir beabsichtigen mit diesem Band nicht, diese Frage erneut aufzurollen. Vielmehr soll es darum gehen, die Fragen zu identifizieren, die Christen nur mit der Trinitätstheologie meinen beantworten zu können, um dann Muslime um Antworten auf ebendiese Fragen zu bitten. Der vorliegende Band versucht also erstmals die Fragen in das muslimisch-christliche

Gespräch einzuführen, die spekulativer Anlass für die Neuformatierung der Trinitätstheologie in der Moderne waren. Er eröffnet damit einen Weg, wie die Trinitätslehre zum Anstoß einer vertieften theologischen Auseinandersetzung beider Religionen werden kann. Dieser Weg ist mit dem Band erst begonnen und die möglichen Diskussionsverläufe werden nur angedeutet und brauchen noch intensive Forschung. Aber immerhin ist mit diesem Band ein erster Schritt unternommen, um das Anstößige der Trinitätstheologie für einen produktiven Streit zwischen den Religionen fruchtbar zu machen.

Erforderlich ist hierzu zunächst einmal eine dezidiert fundamentaltheologische Perspektive auf die Trinitätstheologie, die entsprechend in allen christlich-theologischen Beiträgen des Bandes leitend ist. Eröffnet wird der Band dabei von dem ausführlichen Plädoyer des Augsburger Philosophen und Fundamentaltheologen *Thomas Schärtl* für eine lateinische und monosubjektive Trinitätstheologie, die er durch den Begriff des sich in drei Instanzen vollziehenden absoluten Lebens zu entwickeln sucht. Der Frankfurter muslimische Nachwuchstheologe *Hureyre Kam* nimmt die Idee Gott als absolutes Leben zu denken auf, fragt aber zugleich, ob die trinitätstheologischen Konsequenzen, die Schärtl meint aus dieser Vorgabe ziehen zu müssen, wirklich notwendig sind und identifiziert in diesem Zusammenhang die Frage nach der Göttlichkeit Jesu als den eigentlichen Differenzpunkt zwischen beiden Religionen. In einem zweiten christlichen Grundsatzartikel zur Trinitätstheologie bemüht sich *Bernhard Nitsche* um eine Profilierung eines transzendentallogischen und freiheitsphilosophischen Zugangs zur Trinitätstheologie, der eher in der Tradition sozialer Trinitätsmodelle steht. Dem u.a. auch von Schärtl geäußerten Vorwurf des Tritheismus gegen die Rede von drei Freiheiten in Gott meint er dadurch entgehen zu können, dass er die Einheit der drei freien Träger der Gottheit als vorzeitlich und vordenklich konzipiert. *Muna Tatari* geht aus muslimischer Sicht auf den trinitätstheologischen Entwurf Nitsches ein und warnt vor den Gefahren einer Multiplizierung von Freiheiten in Gott für die Einheit Gottes, deutet aber zugleich Verständnis für die von Nitsche aufgeworfenen Fragen an.

Nach diesem ersten Durchgang, der bedeutende aktuelle trinitätstheologische Modelle zur Diskussion stellt und damit den Gesprächsfaden eher von der christlichen Seite her ausrollt, geht es im zweiten Teil des vorliegenden Bandes um eine muslimische Auseinandersetzung mit der Frage, wie Einheit und Vielheit in Gott gedacht werden können. Ein zentraler Anknüpfungspunkt für die christliche Trinitätstheologie ist damit benannt und unterschiedliche muslimische Theologen setzen sich mit ihm auseinander. Nimmt der Münsteraner muslimische Theologe *Mouhanad Khorchide* noch die zentralen Vorgaben neuzeitlichen Denkens ernst und löst das Problem durch die Behauptung eines ewigen Entschiedenseins des unbedingt barmherzigen Gottes für die Schöpfung, bewegen sich die Lösungsversuche der schiitischen Theologen *Ayatollah Hosseini Ghaemmaghami* und *Seyed Mohammad Nasser Taghavi* eher im Gefälle eines neuplatonisch geprägten Denkens. Die Paderborner

Nachwuchstheologen *Aaron Langenfeld* und *Katharina Lammers* stellen jeweils Nachfragen zu den muslimischen Lösungsperspektiven aus christlich-theologischer Sicht.

Im dritten Teil des vorliegenden Bandes rückt die Beziehungswilligkeit und Beziehungsmächtigkeit Gottes in den Fokus der Aufmerksamkeit, die seit jeher ein zentrales Motiv für die Ausbildung des Trinitätsglaubens war. Dem Münsteraner Fundamentaltheologen *Jürgen Werbick* zufolge besteht die elementare Spannung des christlichen Glaubens darin, in Gottes „Schwäche" – verdeutlicht durch die Kreuzigung seines Sohnes und Gottes Liebe zu den Menschen – seine ganze Stärke zu sehen. Nach einer eindeutigen Abgrenzung in der Replik aus muslimischer Sicht von *Cemil Sahinöz* bemüht sich im abschließenden Beitrag *Klaus von Stosch* um ein kleines Resümee des Diskussionsstandes und versucht einige der im Band angerissenen Zusammenhänge abzurunden und für das muslimisch-christliche Gespräch fruchtbar zu machen.

Der vorliegende Band geht auf eine Tagung zurück, die mit Hilfe der Stiftung Mercator im November 2010 in der Katholischen Akademie Schwerte stattgefunden hat. Der Stiftung Mercator danken wir für ihr großherziges Engagement zum Aufbau Islamischer Theologie in Deutschland und ihre Mithilfe am Standort Paderborn, ohne die auch dieser Band nicht hätte entstehen können. Der Katholischen Akademie und insbesondere ihrem stellvertretenden Leiter Dr. Ulrich Dickmann danken wir für die zuverlässige, engagierte und fruchtbare Zusammenarbeit. Dem Verlag Ferdinand Schöningh, insbesondere dem Lektor Dr. Hans Jürgen Jacobs, danken wir für die wie immer unkomplizierte und kompetente Zusammenarbeit. Ein besonderer Dank gilt schließlich all denen, die sich in dem langwierigen und mitunter komplizierten Entstehungsprozess des Buches mit viel Geduld und Engagement um das Korrekturlesen und die redaktionelle Betreuung verdient gemacht haben. Besonders nennen wollen wir Katharina Lammers, Lena Wenke, Jan Christian Pinsch und Julia Wolff. Ohne sie und viele andere Mitarbeiterinnen und Mitarbeiter am Zentrum für Komparative Theologie und Kulturwissenschaften der Universität Paderborn wäre uns das Forschen in so einer produktiven und inspirierenden Atmosphäre nicht möglich und auch dieses Buch hätte nicht entstehen können.

Muna Tatari und Klaus von Stosch im April 2013

I. AKTUELLE TRINITÄTSTHEOLOGISCHE MODELLE IM MUSLIMISCH-CHRISTLICHEN DISPUT

THOMAS SCHÄRTL

Trinität, Einheit und Eigenschaften Gottes

Es wäre keine Überraschung, wenn ein Blick von außen auf das Zentrum der christlichen Dogmatik bei dem Eindruck haften bliebe, dass hier nicht *ein* Gott, sondern *drei* Götter verehrt würden. Geschichtlich und systematisch betrachtet ist die christliche Trinitätslehre kompliziert – und die Frage, ob sich der Glaube an einen Gott mit der Rede von dem »einen Gott in drei Personen« verbinden lässt, ist nicht ohne ein längeres Atemholen zu beantworten. Zudem hat gerade die jüngere Theologiegeschichte sogar einen Anlass dazu gegeben, das Tritheismusproblem selbstkritisch (und nicht nur vor dem Hintergrund der Erfordernisse des interreligiösen Dialoges) aufzuwerfen. Denn vor ein, zwei Dekaden herrschte, so könnte man es vorsichtig ausdrücken, eine gewisse Euphorie, mit der man versucht hat, den trinitarischen Personbegriff (der in der berühmten Formel »ein Gott in drei Personen« die Schlüsselrolle spielt) mit einem anthropologisch brauchbaren Personbegriff zu verbinden, ja die Trinität selbst als Inbegriff und Vorbild ‚gelungenen und geglückten‘ Personseins zu verstehen. Die Erwartung, die auf solche theologisch-anthropologische Überkreuzungen gerichtet war, ist auch heute noch verständlich: Nichts weniger als die wechselseitige Erhellung menschlichen und göttlichen Personseins sollte resultieren. Nur – die wechselseitige *Erhellung* ist das eine; eine wechselseitige *Stützung* hingegen das andere. Und genau hier eröffnen sich die Problemhorizonte der verschiedenen trinitätstheologischen Entwürfe, die die jüngere Theologiegeschichte geprägt haben und die vor allen Dingen eine große Emphase der Dreipersönlichkeit Gottes vorgetragen hatten: Soll – systematisch gewendet – unter Heranziehung der Trinitätstheologie ein bestimmter anthropologischer Personbegriff erhellt oder aber definiert bzw. expliziert und argumentativ gestützt werden? Soll sich die Anthropologie von der Trinitätstheologie belehren lassen? (Oder vielleicht sogar, ungesagt, umgekehrt?)

Die Probleme dieser Euphorie, mit der man die Mehrzahl der Personen prinzipiell über die Einheit Gottes stellte, bestehen nicht nur darin, dass so manches Motiv vielleicht allzu durchsichtig war (denn die Trinität wurde gebraucht, um die Atrozitäten im anthropologischen Personbegriff zu heilen und die begrifflichen Wunden in der Ekklesiologie zu kalmieren). Ein Kernproblem betrifft vielmehr auch die gar nicht so selten anzutreffende Ignorierung einer semantischen *Wasserscheide*, die das Endliche notwendig vom Unendlichen trennt: Ist das, was über die trinitarischen Personen gesagt wird – besonders dann, wenn eine Rückübertragung auf den menschlichen Bereich, abgezweckt werden soll – *verständlich*? Oder wird etwas kurzgeschlossen, was nicht zusammengeschaltet werden darf?

Die trinitätstheologische Euphorie der letzten fünfundzwanzig Jahre war nicht nur motiviert von Abzweckungsinteressen, sondern von einem *per se* sehr ernsten und sehr honorigen Anliegen motiviert: nämlich von der Frage nach der *Relevanz* einer *Denkform* oder eines Begriffes.[1] Die Relevanz des Glaubens an den dreieinigen Gott sollte sich in den Neuansätzen und in den begrifflichen Emphasen spiegeln. Aber die Frage nach der Relevanz des Trinitätsglaubens lässt zurückfragen nach den Interessen derer, die diese Relevanz thematisieren. Konkret ausgedrückt: Was leitet das von *Jürgen Moltmann*[2] vorgestellte Konzept, das die Rede von einem trinitarischen Gott als ein *antipatriarchalisches* Lebens-Modell begreift? Und was motiviert *Gisbert Greshake*[3], der ein für die Ekklesiologie durchaus bedeutsames Modell in die Trinität vorlegt und Gott selbst als ,*communio'* versteht? Ähnliche Fragen ergeben sich auch, wenn der *Deus Trinitas* als *Liebesgemeinschaft, Kommunikationsgemeinschaft*, dramatische *Handlungsgemeinschaft* oder als *Kommerzium von Freiheiten* aufgefasst wird. Spielen in all diesen Leitmotiven trinitätstheologischen Nachdenkens nicht auch zu Relevanzhorizonten geweitete Interessen eine Rolle, die eigentlich aus einem ganz spezifischen zeitlichen und historischen Kontext stammen und die z.B. um gesellschaftstheoretische und ekklesiologische Vorstellungen vor dem Hintergrund der Spätmoderne und ihrer Herausforderungen kreisen?

Wenn zeitliche und kulturelle Kontexte sich in theologischen *Topiken* niederschlagen und die innere Grammatik theologischer Ansätze oder Agenden diktieren, dann ist die daraus resultierende theologische Aufgabe immer *zweischneidig*: Einerseits kann theologisch-religiöse Selbstvergewisserung gar nicht anders als unter Relevanzgesichtspunkten geleistet und vollzogen werden, wenn sie nicht in eine kulturelle Sprachlosigkeit münden will,[4] denn

---

[1] Magnus Striets Frage nach der Relevanz der Trinitätslehre ist motiviert von Kants Verdikt, welches besagt, dass von der Trinitätslehre für das Praktische schlechterdings nichts zu gewinnen sei; vgl. IMMANUEL KANT, Der Streit der Fakultäten, in: Werkausgabe, Bd. XI, hrsg. von W. WEISCHEDEL, Frankfurt a.M. [3]1981 u.ö., 303. Vgl. MAGNUS STRIET, Spekulative Verfremdung? Trinitätstheologie in der Diskussion. In: HerKorr 56 (2002) 202-207. Kants Verdikt findet sich als Nachhall methodisch in Schleiermachers Glaubenslehre, der die Trinitätslehre nur als Meta-Element der Glaubens*lehre* betrachten kann – als einen theoretischen Rahmen, der selbst aber nicht direkter Gegenstand des frommen Selbstbewusstseins ist (zumal die trinitarische Formel als solche auch nicht in der Heiligen Schrift vorkommt): Wiewohl Vater, Sohn und Geist in je eigener Ausprägung Bezugspunkt dieses frommen Selbstbewusstseins sind, ist es die Trinitäts*lehre* als solche nicht mehr. Vgl. FRIEDRICH SCHLEIER-MACHER, Der christliche Glaube. Nach den Grundsätzen der evangelischen Kirche im Zusammenhange dargestellt, Bd. 2, Berlin 1822, 687f. Könnte man von Schleiermacher nun nicht insofern methodisch lernen, als jeder Versuch die Trinität ,als solche' zum Gegenstand des ,frommen Selbstbewusstseins' zu machen geradezu unausweichlich in Absurditäten führen muss?

[2] Vgl. JÜRGEN MOLTMANN, Trinität und Reich Gottes, München 1986 u.ö.

[3] Vgl. GISBERT GRESHAKE, Der dreieinige Gott. Eine trinitarische Theologie, 4., durchges. Aufl., Freiburg i.B. 2001. Ähnliche Fragen wären auch an die Trinitätstheologie von Bernd-Jochen Hilberath zu stellen. Vgl. BERND-JOCHEN HILBERATH, Der dreieinige Gott und die Gemeinschaft der Menschen, Mainz 1990.

[4] Ein weiteres Beispiel für die Orientierung an kulturell vorgegebenen Relevanzhorizonten ist die Sicht auf die Trinitätstheologie unter dem Blickwinkel der feministischen Theologie. Vgl.

was nicht relevant ist, wird nicht beachtet. Andererseits muss die Arbeit *im* Relevanzhorizont ihrerseits kritisch reflektiert werden, um nicht wiederum so zu petrifizieren, dass am Ende nur eine an einen ganz bestimmten kulturellen Kontext gebundene, daran sozusagen gekettete Theologie resultiert, die ihrerseits in Ideologieverdacht gerät. Und so etwas passiert. Ein Beispiel bietet die (ins Trinitätstheologische gesteigerte) Communio-Theologie: Der Ausdruck ,communio', der als ekklesiologischer und manchmal auch als trinitätstheologischer Schlüsselbegriff fungiert, kann so aufgeladen und gedeutet werden, dass er diametral dem Autonomiekonzept der Moderne entgegengesetzt ist[5], weil in ihm ein ,vergemeinschaftendes Bindemittel' benannt wird, das nicht nur die Liebe zwischen den trinitarischen Personen, sondern auch den uneingeschränkten Sohnes*gehorsam* als Modell in den Blickpunkt rückt. Angesichts solcher, vielleicht seltener, in jedem Fall aber extremer Ausläufer muss immer und dauernd vor einer schnellen Übertragung trinitätstheologischer Interpretationsmodelle in einen bestimmten Relevanzraum gewarnt werden. Die Brücke, über die die Trinität für die Anthropologie, die Ekklesiologie und andere Bereiche relevant wird, muss schmal bleiben. Und diese Brücke ist nur und ausschließlich die Christologie. Das bedeutet aber – etwas provokativ formuliert –, dass die Trinitätstheologie vor allem eine die Christologie stützende ,Theorie' sein muss. Trinitätstheologische Modelle müssen primär danach beurteilt werden, ob sie uns helfen, das Christusmysterium angesichts des zeitgenössischen, durch einen spezifischen kulturellen Kontext eröffneten Relevanzraumes (und auch die Notwendigkeit des interreligiösen Dialoges würde hier hineinspielen) tiefer zu verstehen oder überhaupt adäquat zu artikulieren – und eben nicht danach, ob sie ein großes Abzweckungspotenzial für Anthropologie oder Ekklesiologie besitzen.

Einen besonderen Status hat, wie die Eingangsüberlegungen angedeutet haben mögen, der *Relevanzbegriff*. Der Ausdruck „Relevanz" ist in seiner Bedeutung sehr schillernd; und als Maßstab für die Befassung mit Themen (und mit der Herangehensweise an bestimmte Themen) ist er seinerseits in beständiger Ideologiegefahr. In den folgenden Ausführungen soll er jedoch möglichst neutral verwendet werden; daher sei die folgende Explikation des Relevanzbegriffes vorgeschlagen: *Relevant ist etwas genau dann, wenn es sich mit dem Wahrheitsbewusstsein einer Zeit und mit der kulturellen Selbstbeschreibung dieser Zeit in Verbindung bringen lässt.*

ELIZABETH A. JOHNSON, Quest For the Living God. Mapping Frontiers in the Theology of God, New York – London 2007, bes. 202-225.

5   Vgl. hierzu die instruktiven Analysen von KLAUS MÜLLER, Subjektivität und Communio. Philosophische Rückfrage an ein selbstverständlich gewordenes Theologoumenon. In: Zukunft der Kirche – Kirche der Zukunft. Bestandsaufnahmen – Modelle – Perspektiven, hrsg. v. F.R. PROSTMEIER und K. WENZEL, Regensburg 2004, 121-144.

1. Ein Vorspann: die Relevanz der Einheit Gottes

Im Horizont der Spätmoderne zählen Gemeinschaft, Freiheit, Vielfalt und dergleichen mehr ohne Zweifel zu den prägenden Konstituenten eines Relevanzhorizontes. Deshalb ist es nicht nur legitim, sondern auch unerlässlich, danach zu fragen, wie Gott in solchen, uns unmittelbar berührenden Horizonten Thema und Gegenstand unseres Denkens (aber auch unserer *praktischen*, in die Glaubensperspektive hineingehaltenen Vernunft) sein kann. Ob man diesem Relevanzanspruch gerecht wird, wenn und indem man diese Themen sozusagen in Gott selbst hineinverlagert, ist allerdings höchst umstritten. Dabei besteht die Gefahr nicht allein im Anthropomorphismus, sondern in einer begrifflichen Kurzschlüssigkeit, die mit den semantischen Grundregeln der Rede von Gott zu tun hat: Wissen wir was »Freiheit«, »Liebe«, »Bewusstsein« (um nur einige der für die oben genannten Relevanzrahmen wichtigen Ausdrücke aufzugreifen) bei und für Gott *bedeuten*, wenn gilt, dass Gott, erstens, nicht einfach nur frei, liebend und bewusst ist, sondern dass er – wenn er dies ist – auch *vollkommen* frei, liebend und bewusst ist und dass er zweitens nicht einfach bloß frei, liebend und bewusst ist, sondern dass er Freiheit, Liebe und Bewusstsein *ist* (und zwar in vollkommener Weise)? Angesichts dieser semantischen Eigentümlichkeiten wird es nicht genügen, die Grammatik der genannten Ausdrücke einfach nur in einem (intendierten) *perfekten Modus* auf Gott zu übertragen, sondern es ist stets damit zu rechnen, dass diese Grammatik ihre Regeln *deutlich verändert* (und zwar so verändert, dass eben auch mit möglicher Inkommensurabilität[6] gerechnet werden muss), wenn bestimmte Ausdrücke, die uns im anthropologischen Horizont geläufig vorkommen, auf Gott angewendet werden. Und dies wäre zumindest ein Teilaspekt der Analo-

---

[6] Dieser Einsicht folgt auch Jürgen Werbick, der – obwohl ehedem Anhänger eines trinitätstheologischen Modells, das in einem starken Sinne bei drei Personen (und den daraus sich ergebenden Beziehungen und der damit verbundenen *Koinonia*) einsetzte – eben diesem drei-subjektiven Ansatz eine letzte Inkommensurabilität bescheinigt, die eine trinitätstheologische Beredsamkeit, wie man sie etwa bei Greshake oder (auf andere Weise) bei Hans Urs von Balthasar finden kann, nicht mehr gutheißen würde. Vgl. bes. JÜRGEN WERBICK, Art. Trinität II-III: Theologie- und dogmengeschichtlich; systematisch-theologisch, in: LThK[3] Bd. 10, Sp. 242-251. Werbick mahnt in seiner *Gotteslehre* zu einer gewissen Vorsicht; vgl. DERS., Gott verbindlich. Eine theologische Gotteslehre, Freiburg-Basel-Wien 2007, 625-631. Werbick rückt ab von seiner Position, die er noch in dem von THEODOR SCHNEIDER herausgegebenen *Handbuch der Dogmatik* [Bd. 2, Düsseldorf 1992 u.ö., bes. 552-557] vertreten hatte; aber schon a.a.O. versuchte Werbick, die Beziehungswirklichkeit der trinitarischen Personen sehr deutlich von jeder endlich-menschlichen Interpersonalitäts-Wirklichkeit abzugrenzen. Vgl. grundsätzlich WERBICK, Gott verbindlich, 631: „Um dieser Spannung Ausdruck zu verleihen, habe ich die begriffliche Unterscheidung von Person und Subjekt hier in dem Sinne nachzuvollziehen versucht, dass ich ein mono-subjektives, aber interpersonales Verständnis der Trinität vorschlage und an dem Gedanken festhalte, dass der Sohn-Logos und der Geist am Subjektseins des Vaters vollkommen teilhaben. Der Subjektbegriff wäre offenkundig überdehnt oder die Trinität wäre zum Tritheismus überdehnt, würde man von drei Gott-Subjekten sprechen."

gielehre, den die magisteriale und theologische Tradition im Hinblick auf die Trinität immer auch festgehalten hat.

Die Rede von der Einfachheit Gottes hat in der philosophischen (und theologischen) Gotteslehre eine außerordentlich wichtige Rolle inne, so dass es sich nicht empfiehlt, diesen Gedanken ohne Weiteres aufzugeben (um etwa mit einem Seitenblick auf die Vermarktung trinitätstheologischer Konzepte für das ökumenische Gespräch ein Lob der Vielheit anzustimmen). Denn mit der *simplicitas dei* kann gemeint sein:

a) Gott ist einfach, er *ist* seine Eigenschaft(en).[7]

b) Gott ist einfach, er hat keine Teile[8]: Er ist unkörperlich; er verändert sich nicht.

c) Gott ist einfach; die Mehrzahl der Eigenschaften ist im Horizont der göttlichen Unendlichkeit ko-extensional.

d) Gott ist einfach; er hat keine zeitlichen Teile und ist daher ewig.

e) Gott ist einfach; sein Wissen ist nicht partiiert und wird nicht akquiriert. Er ist in diesem Sinne allwissend.

f) Gott ist einfach; er hat keine ‚robusten‘ Relationen, die ihn von Anderem außer sich selbst abhängig machen würden.

---

[7] Dieser Grundsatz ist nicht leicht zu verstehen, weil er einem sprachphilosophisch und logisch motivierten Unterschied zwischen Träger und Eigenschaft widerspricht. Man könnte ihn aber auch so deuten, dass es für alle Aussagen über Gott immer nur einen (und zwar ein- und denselben) *Truthmaker* gibt. Vgl. dazu weiterführend ALEXANDER R. PRUSS, Two Problems of Divine Simplicity. In: J.L. KVANVIG (Hg.), Oxford Studies in Philosophy of Religion, Vol. 1., Oxford 2008, 150-167. Als Truthmaker käme m.E. ein (tautologisch klingender) Sachverhalt in Frage:»Gott ist Gott.« Dieser Sachverhalt hätte den eleganten Vorzug, dass er nicht in Teilsachverhalte zerlegt, wohl aber in Hinsicht auf *intensionale* Teilaspekte differenziert werden kann. Zudem ergäbe sich hier eine Anschlussmöglichkeit an die Basisintuition Karl Barths und an alle Schulen, die sie aufgenommen haben.

[8] Vgl. hierzu als ein klassischer Beleg: ANSELM VON CANTERBURY, Monologion. Deutsch-Lateinische Ausgabe von Monologion und Proslogion (hrsg. von LAMBERT SCHNEIDER – PETER BACHEM), Köln 1966, lib. XVII; Anselm verwirft a.a.O. den Begriff der *Komposition* im Hinblick auf Gott. Vgl. dazu WILLIAM E. MANN, Anselm on the Trinity, in: B. DAVIES/ B. LEFTOW, The Cambridge Companion to Anselm, Cambridge 2006, 257-278, hier 261. William Mann rekonstruiert den zentralen Leitgedanken für Anselms Ablehnung des Kompositionsbegriffes a.a.O. folgendermaßen: „If x is a composite thing, then x has its existence and nature through its components, and x's components do not have their existence and nature through x." Für »x« wäre hier Gott bzw. das Gottsein einzusetzen. Anselm bleibt in der von Augustinus gespurten Bahn insofern, als er den Teilbegriff und die Komposition gerade nicht auf die Trinität angewandt wissen will. Es wäre zu fragen, ob dieser Grundsatz nicht auch jene Trinitätstheologien in Schwierigkeiten bringt, die das Gottsein Gottes als *Kommerzium dreier Freiheiten* zu denken versuchen (zu den entsprechenden Ansätzen vgl. unten, Anm. 12). Natürlich muss man dem anselmianischen Axiom nicht zustimmen; es ist ein metaphysisches, also nicht unbedingt ein theologisches Axiom. Aber mit ihm lässt sich an der Einheit Gottes festhalten; und dieser Einheitsgedanke liefert im Horizont der von Anselm in Dienst genommenen Metaphysik auch die Begründung für die Einzigkeit Gottes. Würde man sie auch theologisch riskieren, wenn man Anselms Grundgedanken nicht teilt?

g)   Gott ist einfach; er ist vollkommene Substanz – d.h. ontologisch und explanatorisch absolut unabhängig und nicht in der Gemeinschaft mit anderem in einer Gattung stehend.

h)   Gott ist einfach; er ist Geist, weil vollkommener Geist vollkommene Einfachheit ist.

Diese Grundsätze a) bis h) bilden das Gerüst des klassischen Theismus (und in ein derartiges Gerüst hat etwa *Thomas von Aquin*[9] die Trinitätstheologie einzupassen versucht). In ihnen verbergen sich Lösungspotenziale für eine Reihe von Themen: wie etwa das Verhältnis Gottes zur Zeit, das Problem des Vorherwissens Gottes, die Ubiquität Gottes etc. Vor allem aus f) und g) lässt sich auch die *Einzigkeit* Gottes ableiten, wenn man das Unabhängigkeitselement stark macht und es als Modus versteht, in dem von Gott im Grunde alle weiteren Eigenschaften ausgesagt werden. Probehalber sei eine wichtige Eigenschaft Gottes herausgegriffen, die die Einsicht in dieses Unabhängigkeitselement sofort erlaubt und die den Übergang *von der Einheit zur Einzigkeit Gottes* illustrieren wird. In dieser Hinsicht darf man davon ausgehen, dass Christen und Muslime gleichermaßen das folgende argumentative Grundmuster unterstützen würden:

1.   Gott ist wesentlich/notwendig allmächtig.

2.   Für jedes allmächtige Wesen x gilt, dass es kein y gibt, gegenüber dem x nicht allmächtig wäre.

3.   Wenn es neben x einen weiteren Gott y gäbe, dann gäbe es zumindest eine Entität, demgegenüber x nicht allmächtig wäre. [Denn ein anderer Gott müsste, um Gott zu sein, ebenfalls allmächtig sein.]

4.   Wenn es aber ein y gäbe, demgegenüber x nicht allmächtig wäre, dann wäre x von vornherein nicht allmächtig.

5.   Wenn es einen anderen Gott gäbe, dann könnte x kein Gott sein.

6.   Wenn x kein Gott ist, kann y kein anderer/zweiter Gott sein.

7.   Wenn es keinen anderen/zweiten Gott geben kann, ist der Polytheismus falsch.

---

[9]   Vgl. hierzu ELEONORE STUMP, Aquinas, London – New York 2003, 92-187. Vor diesem Hintergrund ist eine gewisse Skepsis gegenüber solchen Ansätzen, die Thomas von Aquin zum Paten einer sozialen Trinitätslehre adeln wollen, angebracht, wie Hans-Christian Schmidbaur dies in seiner Thomas-Interpretation versucht. Vgl. HANS-CHRISTIAN SCHMIDBAUR, Personarum Trinitas. Die trinitarische Gotteslehre des heiligen Thomas von Aquin, St. Ottilien 1995; vgl. dazu kritisch BERNHARD NITSCHE, Gott und Freiheit. Skizzen zur trinitarischen Gotteslehre, Regensburg 2008, 124-126, bes. Anm. 315. Nitsches Kritik hält fest, dass Schmidbauer der Denkarchitektur des Aquinaten nicht entkommt, der die Trinität einsenkt in die Einheit und Einzigkeit des göttlichen Wesens (was den Verdacht der Nachrangigkeit der Trinität mit Blick auf Thomas immer wieder nährt).

Der Mustercharakter des Argumentationsgangs wird deutlich, wenn man ihn verallgemeinert, so dass weitere Eigenschaften Gottes darin dekliniert werden können:

1. Gott ist wesentlich/notwendig und vollkommen F.

2. Für jedes allmächtige Wesen x gilt, dass es kein y gibt, gegenüber dem x nicht vollkommen F wäre.

3. Wenn es neben x einen weiteren Gott y gäbe, dann gäbe es zumindest eine Entität, demgegenüber x nicht vollkommen F sein könnte. [Denn ein anderer Gott müsste, um Gott zu sein, ebenfalls vollkommen F sein.]

4. Wenn es aber ein y gäbe, demgegenüber x nicht vollkommen F wäre, dann wäre x von vornherein nicht vollkommen F.

5. Wenn es einen anderen Gott gäbe, dann könnte x kein Gott sein.

6. Wenn x kein Gott ist, kann y kein anderer/zweiter Gott sein.

7. Wenn es keinen anderen/zweiten Gott geben kann, ist der Polytheismus falsch.

Diese sieben Schritte enthalten den argumentativen Kern für eine strikte Ablehnung des Polytheismus, an der auch der christlichen Trinitätstheologie gelegen sein sollte, weil Trinitätstheologie und Monotheismus verträglich sein müssen. Gleichzeitig bringen diese sieben Schritte die christliche Trinitätslehre auch ein wenig in Bedrängnis, weil offenkundig – will man den Monotheismus behalten – den trinitarischen Personen *Vater*, *Sohn* und *Geist* göttliche Eigenschaften nicht so zugeschrieben werden dürfen, dass sie den im oben ausgedrückten Muster angezeigten Problemen zum Opfer fallen. Zudem drängt diese Einsicht zu der Frage, welche Aussagen von den trinitarischen Personen gemacht werden dürfen (und wie diese dann genauerhin verstanden werden können), damit die angezeigten Probleme vermieden werden. Das führt aber *prima facie* in ein Dilemma:

1. Wenn Aussagen über die Natur Gottes (also über die Göttlichkeit Gottes) formuliert werden, dann dürften die dabei herausgestellten Eigenschaften Gottes eigentlich nicht für die trinitarischen Personen verwendet werden – auf jeden Fall nicht so, dass sie für die Erhellung des wechselseitigen Verhältnisses der Personen zueinander die konstitutive Rolle spielen könnten.

2. Wenn Aussagen über die Natur Gottes nicht von den trinitarischen Personen ausgesagt werden, dann droht die Gefahr, dass diese Personen gar nicht erst als ‚göttliche Personen‘ betrachtet werden können. Und dies wäre erst recht eine ausgesprochen unliebsame Konsequenz.

Das so genannte *Symbolum Quicumque*, das den Geist *Augustins* atmet, antwortet darauf mit einem Paradox, das sich dem ersten Anschein nach nicht ohne Widerspruch durchdenken lässt, wenn es z.B. mit Blick auf den Allmachtbegriff festhält: „Der Vater ist allmächtig, der Sohn ist allmächtig, der Heilige Geist ist allmächtig. Aber dennoch nicht drei Allmächtige, sondern ein Allmächtiger."[10] Diese paradoxale Formulierung lässt sich zunächst nur so verstehen, dass Aussagen, die über Natur und die Eigenschaften Gottes gemacht werden, anders zu verstehen und zu verorten sind als jene Aussagen, die in den Wechselbeziehungsbereich der trinitarischen Personen gehören. Augustinus votiert in *De Trinitate V* ausgehend von ähnlich lautenden Analysen für das, was man eine *Trennung von Diskursbereichen* nennen könnte: Neben einem ‚substanzialen Diskursbereich', in dem die Eigenschaften Gottes in einem eigentlichen Sinn von der Substanz Gottes ausgesagt werden, gibt es einen relationalen Diskursbereich, in dem exklusiv nur die Relationen zwischen den trinitarischen Personen Thema sind.[11] Der Zusammenhang der Diskursbereiche – und dies ist zunächst einmal recht unbefriedigend – wird von Augustinus sozusagen begriffs- und bezeichnungs-*externalistisch* angesetzt, insofern er ein Koextensionalitätsmoment unterstellt. Diese Unterstellung erlaubt ihm, das Prädizieren von Eigenschaftsattributen, die im eigentlichen Sinn der Natur Gottes zugehören, von den trinitarischen Personen zuzulassen, ohne dabei eine Mehrzahl des ‚eigentlichen' Extensionsgegenstandes (nämlich Gottes) annehmen zu müssen, die dem Verdikt verfiele, welches in der oben angedeuteten Argumentation gegen den Polytheismus formuliert worden war. Der Begriffs- und Bezeichnungsexternalismus führt aber zu einer Crux, die man ‚The-Cake-and-the-Icing'-Problem nennen kann: Was wird denn eigentlich ge- und benannt, wenn von den trinitarischen Personen die Rede ist? Anders gefragt: Sind die trinitarischen Personen angesichts dieses bloß gesetzten Bezeichnungszusammenhangs nicht einfach nur wie der Zuckerguss auf dem Kuchen der göttlichen Substanz? Müsste das Trinitarisch-Sein Gottes nicht auch begriffs- und bezeichnungs-*internalistisch* relevant werden?

Was man von Augustinus und der im *Symbolum Quicumque* greifbaren Konzeption lernt, ist eine prinzipielle semantische Vorsicht: Die Eigenschaften Gottes bezeichnen – so könnte man zumindest mit einer durch *Schleiermacher* gerasterten Aneignung der Tradition Augustins sagen – Gottes Selbstverhältnis *nur in der Weise seines Verhältnisses zur Welt* (deshalb liegen diesen Eigenschaften immer entweder Allquantifikationen oder verkappte negative Eigenschaftsangaben zu Grunde). Und eben da, wo das Verhältnis der göttlichen Personen zur Welt Thema ist und irgendwie zum Ausdruck gebracht werden soll, öffnet sich jener schmale Gang, der die Zuschreibung

---

[10] Vgl. DH 75, Abs. 13 und 14.
[11] Vgl. dazu THOMAS SCHÄRTL, Theo-Grammatik. Zur Logik der Rede vom trinitarischen Gott, Regensburg 2003, 523-528.

von göttlichen Eigenschaften zu den trinitarischen Personen Vater, Sohn und Geist gestattet. Nicht gestattet hingegen ist es, eben diese Ausdrücke, die die Natur Gottes bezeichnen sollen, für die innertrinitarischen Beziehungen der Personen zueinander einzusetzen.

Vor dem Hintergrund jener Grammatik der Trinitätstheologie, die in der Dreiheit der Personen immer noch an der Einheit und Einzigkeit Gottes festzuhalten versucht, werden natürlich zeitgenössische trinitätstheologische Ansätze zum Problem, die einen Terminus, der eigentlich für das Verhältnis Gottes zur Welt eingesetzt werden müsste, auch für die ‚Darstellung' innertrinitarischer Verhältnisse benutzen wollen. Dass Gott (in seiner Natur) der Welt gegenüber frei ist, ist unstrittig. Dass Gott der Welt gegenüber ein liebender Gott ist, ist provokativ, aber ebenfalls nicht strittig. Ob wir aber sagen sollen, dass *Vater*, *Sohn* und *Geist* untereinander in einem Verhältnis der anerkannten und anerkennenden Freiheit(en) [12] und der reziproken Liebe stehen, ist durchaus fragwürdig, weil solche Formulierungen *prima vista* eklatant gegen die eben dargelegte grammatische Regel trinitarischer Rede verstoßen. Welche wirkliche Gefahr hier droht, lässt sich ermessen, wenn man das oben dargelegte antipolytheistische Muster z.B. mit dem Freiheitsbegriff füllt und darunter dann (semantisch konkret) eine Freiheit versteht, die so initiativ ist, dass sie nur im radikalen Sinne als selbst-initiativ gedacht werden darf (was bedeutet, dass sie nicht auf andere Freiheit angewiesen ist, um ihre eigene Freiheit zu exekutieren). Wird dieser freiheits*initiative* Freiheitsbegriff nicht nur für die Bezeichnung der Natur Gottes, sondern eben auch der innertrinitarischen Verhältnisse in den Dienst genommen, wird der Polytheismusvorwurf unabweisbar.

Nun könnte man ganz prinzipiell einwenden, dass drei Götter noch keine Vielgötterei sind und dass es nach dem weitgehenden Abtreten des historisch mit dem Christentum rivalisierenden Polytheismus auch keine Gründe mehr gibt, sich gegen ein größeres Stück Vielfalt im Gottesgedanken zur Wehr zu setzen. Deshalb muss an dieser Stelle noch einmal ganz unabhängig von klassischen Rubrizierungen gefragt werden, ob es ein gutes Argument dafür gibt, in einem sehr strengen Sinne an der Einheit und Einzigkeit Gottes festzuhalten. Mit anderen Worten: Gibt es über den Rekurs auf den klassischen Theismus und über das Interesse am Gespräch mit dem Islam als leitenden Motiven hinaus nicht auch eine echte Relevanz eines strikteren Einheits-

---

[12] Vgl. dazu den Kern der Debatte im jüngeren deutschsprachigen Streit um die Trinitätstheologie; vgl. v.a. STRIET, Spekulative Verfremdung, 202-207; GEORG ESSEN, Die Freiheit Jesu. Der neuchalkedonische Enhypostasiebegriff im Horizont neuzeitlicher Subjekt- und Personphilosophie, Regensburg 2001, bes. 317-335; vgl. dazu kritisch HERBERT VORGRIMLER, Randständiges Dasein des dreieinigen Gottes? Zur praktischen und spirituellen Dimension der Trinitätslehre, in: StZ 220 (2002) 545-552. Vgl. dazu weiterführend auch KARLHEINZ RUHSTORFER, Humane Relevanz. Zur bleibenden Bedeutung der klassischen Trinitätslehre (Thomas von Aquin) angesichts einer aktuellen Kontroverse. In: Jb. für Religionsphilosophie 3 (2004) 45-57.

denkens, das seinerseits einen starken Begriff von der Einheit und Einzigkeit Gottes plausibilisieren könnte? Wäre solch eine Einsicht nicht umso wünschenswerter, als so manche Kritik am klassischen Theismus (die eben nicht selten trinitätstheologisch motiviert oder untermalt ist) mit dessen (angeblicher) Irrelevanz unterfüttert wird? Historisch ist ja kaum zu leugnen, dass das Einheitsdenken als *Identitätsdenken* mit neuplatonischen Einflüssen auf Christentum und Islam[13] zu tun hat. Das Christentum hat zwar (etwa in der Gestalt von *Johannes Scottus Eriguena* und später *Nikolaus von Kues*) auch mit Blick auf die Trinitätslehre einen Begriff von Einheit[14] zu entwickeln versucht, der eine ‚innere Differenziertheit' nicht ausschließt.[15] Den Einheitsbegriff sollte man, auch angesichts möglicher Modifikationen und spekulativ avancierter Klärungen, nicht vorschnell *gegen* ein Lob der ‚Pluriformität' eintauschen; denn es braucht nicht sehr viel, damit aus dem Lob der Pluriformität (die in den vergangenen beiden Dekaden gerade ekklesiologisch eine gewisse Konjunktur hatte) auf dem Terrain der Gotteslehre plötzlich ein ‚Lob des Polytheismus'[16] wird. Aber, noch einmal gefragt: Wie wird der Einheitsgedanke im Gedanken der Einzigkeit Gottes systematisch relevant und plausibel?

---

[13] Zu nennen wären hier im Kontext islamischer Philosophie, die auch auf islamische Theologie gewirkt hat, besonders Al-Kindī und Al-Fārābī. Vgl. dazu weiterführend IAN R. NETTON, Allāh Transcendent. Studies in the Structure and Semiotics of Islamic Philosophy, Theology and Cosmology, London – New York 1989.

[14] Vgl. WERNER BEIERWALTES, Denken des Einen. Studien zur neuplatonischen Philosophie und ihrer Wirkungsgeschichte, Frankfurt a.M. 1985.

[15] Jenseits der historischen Fragen wäre auch zu erörtern, ob ein rein aristotelischer Ansatzpunkt auf metaphysischem Terrain die Einheit und Einzigkeit Gottes begründen kann. Im Horizont des neuplatonischen Denkens wäre Gott das absolut Eine, das Inbegriff von allem ist, einigender Punkt und Quelle der Vielfalt, die gerade als Inbegriff nur eine einzige sein kann. Denkt man Gott dagegen im Horizont der Ursachenordnung als erste Ursache, dann hat man damit noch nicht den Einzigkeitsgedanken gesichert. Denn es wäre ja denkbar, auch wenn sich dies zunächst seltsam anhört, dass es zwei erste Ursachen gibt: Stellen wir uns vor, es gäbe eine erste Ursache U_1 für alle materiellen Phänomene und Ereignisse und eine Ursache U_2 für alle geistig-psychischen Vorkommnisse und Phänomene. U_1 und U_2 wären keine Rivalen, sie wären in den verschiedenen Ursachenordnungen (die sich – was auf eine sehr radikale Spielart des Materie-Geist-Dualismus hinauslaufen würde – auch nicht in die Quere kommen bzw. überkreuzen) jeweils an der absolut ersten Stelle, wiewohl nicht voneinander abhängig oder ableitbar. Die Rede von der Einzigkeit Gottes (im Sinne der Einheit des Seins im Inbegriff des Seins) hat also *auch* die Funktion, auf dem Gebiet der Metaphysik eine letzte Homogenität der Wirklichkeit zu ‚garantieren'. Anders steht es mit einer Antwort auf die in Rede stehende Frage, wenn die privilegierte Position Gottes über den Allmachtsbegriff angedacht wird, der ja seinerseits mehr aussagt und beansprucht als der Begriff einer ersten Ursache.

[16] Vgl. ODO MARQUARD, Lob des Polytheismus. Über Monomythie und Polymythie. In: DERS., Zukunft braucht Herkunft. Philosophische Essays, Stuttgart 2003, 46-71. Man sollte durchaus fragen dürfen, ob der, der mit dem metaphysischen Einheitsbegriff nichts mehr anfangen kann (und ihn als Identitätsphilosophie disqualifizieren möchte) bei Odo Marquards Gegenmodell (zu Christentum und – *mutatis mutandis* – auch Islam) nicht besser aufgehoben wäre.

Einen möglichen Anhaltspunkt bietet ein subjektstheoretischer Gedanke, den *Klaus Müller* im Anschluss an *Dieter Henrich* entwickelt hat:[17] Gott wird sozusagen zum privilegierten Thema (und damit auch in besonderer Weise relevant), wo das Subjekt (s)einer grundsätzlichen Paradoxie gewahr wird: Das Subjekt erfährt sich *qua* Selbstbewusstsein als absoluten Punkt (etwa in der Gestalt unabweisbarer Autonomie oder unveräußerlicher Letztverantwortung), der dennoch ontologisch ausgesprochen instabil ist, weil diese Absolutheit gleichzeitig in eine radikale Kontingenz eingetaucht bleibt: Das menschliche Selbst holt sich nicht selbst ins Dasein und kann sich selbst letztendlich nicht tragen. Mehr noch: Es erfährt sich als eines unter vielen – und muss sozusagen damit leben, dass es viele absolute Punkte in diesem Universum gibt, deren kontingentes Auf- und Abtreten die Absolutheit des jeweiligen ‚Punktes‘ marginal erscheinen lässt. Die Spannung zwischen Einmaligkeit und Marginalität, Absolutheit und Kontingenz wird zum Problem für ein endliches Subjekt, das es am Ende nur durch und in Religion zu bearbeiten vermag, indem es sich selbst z.B. in einen absoluten, nicht-kontingenten Punkt einschreibt, dem es sich und alles verdankt und dem auch alle anderen sich verdanken. Im Horizont der existenziellen Paradoxie von Selbstbewusstsein und Subjekthaftigkeit wird Gott als absolutes, nicht-kontingentes Subjekt zum Thema, in welchem die Subjekthaftigkeit endlicher Subjekte buchstäblich gegründet ist (und eben diese Ausfaltung des Gründens macht die kontingente Absolutheit endlicher Subjekte verständlich). Gott ist sozusagen das absolute Subjekt in und hinter allen endlichen Subjekten; er übersteigt die Vielheit der vielen marginal-absoluten, weil kontingenten und endlichen menschlichen Subjekte. Und er versammelt die Vielheit der Selbstbewusstseinsperspektiven in eine letzte Einheit – in ein Prisma der ihm eingeschriebenen Perspektiven.

Ist Gott jenes *absolute Subjekt*, das im Horizont endlicher Subjekthaftigkeit Thema werden muss (weil der Mensch diese seine Paradoxie bewussten Lebens zu ‚bearbeiten‘ hat), dann darf das absolute Subjekt nur ein einziges sein, das alle Vielheit von Perspektiven in eine Einheit vermittelt. Jede polytheistische Anmutung wird vor solchem Hintergrund nur die Rolle eines symbolischen Zwischenstücks spielen, in dem in antirealistischer Weise auf jenes letzte Eine unter dem Diktat einer bestimmten Symbol-Semantik Bezug genommen wird. In die Logik des Begriffes gebracht, darf es daher nur einen Gott geben. Und diese letzte, ultimative Einheit spiegelt die existenzielle Paradoxie die der Mensch ist: endliche Einmaligkeit.

---

[17] Vgl. hierzu bes. KLAUS MÜLLER, Streit um Gott. Politik, Poetik und Philosophie im Ringen um das wahre Gottesbild. Regensburg 2006, 213-245.

2. Eine nützliche Etikettierung: ST und LT

Seit mehr als drei Jahrzehnten wird die Konsistenz des christlichen Bekenntnisses zu dem ‚einen' Gott in drei Personen auch im Rahmen der analytischen
Religionsphilosophie diskutiert.[18] Auch wenn die dort erarbeiteten Kategorien
hölzern wirken und bisweilen blechern klingen, sind sie doch relativ nützlich:
Im Hinblick auf Modellbildungen, die die Plausibilität und innere Kohärenz
des Trinitätsdogmas zu erhellen suchen, wird grundsätzlich zwischen »*Latin
Trinitarianism*« und »*Social Trinitarianism*« unterschieden.[19] Leider unterliegt
die Namensgebung für beide so genannten Modelle einer gewissen optischen
Täuschung. Denn in der Logik der Sache wäre es ja gelegen, dem *Latin
Trinitarianism* einen *Greek* oder *Eastern Trinitarianism* entgegen zu setzen,
der (in der puren Logik der vollständigen Disjunktion) eben nicht bei der Einheit, sondern bei der Dreiheit anzusetzen hätte. Theologiehistorisch wäre aber
solch ein Etikett grundfalsch, weil dogmenhistorische Detailanalysen inzwischen hinreichend belegen, dass die Betonung der Einheit vor der Dreiheit genauso wie die Betonung der Dreiheit vor Einheit eine Denkschablone voraus-
setzen[20], die *de facto* mit *Augustins De Trinitate* erst vorliegt.[21] Denn es war
Augustinus, der eine dezidiert, für den Westen geradezu überlebensnotwen-
dige, anti-arianische Denkform begründet hat, in der die göttlichen Personen
Vater, Sohn und Geist kopräsent, gleichursprünglich und daher in einer sym-
metrisch zu nennenden *Wechselbeziehung* erscheinen. Das so genannte *griechische* Denken, das eben nicht die Substanz, sondern den Vater als Garant
der Einheit versteht, liegt gegenüber beiden Emphasen noch einmal quer.

Abseits der Stichhaltigkeit der Nomenklatur der genannten Etiketten können wir also differenzieren zwischen Trinitätstheologien, die

1.   die Dreiheit der Personen aus der Einheit ableiten[22],
2.   die Einheit Gottes aus der Dreiheit der Personen ableiten,
3.   die Einheit Gottes mit der Person des Vaters identifizieren.

Wie diese holzschnittartige Übersicht zeigt, besteht die Trennungslinie zwischen 1., 2. einerseits und 3. andererseits – was ja schon durch den Unter-

---

[18]   Vgl. hierzu in Auswahl MICHAEL REA, Relative Identity and the Doctrine of the Trinity. In:
Philosophia Christi 5 (2003) 431-445, Anm. 1 bis 3.

[19]   JAMES PORTER MORELAND/ WILLIAM L. CRAIG, The Trinity. In: MICHAEL REA (Hg.), Oxford Readings in Philosophical Theology, Vol. 1: Trinity, Incarnation, Atonement, Oxford
2009, 21-43, bes. 30-33.

[20]   Vgl. dazu RICHARD CROSS, Two Models of the Trinity? In: HeyJ 43 (2002) 275-294.

[21]   Vgl. hierzu bes. AUGUSTINUS, De Trinitate. Lateinisch-Deutsche Ausgabe (hrsg. von JO-
HANN KREUZER), Hamburg 2001, V.

[22]   Der Ausdruck »Ableitung« soll hier in einem strikt formal-logischen Sinne verwendet werden
für den rein *hypothetischen* Fall, dass man versucht, die Rede von der Dreifaltigkeit Gottes
argumentativ zu entfalten und eben auch als Argument niederzuschreiben.

schied in den Ausdrücken „ableiten" und „identifizieren" markiert ist. Diese Differenzierung zeigt aber auch, dass 1. und 2. am Ende (im Sinne eines Problemhorizontes) mehr verbindet, als sie trennt. Und in der Tat ist es möglich, diesen verbindenden Problemhorizont (in Anlehnung an die immer noch epochale Diagnose *Karl Rahners*) im Personbegriff aufzuspüren – und zwar als Frage danach, ob der trinitarische Personbegriff für den anthropologischen Personbegriff *unmittelbar* relevant ist oder nicht.

Im Sinne einer stipulativen (und daher alle historisch-theologischen Bedenken beiseite stellenden) Definition soll gelten:

1)   Als *Latin Trinitarianism* ist jeder Ansatz zu verstehen, der Gott als ein (wenngleich besonderes) Individuum darzustellen versucht und die trinitarischen Personen als Quasi-Individuen versteht.[23]

---

[23] Die Frage, ob mein in der *Theo-Grammatik* entwickelter Ansatz zum Lager des *Latin Trinitarianism* gehört, ist weniger einfach zu beantworten, als man meint. Bernhard Nitsche hat in seiner Kritik an diesem Ansatz einige Hausaufgaben im Sinne von weiter vorzunehmenden Klärungen angesprochen. Die Basis dieser Bitte um Klärung bildet aber, soweit ich sehe, die Lektüre des letzten Kapitels der *Theo-Grammatik*. Im zweiten und im zu groß ausgefallenen dritten Teil der Theo-Grammatik habe ich eine anti-realistische Semantik entwickelt, die mich gegen Nitsches Kritik eigentlich relativ immun macht. Vgl. SCHÄRTL, Theo-Grammatik, 220-455. Ich werde dennoch versuchen, im Fortgang dieses Artikels einige der geäußerten Kritikpunkte aufzugreifen. Ein erster, fundamentaler Kritikpunkt betrifft eine angeblich fehlende Differenzierung zwischen relationaler Ontologie einerseits und ,Social Trinitarianism' andererseits. Vgl. NITSCHE, Gott und Freiheit, 190, Anm. 514. Diese Kritik ist nicht angebracht, da ich vor allem im zweiten und dritten Hauptteil der *Theo-Grammatik* eine Semantik entfaltet habe, die in eine relationale Ontologie mündet (allerdings ist das Resultat vielleicht nicht das, was Bernhard Nitsche unter einer „relationalen Ontologie" versteht). *Per se* ist der Ausdruck »relationale Ontologie« schillernd. Und wer einen Blick in die metaphysischen Entwürfe der Gegenwart wagt, wird sehen, dass man (auf recht vielfältige Weise) eine relationale Ontologie favorisieren und dennoch Anhänger des *Latin Trinitarianism* sein und bleiben könnte. Relationale Ontologien können unterschiedlich ausfallen – ob sie nun die Relationen von Dingen und Eigenschaften, von Ereignissen und Sachverhalten, von Individuen und Universalien oder am Ende von Personen und Subjekten untereinander beinhalten, muss erst bestimmt werden. Nitsches Kritik legt aber *implicite* nahe, dass man dem *Social Trinitarianism* Unrecht tut, wenn man ihn als *Social* Trinitarianism bestimmt – besser seien die *Social Trinitarianists* als *Verfechter einer relationalen Ontologie* dargestellt. Dieser Einwand übersieht aber erstens die mögliche Vielgestalt relationaler Ontologien und zweitens die eigentliche Kernfrage, die man auf die Formel bringen sollte: *Wie viele Individuen (nicht Quasi-Individuen) gibt es in Gott?* Drittens hat man mit der Benutzung des Etiketts »relationale Ontologie« noch gar nicht gezeigt, dass solche Ontologien metaphysisch besser oder adäquater sind als die Alternativen (und damit sind vermutlich Substanzontologien gemeint). Und viertens ist damit ebenfalls noch gar nicht aufgewiesen, inwiefern eine relationale Ontologie, die vielleicht im Bereich des Sublunaren die ,richtige' Ontologie sein könnte, auch für den Bereich Gottes anwendbar sein soll. Denn vom neutestamentlichen Hinweis darauf, dass »Gott Liebe ist« zu einer relationalen Ontologie des Göttlichen ist es ein durchaus weiter und kein gerader Weg. Ich hoffe, dass ich mit den o.g. weiteren Definitionen auch dazu beitragen kann, den Begriff der sozialen Trinitätslehre genauer zu fassen, so dass die Debatte um die Angemessenheit trinitätstheologischer Ansätze und Modelle nicht schon im Getöse terminologischer Nebenkriegsschauplätze zum Erliegen kommt.

2)   Als *Social Trinitarianism* ist jeder Ansatz zu verstehen, der die trinitarischen Personen als Individuen versteht und Gott daher als Quasi-Individuum begreift.

3)   Als *Quasi-Individuum* soll das verstanden werden, was zwar Gegenstand von (sprachlicher) Referenz sein kann, aber nicht mit der Individualität endlicher Entitäten korreliert werden darf, weil die jeweils zugrundeliegenden Individuationsprinzipien inkompatibel sind.[24]

Für weitere Abgrenzungsfragen und Klärungen ist die ergänzende Definition in 3) außerordentlich wichtig, weil sie die Unterschiede zwischen *Latin Trinitarianism* und *Social Trinitarianism* am klarsten herauszuarbeiten hilft, auch wenn natürlich im Sinne eines semantischen, hermeneutischen und ontologischen Vorbehalts darauf hingewiesen werden muss, dass die prinzipiell analoge Rede von Gott das geradlinige Übertragen von Begriffen und Begriffskategorien ohnehin prekär macht. Deshalb ist 3) so zu verstehen, dass die in Rede stehende Inkompatibilität nicht das Resultat der mit dem Analogiegrundsatz ausgesagten Unähnlichkeit zwischen Gott und Welt ist, sondern als prinzipielle Inkompatibilität gedeutet werden muss, die auch dann nicht verschwände, wenn man die Rede von Gott an der präzisen Stelle der Frage nach Individualität und Individuationsprinzipien in einen *univoken* Verständigungsrahmen treiben könnte.

Vor diesem Hintergrund lassen sich die Differenzen der Modelle klar benennen: In die Kategorie von LT gehören all jene Entwürfe und Ansätze, die Gottes Einheit in einem starken Sinne als Individualität des einen Gottes (und in Konsequenz die trinitarischen Personen daher nur als Quasi-Individuen) verstehen. Für ST gilt das Umgekehrte. Diese Differenzierung hat einen weiteren Vorteil: Sie kommt noch unterhalb der (in den verschiedenen theolo-

---

[24] Vgl. als Definitionsgrundlage MOLTMANN, Trinität und Reich Gottes, 166f. Die Unterscheidung von „Individuum" und „Quasi-Individuum" müsste natürlich ontologisch weiter spezifiziert und auch diskutiert werden. Zunächst spricht aber nichts gegen diese Unterscheidung und ihre allgemeine Nützlichkeit. Auf dieser Grundlage könnte man etwa *echte Substanzen* (wie Lebewesen) als *Individuen im Vollsinn* ansprechen; vgl. CHRISTIAN KANZIAN, Ding – Substanz – Person. Eine Alltagsontologie, Frankfurt a.M. u.a. 2009, 125-210. *Quasi-Individuen* wären dann z.B. ontologisch hochgradig *abhängige* Individuen (wie institutionelle Entitäten) etc. Das Kriterium der ontologischen Abhängigkeit soll hier nicht zu sehr gepresst werden; es ist mit Blick auf die Trinitätslehre wohl eher zielführend, hier flankierend ein Kriterium der explanatorischen Abhängigkeit in Anschlag zu bringen. Das führt uns natürlich vor ein LT inhärierendes Problem: Man könnte den Eindruck haben, dass unter der Maßgabe der oben entwickelten begrifflichen Differenzierung nun wirklich auf dem Tisch liegt, was man immer befürchtet hatte, nämlich dass in allen Versionen von LT die trinitarischen Personen von der Substanz ontologisch und explanatorisch abhängig gemacht sind. Wenn für ST dann umgekehrt gilt, dass die Einheit Gottes ontologisch und explanatorisch von den Personen abhängig gemacht ist, dann scheint das *prima vista* gegenüber LT ein deutlich niedrigerer metaphysischer Preis zu sein. Dieses Problem wird in den beiden letzten Abschnitten noch einmal zu diskutieren sein, wenn erstens der Preis von ST genauer beziffert und zweitens die Leistung eines an LT orientierten Modells vorgestellt werden wird.

gischen und philosophischen Schulen ohnehin umstrittenen) Unterscheidung von »Person« und »Subjekt« zu stehen, so dass die von *Bernhard Nitsche* geforderte Differenzierung[25] zwischen jenen Ansätzen, die von drei Subjekten auszugehen haben, und solchen, die von drei Personen sprechen, zunächst einmal in den Hintergrund tritt[26].

3. Erweiterungen: Theologische Modelllogiken

Die oben eingeführten Definitionen sind immer noch holzschnittartig. Insofern behält Bernhard Nitsche in seinem Votum für angemessenere Differenzierungen durchaus Recht. Statt jedoch sofort auf die höchst neuralgischen Begriffe »Subjekt« oder »Person« zuzusteuern, sollen hier zentrale Intuitionen und deren Kernbegriffe vorgestellt werden, deren innere Logik als Modell für die Kohärenz und Angemessenheit (ja auch für die Vernünftigkeit) der Rede von einem trinitarischen Gott dient. Es handelt sich hier um die Grammatik der Begriffe *Liebe*, *Anerkennung* und *Offenbarung* bzw. *Erfahrung*.[27] Für die

---

[25] Vgl. NITSCHE, Gott und Freiheit, 179, Anm. 486. Eine ähnliche Differenzierung fordert auch Jürgen Werbick; vgl. WERBICK, Gott verbindlich, 622f., bes. Anm. 195. Jürgen Werbick lehnt den Subjektsbegriff für die drei Personen der Trinität eindeutig ab, weil – und hier kann ich uneingeschränkt zustimmen – die Tritheismusgefahr nicht mehr gebannt werden kann, wenn Vater, Sohn und Geist als ,Subjekte' im Vollsinn begriffen würden. Jürgen Werbick versucht selbst durch einige *explikative Zusätze* den Personbegriff zu retten, was wissenschafts- und definitionstheoretisch eine sinnvolle Strategie ist, die allerdings die mögliche Sprachverwirrung, die aus Kurzschlüssen zwischen einem anthropologischen und einem theologischen Personbegriff resultieren wird, nicht beheben würde. Bemerkenswert ist, dass Werbick rät, auf den Personbegriff, wenn man ihn nicht mehr für die trinitarischen Personen verwenden will, im Rahmen der Gotteslehre dann gleich ganz zu verzichten. Diesem Votum kann ich mich vollen Herzens anschließen, wie die nachfolgenden Überlegungen darlegen sollen.

[26] Zunächst verschaffen sich ST-Ansätze mit dieser Differenzierung nur eine gewisse *Atempause*; denn diese Unterscheidung unterstellt, dass ST genau dann *nicht* in einen Tritheismus-Verdacht gerät, wenn statt von drei Subjekten von drei *Personen* gesprochen wird. Aber ist dies nicht nur ein semantischer Trick? Das Problem wird am Ende nämlich wiederum nur verschoben, weil zu klären wäre, ob der hier vorausgesetzte Personbegriff nun im Sinne von *Individuum* verstanden werden kann oder nicht. Wenn zur Individuation von Personen deren Subjektsein gehört (vgl. den vorletzten Abschnitt dieses Aufsatzes), dann ist mit der Differenzierung zwischen Subjekten und Personen erst einmal nichts gewonnen (von schulspezifischen terminologischen Eigentümlichkeiten einmal abgesehen).

[27] Auf die Frage, ob sich die in diesen verschiedenen Ansätzen zu Wort meldenden Grundintuitionen und Grundanliegen auf einen Nenner bringen lassen, antwortet KARLHEINZ RUHSTORFER bedenkenswert kritisch, vgl. DERS., Humane Relevanz, 55: „Die eingangs geschilderte Kontroverse zwischen zwei grundverschiedenen Denkarten kann auch durch eine Besinnung auf die klassische Theologie nicht aufgelöst werden, denn der Widerstreit zwischen einer ,neoidealistischen' und einer ,neoexistentialistischen' Denkart bleibt solange bestehen, wie der Ausgangspunkt des jeweiligen Denkens erhalten bleibt. Doch ist meines Erachtens weder der eine Standpunkt, der mit einer Erfahrung in der Welt einsetzt, noch ein Standpunkt, der mit dem spekulativen Begriff der absoluten Freiheit beginnt, in unserer Gegenwart zu halten. Ebenso wenig, ja, vielleicht noch viel weniger wäre ein neuscholastischer

jeweiligen Leitbegriffe seien die folgenden Modellschemata M_1 bis M_4 vorgestellt.

M_1 wird in einer sehr pointierten Form gegenwärtig von dem christlichen Religionsphilosophen *Richard Swinburne*[28] vertreten. Die Tradition ist älter (und wird von manchen mit *Richard von St. Viktor* identifiziert). Der Ansatz lässt sich wie folgt veranschaulichen:

1) Gott ist vollkommene Liebe.

2) Ein vollkommen liebendes Wesen x will unbedingt lieben.

3) Um zu lieben, braucht ein vollkommen liebendes Wesen x ein anderes y, das geliebt werden kann.

4) Deshalb bringt (von Ewigkeit her) ein vollkommen liebendes Wesen x ein y hervor, das von ihm geliebt zu werden vermag und es in der gleichen vollkommenen Weise ebenfalls liebt.

5) Weil vollkommene Liebe erst perfekt ist, wenn sie sich öffnet, bringen x und y ein z hervor, das als Ausweis der reinen Liebe zwischen x und y gilt.

6) Die Vollkommenheit der Liebe bewirkt die Einheit zwischen x, y und z.

Die vielleicht etwas naiv klingende Frage, wieso die vollkommene Liebe bei einer dritten ,Person' ihre vollendete Gestalt findet (und nicht bei einer vierten und fünften), wird in der Regel mit einem Hinweis auf die *Qualität* dieser Liebe zum ,*con-dilectus*' begründet, die in einer Liebe zu einer vierten Person qualitativ nicht noch einmal überstiegen würde, sondern nur ,quantitativ' vermehrt.[29] Nitsche ergänzt dieses Argument um den Vorwurf des *Apriorismus*: Die Trinität werde von uns nur ,*ex post*' erkannt (also auf der Basis der schon

---

Ansatz mit der Spekulation auf das Wesen des geoffenbarten Gottes angebracht. Die Denkart der Postmoderne verhindert eine unmittelbare Zuwendung zum Erfahrungsdenken der Moderne, zum neuzeitlich spekulativen Wissen und ebenso zur klassischen Theologie der Trinität."

[28] Vgl. RICHARD SWINBURNE, The Christian God, Oxford 1994, 177f.: „So is there overriding reason for a first divine individual to bring about a second or third or fourth such? I believe that there is overriding reason for a first divine individual to bring about a second divine individual and with him to bring about a third divine individual, but no reason to go further. If the Christian religion has helped us [...] to see anything about what is worthwhile, it has helped us to see that love is a supreme good. Love involves sharing, giving to the other what of one's own is good for him and receiving from the other what of his is good for one; and love involves co-operating with another to benefit third parties. [...] A divine individual would see that for him too a best kind of action would be to share and to co-operate in sharing. [...] So the love of a first divine individual G_1 would be manifested first in bringing about another divine individual G_2 with whom to share his life, and the love of G_1 or G_2 would be manifested in bringing about another divine individual G_3 with whom G_1 and G_2 co-operatively could share their lives."

[29] Vgl. NITSCHE, Gott und Freiheit, 193.

stattgefundenen Heilsgeschichte), so dass die Frage, warum es drei (und nicht mehr) Personen in der Trinität gebe, eigentlich sinnlos oder methodisch falsch gestellt sei.

Nun hat das letztgenannte Argument seine Tücken; denn jedem der hier vorgestellten Schemata M_1 bis M_4 geht es um eine Rekonstruktion des trinitarischen Dogmas, die bis zu einem gewissen Grad einsichtig zu machen versucht, warum Gott trinitarisch ist, ja warum es angemessen und notwendig ist, Gott als Trinität zu denken (denn für alle Aussagen von und über Gott gilt sozusagen die *Notwendigkeitsregel*). Die Aufgabe der Rekonstruktion hat nichts mit Apriorismus zu tun; sie stellt aber den Versuch dar, Gottes Trinität aus der Logik eines bestimmten Begriffes heraus einsichtig zu machen. Dabei geht es immer darum, auf der Basis eines bestimmten Begriffes darzulegen, dass Gottes Einheit keine monolithisch-tote Identität sein und meinen darf. Nichts anderes tut Nitsche, wenn er die Trinitätslehre als Kommerzium dreier Freiheiten zu rekonstruieren versucht oder wenn Richard Swinburne die Analogie der Liebe bemüht. Würde man nämlich das ‚*ex post*' als ‚Erkenntnisgrund' der Trinität radikal ernst nehmen, so wären auch alle begrifflich angeleiteten Rekonstruktionsversuche (also auch der von Nitsche) von vornherein zum Scheitern verdammt oder als unzulässig diskreditiert.

Das an erster Stelle genannte Argument wiederum, das die Dreiheit der Personen mit der qualitativ erreichten Vollkommenheitsstufe verdeutlicht, beruht auf einer schlichten Setzung. Es wird und ist schon vorausgesetzt, dass ein Vierter nur die quantitative Seite, aber nicht die qualitative Seite vermehrt. Eine nüchterne Phänomenologie der Liebe wird hier etwas anderes sagen müssen. Vielleicht ist das Qualitätsargument von einer romantischen, in seinen Ausmaßen aber bisweilen viktorianisch anmutenden Vorstellung des Ehelebens und der Kernfamilie hergenommen.[30] So einleuchtend es ist zu sagen,

---

[30] Die *Familienanalogie* der Trinität hat historisch spärliche Wurzeln, die angeblich im syrischen Raum liegen. Traditionsgeschichtlich darf man diese Wurzeln nicht überbewerten. Weder im griechischen Osten noch (und hier erst recht nicht) im lateinischen Westen stellt die Familienanalogie der Trinität eine starke Tradition dar. Sie wurde erst wieder von Hans Urs von Balthasar in einem nicht anders als extravagant zu nennenden theologischen Spielzug an eine prominente Stelle gesetzt. Vgl. HANS URS VON BALTHASAR, Theodramatik, 2: Die Personen des Spiels, Teil 2: Die Personen in Christus, Einsiedeln 1978, 481. Wilfried Härle vermutet, dass die Familienanalogie der Trinität in den Entstehungsregionen des Islam sehr verbreitet war, so dass sich die muslimische Polemik gegen die Trinitätslehre vor allen Dingen auf diese Familienanalogie richtet. Wenn man bedenkt, dass die Familienanalogie im lateinischen Westen keine und im griechischen Osten nur eine geringe Konjunktur hatte, dann ist der von Härle vermutete Umstand ausgesprochen bitter, weil er zu einer unnötigen Entfremdung zwischen Geschwisterreligionen beigetragen hat. Vgl. zu Härles Vermutung WILFRIED HÄRLE, Trinität ist kein Kreuzworträtsel. Theologische und religionspädagogische Überlegungen zum dreieinigen Gott. In: Schönberger Hefte 2 (2007) 3-7, hier 5. Die muslimische Kritik kann und muss dann aber christlicherseits als Lernort begriffen werden, für den schon in der christlichen Theologie ein Platz bereitet ist – ein Lernort, bei und an dem es um die Frage geht, inwieweit wir die Trinitätslehre überhaupt für anthropologische Fragen verzwecken dürfen und welche *bleibende Relevanz* die Einheit und Einzigkeit Gottes hat.

dass die Liebe zu einer anderen Person die Selbstliebe aufbricht, dass die
Liebe zu einem Dritten auch alle egoistischen Elemente in der Liebe zwischen
Zweien *zer*bricht, so wenig schlüssig ist es zu behaupten, dass die Liebe zu
einem Vierten qualitativ nichts Neues brächte, sondern nur die Wiederholung
der Liebe zu einem Dritten sei. Phänomenologisch steht zu vermuten, dass die
Qualität von Liebe von vornherein nicht im Zahlenspiel von Eins, Zwei und
Drei erfasst zu werden vermag, weil die Richtungssinne und Begründungs-
motive von Liebe (erst recht, wenn man Freundschaft hinzunimmt) ausgesprochen vielschichtig sind.[31]

Das Modellschema M_2 setzt ähnlich an wie M_1 – hat aber eine andere
Pointe, wie sich am Entwurf von Jürgen Moltmann studieren lässt. Denn
Anerkennung und Liebe sind nicht dasselbe[32]:

1) Gott ist keine allein in sich selbst stehende Größe; er ist kein Monarch
   im strikten Sinne.

2) Die (politische und metaphysische) Monarchie des Vaters ist immer
   schon aufgebrochen durch den Bezug auf den Sohn und den Heiligen
   Geist.[33]

3) Die Intensität der Beziehungen zwischen Vater, Sohn und Geist und
   ihre Wechselseitigkeit garantiert die echte Einheit Gottes.

4) Die Einheit Gottes wird dadurch konstituiert, dass die trinitarischen
   Personen aneinander und miteinander handeln und (dadurch) einander
   wechselseitig anerkennen.

5) In dieser Durchdringung wird die Einheit Gottes (die keine metaphysische Einfachheit meint) zum Vorbild menschlicher Einheit und Gemeinschaft.[34]

Aber ist das demokratisch-politische Leitmotiv, das diesem Gedanken zugrunde liegt, nicht doch ein wenig zu durchsichtig in seinen Absichten? Wäre der
rein monotheistische Gott tatsächlich ein Gott des Totalitarismus und

---

[31] Es ist und bleibt bemerkenswert, dass Augustinus in einer ‚Grammatik' der Liebe bei einem
      Ternar aus dem Liebenden, dem Geliebten und der Liebe zu stehen kommt. Vgl. AUGUSTI-
      NUS, De Trinitate, lib. VIII 8-10. Könnte es, um hier schon einige Argumentationsschritte zu
      überspringen, nicht sein, dass die eigentliche Pointe der Trinitätslehre darin besteht, dass sie
      zeigen will, wie sehr es Gott möglich, ja ihm wesentlich ist, *uns* zu lieben? Vgl. AUGUSTI-
      NUS, De Trinitate, lib. IX 4.

[32] Dieser Hinweis ist hier wichtig; denn wie anders wäre es zu denken, dass der Geist der Inbe-
      griff der Liebe ist, obwohl er in der Trinität (konstitutionstheoretisch) das ‚Resultat' einer
      vollkommenen Passivität ist, die sich mit den prinzipiellen Symmetrieunterstellungen des
      Anerkennungsbegriffes zunächst einmal nicht verträgt. Zur Eigenart des Heiligen Geistes als
      Liebe (in seiner Passivität) vgl. AUGUSTINUS, De Trinitate, lib. XV 17-19.

[33] Vgl. MOLTMANN, Trinität und Reich Gottes, 214f.

[34] Vgl. JÜRGEN MOLTMANN, Der Geist des Lebens. Eine ganzheitliche Pneumatologie, Mün-
      chen 1991, 232f.

Patriarchalismus, während sich aus der Trinität ein gesellschaftlich-demokratisches Grundmodell von Anerkennung ableiten ließe? Wenn man sich vor Augen führt, dass auch mit dem Anerkennungs- und *Communio*-Konzept ideologisch Schindluder getrieben wird (so dass die Macht nicht mehr mit dem einen, an der Spitze stehenden Machthaber identifiziert wird, sondern vielmehr mit dem abstrakten Prinzip des Anerkennen-Müssens), dann stellt das leitende Motiv von M_2 am Ende das Resultat sehr menschlicher, sehr realer und sozialer Bedürfnisse dar, die auf Gott vielleicht prinzipiell gar nicht übertragen und in ihm auch nicht gespiegelt (man ist versucht zu sagen: ‚vor-gespiegelt') werden dürfen. Machtfragen dürfen und müssen theologisch arti-kuliert werden; aber sollen sie Modellschemata anleiten, wenn es um einen Begriff von Gott geht?

Das Schema M_3 wiederum reflektiert den offenbarungstheologisch akzentu-ierten trinitätstheologischen Ansatz von Karl Rahner.[35] Das in Rede stehende Denkmuster von M_3 sieht schematisch folgendermaßen aus:

1) Für Gott ist es wesentlich[36], sich zu offenbaren.

2) Auch in den Weisen, in denen sich Gott offenbart, bleibt Gott noch Gott.

3) Demnach ist Gott nicht nur der Offenbarer, sondern auch die Offenba-rung und das Ankommen der Offenbarung im Menschen.

4) Der Vater ist Gott, der Offenbarer.

5) Gott, der Sohn, ist die Offenbarung.

6) Der Heilige Geist ist das Ankommen der Offenbarung im Menschen.

7) Offenbarer, Offenbarung und Ankommen der Offenbarung (Offenbar sein) gehören wesentlich zusammen.

Natürlich lässt sich an dieses Schema die Frage richten, ob die Trinität nicht einfach ‚nur' eine Funktion der Offenbarung des sich offenbarenden Gottes ist, so dass alle trinitätstheologischen Aussagen letztendlich nur den Status einer Rahmentheorie für Aussagen über das Offenbarsein Gottes in der Heils-geschichte haben können. Gleichwohl sind Rahners – und die mit diesem Mo-dell zusammenhängenden – Folgerungen für die Einheit Gottes in ihrer Deut-lichkeit nicht zu überbieten (und stellen damit den pointierten Gegenentwurf zu ST dar): „Die Einzigkeit des Wesens besagt und schließt ein die Einzigkeit eines einen Bewußtseins und einer einzigen Freiheit; wenn selbstverständlich

---

[35] Sehr knapp und sehr pointiert dargestellt in KARL RAHNER, Grundkurs des Glaubens, Frei-burg-Basel-Wien 1976 u.ö., 141f.

[36] Diese Lesart ist zugegeben etwas sperrig. Der Ausdruck »wesentlich« reflektiert aber den en-gen Zusammenhang, den Karl Rahner zwischen Gottes Selbstmitteilung und seinem Trinita-risch-Sein herstellt. Wenn gilt, dass Gott notwendig trinitarisch ist, dann ist Selbstmitteilung für ihn wesentlich (auch dann wenn es gar keine Schöpfung gäbe).

auch diese Einzigkeit eines Beisichseins in Bewußtsein und Freiheit in der
Trinität Gottes durch jene geheimnisvolle Dreiheit bestimmt bleibt, die wir in
Gott bekennen, wenn wir von der Dreifaltigkeit der Personen in Gott
stammelnd sprechen."[37]

Die aus M_3 stammenden Überhangfragen – nämlich, ob die Trinität am
Ende nicht bloß eine subalterne Funktion des Offenbar-seins Gottes sei – lässt
sich durch M_4 aufnehmen, verfeinern und beantworten. M_4 ist daher eine gewisse Vertiefung von M_3. Diese Verfeinerung hat *Josef Wohlmuth*[38] vorgeschlagen; ihr begriffliches Gerüst ließe sich so darstellen:

1)   Gott ist genau so, wie er sich zeigt.

2)   Gott zeigt sich als der Gott über mir, der Gott mit mir und der Gott in
      mir.[39]

3)   Die Weisen, in denen Gott hier erfahren wird, sind epistemisch vonei-
      nander verschieden.

4)   Weil sich in den Weisen, in denen Gott erfahren wird, Gott selbst un-
      verstellt zum Ausdruck bringt, ist das Wesen Gottes nur als differen-
      zierte Einheit zu denken, in der die Seins- und Erfahrungsweisen des
      ‚Über', ‚Mit' und ‚In' nicht aufeinander reduziert werden können.

Von »*Epistemized Trinity*« kann man angesichts von M_4 deshalb sprechen,
weil das Trinitarischsein Gottes mit dem Erfahrbarsein und Erfahrensein Gottes gleichgesetzt ist. Das heißt zwar einerseits (in seiner anti-realistischen
Note), dass es keine Trinität Gottes unabhängig von der Erfahrung Gottes gibt.
Andererseits ist dies jedoch noch einmal dadurch überstiegen, dass M_4 tendenziell dazu geeignet ist, die Erfahrbarkeit Gottes in die ‚Selbsterfahrung' Gottes
selbst einzuschreiben, so dass man sagen kann: Gottes Erfahrbarkeit für uns ist
auch die Weise wie er sich selbst erfährt (und dies bildet dann die Grammatik
des trinitarischen Bekenntnisses): als jenes *Über*, *Mit* und *In* – das eben das
Leben des Erfahrens als erfahrenes Leben ausmacht. Die anti-realistische
Färbung ist insofern noch einmal realistisch getönt, als Gott selbst ja
‚*epistemized reality*' ist.

Ist es möglich, schon nach dieser kurzen Skizze verschiedener möglicher
inner-theologischer Ansätze zu sagen, welcher Zugang adäquat ist und
welcher nicht? Ist es so, dass jene Modelle, die ihren Einsatzpunkt beim Begriff der Offenbarung oder bei der Präsenz Gottes in der Erfahrung Gottes
nehmen, das trinitätstheologische Anliegen verzeichnen, wohingegen jene
Ansätze, die von einer Liebestrinität oder einer Konstellation wechselseitiger

---

[37]   RAHNER, Grundkurs, 140.

[38]   Vgl. JOSEF WOHLMUTH, Zum Verhältnis von ökonomischer und immanenter Trinität – eine
        These. In: ZKTh 110 (1988) 139-162.

[39]   Vgl. zu dieser ‚Grammatik' des „über mir", „mit mir" und „in mir" auch KARLHEINZ
        RUHSTORFER, Gotteslehre, Paderborn 2010 (= GGD, ST Bd. 2), 340-370.

Anerkennung reden, dem genuinen Anliegen des Trinitätsdogmas besser gerecht werden?

Von einer gewissen Warte aus wird man behaupten dürfen, dass *beiden* Modellschienen ein Anliegen – neben der Grundüberzeugung freilich, mit dem jeweiligen Ansatz auch dem Anspruch der biblischen Schriften Genüge zu tun – gemeinsam ist: *Erstens* geht es darum, das Trinitätsdogma verständlich zu machen, indem es in einer ‚Grammatik' formuliert wird, die die dreifache Einfachheit Gottes zugänglicher macht. *Zweitens* geht es ganz formal um die (philosophisch uralte[40]) und theologisch immer brennende Frage, wie das Verhältnis Gottes (als des absolut Einen und Einzigen) zum Anderen seiner selbst zu denken ist, i.e. ob das Andere in ihm schon immer als Anderes präsent ist oder ob seine Einheit so zu denken ist, dass sie auf eine Eröffnetheit für das Andere hin ausgelegt ist. Im ersten Fall wäre – und dies sei als *terminus technicus* hier stipulativ festgehalten – Gottes Einheit schon *materialiter* mit der Andersheit des Anderen vermittelt (und zwar so, dass am Ende die Andersheit des Geschaffenen und der Schöpfung ‚nur' eine Fortbestimmung oder Zusatzbestimmung der schon in Gott selbst vorzufindenden Andersheit sein kann); im zweiten Fall ist in der Einheit Gottes das Andere nur *formaliter* präsent – etwa so, dass man sagen könnte (natürlich in einer recht bildlichen Redeweise), Gott habe sich immer schon eine Außengestalt ‚gegeben', die ihn prinzipiell für alles Weitere, Äußere, von ihm Abhängende erfahrbar macht. Die Kritik am ersten Strom von trinitätstheologischen Ansätzen, die sich strukturell als Ausprägungen von ST verstehen lassen, wird immer wieder fragen, ob die Differenz zwischen den trinitarischen Personen jemals so groß sein kann und darf, dass die Differenz von Gott und Welt demgegenüber fast (vernachlässigbar) klein erscheint. Und die Kritik am zweiten Strom von Ansätzen, die strukturell als Modulationen von LT interpretiert werden können, wird hartnäckig fragen wollen, ob Gott nur aus dem Grund trinitarisch ist, weil er sich dadurch / so offenbaren kann oder sich erfahren lässt (erfahrbar wird). Ist es nicht so, dass beide Ströme gerade deshalb immer wieder Kritik auf sich ziehen werden, weil sie die Alteritätsorientiertheit entweder als (auch für Gott geltende) Notwendigkeit *oder* als bloße Möglichkeit denken (ohne dagegen den – gewiss eigenartig wirkenden – Status einer Modalität der *notwendigen Möglichkeit* in den Blick zu nehmen)?

---

[40] In der *Theo-Grammatik* habe ich (unter Heranziehung einer logischen Rekonstruktion, die Uwe Meixner vorgeschlagen hat) zur Illustration auf Platons Dialog *Parmenides* verwiesen, der in seinen strengen Begriffen das Verhältnis von Einheit und Andersheit auszuleuchten sucht. Vgl. SCHÄRTL, Theo-Grammatik, 177-212.

4. Eine Natur und drei Personen, oder: die schwierige Übersetzung der Klassiker

Aber treffen sich diese Modelle und Schemata auch mit den Anliegen der christlichen Tradition? Bernhard Nitsche hat in seinem Buch *Gott und Freiheit* bewusst einen Rekonstruktionsversuch vorgelegt, der sich dezidiert auf die Kappadokier bezieht[41] – in dem Ansinnen (das viele Theologinnen und Theologen aus dogmenhistorischen und dogmenhermeneutischen Gründen teilen würden), dass wir von jener Epoche der Theologiegeschichte, in der das trinitarische Dogma (*mia ousia – treis hypostaseis*) im Feuer harter theologischer Kontroversen geschmiedet wurde, am ehesten erfahren können, was mit dem Bekenntnis zum dreieinigen Gott eigentlich gemeint sei und ob wir uns aus der Geschichte ein Votum holen können, um unter ST und LT den Favoriten zu wählen.[42] Bei genauerer Betrachtung ist die diesem Ansinnen zugrundeliegende Motivation aber doch *eigenartig*: Wenn uns so viel an der Tradition liegt und wenn wir uns in einen Einklang mit ihr versetzen wollen, warum sind wir dann trotzdem (ständig) bemüht, die klassische Formel (»drei Personen – eine Substanz«) in ganz neuen Vokabeln auszudrücken und mit ganz anderen Begriffen erfassen zu wollen? Offenkundig drängen uns Relevanzgesichtspunkte – wie etwa epochale Veränderungen der Verständigungshorizonte und des Wahrheitsbewusstseins – über die reine Repetition von Formeln hinaus zu einem Neu-Sagen, das aber gleichzeitig die Berührung mit der Tradition nicht verlieren will (und darf). In alledem wird uns bewusst bleiben müssen, dass solch einem Tun eine prekäre Dialektik aufgebürdet ist: Im dem Maße, in dem wir versuchen, sowohl der Vergangenheit als auch der Gegenwart gerecht zu werden, werden wir die vergangene Epoche mit Fragen konfrontieren, die eine Zumutung sind und bleiben.[43]

---

[41] Vgl. NITSCHE, Gott und Freiheit, 80-100.

[42] In der theologischen Sekundärliteratur werden denn auch die Kappadokier mit ST in einen Zusammenhang gebracht, ja sogar als Vordenker von ST verstanden; vgl. z.B. CORNELIUS PLANTINGA, Gregory of Nyssa and the Social Analogy of the Trinity. In: The Thomist 50 (1986) 325-352; DERS., The Threeness/Oneness Problem of the Trinity. In: Calvin Theological Journal 23 (1988) 37-53.

[43] Diese Feststellung ist deshalb wichtig, weil es eine Frage ist, ob ein Autor die traditionellen Theologen richtig erfasst hat (und was heißt hier »richtig«?), eine andere Frage hingegen, ob er bei einem prekären Übersetzungsvorgang den klassischen Autoren etwas zugemutet hat, was diese gar nicht tragen können. So wie ich den klassischen Autoren in der *Theo-Grammatik* eine ins Idealistische schwingende Eigenschafts-Ding-Ontologie zugemutet habe, so mutet Bernhard Nitsche, der in den Kappadokiern doch auch Kronzeugen eines freiheitstheologischen trinitätstheologischen Ansatzes aufzuspüren versucht, den klassischen Autoren einen *modernen*, handlungstheoretisch, religionsphilosophisch und existenziell ebenso bedeutsamen wie aufgeladenen Freiheitsbegriff zu. Am Ende entscheidet über die adäquate Adaption der Klassiker nicht nur, wer sie ,besser' verstanden, sondern auch, wer ihnen ,weniger' zugemutet hat. Zum Umgang mit Klassikertexten vgl. SCHÄRTL, Dogmenhermeneutik als dialogischer Prozeß. In: PROSTMEIER/ WENZEL (Hg.), Zukunft der Kirche, 145-165.

Ohne den Anspruch zu erheben, auch nur ansatzweise die Theologie der Kappadokier auf einigen wenigen Seiten auch nur annähernd darstellen und würdigen zu können, möchte ich auf *Gregor von Nyssas* kleine Schrift *Ad Ablabium* verweisen,[44] die eben genau jener Frage nachgeht (die immer wieder auch von muslimischer Seite vorgebracht wird), nämlich ob Christen nicht *de facto* drei Götter verehren, wenn sie von *Vater*, *Sohn* und *Heiligem Geist* sprechen und *diese drei* den einen Gott nennen. Gregor stellt sein Argumentationsziel von vornherein vollkommen klar heraus: Drei Götter sind es nicht, die Christen verehren. Er benutzt eine Reihe von Argumenten (von unterschiedlicher Stärke und Überzeugungskraft), um zu seinem Beweisziel zu kommen; diese Argumente seien hier (und das mag schon ein Stück Verzeichnung beinhalten) in einer *zeitgenössischen* Sprache niedergeschrieben:

1) In den göttlichen Personen markiert die Natur eine Einheit; so wie jede Natur (auch die Rede von einer menschlichen Natur) eine Einheit meint. Das differenzierende Aufzählen ist in solchen Fällen immer eine uneigentliche Redeweise.[45]

2) Individuierung als separierende Differenzierung gibt es nur im endlichen Bereich: genauer – dort, wo Entitäten sozusagen raumzeitlich lokalisiert sind. Die göttliche Natur ist aber unendlich, so dass die ‚ontologischen Gesetzmäßigkeiten des Endlichen‘ für sie nicht gelten *können*. Das heißt: Wo etwas im Endlichen durch Individuierung differenziert und separiert wird, da muss im Unendlichen Individuierung eben nicht auch Differenzierung und Separierung bedeuten.[46]

3) Die Natur Gottes wird nicht erkannt; sie ist unbegreifbar und uns entzogen. Die göttliche Natur erkennen wir nur durch ihre Wirkungen auf uns und ihre Beziehungen zu uns. Diese Beziehung zu uns ist durch die Heilsgeschichte (und damit durch das Bekanntwerden Gottes als *Vater*, *Sohn* und *Geist*) vermittelt.[47]

4) Der Ausdruck »Gott« funktioniert wie ein so genannter ‚*Mass-Term*‘; er bezeichnet damit keine Universalie im landläufigen Sinne, sondern eine sehr spezielle Art von sortalem Term. Auf semantischer Ebene ist »Gott« also unterbestimmt – und wird erst durch die drei ‚Personen‘ adäquat bestimmt.[48]

5) Das ‚Handeln‘ von Vater, Sohn und Geist bildet eine operationale Einheit, die einer ganz bestimmten Grammatik folgt: Es kommt vom

---

[44] Vgl. GREGOR VON NYSSA, Ad Ablabium. In: GNO, ODM I, Leiden 1958, 37-57. [Die Ziffern beziehen sich im Folgenden auf die Seitenzählung in der von Friedrich Müller edierten GNO-Ausgabe.]

[45] Vgl. GREGOR VON NYSSA, Ad Abl., Ed. Müller, 37-40.

[46] Vgl. ebd., 43-47.

[47] Vgl. ebd., 47, 52f. und 54f.

[48] Vgl. ebd., 53f.

Vater her und wird durch den Sohn im Heiligen Geist vollendet und vervollkommnet.[49] Das Handeln der trinitarischen Personen bildet also eine intentionale Einheit, die nur intensional differenziert ist, durch die für dieses Handeln einschlägigen Rücksichten (und in diesen Rücksichten lebt die vor-nizänische Grammatik des ‚ex quo‘, ‚per quem‘, ‚in quo‘ fort).[50]

Diese fünf Punkte sind, je für sich, durchaus theologisch bestreitbar und nicht immer gleichermaßen überzeugend. Die Argumente 1) und 2) stellen für jeden modernen trinitätstheologischen Ansatz sowohl eine Provokation als auch eine Inspiration dar. Denn dass ein Ausdruck, der sozusagen ein ‚natural kind‘ bezeichnen sollte, eine eigentliche, tiefere Einheit benennt, ist ein für heutige Ohren ungewöhnlicher Gedanke.[51] Jeder auch nur halbwegs überzeugte Nominalist wird sich dagegen wehren, das Menschsein als eine tiefere Natur zu verstehen, die alle Differenzierung in menschliche Individuen sozusagen ins Uneigentliche verbannt. Und, diese Seitenbemerkung sei schon hier gestattet, *theologisch* muss Argument 1) einen freiheitsanalytischen Ansatz, der so oder so einen starken Begriff von Individualität braucht, eher stören.

Argument 2) ist insofern inspirierend, als hier die Axiomatik einer ‚*Perfect-Being-Theology*‘ sozusagen mit der einer ‚*Infinite-Being-Theology*‘ gekoppelt wird, die – und hier spielt Argument 2) in das Argument 3) hinein – allerdings vornehmlich *negative Auskünfte* erteilt. Anders gesagt: Die Einheit Gottes ist bei Gregor nicht ohne ein großes Stück negativer Theologie erkauft. Bernhard Nitsche hat diese Tendenz durchaus hellsichtig bemerkt; aber wie ein (um einen letztlich doch nicht anders als auf *Univozität* zielenden Kern der Gottesrede kreisender) freiheitstheoretischer Ansatz als Basis einer Version von ST, ja wie überhaupt irgendeine Version von ST noch verstanden werden soll, wenn man eben dieses Stück negative Theologie implementieren wollte, bleibt doch rätselhaft. Argument 2) und 3) konfrontieren uns nämlich mit einem semantischen *Dilemma*: Entweder wir verstehen die für Gott gebrauchten Ausdrücke letztendlich nicht; oder diese Ausdrücke sind – weil sie immer dem Endlichen abgelauscht wurden – für den Bereich Gottes nicht applikabel.[52]

---

[49] Diese Grammatik wird durch die konstitutionstheoretischen Elemente noch unterstrichen, die den Sohn und den Geist als im Vater ‚gründend‘ sieht, vgl. GREGOR VON NYSSA, Ad Abl., Ed. Müller, 55-57.

[50] Vgl. ebd., 47-51.

[51] Für antikes theologisches Denken hatte dieser platonisierende Gedanke aber auch Vorteile: Wenn die Menschheit aufgrund der Einheitlichkeit der Natur, die alle Individuation überwölbt, eine tiefere Einheit bildet, dann ist die soteriologische Großtat Christi – sein Durchgang durch den Tod in die Auferstehung – als Tat an der Menschheit und für die Menschheit viel leichter zu verstehen und zu erklären. Heutige Soteriologien tun sich entsprechend schwerer, den metaphysischen Aspekt der Erlösungstat Christi auszusagen.

[52] Das ist der Grund, warum meine trinitätstheologischen Überlegungen in der *Theo-Grammatik* durch ein (zugegeben) fürchterlich langes und zähes *Throat-Clearing* eingeleitet wurden, das mich mitten hinein in die *Semantik der Gottesrede* führte und bei dem ich am Ende (wie

Bernhard Nitsche, der (anders als die Schule um *Thomas Pröpper*), die *analoge* Rede von Gott gegen ein univokes Reden von Gott verteidigt[53], entkommt diesem Dilemma ebenfalls nicht – und muss, um affirmativ reden zu können, der Kappadokischen Tradition durchaus etwas zumuten, was ihr doch fremd bleibt.

Werfen wir einen Blick auf 4) und 5), denn hier verbergen sich produktive Einsichten, die auch im Koordinatensystem einer zeitgenössischen, von ganz anderen Paradigmen geleiteten Metaphysik[54] und Gotteslehre fruchtbar gemacht werden können. Argument 4) illustriert Gregor von Nyssa an seiner berühmten *Gold*-Analogie: So wie in drei Goldstücken das Gold *ein- und dasselbe* sei, so ist in Vater, Sohn und Geist das Gottsein ein- und dasselbe. Gregor benutzt hier die Eigenart so genannter ‚*Mass-Terms*'[55]; sie verhalten sich anders als Angaben von universalen Eigenschaften (x ist F)[56] und anders als so genannte sortale Terme (x ist *ein F*)[57]. Man darf nämlich nicht formulieren: »Dieser Ring ist Gold«. Und man kann auch nicht sagen: »Dieser Ring ist *ein* Gold«. Die korrekte Ausdrucksweise lautet vielmehr: »Dieser Ring ist *ein Stück* Gold« (x ist *ein B-F*)[58]. Auch wenn wir generell bei allen drei Formeln [a) x ist F, b) x ist *ein F*, c) x ist ein B-F] sagen können, dass x immer irgendwie jenes ‚Allgemeine', das in F angesagt ist, instantiiert, so sind die

---

HANS-PETER GROßHANS in einer Rezension, ThLZ 131 (2006) Sp. 87-89, besser bemerkte als ich selbst) in der Nähe des sprachtheologischen Ansatzes von Eberhard Jüngel und Ingolf U. Dalferth zu stehen kam. Geleitet wurde dieser Versuch durch die Notwendigkeit, einmal klar zu sagen, was man mit »analoger Rede von Gott« meint. Mir scheint, dass Bernhard Nitsche das Gebot der ‚analogen Rede' im Hinblick auf seinen freiheitstheoretischen Ansatz als *Perfect-Being-Axiom* der Rede von Gott versteht, nicht aber als *Infinite-Being-Axiom*.

[53] Vgl. NITSCHE, Gott und Freiheit, 55-58.

[54] Immer noch wird gerade in der theologischen Zunft die Auffassung vertreten, dass Metaphysik nicht mehr möglich sei. Wenn damit gemeint ist, dass man Metaphysik nicht als hinterweltlerische Ewigkeits-Wisserei betreiben kann, dann stimme ich zu. Ich orientiere mich aber in meinem Metaphysikbegriff an der theoretischen Wettbewerbssituation der analytischen Metaphysik, der es in rivalisierenden Theorien um tastende Antworten auf die Frage geht: »Was gibt es; was ist wirklich?« Zu für die Trinitätslehre durchaus relevanten, parallel strukturierten Fragen vgl. THOMAS SATTIG, Many as One. In: D. ZIMMERMAN (Hg.), Oxford Studies in Metapysics, Vol. 5, Oxford 2010, 145-175.

[55] Zur komplexen Semantik von *Mass-Terms* vgl. FRANCIS J. PELLETIER (Hg.), Mass Terms. Some Philosophical Problems, Dordrecht 1979. In der *Theo-Grammatik* habe ich den Unterschied zwischen *sortalen* Termen und *Mass-Terms* im Hinblick auf den Ausdruck Gott (angeleitet durch die lateinischen und griechischen Quellen und die damit verbundene Syntax) unter den Tisch fallen lassen. Gerechtfertigt wird dies durch eine Position, die *Mass-Terms* als sehr spezielle Arten von sortalen Termen versteht (woran man freilich zweifeln kann). Ich möchte hier den Unterschied deutlicher akzentuieren als vor einer Dekade; denn ich glaube, dass sich daraus interessante Konsequenzen für die Semantik trinitätstheologischer Sprache ergeben könnten.

[56] Vgl. die klassische Angabe einer universellen Eigenschaft wie: »Dieser Tisch ist *blau*«.

[57] Vgl. etwa: »Dies ist *eine* Jeans« oder »Hans ist *ein* Bayer«.

[58] Zu dieser Notation vgl. ähnliche Überlegungen bei RICHARD GRANDY, Stuff and Things. In: PELLETIER (Hg.), Mass Terms, 219-225; zur kritischen Diskussion vgl. BRIAN F. CHELLAS, Quantity and Quantification. In: PELLETIER (Hg.), Mass Terms, 227-231.

Weisen der Instantiierung voneinander *deutlich* verschieden: Im ersten Fall a) ist das Allgemeine im Individuum sozusagen voll und ganz da (und doch auch unabhängig von aller individueller Ausprägung). Im zweiten Fall bleibt das Allgemeine unterbestimmt, wenn es nicht in einem Individuum realisiert wird. Im Bereich des Lebendigen (und in abgeleiteter Form überall da, wo Lebendiges das Nicht-Lebendige durch seine Sichtweisen anblickt) können wir dies vor allem deshalb aufspüren, weil das Allgemeine sich hier immer im Konkreten als Gattung des Lebendigen vollbringt. Noch einmal anders ist es im Fall c), denn hier ist nicht nur die Instantiierung notwendig; vielmehr ist die Bestimmtheit dessen, wofür F steht, in einer geradezu empfindlichen Weise rückgekoppelt an die Weise (also an jenes B), *wie* und *als was* x F instantiiert.[59] In diesem Fall hängt die Existenz des F-seins von F (also die Weise des Wirklichseins von F) und von der B-Artigkeit ab, mit der x F instantiiert. Ins Trinitätstheologische gewendet heißt das: Die Wirklichkeit des Gottseins Gottes ist rein für sich logisch und ontologisch unterbestimmt – es sei denn man nimmt die Bestimmungsweisen, die durch die Personen dem Gottsein Gottes ‚aufgeprägt werden', hinzu. Das Personsein von Vater, Sohn und Geist verweist nun gerade auf jene B-Artigkeit mit Blick auf das Gottsein, die vorausgesetzt ist, damit Vater, Sohn und Geist als Instanzen des Gottseins [$G(v)$, $G(s)$, $G(g)$] gelten können. Dabei ist stets zu beachten, dass $G(x)$ hier grundsätzlich nicht wie eine herkömmliche Universalie funktioniert, sondern wie ein *Mass-Term*, so dass mit Blick auf die einzelnen Instanzen eben gerade nicht jene Distinktheit veranschlagt werden darf, die für Exemplarfälle einer Universalie gelten können. Sowohl die B-Artigkeit als auch das F-sein selbst setzen im Falle der Instanzen von *Mass-Terms* eben diese Instanzen in eine *starke ontologische Beziehung der Wechselverweisung*. Hinzu kommt aber auch, dass die B-Artigkeit für *Vater*, *Sohn* und *Geist* nicht gleichartig ist.[60]

---

[59] Prominente Beispiele der Alltagssprache sind jene Ausdrücke, die Materialien bezeichnen, welche theoretisch beliebig oft geteilt werden können (Holz, Gold, Wasser ...), ohne dass die Teile die Qualität des Materials selbst nicht verlieren (ich will teilchenphysikalische Fragen hier außer Acht lassen): Wenn ich einen Krug mit *Wasser* in Becher gieße, ist in den Bechern immer noch *Wasser*. Wenn ich dagegen eine Jeans in Teile zertrenne, sind die Resultate keine Jeans mehr. Bei *Mass-Term*-Materialien hängt es dann freilich davon ab, *wie* sie präsentiert werden, um zu entscheiden, *welcher Gegenstand* schlussendlich vor einem steht: *ein Glas* Wasser, *ein Becher* Wasser – *ein Stück* Gold, *eine Gold*münze, *ein Gold*becher etc. Wir können als Abgrenzungsregeln für sortale Terme (S) und Mass-Terms (M) also festhalten: 1.$\forall x \forall y\ (S(x) \wedge y\ \mathbf{O}\ x \to \neg S(y))$; 2.$\forall x \forall y\ (M(x) \wedge y\ \mathbf{O}\ x \to M(y))$.

[60] In ein lebensweltliches Beispiel gekleidet: Vater, Sohn und Geist sind eigentlich nicht wie drei Goldstücke aus einem Goldklumpen zu sehen. Gergor hätte sein Beispiel noch etwas verfeinern können, um gerade der *spezifischen Weise*, wie Vater, Sohn und Geist jeweils ‚Person' in der Trinität sind, gerecht zu werden (vergleichbare Analogien der gesuchten Art findet man etwa bei Athanasius). Die Analogie wäre besser, wenn man von einem Goldbecher, einem Goldring und einem Goldstück sprechen würde, die von demselben Gold herstammen. Wie für jede Analogie gibt es einen Punkt der groben Unähnlichkeit – hier mit dem schwierigen Wort »herstammen« angedeutet (denn in der Trinität würde dies dazu führen, die Substanz zu einer eigenen, verborgenen Gottheit hinter den Personen aufzuwerten). Natürlich

Vater, *Sohn* und *Geist* sind verschiedene (verschieden *B*-artige) *Ausprägungen* des Gottseins, deren Distinktheit sowohl vom *F*-sein (= Gottsein) als auch von der jeweiligen *B*-Artigkeit abhängt.

Kombiniert man die angedeutete Semantik, auf die Argument 4) anspielt, mit Argument 2) so gewinnt man ein starkes Axiom, das man stipulativ das *,Divine-Individuation-Principle'* nennen könnte:

> (DIP) Im göttlichen Bereich ist aufgrund der Eigenart der göttlichen Natur (= Vollkommenheit, Unendlichkeit) Individuation immer nur als Ausprägung des Gottseins zu denken, die im Horizont von Unendlichkeit und Vollkommenheit keinerlei Separation impliziert.[61]

Interessant ist nun auch das fünfte Argument; denn es lässt sich durchaus so verstehen, dass es (DIP) am Ende verstärkt und bestätigt: Wenn die trinitarischen Personen nicht durch ihre Individuation separiert sind, dann können auch ihre Handlungen nicht separiert werden. Handlungstheoretisch – und dies ist bei Gregor von Nyssa eindeutig festgehalten – können Vater, Sohn und Geist nicht gegeneinander handeln; *extensional* ist die Handlung Gottes immer eine, *intensional* ist sie dadurch differenziert, dass der Vater als *Quelle*, der Sohn als *Vollbringung* und der Geist als *Vollendung* fungieren. Die trinitätstheologische Grammatik des Handelns kleidet (DIP) gewissermaßen aus. Zwei Aspekte bleiben im Rahmen dieses Argumentes auffällig: Erstens, Gregor von Nyssa kommt nicht auf drei verschiedene Aktzentren zu sprechen – zugegebenermaßen wäre ihm dieser reichlich moderne Begriff auch fremd gewesen; immerhin darf man aber (mit einem gewissen Anachronismus) festhalten, dass die *eine* Handlung nicht von drei Zentren der Aktivität ausgeht, sondern durch drei Ausprägungen des Gottseins Gottes ,hindurchgeht', damit die eine Handlung in den drei Ausprägungen (immer und nur in diesen) geformt wird. Zweitens, Gregor spricht nicht von Handlungen der Personen aneinander; das benutzte Vokabular ist getränkt mit der ,Anschaulichkeit' der konkreten Heilsgeschichte. Immanente Handlungen von Vater, Sohn und

---

kann man fragen, ob die Logik von *Mass*-Terms nicht nur dort gilt, wo es sich um etwas Stoffliches handelt. Selbst wenn dem so wäre, kann man in diesem Fall von einem *metaphorischen Prozess* besonderer Art sprechen, weil nicht die Regeln der *Anwendung* eines *Ausdrucks*, sondern eine ,Logik' übertragen werden. Über die Berechtigung dieses Tuns entscheidet nicht das semantische Ausgangsfeld, sondern der Erfolg der Übertragungsleistung. Zu evtl. Lehren, die man im Blick auf Stoffliches für die Trinitätstheologie ziehen kann, vgl. JEFFREY E. BROWER/ MICHAEL C. REA, Material Constitution and the Trinity. In: Oxford Readings in Philosophy of Religion, 127-147. Zu den mit der Anwendung von Mass-Terms verbundenen Identitätsbehauptungen vgl. D. GABBAY – J.M.E. MORAVCSIK, Sameness and Individuation. In: PELLETIER (Hg.), Mass Terms, 233-247. Vgl. weiterführend auch THOMAS SCHÄRTL, Trinität als Gegenstand der Analytischen Theologie, in: ZKTh 135 (2013) 26-50.

[61] Karlheinz Ruhstorfer zeigt auf, dass (DIP) selbstredend auch für mittelalterliche Trinitätstheologie (er bezieht sich dezidiert auf Thomas von Aquin) eine tragende Rolle spielt. Vgl. RUHSTORFER, Humane Relevanz, 54f.

Geist aneinander (etwa im Sinne einer Liebestrinität) sind in ‚*Ad Ablabium*‘ nicht erwähnt. Anders gesagt: Wenn die innertrinitarischen Relationen und Handlungen wirklich ein starkes Argument abgeben würden, um Dreiheit in der Einheit zu begründen, warum hat es Gregor nicht genutzt? Die Antwort ist vielleicht in den Argumenten 2) und 3) zu suchen; denn Gregors ‚*Infinite-Being-Theology*‘ macht Auskünfte über innertrinitarische Handlungen, ja über alles, was über die Konstitutionsbeziehungen der ‚*processiones*‘ hinausgeht, buchstäblich *witzlos*.

Würde Gregor von Nyssa mit *Ad Ablabium* ST oder LT stützen? Eine einhellige Antwort auf diese etwas naive Frage wird sicherlich immer vom Konflikt der Interpretationen übertönt werden. Allerdings sei all jenen, die Gregor als Vorbild von ST (in dem oben definierten Sinne) betrachten, gesagt, dass die Argumente 2), 4) und 5) gegen ein Modell sprechen, das eine starke Individuation der trinitarischen Personen ansetzt (sozusagen eine separierende Individuation), die dann durch starke, vor allem aber symmetrische Relationsnetze zwischen den Personen wieder zurückgenommen werden muss.[62] Die genannten Argumente können auch LT zuarbeiten, wenn auch nur auf eine vermittelte Weise, weil LT ja versucht, Individuation in Gott so zu denken bzw. zu formulieren, dass Separation *von vornherein nicht* mitgedacht wird. Wie das zu denken ist, wird im letzten Abschnitt noch einmal thematisiert werden.

5. Drei Personen, drei Freiheiten oder drei Instanzen?

Die genannte Perspektive, die schon jetzt ein Votum für LT einzuholen versucht, entbindet uns freilich nicht davon, in einem zusätzlichen Zwischenschritt weitere notwendige Klärungen vorzunehmen. Denn von ihnen hängt es schließlich ab, ob der trinitarische Personbegriff einen anthropologischen Austrag hat und unter welchen Gesichtspunkten die trinitarische Gotteslehre relevant werden wird. Darüber hinaus erlaubt die weitere terminologische Klärung nicht nur eine Evaluation konkurrierender trinitätstheologischer Ansätze, sondern bestimmt auch die Möglichkeiten eines konstruktiven Dialoges mit dem islamischen Monotheismus.

---

[62] Vgl. dazu R.P.C. HANSON, The Search for the Christian Doctrine of God. The Arian Controversy (318-381), Grand Rapids 1988 (RP 2005), 730-737, bes. 737: "One conclusion can be drawn from analogies to the Trinity adduced from time to time by the Cappadocians. They did not put much trust in them themselves. And in the end the 'generic' thesis about their idea of God's substance depends upon taking their analogies strictly and seriously. We should conclude that while none of the three held a doctrine of identity of substance as strict as that of Athanasius none of them believed in a thinly disguised form of the *homoiousios*. Far less should we assume that they (or any other theologian in the ancient world) held the too popular modern theory that God is three persons in our modern sense, i.e. three centers of consciousness."

Wenn die Überschrift dieses Abschnitts nahe legt, dass es besser wäre, an Stelle des Personbegriffs den Ausdruck »Instanz« zu verwenden, dann ist dies einem *Caveat* geschuldet, das in jüngerer Zeit *Helmut Hoping* zum Ausdruck gebracht hat: Der Ausdruck »Person« ist hoch-belastet[63]; er erfüllt notwendigerweise eine vielfältige Rolle in Anthropologie und Ethik. Diese Rolle – die auch theologisch nicht ignoriert werden darf – macht den Personbegriff für das, was die Trinitätslehre meint eigentlich ungeeignet. An die Stelle des Personbegriffes stellt Helmut Hoping[64] den Begriff Instanz, so dass die trinitarischen Personen als *Instanzen der Selbstvermittlung Gottes* betrachtet werden können.

Der Ausdruck »Instanz« ist ein weiter und neutraler Terminus; er lässt sich zunächst interpretieren als Erfüllung eines Schemas oder einer Formel. Eine Eigenschaft ist instantiiert, wenn diese Eigenschaft sozusagen mit einem Schema gleichgesetzt wird, in das ich konkrete Instanzen als erfüllende Werte eintragen kann; in diesem Sinne erfüllt ein blaues Buch die Eigenschaft blau etc. Natürlich könnte man einwenden, dass konkrete Personen die Instantiierung der Eigenschaft Personsein sind. Aber hier wäre zu erwidern, dass gerade so die trinitarischen Personen nicht verstanden werden dürfen. *Bernard Lonergan* macht dies deutlich, wenn er (im Echo mittelalterlicher Distinktionen) die Frage aufwirft, in welcher Hinsicht von Vater, Sohn und Geist sozusagen allgemein als Personen gesprochen werden kann:

> "Accordingly, in God, ‚Father,' ‚Son,' and ‚Spirit' name determinate individuals, while ‚person' names an individual indeterminately. But neither in divinity nor in humanity is there anything indeterminate that exists in reality, and therefore the common element that ‚person' signifies is what is common according to a formality, namely, the formality of a distinct subsistent in an intellectual nature. Still, there is this difference between the word ‚person' as applied to God and as applied to humans, that it is applied to the latter as a universal, since it is predicated of many who differ in their acts of existence, whereas it is applied to the divine Three who nevertheless have but one act of existence."[65]

Lonergan legt in einer an *Thomas von Aquin* geschulten Terminologie noch einmal dar, wo der ontologische Unterschied zwischen menschlichen und

---

[63] Vgl. HELMUT HOPING, Göttliche und menschliche Personen. Die Diskussion um den Menschen als Herausforderung für die Dogmatik. In: ThGl 41 (1998) 162-174.

[64] Helmut Hoping greift dabei einen Vorschlag auf, den ich in der Theo-Grammatik mit Rückbezug auf Johannes von Kuhn sehr kurz gestreift habe. Vgl. SCHÄRTL, Theo-Grammatik, 539-550. Vgl. HELMUT HOPING, Deus Trinitas. Zur Hermeneutik trinitarischer Gottesrede. In: M. STRIET (Hg.), Monotheismus Israels und christlicher Trinitätsglaube, Freiburg-Basel-Wien 2004 (QD 210), 128-154; HOPING, Die Selbstvermittlung der vollkommenen Freiheit Gottes. Kritische Anmerkungen zu Magnus Striets trinitätstheologischem Vorstoß. In: P. WALTER (Hg.), Das Gewaltpotential des Monotheismus und der dreieine Gott, Freiburg-Basel-Wien 2005 (QD 216), 166-177.

[65] BERNARD LONERGAN, The Triune God. Systematics, ed. by R.M. Doran – H.D. Monsour, Toronto – Buffalo – London 2007, 333-335.

,göttlichen' Personen besteht.[66] Weil dieser Unterschied so groß und weil die daraus resultierende Sprachverwirrung so gefährlich ist, sollte man Helmut Hopings Vorschlag, der sich seinerseits mit dem berühmten *Caveat* Karl Rahners trifft, unbedingt beherzigen. Wenn Lonergan (wie schon die mittelalterliche Tradition) darauf hinweist, dass der Ausdruck »Person« in Anwendung auf die trinitarischen Personen (und dies gilt *a fortiori* für alle Ausdrücke, die ein den trinitarischen Personen Gemeinsames aussagen) keine Universalie benennt, dann hat dies gewaltige Konsequenzen – solche Konsequenzen, die für ST durchaus höchst problematisch sein dürften. Denn – so darf man dies verkürzt sagen – Vater, Sohn und Heiliger Geist sind *nicht im gleichen Sinne* Personen der göttlichen Substanz.[67] Hier holen uns erneut jene semantischen Beobachtungen ein, die wir oben zu den *Mass-Terms* dargelegt hatten. Wenn wir drei allgemeine Grundsätze einer halbformalen Universalientheorie niederschreiben, wird deutlich, warum das, was wir von den göttlichen Personen gemeinsam aussagen (gerade dann, wenn wir das aussagen, was von ihrer göttlichen Natur gilt), nicht als Bezug auf Universalien verstehen dürfen. Denn für Universalien gilt normalerweise:

(UNI-1) Universalien können auch dann für universale Eigenschaften stehen, wenn es keine reale Instantiierung gibt.

(UNI-2) Universalien sind grundsätzlich x-fach instantiierbar; a priori kann und darf diese Zahl nicht festgelegt werden.

(UNI-3) Universalien sind graduell instantiierbar, so dass man von verschiedenen Graden von Instantiierung sprechen kann.

---

[66] Vgl. dazu auch ebd., 339: „Hence, in a finite intellectual nature it is impossible for a distinction to result from a subsistent relation; for in such a nature the subsistent, the distinct, and the related are from causes that do not subsist; and since every relation is an order of the subject to another, the distinct subsistent, which is the subject, is prior to its order to another." Lonergan benutzt hier die Boethianische Definition von »Person«, die er mit der trinitätstheologischen Explikation bei Thomas von Aquin (Person als ,subsistierende Relation') zusammen bringt. In anderer Terminologie ausgedrückt, könnte man sagen, dass Lonergan sofort sieht, dass Personen (im endlichen Bereich) als Subjekte *und* als Substanzen betrachtet werden müssen; und genau dies kann und darf es im göttlichen Bereich nicht geben.

[67] Allerdings ist diese Aussage auch mit großer Vorsicht zu genießen, um nicht in eunomianische Gräben zu geraten. Die Rede von »verschiedenen Weisen, das Gottsein zu verwirklichen«, bezieht sich nur auf das Personsein und die daraus resultierenden Differenzen (die in der klassischen Trinitätslehre in der Asymmetrie der Hervorgänge zum Ausdruck gebracht ist). Den trinitarischen Personen kommen aber Eigenschaften zu, die dem Gottsein zukommen, womit ihre ,ontologische Dignität' gesichert ist. Ein Rekonstruktionsversuch in der Semantik der *Mass-Terms* könnte hier weiterhelfen. Wenn ein x ein *B-F* ist, so kann man dies auch so verstehen, dass jenes besagte x sowohl zur Menge der Entitäten, die in *B*-Einheiten auftreten, als auch zur Menge der *F*-exemplifzierenden Entitäten gehört. Diese Zugehörigkeit hat für x eine Reihe von Konsequenzen, vor allem wenn es um die *B*-Artigkeit des *F*-Habens geht. Die positive Konsequenz ist aber in jedem Fall, dass von x jene Merkmale ausgesagt werden dürfen, die für das *F*-Haben typisch sind. Vgl. zu tieferen Analysen H.C. BUNT, Ensembles and the Formal Semantics of Mass Terms. In: PELLETIER (Hg.), Mass Terms, 249-277.

(UNI-3) verweist auf ein mehr oder weniger platonisches Konzept in der Eigenschaftsontologie; ob dieser Grundsatz berechtigt ist, sollte daher durchaus diskutiert werden. Wenn wir stattdessen unser Augenmerk auf (UNI-1) und (UNI-2) richten, dann wird deutlich, was Lonergan angemerkt hatte: Eine vollkommen offene Instantiierbarkeit ist für das Gottsein Gottes nicht denkbar, die Zahl darf nicht restlos offen sein (so dass eine Nicht-Instantiierung genauso denkbar bliebe wie eine Vielfachinstantiierung), sondern ist exakt auf Drei beschränkt. Weil das so ist, offenbart die Semantik des Ausdrucks ‚Gott' auf dem Feld der trinitarischen Gotteslehre auch die Eigentümlichkeiten von *Mass-Terms*: Der Vater ist also nicht einfach Gott, sondern *B*-Gott; Entsprechendes gilt für Sohn und Geist. Um diesem Umstand gerecht zu werden, braucht es einen die Distinktheit von Vater, Sohn und Geist ansagenden Ausdruck, der aber andererseits ontologisch noch nichts präjudiziert und vor allen Dingen der Eigentümlichkeit der trinitätstheologischen Semantik gerecht werden kann. Der Ausdruck ‚Instanz' ist neutral genug, um dies zu leisten. Und in der Ausdrucksverbindung ‚Selbstvermittlung Gottes' ist zumindest angedeutet, dass das Instantiiertsein dieser Instanzen ganz eigenen Gesetzmäßigkeiten folgt, die nicht an einer Ontologie universaler Eigenschaften, sondern an einer Metaphysik der Selbstvermittlung abgelesen werden können. Insofern müsste man formulieren: Der Vater ist auf seine Weise *B-Selbstvermittlung-Gottes*, der Sohn ist auf seine Weise *B-Selbstvermittlung-Gottes* und der Heilige Geist ist auf seine Weise *B-Selbstvermittlung-Gottes*. Für ‚*B*' können wir nun nicht schreiben, was wir sonst bei *Mass-Terms* niederschreiben würden (»ein Teil«, »ein Stück«, »ein Abschnitt« etc.), weil alle diese Ausdrücke nun wirklich nur auf Stoffliches anwendbar sind, sondern müssen (mit Augustinus um den Mangel unseres Vokabulars wissend) zu einem möglichst neutralen Terminus Zuflucht nehmen: daher ‚Instanz'.

Nun sind die Verfechter von ST angetreten, gerade den Personbegriff in der Trinitätstheologie beizubehalten, um die anthropologische Relevanz des Trinitätsdogmas sichtbar zu machen. Der Ausdruck »Instanz« wird ihnen ähnlich kalt (und aus vielen Gründen unannehmbar) vorkommen wie der einstmals von Karl Rahner (auf dem Boden scholastischer Theologie) vorgelegte Begriff der »distinkten Subsistenzweise«.[68] Konsequenter Weise forderte z.B. *Walter Kasper* in einem gegen Rahner formulierten *Sed-Contra*, dass man von drei Subjekten in der Trinität zu sprechen habe, nimmt diese Aussage aber insofern wieder zurück, als er – ebenfalls angeregt durch Bernard Lonergan – dennoch nur von dem *einen* göttlichen Bewusstseins ausgeht, das von den *drei* trinita-

---

[68] Vgl. KARL RAHNER, Der dreifaltige Gott als Urgrund der Heilsgeschichte. In: MySal, Bd. II: Die Heilsgeschichte vor Christus, 3. unveränderte Aufl., Einsiedeln – Zürich – Köln 1978, 317-401, hier bes. 364f. Zur Kritik an Rahner vgl. WALTER KASPER, Der Gott Jesu Christi, Mainz 1982, 368.

rischen Personen *besessen* werde.[69] Die Schwierigkeiten in der Zuordnung der Ansätze von Kasper und Lonergan – offensichtlich gehören sie nicht zu ST in Reinform, weil sie mit Blick auf die trinitarischen Personen am Ende des Tages (mag da noch so viel bewusstseins- und subjekttheoretisches Vokabular benutzt werden) vermutlich doch nur von Quasi-Individuen sprechen würden – sind ein Resultat der generellen Schwierigkeiten, in die man gerät, wenn man den Bewusstseins- und Selbstbewusstseinsbegriff in die Trinität hineinträgt. Denn wenn Selbstbewusstsein eine im hohen Maße individuierende Eigenart hat (oder sogar als *das* Individuationsprinzip von Personen angesehen werden muss), dann kann es nicht sein, dass die trinitarischen Personen derart distinkte Bewusstseinssphären besitzen, dass die je andere trinitarische Person lediglich als Bewusstseins*gegenstand* im je eigenen, für Andere uneinsehbaren Bewusstseinsbezirk auftaucht. Denn ein solcher Bewusstseinsbezug hätte nicht die Kraft, die durch Selbstbewusstsein individuierte Distinktheit einer trinitarischen Person in eine Einheit Gottes zurückzuführen, auf deren Grundlage man (ohne einen semantischen Taschenspielertrick) die *Einzigkeit* Gottes formulieren dürfte. Auch eine idealistische Denkfigur, die Selbstbewusstsein als Bei-sich-sein-im-beim-Anderen-Sein konzipieren wollte, entgeht diesem Problem nicht, solange der Andere nur im ‚Gesichtsfeld‘ von Selbstbewusstsein auftaucht und nicht (und wie dies zu denken wäre, ist eine berechtigte Frage) auch schon im prä-reflexiven Ursprungspunkt von Bewusstsein, so dass ich nicht nur mich selbst als einen Anderen erlebe und erfahre, sondern auch den Anderen sozusagen als mich selbst.[70] Lonergans Ausführungen können als Indiz eines gravierenden Problems gesehen werden, wenn er schreibt:

---

[69] Vgl. KASPER, Gott, 352.

[70] Vor diesem Hintergrund ist auch mein Anschluss an Hegel zu verstehen, den Bernhard Nitsche als problematisch kennzeichnet. Vgl. SCHÄRTL, Auf der Suche nach einer trinitarischen Denkform. In: M. STRIET/ K. MÜLLER (Hg.), Dogma und Denkform, Regensburg 2005, 163-178, bes. 177f. Hegel selbst scheint mir – und das dürfte auch exegetisch unstrittig sein – keinen restlos klaren Personbegriff vorzulegen. Deshalb kann es eine monistische und eine differenztheoretische Auslegung seiner Denkansätze geben. Vgl. zu diesem Problemrahmen KARLHEINZ RUHSTORFER, Gott als Person bei Hegel. In: F. MEIER-HAMIDI/ K. MÜLLER (Hg.), Persönlich und alles zugleich. Theorien der All-Einheit und christliche Gott-Rede, Regensburg 2010, 47-66, bes. 56f.; vgl. auch JOHN O'DONOHUE, Person als Vermittlung. Die Dialektik von Individualität und Allgemeinheit in Hegels »Phänomenologie des Geistes«. Eine philosophisch-theologische Interpretation, Mainz 1993. Wo ich in der *Phänomenologie des Geistes* und in der *Wissenschaft der Logik* Spurenelemente eines monistischen Konzeptes zu sehen meinte, da wurde ich in der *Philosophie der Religion* mit einem differenztheoretischen Element konfrontiert. Die von hier aus aufgeworfene Frage kann unter systematischen Gesichtspunkten nicht in der Hegel-Exegese stecken bleiben, sondern findet eine mögliche bewusstseinstheoretische Lösung für die oben angedeutete Denkform (*Bei-sich-sein-im-beim-Anderen-Sein* als *Ich-als-Anderer-im-Anderen-als-Ich*) erst da, wo man die begriffliche Konfrontation zwischen Monismus und Differenzdenken sucht. Nicht nur aus Schulzugehörigkeitsgründen sympathisiere ich mit einer monistischen Denkform, während Bernhard Nitsche aus dem honorigen Grund, einen maximal stringenten Freiheitsbegriff zu retten, einer differenztheoretischen Option zuneigt. Vgl. zur aktuellen Debattenlage MAGNUS LERCH, All-Einheit und Freiheit. Subjektphilosophische Klärungsversuche in der Monismus-Debatte zwi-

"Just as the divine essence and the real divine relations are distinct not in reality but in concept, so also the essential act and the notional acts are distinct not in reality but in concept. [...] The fact that it is one thing for the Father to be conscious of both the Son and the Spirit, another for the Son to be conscious of both the Spirit and the Father, and still another for the Spirit to be conscious of both the Father and the Son does not militate against this. For although it is quite true that there are three conscious divine subjects, it does not in the least follow that there are three consciousnesses really distinct from one another. Rather, as we have said above, where there is a single act there is a single consciousness; but because there are several subjects, there are also several conscious subjects; and therefore it remains that the three subjects are conscious of one another through one consciousness, which the Three possess in distinct ways."[71]

Lonergans Konklusionen sind durchaus bemerkenswert: Er denkt die trinitarischen Personen als Subjekte, nimmt deren individuiertes Selbstbewusstsein aber wieder zurück, so dass man eigentlich nur von drei Bewusst*heiten* in Gott reden sollte, zumal Gottes Selbstbewusstsein zu seinem Wesen (also zur Substanz) gehört. Weil bei Lonergan die trinitarischen Subjekte lediglich als Quasi-Subjekte vorkommen, kann man seinen Ansatz ohne Mühe LT zuordnen. Ganz in der semantischen Struktur der *Mass-Terms*-Analogie (die logischerweise auch die Grammatik der Wesensaussagen in Hinsicht auf die trinitarischen Personen geprägt hat), folgert Lonergan, dass die trinitarischen Personen je unterschiedliche Ausprägungen des einen göttlichen Selbstbewusstseins haben.

Mit Blick auf dieses Resultat können wir also schreiben: Der Vater ist *B-Selbstbewusstsein-Gottes*, der Sohn ist *B-Selbstbewusstsein-Gottes*; und der Heilige Geist ist *B-Selbstbewusstsein-Gottes* – in allen Fällen in *je eigener Weise*. Es wäre vor diesem Hintergrund also falsch, von einem Selbstbewusstsein des Vaters, einem eigenen Selbstbewusstsein des Sohnes oder einem eigenen Selbstbewusstsein des Geistes zu sprechen. Aber wie sollen wir uns dies dann vorstellen? Vielleicht sollte man sich ein Selbstbewusstsein in drei Bewusstheiten wie eine Art Netzwerk denken, in das man sich von drei ‚*Terminals*' aus einloggt.[72] Ob solch eine Vorstellung konsistent ist, ist freilich eine andere Frage. Was sich aber – an diesen Analysen Lonergans – zeigen

---

schen Klaus Müller und Magnus Striet, Bonn 2009. Vgl. dazu grundlegend KLAUS MÜLLER, Gott – größer als der Monotheismus? Kosmologie, Neurologie und Atheismus als Anamnesen einer verdrängten Denkform. In: MEIER-HAMIDI/ MÜLLER, Persönlich und alles zugleich (a.a.O.), 9-46. Zum Grundlagenproblem vgl. DIETER HENRICH, Andersheit und Absolutheit des Geistes. Sieben Schritte auf dem Weg von Schelling zu Hegel. In: DERS., Selbstverhältnisse. Gedanken und Auslegungen zu den Grundlagen der klassischen deutschen Philosophie, Stuttgart 1993 (ND 2001), 142-172.

[71] LONERGAN, The Triune God, 389f.

[72] Diese Analogie legt sich ausgehend von selbstbewusstseinstheoretischen Reflexionen im Hinblick auf das trinitarische Dogma nahe, die David Brown angestrengt hat (und die eine Strukturparallele zu Lonergan aufweisen); vgl. DAVID BROWN, Trinitarian Personhood and Individuality. In: R. FEENSTRA/ C. PLANTINGA, Trinity, Incarnation and Atonement. Philosophical and Theological Essays, Notre Dame 1989, 48-78.

lässt, ist erneut die Tatsache, wie unbrauchbar ein neuzeitlicher Personbegriff, zu dem Selbstbewusstsein wesentlich gehört, für die Trinitätslehre ist.

Nun könnte man – und das wird von einigen Vertretern von ST immer wieder einmal versucht – diese bewusstseinstheoretischen Befunde schlicht ignorieren, um aus anderen Gründen (etwa der angeblich biblischen Basis des Trinitätsglaubens, die uns eine Selbstunterscheidung von Vater und Sohn nahelegt, die – scheinbar – gar nicht anders als selbstbewusstseinstheoretisch auseinander gelegt werden kann) an distinkten Selbstbewusstseinszentren in der Trinität festzuhalten. Solch ein trinitarischer Personbegriff hätte dann in der Tat das Potenzial, auch für anthropologische Fragen unmittelbar relevant zu werden. Aber – diese These gilt es weiter unten noch zu begründen – wer so ansetzt, wird der Tritheismusgefahr nicht mehr Herr werden können. Ausgangspunkt für diese These sind zwei Grundaspekte, die den neuzeitlichen, vom Selbstbewusstseinsaspekt dominierten Personbegriff prägen und damit einen Sog erzeugen, die den trinitarischen Personbegriff in den Tritheismus ziehen.

Für den modernen, auch in der Gegenwartsphilosophie relevanten Personbegriff sind zwei Aspekte einschlägig, die man – im Anschluss an historische Vorbilder sowie an stattgehabte Rezeption[73] – neo-lockeanisch und neo-fichteanisch nennen könnte:

(NL) Die Identität von individuellen Personen wird durch die Identität (= Kontinuität) eines individuellen Bewusstseinsstroms verbürgt.[74]

(NF) Die Individualität von Personen wird durch eine Erste-Person-Perspektive [EPP] gewährleistet.[75]

(NF) muss als notwendige Ergänzung zu (NL) gedacht werden, weil (NL) im Grunde zirkulär formuliert ist (was die oft bedachte und kritisierte Zirkularität in Lockes eigenem Konzept personaler Identität imitieren soll). Wenn das so ist, dann ist es für einen Bewusstseinsstrom *per se* nicht möglich, jene starke individuierende Rolle zu spielen, die für den Personbegriff reklamiert werden muss. Loneganianer müssten an dieser Stelle (weil sie sich maximal bis [NL] vorwagen könnten) schlicht die Disanalogie zwischen göttlichen und menschlichen Personen konstatieren. Wer aber einen stärkeren Personbegriff für die Trinitätstheologie etablieren möchte, muss einen Schritt weiter, also einen

---

[73] Das bedeutet natürlich auch, dass die beiden folgenden Thesen nicht den Anspruch erheben, den Personbegriff von Locke oder Fichte wiederzugeben, sondern lediglich Rezeptionselemente aufzugreifen, die sich auf Locke und Fichte zurückführen lassen (und die, wie so oft, fragmentarisch und einseitig sind).

[74] Vgl. zu den damit verbundenen begrifflichen Problemen und der Plausibilität des neo-lockeanischen Zugangs die kritische Auseinandersetzung bei PETER UNGER, Identity, Consciousness and Value, New York–Oxford 1990, 66-101.

[75] Vgl. hierzu LYNNE RUDDER BAKER, Persons and Bodies. A Constitution View, Cambridge 2000, 59-88.

Schritt auf (NF) zugehen. Das führt aber in Hinsicht auf die Trinitätslehre zu einer äußerst unliebsamen Konsequenz, die sich im folgenden Argumentationsgang veranschaulichen lässt. Zunächst seien kurz die Konsequenzen aus einer Verbindung von (NL) und (NF) genannt:

1) Jede Person ist Person, weil sie Bewusstsein und eine EPP besitzen.

2) Keine Person kann wissen, *wie* es ist, diese andere Person zu sein (aufgrund der EPP).

3) Es gehört zur Eigenart von Personen, in dem Maße, wie man seiner eigenen EPP inne ist, nicht zu wissen, *wie* es ist diese andere Person zu sein.

Aus 1) bis 3) ergibt sich trinitätstheologisch das folgende Problem – das sich als nichts weniger herausstellt als eine handfeste Inkonsistenz:

a) Der Vater weiß alles, was der Sohn weiß. [Biblisch begründete Prämisse]

b) Der Vater ist eine Person. [Annahme]

c) Der Sohn ist eine Person. [Annahme]

d) Der Vater kann nicht wissen, wie es ist diese andere Person zu sein. [aus b) und 2)].

e) Der Vater kann nicht wissen, wie es ist der Sohn zu sein [aus d) und c)]

f) Der Vater weiß nicht alles, was der Sohn weiß. [aus e); Widerspruch zu a)]

Man wird wohl kaum über 1) debattieren wollen – schon gar nicht in theologischen Kontexten, weil sich ohne Grundsatz 1) kein Individuationskriterium angeben lässt, das auf der Augenhöhe einer Philosophie und Theologie des Geistes bleibt. Auch an 2) wird man bewusstseinsphänomenologisch nicht rütteln können. Vielleicht wird eine Replik auf das genannte Argument die Voraussetzung 3) in Zweifel ziehen oder zumindest so kennzeichnen, dass dieser Grundsatz eher ein anthropologisches Problem darstellt, das es gerade in und durch die Trinitätstheologie zu überwinden gilt. Für den Argumentationsgang a) bis f) ist der Grundsatz 3) jedoch nicht entscheidend; vor allem f) legt mit einer gewissen Eindeutigkeit auf den Tisch, dass wer immer an drei distinkten Selbstbewusstseinszentren in der Trinität festhält, einen starken Einheitsbegriff gefährden muss – so dass vom Monotheismus nicht viel mehr übrig bleibt als die Einheit einer Korporative. Und solch eine Einheit wäre – hier muss man redlich sein – der islamischen Theologie auch nicht vermittelbar. Aber mit LT liegt auch in der christlichen Tradition eine Konzeptualisierung des Trinitätsdogmas vor, die auch aus internen Gründen an einem stärkeren Begriff der Einheit festhalten will und daher eindringlich vor einem Ansatz von drei Subjekten und drei Bewusstseinszentren in Gott warnt. Wer aus diesem Grund den Person-Begriff als solchen vermeidet (und ihn durch einen anderen Begriff zu ersetzen sucht), wird sich vom genannten Argument bestärkt wissen.

Wie (NL) und besonders (NF) ebenfalls zeigen können, ist es schwer, wenn nicht sogar aussichtslos, den Personbegriff ohne den Subjektsbegriff zu formulieren. Zumindest eine Ontologie der Person wird nicht ohne (NF) auskommen können, wenn sie einerseits nicht zirkulär und andererseits nicht unter-tariflich über Personen sprechen will. Will man den Personbegriff dann aber weiterhin für die Trinitätstheologie verwenden – und ihn wie *Jürgen Werbick* vom Subjektbegriff unterscheiden[76] – müsste man einen Personbegriff jenseits von (NL) und (NF) konturieren. Das ist vielleicht möglich; führt aber am Ende in ein Äquivokationsproblem, weil dieser neue Personbegriff von Personen spricht, die mit herkömmlichen Personen nichts mehr zu tun haben. Jürgen Werbicks Impuls muss von allen aufgenommen und am Ende auch verstärkt werden, die die folgenden Prämissen unterschreiben:

1)   Personen sind wesentlich und notwendig durch eine Erste-Person-Perspektive ausgezeichnet, die sie zu Subjekten macht.

2)   Dieser Personbegriff ($P \leftrightarrow EPP$) ist für die Trinitätstheologie unannehmbar, weil er geradewegs in den Tritheismus führt.

Die erste Prämisse ergab sich als terminologische Klärung, die ein Äquivokationsproblem unbedingt vermeiden wollte. Die zweite Prämisse wurde ausführlich begründet. Auf der Basis dieser beiden Prämissen ergibt sich nicht nur ein Plädoyer für Werbicks Bedenken oder Karl Rahners *Caveat*, sondern sogar eine Konklusion, die es angeraten sein lässt, auf den Personbegriff zu verzichten und an seiner Stelle (so der hier skizzierte Vorschlag) den Begriff »Instanz« zu verwenden.

Nun gibt es aber in der christlichen Gegenwartstheologie ambitionierte Versuche, ST in einer erheblich modifizierten Form doch zu retten. Dazu zählen die unterschiedlich pointierten und akzentuierten Entwürfe von *Magnus Striet, Georg Essen* und *Bernhard Nitsche* (letzterer kommt den Neo-Rahnerianern, die mit der Anwendung des Personkonzepts auf die Trinität ihre

---

[76]   Vgl. WERBICK, Gott verbindlich, 631, 633, 634f. Werbick greift hier auf die in der Henrich-Schule und bei Klaus Müller etablierte Unterscheidung von *Person* und *Subjekt* zurück. Ich glaube aber nicht, dass diese Terminologie in der Trinitätslehre weiterhelfen kann; denn sowohl bei Henrich als auch bei Müller sind Subjekte Personen aus der Außenperspektive der Anderen, so dass gilt: Was immer Subjekt ist, ist (aus der nicht-egologischen Perspektive des Anderen) eine Person. Der Personbegriff bleibt damit, wenn auch etwas anders als in (NL) an den Subjektsbegriff gekoppelt – und zwar über die Erste-Person-Perspektive. Das heißt aber auch: Ein Subjekt ist genau dann ein Subjekt, wenn es (aus nicht-egologischer Perspektive) eine Person ist – *et vice versa*.

Probleme haben, am weitesten entgegen). Den gemeinsamen Nenner dieser Ansätze bildet die Überzeugung, dass das Verhältnis der trinitarischen Personen unter- und zueinander als Freiheitsverhältnis zu denken sei; insofern gibt sich das freiheitstheoretische Paradigma als Spielart der Modellschemata M_1 und M_2 zu erkennen. Den erkenntnistheoretischen Einsatzpunkt bildet dabei die neutestamentlich sedimentierte Selbst-Unterscheidung des Sohnes vom Vater[77], die – in der durch Karl Rahners berühmtes Axiom[78] (»Die ökonomische Trinität ist die immanente und umgekehrt.«) – als Abbild, Austrag und Fortbestimmung der Selbstunterscheidung des ewigen Logos vom ewigen Vater genommen wird. Zwei Dinge fallen hier schon ins Auge: Rahners Axiom wird als Erlaubnis genommen, um die biblisch bezeugte Heilsgeschichte in die Ewigkeit Gottes hinein durchzupausen. Rahner selbst hätte sich gegen diese großzügige Auslegung verwahrt, war sein Axiom doch in erster Line dazu formuliert worden, um zu erklären, warum der ewige Logos (und nur er), nicht aber der Vater Mensch geworden sei.[79] Zweitens fällt in der Logik der Selbstunterscheidungen der Geist immer mehr oder weniger stark aus der Betrachtung heraus – er wird mitgemeint und mitgenannt, ohne dass recht klar ist, was das Besondere an der Selbstunterscheidung des Geistes von Vater und Sohn sei (biblisch ist sie nun nicht gut belegt, wir finden z.B. kein ,Hohepriesterliches Gebet' des Geistes[80]) und warum bzw. wie genau eine Selbstunterscheidung des Geistes von der des Sohnes gegenüber dem Vater verschieden ist.[81]

Für Vertreter des freiheitstheoretischen Ansatzes wird die Feststellung der Selbstunterscheidung im Sinne des Wechselverhältnisses verschiedener Freiheiten genommen; die Einheit des Wesens ergibt sich hier aus den Ermöglichungs- und Erfüllungsbedingungen von Freiheit. Drei Grundelemente sind für diesen Ansatz in seinem trinitätstheologischen und seinem anthropologischen Austrag signifikant:[82]

---

[77] Vgl. ESSEN, Die Freiheit Jesu, 206-241.

[78] Vgl. RAHNER, Der dreifaltige Gott, 327-329.

[79] Vgl. ebd., 329-336.

[80] Auf das Problem einer mageren biblischen Begründung der ,Subjekthaftigkeit' des Geistes hat auch Werbick hingewiesen; vgl. WERBICK, Gott verbindlich, 625.

[81] Es ist Bernhard Nitsche zu Gute zu halten, dass er in seinem Entwurf eine echte, differenzierende Rolle des Geistes im Gefüge der Selbstunterscheidungen auszuformulieren versuchte. Vgl. NITSCHE, Gott und Freiheit, 235-241. Ob Nitsches Konzept aufgeht, wenn die Personalität des Heiligen Geistes nun gerade darin besteht, subjektloses Subjekt in einem maximalen Sinne zu sein, ist die Frage. Nitsche löst immerhin die grammatischen Regeln der Rede von den trinitarischen Personen ein, insofern Vater, Sohn und Geist nicht einfach drei Personen oder drei Freiheiten sind, sondern sozusagen jeweils *B*-Personen oder *B*-Freiheiten repräsentieren. Ich frage mich allerdings, ob dieses Eingeständnis nicht doch einen so auf Symmetrien gepolten Ansatz wie den oben skizzierten, empfindlich stören muss.

[82] Vgl. zu diesen Grundelementen NITSCHE, Gott und Freiheit, 208, 236 u.ö.

A)   Freiheit gründet in einer prä-reflexiven Entschlossenheit[83]; sie ist auf diese Weise person-konstitutiv und ist vor diesem Hintergrund noch einmal ursprünglicher und urtümlicher als ein prä-reflexives mit sich Vertraut-Sein.

B)   Die Erfüllung von Freiheit ist immer andere Freiheit; Freiheit kommt ganz zu ihrer Realisierung, wo sie im Anderen die Erfüllung findet.

C)   Freiheit ist (dies gilt noch mehr als für den anthropologischen Kontext für den trinitätstheologischen) ermöglichte Freiheit. Innertrinitarisch wird die Freiheit der göttlichen Personen vom Vater her ermöglicht.[84]

Der freiheitstheoretische Ansatz hat zunächst den Vorteil, dass er einen unbestreitbar starken Personbegriff konturieren kann, der *prima vista* nicht gegen die Einheit Gottes gerichtet sein muss [vgl. nämlich B)]. Gleichzeitig scheint er ebenfalls ohne einen ontologischen Ballast auszukommen. Grundsatz A) ist eine formale Angabe und enthält die Darlegung eines Individuationskriteriums, das gleichwohl primär im Feld der ,praktischen Vernunft' relevant ist – und dieses Feld ist das wichtigere. Etwas schematisch könnte man den hier konturierten Personbegriff als neo-kantianisch kennzeichnen:

(NK)   Person ist, was als agens-kausal zu wirken vermag und was deshalb Initiator und Adressat von Handlungen oder Einstellungen sein kann.

Doch der vermeintliche Vorteil von (NK) ist bereits ein Nachteil: Denn so wenig die praktische Vernunft der Vergewisserung darüber entkommt, *was* und *wen* sie denn meint und von welcher Wirklichkeit sie spricht, wenn sie einen individuierten ,Vollzieher' von Freiheit, einen agens-kausalen Akteur oder einen Adressaten von Einstellungen vor Augen hat, so wenig darf sich dieser trinitätstheologische Ansatz die Mühe ersparen, genauer zu sagen, was denn nun die trinitarischen Freiheits-Vollzieher bzw. Akteure oder Adressaten genau sind.[85]

Zudem stellt die so genannte prä-reflexive Entschlossenheit [vgl. B)] ein schwer zu durchschauendes, ja letztlich undurchdringliches Element dar, wenn nicht auch die Frage nach der *Ontologie jener Träger* gestellt wird, die prä-reflexiv zur Freiheit entschlossen sein sollen. Wird diese Frage aber einmal

---

[83] Vgl. ebd., 199f.

[84] Vgl. ebd., 228. Nitsche versucht hier, den konstitutionstheoretischen Elementen der Trinitätslehre, also den *processiones* von Sohn und Geist aus dem Vater im Koordinatensystem eines freiheitstheoretischen Ansatzes gerecht zu werden. Dabei bleibt mir subjektivitätstheoretisch aber unterbestimmt, worin sich die Freiheitsermöglichung von Sohn und Geist von der den Menschen gnadenhaft geschenkten Freiheitsermöglichung unterscheiden könnte.

[85] Deshalb würde ich Nitsche dezidiert widersprechen, wenn er die Frage nach dem ontologischen Vokabular marginalisiert, vgl. DERS., Gott und Freiheit, 237, Anm. 642.

gestellt, dann holt man den ganzen, in A) bis C) greifbaren Ansatz zwangs-läufig bewusstseinstheoretisch ein; und die prä-reflexive Entschlossenheit ent-puppt sich auf eben dieser neuen Ebene womöglich als nicht viel mehr als die subjekt-konstitutive (traumwandlerisch sichere) Fähigkeit eines Ich-Sprechers, den Ausdruck »ich« korrekt zu verwenden und dadurch ein Wissen-Wie darüber zu bekunden, wie man indexikalische Kontexte erzeugt (denn darin wurzelt sozusagen das Wunder der Subjektivität).[86] Anders gesagt: Wenn es eine prä-reflexive Entschlossenheit ontologisch ohne Subjektsein gar nicht geben wird, dann gibt es den erwähnten Vorteil des freiheitstheoretischen An-satzes ebenfalls nicht – und aus der Verwendung des starken Personbegriffes (NK) wird implicite die Verwendung eines Subjektsbegriffs in Anlehnung an (NF), der ontologische Verpflichtungen nach sich zieht, die für die Trinität nur einen Tritheismus bedeuten können.

Aber auch die handlungstheoretische Komponente des freiheitstheo-retischen Personbegriffes wirft trinitätstheologisch erhebliche Folgefragen auf. Wer einen freiheitstheoretischen Ansatz verfolgt, der wird der folgenden Explikation des Personbegriffes zustimmen müssen:

(PBH) Eine Person ist jemand, der/die etwas aktualisieren kann, weil er/sie etwas wollen kann, indem sie sich intentional auf einen Sach-verhalt richtet [formal: $I(a, p)$].

Für diese mit Blick auf eine Konturierung des Personbegriffes höchst bedeut-same handlungstheoretische Dimension lassen sich (*inter alia*) die folgenden vier Grundsätze notieren, die – wie leicht zu sehen ist – im Kontext meta-ethischer freiheitstheoretischer Debatten keineswegs unumstritten sind, aber jene Philosophinnen/en und Theologinnen/en interessieren sollten, denen aus den verschiedensten Motiven heraus an einem inkompatibilistischen Freiheits-begriff gelegen ist:

1. Grundsatz der Iterationsbeseitigung: *Wenn eine Person a intendiert, dass sie p intendiert, dann intendiert sie p (und umgekehrt): I(a, I(a, p)) ↔ I(a, p).*[87]
2. Grundsatz des Wollens des Wollbaren: *Wenn eine Person a p inten-diert, dann ist es möglich, dass a p intendiert; und es ist möglich, dass a Nicht-p intendiert: I(a, p) → ◊I(a, p) ∧ ◊I(a, ¬p).*
3. Grundsatz der Wählbarkeit: *Wenn es möglich ist, dass a p intendiert, und wenn es möglich ist, dass a Non-p intendiert, dann muss es in*

---

[86] Vgl. dazu weiterführend SCHÄRTL, Personsein – Indexikalität – Selbstbewusstsein. In: B. NIEDERBACHER/ E. RUNGGALDIER (Hg.), Handeln und Person, Frankfurt – London 2008, 173-209.

[87] Der Begriff des Intendierens ist mit dem Begriff der Freiheit über ein Konditional verflochten. Wir können festlegen: $(F → ◊I) ∧ (¬◊I → ¬F)$.

beiden Fällen möglich sein, dass p oder Non-p: $[\lozenge I(a, p) \to \lozenge(p \lor \neg p)] \land [\lozenge I(a, \neg p) \to \lozenge(p \lor \neg p)]$.

4.   Grundsatz der Bewusstheit des Wollens*: Wenn eine Person a will, dass p, dann muss sie auch wissen, dass sie will, dass p, und es muss ihr bewusst sein (= sie muss wissen, dass sie weiß), dass sie will, dass* $I(a, p) \to W(a, I(a, p)) \land W(a, W(a, I(a, p)))$

5.   Grundsatz der Effektivität des Wollens: *Wenn es so ist, dass ein Sachverhalt p möglich ist und dass eine Person p ihn intendiert, dann besteht p auch*: $[I(a, p) \land \lozenge p] \to p$.

Der erste Grundsatz notiert ein Bikonditional, das eine Iterationsbeseitigung gestattet, welches einem von Gegnern einer Freiheitstheorie verbreiteten Regressproblem zuvorkommen will. Dieses Problem lässt sich als Frage gut veranschaulichen: Muss ich, wenn ich *p* will, auch wollen, dass ich will, dass *p*?[88] Und muss ich dann überdies wollen, dass *ich will*, dass ich *will*, dass *p*? Der Akt des Wollens und Sich-Entschließens wird durch dieses Iterieren so verkompliziert, dass man zum einfachen Wollen-dass-*p* gar nicht mehr kommt. Grundsatz 1. bietet hier eine Hilfe, indem er im Wollen sozusagen einen letzt-instanzlich absolut einfachen Moment der Affirmation und des Entschlusses sieht, so dass sich das Wollen des Wollens auf ein einfaches Wollen zusammenstreichen lässt. Ohne Grundsatz 1. wären die Wege zu 2. bis 4. versperrt, weil man sich im Gestrüpp eines Regresses schon verloren hätte, noch ehe je ein Entschluss gefasst worden wäre.

In Grundsatz 2. ist ausgedrückt, dass das, was eine Person *a* will, auch gewollt werden kann. Dies impliziert, dass es für *a* möglich ist auch das Gegenteil dessen, was *a* tatsächlich will, wollen zu können. Grundsatz 3. ist stärker insofern, als er festhält, dass *a* nur dann sinnvoll zu wollen vermag, wenn auch echte Alternativen bestehen: Ich kann, so legt es dieser Grundsatz nahe, nur dann *p* wollen und eben für dieses Wollen zur Verantwortung gezogen werden, wenn ich auch Non-*p* zu wollen vermag *und* wenn Non-*p* eine *echte* Alternative zu *p* ist. Wenn keine echte Alternative besteht, dann ist meine Wahl auch witzlos. Grundsatz 2. wird (vermutlich) von Kompatibilisten wie Inkompatiblisten (mit Blick auf den Freiheitsbegriff) gleichermaßen vertreten werden können, wohingegen 3. eine eindeutig inkompatiblistische Note hat, insofern als 3. eine Determiniertheit von *p* ausschließt.[89] Grundsatz 4. wiederum bindet das Wollen an die bewusstseinstheoretischen Aspekte des Personbegriffs zurück, weil man ein Wollen ohne Bewusstsein nicht denken

---

[88]   Vgl. hierzu TIMOTHY O'CONNOR, Persons and Causes, Oxford 2000, 43-66; DEREK PEERBOOM, Living Without Free Will, Cambridge 2001, 55-68; GALEN STRAWSON, Libertarianism, Action, and Self-Determination. In: T. O'CONNOR (Hg.), Agents, Causes, and Events, Oxford 1995, 13-31.

[89]   Zur weiteren Diskussion der Fragen, die komplexer sind, als hier dargestellt, vgl. O'CONNOR, Persons and Causes, 5-15 und 18-22.

kann. Anders, deutlicher gesagt: Nur wo es ein Bewusstseinszentrum gibt, gibt es ein Aktzentrum, dem echtes Wollen zugesprochen werden darf.

Der fünfte Grundsatz wiederum ist sehr stark (und auch deshalb eine Provokation für den Kompatibilismus); er unterscheidet das Wollen vom Wünschen oder Sich-Vorstellen-Können. Die Umsetzung des Wollens impliziert daher das Bestehen des in Rede stehenden Sachverhalts. Wenn das Wollen nicht effektiv wäre, weil das Gewollte schon immer besteht, so dass das Wollen nichts zum Bestehen des Gewollten beiträgt, wird es schwierig, von einem echten, signifikanten Wollen überhaupt noch zu reden. Und auf dieser Basis wird man die Einwilligung ins Unvermeidliche (in einer Provokation des Kompatibilismus) wohl kaum als Wollen bezeichnen können.[90]

Auch diese Einsichten sind unmittelbar relevant für den trinitätstheologischen *Personbegriff* und die Frage nach der Einheit Gottes: Wenn die Einheit Gottes durch die Liebe der drei trinitarischen Personen auf der Basis eines *Kommerziums* von drei Freiheiten verbürgt wird, dann müssen Vater, Sohn und Geist je einander als *Erfüllung* ihrer Freiheit *wollen* können.[91] Grundsatz

---

[90] Bernhard Nitsche selbst unterläuft die hier angezeigte Problematik durch die Strenge seines transzendentallogischen Ansatzes: Es ist die Entschlossenheit als Freiheit, die die innertrinitarische Differenzierung ermöglicht. Sie liegt jedem Wollen und Können transzendentallogisch voraus und scheint damit den in den oben erwähnten Grundsätzen formulierten Anfragen gegenüber geschützt zu sein. Doch auch hier ergeben sich Rückfragen gerade vor dem Horizont analytischer Freiheitstheorie und Metaphysik: 1. Eine Freiheit die ihrem Wesen nach in einer reinen Entschlossenheit besteht, kann auch als reine Eröffnetheit bezeichnet werden – und eine reine Eröffnetheit schon als Freiheit zu verstehen, ist unter handlungstheoretischen Voraussetzungen allenfalls analog möglich. 2. Für eine analytische Handlungstheorie wäre eine Eröffnetheit vor allem eine Disposition; doch Dispositionen müssen im Handeln, also im Wollen und Vollbringen konkret werden, um auf ihre Freiheitsartigkeit hin befragbar zu sein. 3. Die größten Fragen wirft Nitsches Kennzeichnung der transzendentallogischen Entschlossenheit als ‚prätemporal' auf; für einen Aeternalisten wäre diese Kennzeichnung nur schwer verständlich: Was kann und soll »prätemporal« bedeuten für Gott, der voll und ganz ewig ist und in sich selbst keine Zeit kennt? 4. Die größten Schwierigkeiten in Nitsches Ansatz finden sich jedoch nicht im Blick auf die freiheitsanalytischen Herleitungen der person-bildenden, innertrinitarischen Differenzen, sondern im Blick auf die metaphysischen Konsequenzen: Nitsche geht von drei differenzierten Trägern dieser differenzbildenden Freiheiten aus. Doch im Verständnis analytischer, speziell neo-aristotelischer ontologischer Kategorien wären irreduzibel differente Träger einer transzendentallogisch ausgewiesenen Freiheit nichts anderes als (echte und paradigmatische) Substanzen im Vollsinne des Verständnisses von Substanz. Was sonst sollten irreduzible, im echten Sinne individuierte Träger sein? Da ich nicht sehe, wie diese ‚ontologische Verpflichtung' des freiheitstheoretischen Ansatzes vermieden werden kann, halte ich den Ansatz für trinitätstheologisch weiterhin höchst problematisch.

[91] Zu diesen Formulierungen vgl. NITSCHE, Gott und Freiheit, 207-209. Ein besonderes Problem stellt, wie schon angedeutet, der Gedanke einer *prä-reflexiven* Entschlossenheit dar. Wenn sie eine Entschlossenheit zur Entschlossenheit oder eine Entschlossenheit zum Entschließen meint, dann verfällt sie dem Verdikt in Grundsatz 1. Denn durch die Möglichkeit der Iterationsbeseitigung wird aus einer transzendentalen Entschlossenheit zur Entschlossenheit eine schlichte Entschlossenheit-für-*p*. (Und sie muss diesem Verdikt auch verfallen; andernfalls könnte man für die Entschlossenheit zur Entschlossenheit eine ‚retro-retrosendente' Entschlossenheit zur Entschlossenheit fordern – *ad infinitum*). Woher weiß Bernhard Nitsche, dass es sozusagen nur einen Schritt zurück ins Prä-Reflexive und Prä-Propositionale gibt? In

2. verlangt aber, dass das Wollen des Gegenteils auch möglich sein muss. Sollte man dies im Ernst von der innertrinitarischen Beziehung zwischen Vater und Sohn behaupten? Oder müssten Freiheitstheoretiker nicht einräumen, dass es für den Sohn ganz und gar unabdingbar ist, den Vater zu wollen. Nicht nur die Effektivität eines Wollens des Gegenteils (Grundsatz 5.), sondern schon der Gedanke, dass für den ewigen Logos irgendwelche Alternativen zur Wahl stünden, scheint theologisch absurd, weil solche Gedanken die Trinität in einen (möglicherweise zerstrittenen) Götterhaufen verwandeln würde. Wo es keine Wählbarkeit des Wollbaren gibt, kann es auch keine echte Wahl und kein Wollen geben. Dieser Umstand lässt sich auch dann nicht vom Tisch wischen, wenn man mit einer gewissen rhetorischen Geschicklichkeit die *Gebundenheit* von Freiheit, ihr vollkommenes Sich-dem-Anderen-Überlassen als *ihren eigenen tieferen Sinn* zelebriert; denn mit einer Freiheit, so wie sie ethisch und anthropologisch relevant werden könnte, hätte das dann nichts mehr zu tun. Der vierte Grundsatz wiederum verlangt, wie schon die angedeuteten ontologischen Fragen skizziert hatten, nach einer bewusstseinstheoretischen Durchklärung von Freiheit, weil es ein Wollen ohne Bewusstsein nicht geben wird. Wenn das aber so ist, dann sind drei, in ihrer je unvertretbaren Entschlossenheit individuierte Freiheiten nichts anderes als drei Zentren von Selbstbewusstsein und verfangen sich in der ebenfalls oben schon skizzierten Argumentation, die letztendlich die Unübertragbarkeit eines anthropologisch brauchbaren Personbegriffes auf die Trinität konstatieren musste.

Natürlich könnten Freiheitstheoretiker auch diese Warnung in den Wind schlagen, sich sowohl der Bewusstseinstheorie als auch der damit verbundenen ontologischen Verbindlichkeit enthalten. Dennoch steht das Freiheitsparadigma angesichts der Wollbarkeit und Wählbarkeit des inner-trinitarisch Alternativlosen vor einem Dilemma: Entweder verstehen wir nicht im Ansatz, was Freiheit innertrinitarisch bedeutet. Oder wir haben es hier mit einem kompatibilistischen innertrinitarischen (die Personen könnten sich theoretisch entscheiden, wie sie wollten, das Resultat der Entscheidung ist faktisch schon gesetzt) Freiheitsbegriff zu tun. In beiden Fällen wird die Freiheit der innertrinitarischen Personen irrelevant für alle anthropologischen, soteriologischen und gnadentheologischen Applikationen.

Nehmen wir noch einmal an, die genannten Einwände gegen die freiheitstheoretische Version von ST wären nicht zwingend oder die damit verbundenen Probleme ließen sich lösen, dann bleibt die Dreiheit der Personen aus anthropologischer Perspektive immer noch ein Problem (und hier schließt sich

---

diesem Nebel könnten sich ja doch auch unendlich viele Schritte verbergen. Grundsatz 1. hilft uns, uns vor einer Explosion des Entschlossenseins zu bewahren. Alle weiteren Bemühungen, diese transzendentale Entschlossenheit sachgemäß zu deuten, kommen m.E. nicht ohne ein gerüttelt Maß an subjekts- und bewusstseinstheoretischer Vergewisserung aus. Vgl. hierzu noch einmal Anm. 85.

der Kreis zu den semantischen Regeln des *Symbolum Quicumque*): Wenn in einer freiheitstheoretischen Version von ST gilt, dass Gott die Erfüllung der auf Unendlichkeit zielenden, material endlichen menschlichen Freiheit ist, dann darf diese letzte Erfüllung nur eine ‚freiheitstheoretische Singularität' sein – ein letzter, alles umfassender und zusammenfassender absoluter Fluchtpunkt menschlicher Freiheit. Strukturell ähnlich ist dieser Gedanke bei *Anselm von Canterbury* in *De Incarnatione* ausgeführt, wo er ein (platonisierendes) Argument für die Einzigkeit Gottes darlegt (das auch durch die Trinitätstheologie nicht invalide gemacht werden darf): Es kann nur *ein* oberstes Gutes geben, das das Ziel allen Wollens und Strebens ist. Dieses *eine*, oberste Gute ist Gott. Und darum ist Gott nur einer.[92] Die Strukturparallele besteht nun darin, dass wir als freie Wesen auf ein letztes Gutes hin orientiert sind (es gewissermaßen ersehnen und uns danach ausrichten), daher darf dieses letzte Gute nicht im Plural existieren. Übersetzt in den Tonfall freiheitstheoretischer Theologie, ließe sich problematisierend weiter fragen: Wenn nun die trinitarischen Personen als Kommerzium von Freiheiten angesprochen werden sollen, wie können sie dann ihrerseits die Erfüllung der endlichen menschlichen Freiheit sein – zumal offenkundig ihre je eigene Freiheit einer Erfüllung bedarf? Ist jede trinitarische Person (qua Gottnatur) die Erfüllung menschlicher Freiheit? Wenn – in einer Aufarbeitung der ganz alten und daher umso verbindlicheren trinitarischen Formeln, – aber gesagt werden muss, dass im letzten der Vater die Erfüllung aller Freiheit ist, dann wird dabei eine überdeutliche Asymmetrie in dieses Modells von ST eingezogen, die die ganze Statik verändert: Sohn und Geist können am Ende nur ‚Instanzen' sein, die die nach Erfüllung strebende menschliche Freiheit auf den Vater hin orientieren. Wenn das aber so ist, wie kann dann auch inner-trinitarisch ernsthaft von einem Kommerzium dreier Freiheiten ausgegangen werden?[93]

---

[92]   Vgl. ANSELM VON CANTERBURY, Epistola de Incarnatione Verbi. In: S. Anselmi Opera Omnia, Vol. I, Tb. 2 (Ed. Schmitt). Stuttgart 1986, 3-35, cap. VIII.

[93]   Weitere Folgeprobleme will ich erst gar nicht der Länge und Breite nach diskutieren. Bernhard Nitsche mahnt bei Georg Essen ganz zu Recht eine *monotheletische* Tendenz an, weil die Freiheit des ewigen Logos hier (im Sinne von Identität) die Freiheit Christi ist und damit die eigentliche Grundlage der Enhypostasie bilde. Nitsches Gegenentwurf, der von einer dialogisch-ermöglichenden Freiheitsbeziehung zwischen Logos und Jesus von Nazareth ausgeht, steuert nun auf den anderen Straßengraben zu und hat ein mehr oder weniger nestorianisches Gepräge. Vgl. NITSCHE, Gott und Freiheit, 200-202. Müsste man angesichts dieser Resultate nicht schlicht sagen, dass der freiheitstheoretische Ansatz nicht taugt, um trinitätstheologisch fruchtbar gemacht zu werden – und zwar dann nicht, wenn er ins Innertrinitarische hineingetragen wird? Diese Frage ist keine Geschmacksfrage, sondern eine wissenschaftstheoretische Frage: Wenn ein Begriff in einem komplexen Anwendungsgebiet immerfort nur mit dem Rest der Theorie inkonsistente Resultate erzeugt, sollte man dann nicht die Anwendungsgrenzen dieses Begriffes kritisch beleuchten? Zu den Umrissen eines alternativen Versuches, Enhypostasie zu denken vgl. SCHÄRTL, Zeichen der Freundschaft mit Gott. Konturen einer christologischen Denkform. In: M. ECKHOLT/ TH. FLIETHMANN (Hg.), Freundschaft als Leitbegriff systematischer Theologie, Münster 2007, 83-110. Bernhard Nitsche scheint aber in keinem Fall von der Übertragung des Freiheitsbegriffes auf die trinitarischen Personen abrü-

Welche Lehren ziehen wir aus den bisherigen Überlegungen? Die hier zu formulierende These scheint unabweisbar: Sowohl der Ansatz von drei Subjekten und drei Bewusstseinszentren als auch die Annahme von drei Freiheiten in Gott zerstören die Einheit Gottes oder tragen zumindest dazu bei, dass das Wesen des einen Gottes im Kommerzium von Subjekten oder Freiheiten *zerrieben* wird. Die Rede von drei Personen wird dieses Resultat nicht abmildern, weil ein irgendwie handlungstheoretisch *signifikanter* Personbegriff (und dieses Mindestmaß müsste von all jenen gefordert werden, die einen starken Begriff von Selbstunterscheidung, Anerkennung oder Liebe in die Gottheit hineintragen wollen) sich als Subjekts- oder Selbstbewusstseinskonstellation entpuppt, sobald man von ihm einen ontologischen Offenbarungseid verlangt. Darüber hinaus scheint es angeraten zu sein, diese schwerwiegenden, aber höchst relevanten Begriffe wie Anerkennung, Subjektivität, Freiheit und Selbstbewusstsein im Stil des *Symbolum Quicumque* und entsprechend der Grammatik trinitarischer Sprachregelungen von der Substanz, vom Wesen Gottes auszusagen.

Dies alles macht *in summa* die Verwendung des Personbegriffs für Vater, Sohn und Geist ausgesprochen schwierig. Deshalb scheint es klüger zu sein, zu einem neutralen Ausdruck Zuflucht zu nehmen: *drei Instanzen* in der *einen* Selbstvermittlung Gottes. Für Vater, Sohn und Geist gilt, dass sie nicht in der wechselseitig gegeneinander differenzierenden, distinktiven Weise frei, selbstbewusst oder subjekthaft sind, sondern dass Vater, Sohn und Geist je *B-Freiheit-Gottes*, *B-Selbstbewusstsein-Gottes* oder *B-Subjektsein-Gottes* (und zwar in der je eigenen Weise) repräsentieren. Was das für die Gotteslehre bedeutet, wird im Folgenden noch zu bedenken sein. Hier sei nur noch vermerkt, dass bei der Rede von Gottes Freiheit, Selbstbewusstsein, Subjekthaftigkeit für uns (und so würde es vermutlich auch Gregor von Nyssa sagen) der Bezug von Gottes Freiheit, seinem Selbstbewusstsein und seiner Subjekthaftigkeit zur Welt von eminenter Bedeutung wird, weil dies eben das semantische Feld darstellt, in dem die Rede von Gott konkrete Inhaltlichkeit gewinnt. In diesem

---

cken zu wollen. Er begründet dies erstens mit der erkenntnistheoretischen Dimension (und meint damit in der Linie der Kappadokier den Offenbarungsbegriff) und zweitens mit der soteriologischen Dimension; vgl. NITSCHE, Gott und Freiheit, 237, Anm. 642. Diese Argumente sind aber nicht zwingend. Denn sie setzen voraus, dass 1. Offenbarung nur in kommunikations- und handlungstheoretischen Begriffen gedacht werden kann und dass 2. der Freiheitsbegriff die Radnabe der Soteriologie nur dann sein kann, wenn man dem ewigen Logos bereits Freiheit zuschreibt. Gegen 1. kann man auf konsequent bewusstseins- oder bildtheoretische Offenbarungsbegriffe verweisen (im Sinne einer transzendentalen Bild- oder Disclosure-Theorie). Gegen 2. kann man auf die aus dem Bildbegriff resultierenden Konsequenzen für einen alternativen Akzent in der Soteriologie verweisen. Zu Letzterem vgl. SCHÄRTL, „Eine unerhörte und ungerechte Geschichte"? Soteriologie jenseits einer ökonomistischen Grammatik. In: ZKTh 132 (2010) 482-504. Zu Ersterem vgl. den Ansatz von HANSJÜRGEN VERWEYEN, Gottes letztes Wort. Grundriss der Fundamentaltheologie, 3., überarb. Aufl., Regensburg 2000.

Feld sind dann sowohl Analogie als auch Disanalogie vorgezeichnet und mehr oder weniger gut sichtbar ausgesteckt.

6. Gott – der absolute Geist in absoluter Selbstvermittlung

Dass der Ausdruck »Instanz« von Instantiierung hergenommen ist und das Instantiierung als ‚Erfüllung eines Schemas' betrachtet werden könnte, wurde schon erwähnt. Damit ist aber nur eine Analogie eingeführt, die einen ganz neutralen Terminus ins Blickfeld trinitätstheologischer Überlegungen rückt, um eine Befreiung von der Last des dem Sog neuzeitlichen Denkens nicht entziehbaren Personbegriffs zu ermöglichen. Anders gesagt: Wenn Christinnen und Christen von drei Personen in Gott sprechen, dann wird der Monotheismus nur gerettet werden, wenn damit nicht drei Subjekte und Selbstbewusstseinszentren gemeint sind. Diese Negativanzeige ist auch ein Resultat, das mit dem Ausdruck »Instanz« verbunden werden könnte. Vor allem aber fasst der Ausdruck »Instanz« in seiner Verwendung in der Trinitätstheologie den Umstand ein, dass das Gottsein Gottes erst in seinen »Instanzen« zur vollen Bestimmung kommt. Deshalb darf man im Anschluss an *Johannes von Kuhn*[94] (der sich hier seinerseits auf *Schelling* zurück bezieht), vom trinitarischen Gott als dem Gott des *konkreten* Monotheismus sprechen. Diese Konkretheit Gottes besteht darin, dass durch den Begriff des in drei Instanzen vermittelten Selbstseins Gottes ausgedrückt werden kann[95], dass

1. Gott in der Geschichte präsent zu sein vermag, insofern er im Anderen seiner Selbst seine Abwesenheit in reine Anwesenheit überführt,

2. Gott die Geschichte, die Menschen machen und erzählen, zu seiner eigenen Geschichte macht[96], indem sie seinem ewigen Wort ‚eingeschrieben' wird,

---

[94] Vgl. JOHANNES VON KUHN, Katholische Dogmatik. Zweiter Band: Die Lehre von der göttlichen Dreieinigkeit, Tübingen 1857 (ND Frankfurt a.M. 1968), 663f.

[95] Schelling scheint mir auch eine idealistische Denkform anzubieten, die nicht nur Trinitätslehre und Mono-Subjektivität Gottes versöhnen, sondern auch auf dem Boden einer (tendenziell) mono-subjektiven Auffassung dem Freiheitsparadigma wirklich Rechnung tragen kann. Vgl. dazu die instruktive Studie von MALTE DOMINIK KRÜGER, Göttliche Freiheit. Die Trinitätslehre in Schellings Spätphilosophie, Tübingen 2008, bes. 275-299.

[96] Anders als ein nicht kleiner Strom der deutschen Gegenwartstheologie halte ich an der Ewigkeit Gottes strikt fest. Vgl. SCHÄRTL, Why We Need God's Eternity. Some Remarks to Support a Classic Notion. In: CH. TAPP – E. RUNGGALDIER (Hg.), God, Eternity, and Time, Farnham 2011, 47-62. Von daher ist die Rede von einer Einschreibung der Geschichte in Gott selbst ebenfalls nicht krud-realistisch zu verstehen. Ermöglicht wird solch ein Gedanke nur durch jene in der Trinitätslehre angezeigte Selbstvermitteltheit Gottes: Wenn – über die Trinitätslehre – gesagt werden kann, dass Gott nicht nur der Allfernste, sondern gerade auch der Aller-Innerste ist, dann kann auch gesagt werden, dass sich Gott ‚in der dauerlosen Ewigkeit als er selbst ereignet', indem er sich in das Andere seiner selbst, das in den Strom von Zeit

3.   Gott in der Vielperspektivität der kontingenten Einmaligkeit menschlicher Subjekte präsent bleibt und diese Vielperspektivität in seine Einheit und Ewigkeit vermittelt.

Am Ende muss die Trinitätstheologie einen ganz bestimmten Zweck erfüllen; sie muss es möglich machen, das Christusereignis als Ereignis der (vorbehaltlosen) Präsenz Gottes zu denken.[97] Und vielleicht ist genau an dieser Stelle (nicht aber dort, wo die Rede von drei Personen ins Auge springt und einen gewissen Anstoß erweckt) das Gespräch mit dem Islam zu führen: Wie sind der lebendige Gott, seine Offenbarung und die Geschichte, die mit menschlicher und göttlicher Hand geschrieben wird, so zusammenzudenken, dass der Absolute als anwesender und anwesend-bleibender, aber in seiner Offenbarung auch die Menschen suchender und einladender Gott gedacht werden kann?

Wenn für diesen Gedanken der Ausdruck »Instanz« als Gegengewicht zum Ausdruck »Person« eingeführt wurde, dann muss freilich noch dargelegt werden, wie man nun in solch einem Konzept, das bisher nur mittelbar seine Sympathien für LT bekundet hat, Einheit in Dreiheit zu denken habe. Als Eingangsmodell sei eine Veranschaulichung präsentiert, die aus Anselms *De Incarnatione* stammt und die einerseits den bisher gestreiften semantischen Überlegungen Rechnung trägt und andererseits auch eine Grammatik illustriert, die es erlaubt, Einheit und Dreiheit im Horizont von LT so zu denken, dass die Einzigkeit Gottes dadurch nicht gefährdet wird. Anselm schreibt gegen seinen *Adversarius*, dass man sich Trinität nicht wie drei Engel oder drei Seelen denken dürfe[98] (und diese Kritik könnte auch heute noch jene treffen, die drei Akt- und Selbsbewusstseinszentren ansetzen). Anselm schlägt

---

getaucht ist, hinein vermittelt. Und eben dieser Gedanke ist die Basis für eine *christologische* Denkform.

[97]   Aus den bisherigen Überlegungen ergeben sich natürlich auch gewisse Vorbehalte gegenüber bewusstseins-christologischen Versuchen, die durch ST fast unausweichlich impliziert werden. Aus der oben vorgetragenen Skepsis gegenüber einem starken, weil vom Anthropologischen abgelesenen Personbegriff ergibt sich die Notwendigkeit, Subjektivität und Bewusstsein (wie eben auch den Willen) den Naturen zuzuweisen und zuzuordnen. Was das dann für das Bewusstsein Jesu bedeutet, habe ich an anderer Stelle zu skizzieren versucht; vgl. SCHÄRTL, Zeichen der Freundschaft mit Gott, 89-94. In eine These gegossen, ließe sich hier festhalten: Die Einung mit dem Logos ereignet sich in Jesus von Nazareth – in bewusstseinstheoretischen Kategorien formuliert – darin, dass sich der Mensch Jesus vollkommen von Vater herkommend und herstammend weiß und dieses Wissen-wie (das kein propositionales Wissen sein muss) als Rückgegründetsein seines Selbst in das ihm zugewandte Selbst Gottes vollziehen kann. Die Beziehung Jesu zum Vater ist das Feld, in dem sich die Enhypostasie mit dem göttlichen Logos sozusagen ‚ereignet‘, indem sie sich als Vermittlung der göttlichen und menschlichen Naturen vollzieht. Zur grundlegenden Weichenstellung in dieser Frage vgl. KARL RAHNER, Dogmatische Erwägungen über das Wissen und Selbstbewußtsein Christi. In: DERS., Schriften zur Theologie, Bd. V, Zürich – Einsiedeln – Köln ³1968, 222-245. Zur bewusstseins-christologischen Frage vgl. auch KARL-HEINZ MENKE, Jesus ist Gott der Sohn. Denkformen und Brennpunkte der Christologie, Regensburg 2008, 334-375.

[98]   Vgl. ANSELM VON CANTERBURY, De Incarnatione II.

ein interessantes, sehr bildliches Modell vor, um Einheit in Dreiheit zu artikulieren:

> „Nehmen wir eine Quelle an, von der ein fließendes Gewässer seinen Anfang nehmen, seinen Lauf beginnen und sich später in einem See sammeln möge; sein Name soll ‚Nil' sein. Wir sprechen dann unterscheidend von Quelle, Fluß und See, indem wir die Quelle nicht einen Fluß oder einen See nennen, und auch den Fluß nicht eine Quelle oder einen See, und auch den See nicht eine Quelle oder einen Fluß nennen. Dennoch wird die Quelle als ‚Nil' bezeichnet, ebenso der Fluß und auch der See. Und es werden die Quelle und der Fluß, die Quelle und der See, und auch der Fluß und der See als jeweils zweierlei zugleich als ‚Nil' bezeichnet. Ebenso werden auch Quelle und Fluß und See als dreierlei zugleich als ‚Nil' bezeichnet. Gleichwohl gibt es nicht den einen und dann einen anderen ‚Nil', sondern nur ein und denselben – ob nun jedes dieser Dinge einzeln, zu zweit oder zu dritt als ‚Nil' bezeichnet werden. Quelle, Fluß und See sind also drei, und ein einziger ist der ‚Nil', ein einziger ist der Strom, eine einzige ist die Natur, ein einziges ist das Wasser; und nichts kann als ein dreifaches Etwas bezeichnet werden. Denn es gibt nicht drei ‚Nile', oder drei Ströme, oder drei Wasser oder drei Naturen, noch gibt es drei Quellen, oder drei Flüsse oder drei Seen. Hier wird also ein einziges über dreierlei ausgesagt und dreierlei wird über ein einziges ausgesagt, jedoch werden drei nicht voneinander ausgesagt."[99]

Anselm ist sich natürlich bewusst, dass der Nil (vergessen wir hier einfach auch die nordafrikanische Geographie, die für das Beispiel eigentlich unerheblich ist) in Wirklichkeit ein physischer Gegenstand in Raum und Zeit ist (modern gesprochen: ein vierdimensionales Gebilde, das räumliche und zeitliche Teile hat, die aus ‚Fluss-Ereignissen' gebildet sind).[100] Anselm stellt eine ‚Grammatik' vor, die das Modell einer ‚trinitarischen Grammatik' hat und eben keinen Widerspruch beinhalten soll. Ein Vergleich[101] dürfe hier erhellend sein:

1) Der Vater ist Gott.	1) Die Quelle ist der Nil.
2) Der Sohn ist Gott.	2) Der Fluss ist der Nil.
3) Der Heilige Geist ist Gott.	3) Der See ist der Nil.
4) Der Vater ist nicht der Sohn.	4) Die Quelle ist nicht der Fluss.
5) Der Sohn ist nicht der Heilige Geist.	5) Der Fluss ist nicht der See.
6) Der Vater ist nicht der Heilige Geist.	6) Die Quelle ist nicht der See.
7) Der Vater und der Sohn und	7) Die Quelle, der Fluss und der

---

[99] ANSELM VON CANTERBURY, De Incarnatione XIII; Übers. aus: Texte zum Universalienstreit, Bd. 1: Vom Ausgang der Antike bis zur Frühscholastik. Lat., griech. und arab. Texte des 3.-12. Jhdts., übers. und hrsg. Von H.-U. Wöhler, 76-96, hier 93.

[100] Vgl. ebd.

[101] Vgl. zur weiteren Analyse und Auswertung auch CHRISTOPHER HUGHES, On a Complex Theory of a Simple God. A Philosophical Investigation in Aquinas' Philosophical Theology. New York – London 1990, 166f.

| der Heilige Geist sind* Gott.[102] | See sind* der Nil. |

Was Anselms Modell so eindrücklich macht, ist die Tatsache, dass die drei ‚Ausprägungen' des Nil (Quelle, Fluss, See) wirklich voneinander verschieden (und zwar dauerhaft distinkt) sind, wohingegen die Einheit durch die Tatsache verbürgt ist, dass ‚dasselbe Nilwasser' in Quelle, Fluss und See vorkommt und dass die ‚drei Ausprägungen' in einer funktionalen (d.h. relational darstellbaren) Beziehung zueinander stehen: Die Quelle ist ja immer Quelle eines Flusses und eines Sees. Der See ist ja immer bezogen auf einen Zu-Fluss aus der Quelle etc. Der Ausdruck »Nil« funktioniert – wenn dies normalsprachlich auch nicht sofort einleuchtet – wie ein *Mass-Term*. Für sich ist »Nil« eigentlich unterbestimmt, wenn nicht die für die Mass-Terms notwendigen spezifizierenden Ergänzungen hinzugenommen werden: Die Quelle ist *B*-Nil, der Fluss ist *B*-Nil, der See ist *B*-Nil. Aber die Treffsicherheit dieses Beispiels wird vor allem dadurch gestört, dass wir unter »Nil« ein materielles, vierdimensionales Gebilde verstehen, das sozusagen in Abschnitte aufgeteilt ist. Und wer wollte nun ernsthaft die ‚Instanzen' in Gott »Abschnitte Gottes« nennen?

Um die in diesem Modell aufleuchtende Überwindung des bei Augustinus diagnostizierten Bezeichnungs-Externalismus herauszuarbeiten, sie eine Verfeinerung von Anselms Modellfall im Sinne eines Gedankenexperimentes vorgeschlagen: Nehmen wir zunächst einmal an (entgegen unseren Kenntnissen in elementaren geologischen Gegebenheiten), Quelle, Fluss und See würden einen Kreislauf bilden, so dass das Wasser, das zu t_1 in der Quelle ist, zu t_2 im Fluss und zu t_3 im See ist, zu einem Punkt t_{1*} wieder in der Quelle wäre. Zudem müssten wir uns vorstellen, dass die Punkte t_1, t_2, t_3 usw. absolut gleichzeitig (also in einem *total simul*) passiert würden und dass dieser Kreislauf keinen Beginn in der Zeit und auch kein Ende in der Zeit hätte – eine Vorstellung, die mit den materiell-vierdimensionalen Voraussetzungen des anselmianischen Modells natürlich bricht. Wir könnten – die eben genannten Modifikationen vornehmend – davon sprechen, dass hier ein ‚dauerentgrenztes'[103] und dauerloses' Ereignis[104] vorläge, bei und in dem ein- und die-

---

[102] Der Asteriskus markiert hier die Tatsache, dass die Pluralform den syntaktischen Regeln der Normalsprache geschuldet ist. Es muss damit aber eben nicht ein Plural gemeint sein. Formal ließe sich die Aussage in der (zugegebenermaßen umstrittenen) Logik ‚relativer Identität' ausdrücken und das Subjekt-Prädikats-Moment, das uns oberflächengrammatisch die Pluralform aufnötigt, verschwände.

[103] Was die interne Logik einer derartigen dialektischen Sprechweise betrifft, vgl. JOHANNES SCOTTUS ERIGUENA, Periphyseon III, Z. 561-597 (= CChr.CM, Vol. CLXIII, 21f.)

[104] Dies ist der eigentliche Grund, warum ich an einem strengen Begriff der Ewigkeit Gottes festhalte. Denn sobald Gott zeitlich gedacht würde, würde das in drei Instanzen sich vollbringende ‚Ereignis' zeitliche Teile in Gott eintragen und uns dann vielleicht sogar zwingen, die trinitarischen Instanzen als Teile Gottes zu betrachten (ein Gedanke der von der Tradition dezidiert verworfen worden war). Vor dem Hintergrund des *strikten Ewigkeitsbegriffes* kann ich

selbe Substanz[105] in drei verschiedenen, relational aufeinander angewiesenen Instanzen ‚ereignishaft vermittelt' werde.[106]

An dieser Stelle ist es angeraten, der Anschauungsversuchung, die Anselms Modell provoziert, nicht zu erliegen. Es empfiehlt sich daher zu dem klassischen Modell der lateinischen Tradition zurückzukehren, das es erlaubt, drei Instanzen einer Selbstvermittlung zu denken, die zwar distinkt sind, aber eben so zu denken sind, dass ‚in' diesen Instanzen die ‚Substanz' jeweils ‚anders' da ist: dem Modell des Geistes, der sich in den *processiones* der *Selbsterkenntnis* und *Selbstaffirmation* selbst vollbringt. Entgegen der oft vorgetragenen Kritik, bei diesem Modell handle es sich um ein inzwischen hoch problematisches und sogar relevanzloses Stück idealistisch anmutender Geist- und Identitätsmetaphysik, lässt sich dieses Modell vielleicht doch so akzentuieren, dass seine Kraft auch und gerade für postmoderne Relevanzhorizonte

---

von drei Ereignisausprägungen eines Ereignisses sprechen, das Gott selbst ist. Aus einer anderen Voraussetzung gewinnt Brian Leftow ein ähnliches Resultat, wenn er von drei Lebensströmen in Gott spricht. Vgl. BRIAN LEFTOW, A Latin Trinity. In: Philosophical Theology, 76-106. Natürlich ist die Rede von einem *dauerlosen Ereignis* bzw. von einem *nichtzeitlichen Lebensstrom* ein dialektischer Grenzbegriff, der uns eine gewisse Unanschaulichkeit aufnötigt (was aber noch nichts gegen die Berechtigung und Dignität des in Rede stehenden Begriffes sagt).

[105] Dieser Ansatz bietet außerdem den Vorteil, dass der Substanzbegriff weiterhin integriert werden kann – und die Substanzialität Gottes nicht so zur Disposition gestellt ist, wie dies in allen ST-Ansätzen drohen könnte. Vgl. hierzu WILLIAM P. ALSTON, Substance and the Trinity. In: ST. T. DAVIS/ D. KENDALL/ G. O'COLLINS, The Trinity. An Interdisciplinary Symposium on the Trinity, Oxford 1999, 179-201, bes. 193-200.

[106] Dieses im Gedankenexperiment erzeugte Modell würde auch ein unterschätztes Problem aufnehmen und seine Lösung als ‚Grammatik' der Relationen präsentieren: ST-Ansätze müssen nämlich die konstitutionstheoretischen Elemente (denen gemäß der Sohn sozusagen dauerhaft-dauerlos aus dem Vater hervorgeht und denen gemäß auch der Geist aus dem Vater durch den Sohn hervorgeht) der Trinitätstheologie zugunsten symmetrischer Relationen (die der Anerkennungs-, Liebes-, aber auch Freiheitsbegriff auferlegt) zurückdrängen. In diesem Zurückdrängen wird aber auch ein wichtiger Aspekt der Tradition abgewertet. Anselms Modell-Logik hat diesem Aspekt Rechnung getragen. Denn die Instanzen I_1, I_2 und I_3 sind in ihrer Funktion bzw. Relation bleibend aufeinander verwiesen und sie stehen in einer nichtsymmetrischen Konstitutionsbeziehung: $(I_1 \rhd I_2) \wedge (I_2 \rhd I_3) \wedge (I_1 \rhd I_3)$. Deshalb muss man vor dem Hintergrund dieser ‚Grammatik' von einer logischen Subordination sprechen, die der christlichen Trinitätslehre bleibend eingeschrieben ist; logische Subordination meint aber nicht ontologische Subordination (und diese Differenz erarbeitet zu haben, ist das unschätzbare Verdienst der Kappadokier). Bernhard Nitsche hat den Unterschied zwischen logischer und ontologischer Subordination ebenfalls gesehen und herausgearbeitet; er hat ebenfalls versucht, den freiheitstheologischen Ansatz so zu modifizieren, dass er dieser Grammatik auch gerecht wird. Darin liegt Nitsches großes Verdienst; und darin ist Nitsches Ansatz auch jenen ST-Konzeptionen deutlich überlegen, die alle konstitutionstheoretischen Elemente aus der Trinitätstheologie verbannen wollen. Vgl. zu diesem Ansinnen exemplarisch GRESHAKE, Der dreieine Gott, 195. Vgl. dagegen NITSCHE, Gott und Freiheit, 226-241. Gleichwohl sind damit die anderen, freiheitsbegrifflichen und bewusstseinstheoretischen Probleme – wie oben ausgeführt – noch nicht gelöst.

des Denkens (um hier eine Anfrage und Mahnung von *Karlheinz Ruhstorfer* aufzugreifen)[107] sichtbar gemacht werden kann.

Einsatzpunkt, um diesem *vestigium trinitatis* Kontur zu verleihen, ist eine *Ontologie des Selbst*. Folgt man den Einsichten idealistischer Philosophien[108] (die ihre Geltung in einem postmodernen Relevanzhorizont aber nicht einfach verlieren), so wird man diese Ontologie des Selbst gerade nicht ohne den Gedanken der Vermittlung und Vermitteltheit in Instanzen des Selbst ausformulieren können. Denn für dieses Selbst – gerade dann, wenn es als lebendiges Selbst begriffen werden soll, – wird gesagt werden müssen, dass es sowohl *Substanz* als auch *Ereignis* ist. Seine Identität bewahrt dieses Selbst nur, wenn es jenen ontologischen, im Kern unzugänglichen Punkt gibt, *in dem* seine Substanzialität begründet liegt und von dem seine Identität herkommt. Etwas gekünstelt könnte man dies das transzendentale Selbst nennen. Aber dieses transzendentale Selbst bliebe in seiner eigenen Anschauungslosigkeit gefangen, würde es sich nicht auch in eine Gestalt und Anschaulichkeit hinein vermitteln, die man sein Bild oder – ebenfalls etwas gekünstelt – das ‚empirische (oder semiotische) Selbst' nennen könnte. Die Sichtbarkeit dieses Selbst begründet die Erfahrbarkeit des Selbst als Substanz. Gleichzeitig ist das empirische Selbst in dieser seiner Eigenart wiederum vom transzendentalen Selbst

---

[107] Vgl. oben Anm. 27. Die große Versuchung besteht allerdings darin, aus der Fragilität des Selbst eine begriffliche Tugend für den Rahmen der Trinitätstheologie zu machen. Das folgende Zitat, das von einem postmodernen theologischen Ansatz stammt, ist daher durchaus entlarvend; vgl. JENS ZIMMERMANN, Recovering Theological Hermeneutics. An Incarnational-Trinitarian Theory of Interpretation, Grand Rapids 2004, 281: „In rethinking ethics and human subjectivity, theology has rediscovered the doctrine of the Trinity to establish relational ontology at the heart of reality. Eastern Orthodox theologians have been at the forefront of this development, and mainstream theologians are increasingly incorporating their work in rethinking the individual and community in Trinitarian Terms. While Eastern Orthodox theology shares Levinas's concern for an ethical subjectivity, it does not see this relation prior to ontology but within it. Here the monolithic, autonomous self is not deconstructed from within by showing innumerable creaks in its armor that render it an untenable, inhuman view of the self; instead *ontology itself* is declared to be relational." Als Kronzeuge wird dann natürlich (ich möchte fast sagen: unvermeidlicher Weise) der neue orthodoxe Kirchenvater communionaler theologischer Systemlogik angeführt; vgl. JOHN ZIZIOULAS, Being as Communion, New York 2002, 106f. Meine Kritik richtet sich einerseits gegen die sehr durchsichtigen Motive einer Abzweckungs-Trinitätstheologie: Wieder einmal wird das Dogma selbst mehr oder minder direkt für die Heilung ethischer, anthropologischer und (eben auch) hermeneutischer Wunden benutzt. Und andererseits regt sich philosophisch ein *nicht zu dämpfender* Projektionsverdacht: Das an seiner eigenen Fragilität im Zerbrechen der ‚Großerzählungen' irre gewordene Subjekt findet Halt an der Trinität, die es von seiner Subjekthaftigkeit am Ende erlösen und freisprechen soll, was sich im Irdischen darin spiegelt, dass das postmodern ermüdete Selbst in den Armen einer liebenden (ekklesialen) Gemeinschaft aufgefangen wird. Das ist zu schön, um wahr zu sein – und es trägt bereits das Gift neuer Ideologielastigkeit in sich, weil es zu einer trinitarischen Apotheose des Gemeinschaftlichen (und soziologisch wird daraus am Ende der Corps-Geist) kommen wird.

[108] Den folgenden Überlegungen liegt die Begriffslogik des Zusammenhangs aus *Wesen – Identität – Erscheinung* bzw. *Identität – Grund – Existenz* zugrunde, die Hegel hellsichtig herausgearbeitet hat. Vgl. GEORG W.F. HEGEL, Enz., Bd. I (ed. Moldenhauer und Michel, Frankfurt a.M. 1986 u.ö.), §§ 112-124.

unterschieden, obwohl es freilich Instanz eben der sich in seinen Vermittlungen vollbringenden Selbst-Substanz ist. Die Verschiedenheit des empirischen vom transzendentalen Selbst bedarf aber ihrerseits einer Vermittlung, die die eben angesprochene Differenz aufhebt, ohne sie in einer Rückführung auf den Ursprungspunkt auszuradieren oder für unerheblich zu erklären.[109] Die dritte Instanz, der diese Vermittlung aufgegeben ist, könnte man – zunächst einmal von einer anthropologischen Basis herkommend – das *konkrete* oder *intentionale* Selbst nennen, weil es eine Synthesegestalt des Selbst vorstellt, in der sich die Substanzialität des Selbst (sozusagen) rundet. Im rein anthropologischen Bereich ist das empirische Selbst in die Ereignishaftigkeit von Zeit eingesenkt, während das intentionale Selbst das drohende Auseinanderfallen der Zeitpunkte zu einer Einheit synthetisiert und dem transzendentalen Selbst ein- und zuschreibt. Und im Kontext dezidiert anthropologischer Überlegungen wird man auch sagen müssen, dass das semiotische Selbst notwendigerweise den Blick auf den Anderen des Selbst richtet, weil ja solch eine Synthese niemals ohne die konstitutiven Relationen des endlichen Selbst zum Anderen vollbracht werden könnte.

Überträgt man dieses Modell auf die Trinität, so steht man zunächst vor drei Aufgaben:

1) Was anthropologisch als durch zeitliche Erstrecktheit bedingt oder geformt anzusehen ist, muss trinitätstheologisch in die Dimension dauer-entgrenzter Dauerlosigkeit eingebettet werden.

2) Die Dimensionen der Anschaulichkeit und der Synthese (bezogen also auf das empirische und das konkrete Selbst) dürfen ebenfalls nicht amalgamiert werden mit jenen Zeitkategorien, die für das Endliche Gültigkeit haben.

3) Die Öffnung des Selbst auf das Andere-seiner-selbst hin, die im rein Endlichen (auf der Ebene des empirischen Selbst präfiguriert, auf der Ebene des konkrete Selbst konkret einbeziehbar) eine Notwen-digkeit darstellt, muss im Horizont der Gotteslehre so formuliert wer-den, dass sie zwar für Gott wesentlich ist, die Existenz von Welt aber nicht ernötigt; zu bestimmen wäre dies also (wie eingangs schon einmal

---

[109] In dieser Begriffslogik und in den ihr inhärierenden Problemen wird auch die begriffslogische Problematik der so genannten trinitätstheologischen Häresien ansichtig: 1) *Arianische* und *eunomianische* Positionen erliegen der Gefahr, die Differenz zwischen dem transzendentalen und empirischen Selbst Gottes zu überschätzen (geleitet vom Eindruck der Verschiedenheit, die sich zwischen dem Transzendentalen und Empirischen *prima vista* darbietet). 2) *Sabellianische* und *patripassianische* Positionen erliegen der Gefahr, alle Differenzen in einer gewissen Strenge auf den Ursprungspunkt im transzendentalen Selbst Gottes zurück zu führen, um auf diese Weise Identität im Sinne strikter Einheit retten zu können. 3) Pneumatomachische Stimmen unterschätzen wiederum die intrinsisch-trinitätstheologische enorm wichtige Rolle der Vermittlung zwischen transzendentalem und empirischem Selbst Gottes.

angedeutet) als *notwendige Möglichkeit* des Anderen-seiner-selbst im Hinblick auf Gottes Selbst-Substanz.

Diese Aufgabe ist dann zu bewältigen, wenn man Gott als ‚dauer-entgrenzt dauerloses' absolutes Leben zu denken wagt. Auf dieser Folie kann sein Leben als ewiges, nicht in zeitliche Teile zerfallendes Ereignis gefasst werden, bei dem sich sein Selbst vermittelt als die Instanz eines Ursprungspunktes und Grundes, der die wahre Erscheinung des göttlichen Selbst aus sich hervorbringt und eben dieses wahre Bild seiner selbst sich selbst wiederum zu- und einschreibt in der Dimension des konkreten Selbst. Im Rückgriff auf *Charles S. Peirce* könnte man in der Entfaltung des Selbst von den onto-semiotischen Grundkategorien der *Erstheit*, *Zweitheit* und *Drittheit* sprechen[110], die gleichsam als Transzendentalie des ‚Substanz-seins-als' sowohl für das Endliche als auch für das Unendliche gelten (wobei in der konkreten begrifflichen Entfaltung sowohl Gottes Vollkommenheit als auch seine Unendlichkeit in Rechnung zu stellen wären). Die Selbst-Substanz Gottes zirkuliert (auf unanschauliche und zeitlose Weise) in den Instanzen; sie vollbringt sich in diesen Instanzen als Leben so, dass Gott auch im Anderen-seiner-selbst präsent ist (ohne dadurch aufzuhören Gott zu sein). Das ‚Zirkulieren' der Substanz ist – so kann man, indem man einen alten trinitäts-theologisch benutzten Ausdruck hier aufgreift – die Selbst-Perichorese der Substanz in ihren Instanzen und gleichzeitig die *Perichorese* der Instanzen in einem Maße, das die Substanz Gottes eben nur als dauer-entgrenzt-dauerloses Ereignis zu denken versucht. Konkret: Im Vater ist die Substanz Gottes als transzendentales Selbst da; im ewigen Logos als ‚empirisches Selbst' und im Heiligen Geist als intentionales und konkretes Selbst. Gleiches gilt für das eine Bewusstsein und die eine Freiheit Gottes: Sie sind jeweils im Vater als der transzendentalen Instanz der Selbstvermittlung Gottes begründet[111], finden im Sohn ihren Gehalt und ihr Bild und im Geist ihre Gestalt und Vollendung (Analoges gilt für das Handeln Gottes ‚ad extra', wohingegen der Handlungs-begriff ‚ad intra' nur mit größten semantischen Vorbehalten gebraucht werden sollte). Nur auf der Basis eben dieser Grammatik des göttlichen Selbst lässt sich auch die Heilsgeschichte sowohl als Geschichte des Ereignens als auch als Geschichte der Interpretation verstehen: Nur der Logos kann sich inkar-

---

[110] Vgl. dazu ausführlicher SCHÄRTL, Theo-Grammatik, 142-166. Mit Blick auf diese onto-semiotischen Grundkategorien kann man dann das im Rahmen von ST leicht abgedroschene Argument wieder aufleben lassen, das von qualitativen Sprüngen (mit Blick auf die Hervorbringung von Sohn und Geist) spricht, aber die qualitativen Möglichkeiten im Dritten auch schon erschöpft sieht. Dieses Argument würde stärker, wenn man es über den Grundkategorien Erstheit, Zweitheit und Drittheit errichtet und zeigt, dass Sein eben nur als ‚Sein-als' in diesen Grundkategorien gedacht werden kann, deren Dreifalt sowohl zwingend als auch erschöpfend ist.

[111] Vgl. hierzu auch HOPING, Selbstvermittlung der vollkommenen Freiheit.

nieren[112], weil nur er die Gehalthaftigkeit des göttlichen Selbst anschaulich zu machen vermag. Aber nur im Geist kann diese Inkarnation sich ereignen, weil nur die vollendete Gestalt zusammen mit der geleiteten Interpretation das dauer-entgrenzte und dauerlose Ereignis des Hervorganges des ewigen Logos nicht nur in die von Dauer geprägte irdische Zeit bringen, sondern auch im Lauf der Zeit halten wird.

Natürlich verlangt diese Modifikation der geistphilosophischen Analogie zur trinitätstheologischen Grammatik eine Auskunft über die ontologischen Verpflichtungen, die hier vorliegen. Wenn die trinitarischen ‚Personen' nicht Personen in dem uns vertrauten (anthropologisch relevanten) Sinne sind, was sind sie dann? Man könnte sie – in Anlehnung an avantgardistische Überlegungen in der Metaphysik der Gegenwart – als *Tropes* verstehen: als individuierte und voneinander verschiedene, aber in einer *Konfundierungsrelation* stehende *Tropes* des Gottseins Gottes[113], der dann aber kein ‚durchschnittliches' Individuum sein kann, sondern eine Entität ist, die sich als die

---

[112] Und genau das ist die eigentliche Pointe in Rahners Axiom; vgl. erneut Anm. 77. und KARL RAHNER, Bemerkungen zum dogmatischen Traktat »De Trinitate«. In: DERS., Schriften zur Theologie, Bd. IV, Einsiedeln – Zürich – Köln ⁵1968, 103-136, bes. 107-128. ST dagegen würde es – zumindest theoretisch – gestatten, dass sich jede der trinitarischen ‚Personen' hätte inkarnieren können. Eine Ausnahme bildet hier, aus schon genannten Gründen, der Ansatz von Bernhard Nitsche, der die Asymmetrie der Konstitutionsbeziehungen (die sich auch auf die Rollen der jeweiligen trinitarischen Person in der Heilsgeschichte niederschlagen muss) auch im Koordinatensystem eines freiheitstheoretischen Ansatzes zu formulieren versucht.

[113] Bernhard Nitsche hat in einer substanziellen Kritik an meiner Adaption des Kappadokischen *Hypostasis*-Begriffes angemahnt, dass ein Träger von Eigenschaften nicht gleichzeitig selbst als durch Eigenschaften konstituiert gedacht werden könne. Vgl. NITSCHE, Gott und Freiheit, 187, Anm. 506. Ich halte diese Kritik für berechtigt, wenn (und nur wenn) man die strikte Geltung einer aristotelischen Interpretation der ontologischen Verpflichtungen der Subjekt-Prädikat-Struktur unserer Sätze unterstellt. Nitsche müsste dann aber als letzte Träger aller Eigenschaftszuschreibungen so etwas wie ‚bare particulars' annehmen (mit all den logischen und ontologischen Fragen, die sich daraus ergeben). Mir scheint, dass gerade sein Insistieren auf der Distinktheit der trinitarischen ‚Personen' solch eine Ontologie als Grundlage auch benötigen wird. Trope-theoretisch hingegen ist es kein Problem, dass Tropes, die als individuierte Eigenschaften Exemplifikationen von Eigenschaften sind, wiederum Eigenschaften zugesprochen und zugeschrieben werden können. So kann z.B. dem Bündel von Tropes, das den artifiziellen Alltagsgegenstand Auto bildet, unter bestimmten Umständen die Eigenschaft »120 Stundenkilometer schnell sein« zukommen etc. Wir können daher unterscheiden zwischen Eigenschaften, die Tropes so exemplifizieren, dass gerade diese Eigenschaft zum Konstitutivum der jeweiligen Tropes werden, und jenen Eigenschaften, die noch einmal von einer Mehrzahl von Tropes ausgesagt werden, die ihrerseits in einer Konfundierungsbeziehung untereinander stehen. Durch diese Ontologie lässt sich der Zusammenhang von Einheit und Differenziertheit besser akzentuieren. In der klassischen Verwendung des Hypostasis-Begriffes jedoch, auf die Nitsche zurückgreift, bestand die akute Gefahr, das Verhältnis von Wesen und trinitarischer Hypostase nach dem Muster von Universalie und konkreter Instantiierung zu konstruieren, was die Frage nach dem Status der Einheit Gottes verschärft aufwirft. Vgl. bes. BASILIUS, Ep. 236, 6.

Konfundierung sehr spezifischer *Tropes*[114] ‚vollbringt'. In diesen *Tropes* vollbringt sich die Substanz Gottes: in Grund, Bild und Gestalt des Lebens Gottes, im transzendentalen, empirischen und semiotischen Selbst Gottes, in den Vollzügen von Selbst-Gewahrsein und Selbst-Affirmation. Die *Tropes* – so könnte man ebenfalls im Anschluss an die lateinische Tradition sagen – sind das *Einssein Gottes*, das *Wahrsein Gottes* und das *Gutsein Gottes*.[115] Weil Identität, Wahrheit und Affirmiertsein ontologisch verschiedenen Ebenen berühren, aber miteinander zusammenhängen und weil Einssein, Wahrheit und Affirmiertsein eingetaucht sind in Gottes Vollkommenheit und Unendlichkeit, sind sie jeweils als verschiedene *Tropes des Gottseins* anzusehen, die aber in ihrer Konfundierung[116] die eine Substanz Gottes als Vater (Urgrund von Identität), ewiger Logos (Inbegriff von Wahrheit) und Heiliger Geist (Gestalt vollkommener Selbst-Affirmation Gottes, durch die wir an Gott selbst partizipieren können) vermitteln und vollbringen.[117] Solch ein Konzept erlaubt es auch, den Bezeichnungs-Externalismus zu überwinden, indem man die Grammatik der Selbstvermittlung Gottes in die Substanz Gottes angelegt und eingeprägt ansieht.

Im Rückblick bietet das hier skizzierte Modell die Möglichkeit, Gott als den lebendigen Gott, als absoluten Geist, als sich selbst vermittelndes absolutes

---

[114] Im Hinblick auf die hier unterlegte Trope-Theorie beziehe ich mich auf die (für die allgemeine Ontologie entwickelte) Theorie von PETER SIMONS, Particulars in Particular Clothing. Three Trope Theories of Substance. In: PPhR 54 (1994) 553-575.

[115] Vgl. hierzu z.B. die Vestigia-Hinweise bei MEISTER ECKHART, In Ioh., Nr. 360 (= LW III, S. 305f.); dazu SCHÄRTL, Theo-Grammatik, 397f.

[116] Vor dem Hintergrund der Konfundierungs-Beziehung zwischen diesen Tropes wird natürlich deutlich, dass die in der Trinitätstheologie gebrauchten ‚Metaphern', mit denen die innertrinitarischen Hervorgänge bezeichnet wurden (nämlich »Zeugung« und »Hauchung«) kaum literal ausgelegt werden dürfen. Theologen aller Epochen haben sich bemüht, die mit diesen Ausdrücken mitgegebenen Konnotationen durch einen jeweils anderen, metaphysischen Bedeutungsgehalt zu ersetzen bzw. zu ergänzen.

[117] Die Trope-Theorie enthält auch eine weitere, reizvolle Möglichkeit, das Gottsein Gottes als in den trinitarischen Instanzen vermitteltes zu denken: Grundsätzlich können wir (neben anderen Differenzierungen) zwischen dispositionellen und vorkommenden Eigenschaften unterscheiden; Tropes (als konkrete, individuierte Eigenschaften) sind vorkommende Eigenschaften. Dispositionen bleiben diesen gegenüber relativ abstrakt und stehen sozusagen im Modus des Potentialis. Vgl. hierzu E. JONATHAN LOWE, Tropes and Perception. In: S. GOZZANO/ F. ORILIA (Hg.), Tropes, Universals and the Philosophy of Mind. Essays at the Boundary of Ontology and Philosophical Psychology, Frankfurt a.M. u.a. 2008, 175-192, bes. 182-184. Wenn wir diese Unterscheidung auf die Gotteslehre übertragen, können wir formulieren: Gottes Gottsein ist – in dieser abstrakten Rücksicht – lediglich die *Disposition des Gottseins Gottes*; realisiert ist es in den *konkreten, kon-fundierten Tropes* des Gottseins: Vater, Sohn und Geist. Da es für Gott nun keinen Modus des Potentialis gibt, *muss* das Gottsein immer als konkretes Gottsein in den Tropes realisiert sein. Da die klassischen Eigenschaften Gottes (Allmacht, Allwissenheit, Ewigkeit, Güte etc.), insofern sie Merkmale des Gottseins Gottes bezeichnen, lediglich dispositionelle Eigenschaften darstellen, sind sie (und dies wäre ein eigenes Unternehmen, das hier nicht mehr begonnen werden kann) auf die kon-fundierten Tropes des Gottseins Gottes hin zu *konkretisieren* – und zwar so, dass diese Tropes als *vermittelnde Wahrmacher* von Aussagen über Gottes Eigenschaften fungieren können.

Subjekt zu denken. Der allzu euphorisch benutzte Personbegriff, der sich wohl kaum von anthropologisch wichtigen Elementen reinigen lässt, steht auch innerchristlich einem adäquaten Verständnis der Trinität im Weg. Das hier skizzierte Modell ist freilich immer noch in der Lage, von der Liebe Gottes zu sprechen – aber sie ist primär jenes freie Geschenk an die Schöpfung, das vom Vater als dem *Grund* des Gottseins Gottes ausgeht, im Logos ihre *wahre Ausprägung* und im Geist ihre Geschenk-*Gestalt* findet; in der von Christinnen und Christen erzählten und liturgisch gefeierten Heilsgeschichte wird eben diese Liebe erinnert und vergegenwärtigt. Ein Begriff von Gott, der drei ewige, individuierte, einander in vollkommener Liebe zugetane Subjekte in der Gottheit annimmt, ist für diese proklamierte Liebe nicht relevant; und er ist vielleicht sogar störend.[118]

7. Perspektiven für den interreligiösen Dialog

Vor diesem Hintergrund lässt sich das Gespräch mit dem Islam auf die Frage hin zuspitzen, ob es in beiden religiösen Traditionen möglich ist, Gott als *absolutes Leben* zu denken, *das im Anderen seiner selbst ganz und gar gegenwärtig* sein kann. Damit sind für den interreligiösen Dialog zwei Themen und zwei Fragen benannt, die methodisch getrennt voneinander betrachtet werden können:

1) Wie ist es aus islamischer Perspektive zu sehen, dass Gott als absolutes Leben gedacht wird, das ein absolutes Subjekt meint, das sich in sich selbst so vermittelt, dass es im ‚Anderen-seiner-selbst' gegenwärtig ist?[119]

2) Wie ist es aus islamischer Perspektive zu betrachten, wenn Christinnen und Christen diese selbstvermittelte Selbstgegenwart Gottes mit Jesus von Nazareth identifizieren, so dass Jesus selbst zu jenem besonderen Ereignis wird, welches das reine ‚Bild' des dauerlosen und dauer-entgrenzten Ereignisses der Selbst-Vermittlung Gottes ist?

---

[118] Als soteriologische Störung könnte man es empfinden, wenn drei göttliche Subjekte einander so vollkommen lieben, dass sie die Schöpfung darüber gar nicht mehr ernsthaft lieben können, weil sich ihre Liebe niemals im Lieben der Schöpfung erschöpfen könnte, so dass die Schöpfung auch niemals um ihrer selbst willen, sondern allenfalls als ‚Durchblick' zur anderen trinitarischen Person geliebt würde. Die in Gott waltende überfließende Liebe lässt sich m.E. besser erfassen, wenn man monosubjektivisch von einer *ab ovo* aufgebrochenen Selbst-Liebe Gottes (natürlich einer vermittelten Selbst-Liebe) spricht, in die die Schöpfung um ihrer selbst willen einbezogen wird.

[119] Mit Blick auf die katholische Theologie ist es das bleibende Verdienst Karl Rahners, die offenbarungstheologische Pointe für die Trinitätstheologie bleibend in den Mittelpunkt gerückt zu haben. Vgl. dazu pointiert KARL RAHNER, Einzigkeit und Dreifaltigkeit Gottes im Gespräch mit dem Islam. In: DERS., Schriften zur Theologie, Bd. XIII: Gott und Offenbarung, bearb. von P. Imhof, Zürich – Einsiedeln – Köln 1978, 129-147, bes. 144-146.

Vor allem in Verbindung mit Frage 1) wird es nötig sein, die klassischen Eigenschaften Gottes, auch wenn sie die Einheit Gottes zum Ausdruck bringen sollen, trinitätstheologisch zu deklinieren, so dass im Gebiet des interreligiösen Gesprächs noch deutlicher gemacht wird, was Christen genau meinen, wenn sie von Gottes Allmacht, seiner Güte, seiner Liebe und seinem Handeln sprechen. Dies ist möglich, wenn sich als grammatischer Leitbegriff ein Begriff von Gott als dem ,absoluten Leben' etablieren lässt; denn die Rede von Gott als absolutem Leben erlaubt es, so genannte intrinsische und so genannte relationale Eigenschaften Gottes nicht nur zu ordnen, sondern aufeinander zuzuführen und ineinander begrifflich zu verschränken.[120] Zudem ergibt sich aus dem genannten grammatischen Leitbegriff die Einsicht, dass ein Gott, der absolutes Leben ist, mit begrifflicher Notwendigkeit trinitarisch ist: Gott wäre auch dann dreifaltig, wenn es weder eine Welt noch jemals eine Inkarnation gegeben hätte.

Christen und Muslime können miteinander bekennen, dass Gott als der einzige Gott in der Welt handelt, zu ihr spricht, sich in ihr offenbart und die Menschen liebt. Die Differenz zwischen Christen und Muslimen würde dabei auf die Frage hinauslaufen, inwieweit es denkbar ist, dass Gott in den Weisen, in denen er handelt, spricht, sich offenbart und uns liebt und in den Weisen wie dieses Handeln, Sprechen, Offenbaren und Lieben *erfahren* wird, *ganz als Gott anwesend* ist.

---

[120] Mir scheint, dass der Ansatz von Mouhanad Khorchide sich näher bei meinen Vorschlägen befindet als bei sozialen trinitarischen Ansätzen. Denn Khorchides Ausgangspunkt ist eine innere ,Logik' der Namen Gottes, die nichts anders ist als die Wiederspiegelung der inneren Verfügung der *Eigenschaften* oder ,Tropes' des Wesens Gottes. So wie ich das Trinitarischsein Gottes im Strukturiertsein der Eigenschaften Gottes zu sehen meine, so könnte Khorchide seine Hinweise auf die Theologie der Namen Gottes als eine mit dem Begriff des ,absoluten Lebens' Gottes im Prinzip kompatible Zugangsweise verstehen, die zumindest das Konzept einer immanenten Trinität Gottes nicht mehr als Erschwernis für einen interreligiösen Dialog verstehen muss.

HUREYRE KAM

Gott als Leben denken?

Kritischer Kommentar zu Thomas Schärtl aus muslimischer Sicht

I. Ein-denken

„Die Philosophie ist ein Kampf gegen die Verhexung unseres Verstandes durch die Mittel unserer Sprache."[1]

Dieses ist ein Ausspruch des österreichischen Philosophen Ludwig Wittgenstein aus den „Philosophischen Untersuchungen", womit er das Wesen des Problems in der Sprachphilosophie sehr schön und prägnant zum Ausdruck bringt. Denn wonach fragt die Sprachphilosophie? Nach dem Wesen der Sprache. Wodurch trachtet sie ihr auf die Schliche zu kommen? Durch die Mittel der Sprache, welche das Denken ist. Denn denken ist Selbstgespräch. Und wo ereignet sich das Denken? Im Verstand. Im Verstand also vollzieht sich das Denken, findet das Gespräch statt, welches ich mit mir selbst führe, wobei ich mich hierbei frage, wie das eigentlich möglich ist: Sprechen. Und was das ist: Sprache. Das Denken stellt sich selbst in Frage. Dieser Umstand will angesprochen sein, wenn gesagt wird, dass der Verstand verhext sei. Wodurch ist er verhext? Durch die Sprache. Und wie kann ich gegen diese Verhexung ankämpfen, wie kann ich den Zauber lösen? Nur durch die Mittel der Sprache. Ich versuche mich demnach mit dem Gift zu entgiften, welches mich vergiftete. Und ich habe keine andere Wahl.

Doch was will damit gesagt sein? Was ist der Grund für die Ausführung dieses sprachphilosophischen Dilemmas, wo doch eigentlich eine muslimische Replik auf den Beitrag von *Thomas Schärtl* und damit eine Antwort auf die Frage erwartet wird, ob es möglich ist, Gott als Leben zu denken? Zwar liegt das Feld, in welchem wir uns bewegen, nicht im Bereich der Philosophie, sondern der Theologie. Dennoch scheint gerade dieser Satz insbesondere für die Theologie sehr wertvoll zu sein. Denn obwohl das „metaphysische" Denken – aufgrund der Dogmen, die dem Denkansatz je und je zugrunde liegen – jeweils in ein „philosophisches" und „theologisches" unterschieden wird, so haben sie doch etwas sehr Wesentliches gemeinsam: Mittel und

---

[1] LUDWIG WITTGENSTEIN, Philosophische Untersuchungen I. In: DERS., Werkausgabe Bd. 1. Neu durchges. v. JOACHIM SCHULTE, Frankfurt a.M. [9]1993, 225-485, hier § 109.

Zweck. Mittel – mithin das Werkzeug – ist die Sprache. Zweck ist Erkenntnis der Wahrheit. Obschon man über die Gemeinsamkeiten im Zweck streiten kann, so kann es aber in Bezug auf das Mittel keine Diskussion geben.

Das will sagen, dass sowohl die Philosophie als auch die Theologie in ihrem Bestreben nach Wahrheit und Erkenntnis letztlich in ihren Methoden auf die Mittel der Sprache beschränkt sind. Somit ist auch der Horizont der Erkenntnis bestimmt durch den Horizont der Sprache. Denn wie abstrakt oder licht unsere Erkenntnis auch immer sein mag, kann sie nicht anders vermittelt werden, als durch die Möglichkeiten, die die Sprache uns bietet. Die Sprache aber ist nichts Stetes, Festes. Vielmehr befindet sie sich in ständiger Veränderung. Denn sie ist nichts, das außerhalb des Menschen, oder besser: des vernunftbegabten Lebewesens existieren kann. Der Mensch aber befindet sich seinerseits stets in einer Entwicklung. Und so die Sprache mit ihm.

Das wiederum jedoch besagt, dass ich mir stets bewusst bleiben muss, dass ich mich innerhalb der Möglichkeiten der Sprache – welche ihre Grenzen sind – bewege. Das heißt: Meine Erkenntnis reicht so weit, wie meine Sprache reicht. Daraus folgt wiederum: Nichts, das ich sage, kann absolute Gültigkeit beanspruchen, insbesondere wenn sich meine Fragen auf das Unbedingte beziehen. Ich muss mir beim Antritt meines Kampfes im Namen der Erkenntnis gegen die Verhexung schon im Vorhinein eingestehen, dass ein endgültiger Sieg nicht möglich ist. Die Wahrheit ist tief eingebettet in Geheimnis. Und so viel ich von der Wahrheit auch enthüllen kann, so bleibt dennoch stets ein Großteil von ihr in den Tiefen ihrer eigenen Gewässer eingetaucht. Trotzdem ist dies keine Kapitulation. Der Teil, den ich enthüllen konnte, gibt mir doch eine Idee, eine *Vorstellung*. Genau das ist es aber – nämlich Vorstellung – und nicht mehr. Dessen muss ich mir bei der Vermittlung meiner Erkenntnisse von der Wahrheit stets bewusst bleiben. Die allgemeine Vermessenheit der Theologen und Philosophen, ihre Vorstellungen von der Wahrheit als unerschütterliche und *a priori* notwendige Erkenntnisse zu präsentieren, muss vermieden werden. Im Sinne des Dialoges will ich mich daher vor dieser Vermessenheit hüten und eingestehen, dass ich nicht viel wissen kann und mich daher gerne jedem Anreiz, der sich mir bietet, öffne, um *der Wahrheit* möglichst ein Stück näher zu kommen.

Zu diesem Zweck ist jedoch das Erste, das ich tun muss, von meinen eigenen Annahmen über die Wahrheit abzusehen. Denn sonst kann keine ernst gemeinte Öffnung stattfinden. Auch wenn dieses „Absehen" nie oder nur sehr schwer in vollkommener Weise durchgeführt werden kann, so bestimmt doch der ehrliche Wille zu diesem Schritt das ganze Spiel. Dieser Schritt bekommt dann auch einen besonderen Namen: Mit-denken. So will ich also im Folgenden versuchen, diese Öffnung zu vollziehen, indem ich das Angebot so annehme, wie es mir dargebracht wurde.

II. Mit-denken

„Sein, das verstanden werden kann, ist Sprache."[2]

1.

Schärtl fragt in seinem in diesem Band publizierten Beitrag, ob es nicht möglich ist, sowohl aus christlicher als auch aus islamischer Perspektive Gott als das Leben schlechthin zu denken. Dieser Gedanke wurde entfaltet, indem zuerst die christliche Rezeption der Einheit Gottes in der Trinität ausführlich dargestellt und kritisiert wurde. Ohne dass die Erörterung hier wiederholt wird, sei das Ergebnis vorgestellt, das besagt, dass es besser sei, von der Vorstellung Gottes als einer Mehrzahl von „Personen" abzusehen, da diese Vorstellung im christlichen Kontext letztlich die Einheit Gottes gefährdet und zwangsläufig zum Tritheismus führen muss. Anstelle dessen wird noch einmal die an Augustinus angelehnte, der lateinischen Trinitätslehre entnommene Idee von den drei Instanzen in Gott stark gemacht und durch den Begriff des „Lebens" interpretiert. Diese Interpretation sei notwendig, da Gott ansonsten nur eine abstrakte Entität bzw. Idee bleibt, ohne dass Er auch vom Menschen erfahren werden kann. Dies sei aber insbesondere notwendig, weil der Mensch sonst vom Heilsversprechen Gottes überhaupt nicht angesprochen werden kann. Wenn die Instanzen jedoch in die umfassende *Einheit des Lebens*, die ihnen allen gemein ist, eingebunden sind, so ist auch gerade das tragende Element der Einheit Gottes die immanente Verbindung des Unbedingten mit dem Bedingten, *wodurch* der Mensch auch immer in seiner Essenz von Gott unmittelbar angesprochen ist und bleibt.

Da aber in diesem Sinne die Essenz Gottes – das tragende Element – das Leben ist, so sei Gott auch von jeher immer als trinitarisch zu denken, auch wenn es nie eine Schöpfung gegeben hätte, der Gott sich anbieten könnte. Dieses Postulat wird untermauert, indem Schärtl darüber nachdenkt, wie denn dieses Leben eigentlich vorzustellen sei. Den Gedanken will ich versuchen, in meinen eigenen Worten nachzuvollziehen.

Der Ausführung sei aber vorangestellt, dass die Argumentation auch als eine Antwort auf die im Hintergrund anklingende, aristotelisch beeinflusste Kritik zu verstehen ist, dass man Gott nicht primär als Leben denken kann, da dieser Gedanke kontradiktorisch zur Vollkommenheit Gottes ist. Denn in diesem Fall muss Gott als ewige Entwicklung verstanden werden. Denn „Leben" heißt Dynamik und damit Bewegung. Bewegung heißt aber Richtung. Es ist immer eine Bewegung-zu-etwas-hin. Immer müsste Gott also in einer Entwicklung sein, immer einem Mangel nachjagen, nie wäre er vollkommen.

---

[2] HANS-GEORG GADAMER, Wahrheit und Methode. Grundzüge einer philosophischen Hermeneutik, Tübingen [6]1990, 478.

Das ist der Grund für die aristotelische Idee des „unbewegten Bewegers".
Dieser Umstand wird in der Ausführung Schärtls nie geleugnet. Es wird aber
versucht aufzuzeigen, dass „Leben" und „Vollkommenheit" nicht *a priori*
kontradiktorisch sind.

Ich will also nun die Idee zu rekonstruieren versuchen. Es ist wahr: Leben
ist Bewegung. Bewegung aber auch „sich öffnen". Denn der Urgrund der
Bewegung ist die Empfindung des Mangels. Mangel ist aber der Vollkommenheit entgegengesetzt. Mangel ist daher der Name des ursprünglichen
Geöffnet-seins, das Leben heißt. Ich bewege mich deshalb zu dem hin, von
dem ich mir erhoffe, dass er mich meines Mangels enthebt. So bewegt sich das
„Ur-Ich" zu dem „Ur-Du" innerhalb seiner selbst.[3] Das „Ur-Ich" wird gemäß
der christlichen Terminologie „Vater" genannt und das „Ur-Du" „Sohn". Der
Vater öffnet sich zum Sohn hin, wobei der Vater die un-fass-bare, undurch-
dringliche Quelle dieses ewigen Lebens ist, und der Sohn ist zu verstehen als
seine empirische, erfahrbare Seite. Der Sohn ist jener Teil des unbedingten
„hohen Lebens", das sich seinerseits dem profanen Leben, dem menschlichen
Leben öffnen kann und somit die göttliche Anrede an den Menschen ver
mitteln kann. Das aber würde wiederum bedeuten, dass Gott in sich zweigeteilt ist. Die Einheit Gottes ist in diesem Stadium noch nicht gewährleistet.
Denn der Kontrast in einem solchen dual gedachten Gott ist viel zu stark. Die
Kontrapositionen sind viel zu verschieden, so dass man eher von einer Kon-
tradiktion, als von einer Einheit Gottes reden könnte. Es braucht ein Element,
dass die Gegensätze vereint, das den Fluss und den ewigen Zusammenschluss
des Lebens garantiert. Anders formuliert: Es bedarf einer gemeinsamen
Sprache, womit Vater und Sohn sich verständigen und aufeinander reagieren
können. Diese „Ur-Sprache" ist der Heilige Geist. Erst durch die Vermittlung
des Heiligen Geistes zeigt sich die Einheit Gottes in ihrer Vollkommenheit
und Einheit. Somit ist sowohl Dynamik und Bewegung – als die notwendige
Bestimmung des Begriffs „Leben" – gewährleistet, aber gleichzeitig auch die
Einheit, Unbedingtheit und doch empirische Vermittelbarkeit Gottes geschützt.

---

[3] Es ist mir bewusst, dass es ein Kapitalfehler ist, in Bezug auf Thomas Schärtls Aufsatz, die
Idee Gottes durch Personalpronomen erklären zu wollen. Schärtl distanziert sich strikt von
Personalpronomen und den damit verbundenen Gottesvorstellungen. Ich finde es aber schwierig mit der Terminologie Schärtls zu argumentieren, da die Begrifflichkeiten viel zu abstrakt
und kompliziert sind und damit eine fließende Erörterung unmöglich machen. Ich will hiermit
betonen, dass im weiteren Verlauf mit „Ur-Ich" stets Schärtls „transzendentales Ich" und mit
„Ur-Du" sein „semiotisches Ich" gemeint ist. Deshalb werden sie immer mit Anführungsstri-
chen versehen.

2.

Mit der Frage nach der Einheit Gottes ist sein undurchdringliches Geheimnis schon beim Namen genannt. Dadurch, dass man bezeugt, dass Gott Eins ist, sagt man noch lange nicht, dass man auch erfasst hat, wie diese Einheit zu denken ist. Man kommt sogleich in Verlegenheit, seine Überzeugung auch zu belegen. Es kommt daher die Frage auf, woher ich weiß, dass Gott Eins ist? Herausgefordert von dieser Frage wurde in der islamischen Gelehrsamkeit klassisch die Position vertreten, dass der Mensch dreierlei Zugang zu Wissen hat.[4] Die erste Quelle sind die Sinne. Durch sie habe ich Zugang zu den Geheimnissen der „Physik" – hier im Sinne aller sinnlich erfahrbaren Dinge. Die zweite Quelle ist die Vernunft. Sie verknüpft alle diese sinnlichen Daten und gelangt zu Wissen, das nicht allein durch die Sinne erfasst werden kann und das über die Sinnlichkeit hinausgeht – mithin ist das der Bereich der „Metaphysik". Metaphysik – das ist in der islamischen Gelehrsamkeit der Name der Theologie. Und dann gibt es noch die dritte Quelle: Die Überlieferung bzw. die Tradition.

Die einfachste Option als Antwort auf die Frage wäre, dass man sich auf seine Tradition und auf die Überlieferungen beruft. Das ist zwar die am wenigsten plausible Argumentation, aber immerhin ist es jene Antwort, die Gesellschaften und Gemeinschaften bildet und formt. Es ist jene Antwort, die Paradigmen und Weltanschauungen essentiell beeinflusst. Es bildet jene gadamerschen Vorurteile, die unserem Verständnis der Welt zugrunde liegen.[5] Dass dem so ist, bedeutet zwar nicht, dass die Antwort deshalb unwahr ist, aber immerhin ist man gefordert, den Schoß der eigenen Tradition zu verlassen, wenn man einer anderen Tradition eine verbindliche Antwort geben will. Die jeweilige Vorstellung der Einheit Gottes ist immer durch die eigene Tradition entscheidend gefärbt. Obschon man versuchen kann die Einheit Gottes rational zu ergründen (die zweite Quelle des Wissens), so darf man dennoch nicht vergessen, dass es keine *rein objektive Rationalität* geben kann.[6] Immer schon muss meine Rationalität ihren Ausgang von einem Standpunkt aus nehmen. Dieser Standpunkt ist der meine. Was ich als ein rationales Argument gelten lasse oder nicht, hängt mit meinen *Vorstellungen* von der Wahrheit zusammen. Um aber die Behauptung aufrecht erhalten zu können, dass die eigene Überzeugung *die Wahrheit* aussagt, oder – wenn man den Satz entschärft – ihr am nächsten kommt, muss vorher die Wahrheit der anderen

---

[4] ABŪ MANṢŪR AL-MĀTURĪDĪ, Kitāb at-tauḥīd. Hrsg. von Bekir Topaloğlu und Muhammed Aruçı, Beirut u.a. 2007, 69ff.

[5] Vgl. GADAMER, Wahrheit und Methode, 276-281.

[6] Vgl. zur Begründung, warum diese Einsicht weder selbstreferentiell inkonsistent ist noch in den Relativismus führt NICHOLAS RESCHER, Rationalität. Eine philosophische Untersuchung über das Wesen und die Rechtfertigung von Vernunft. Übers. u. mit einer Bibl. vers. v. A. WÜSTEHUBE, Würzburg 1993, 160-186.

Tradition in meinem eigenen Denken uneingeschränkt Einzug halten,[7] soweit
es mir meine *Vorurteile* erlauben.

Konkret ausgedrückt: Gott ist Einer. Dieser Satz wird von allen Mono-
theisten ohne Bedenken unterschrieben. Hier gibt es keine Differenzen. Nun,
wenn aber dies gesetzt ist, wenn wir uns einig sind, dass wir über den *Einen*
Gott reden, bleibt die Frage, ob wir auch über *ein und denselben* Gott reden?
Gibt es einen islamischen und einen christlichen Gott etc.? Ich frage mich,
was das Problem ist: Ist Gott viele Einsheiten? Gibt es ebenso viele Gottheiten
wie es Gottesvorstellungen gibt? Oder ist Gott vielmehr immer derselbe und
der Eine und unsere Probleme beruhen lediglich auf Haarspaltereien im
Bestreben, das Geheimnis zu lüften? Sagen wir alle die Wahrheit oder lügen
manche von uns bzw. sind sie dem Irrtum verfallen? Oder sind vielleicht alle
Positionen ein Aspekt der Wahrheit und Gott hat uns jeweils einen besonderen
Teil seiner Wahrheit offenbart?

Oder aber: Gott hat sich immer in gleicher Weise geoffenbart, dieselben
Wahrheiten verkündet und wir haben jeweils aufgrund unserer *Vorurteile* stets
etwas anderes verstanden. Denn, dass ich eine wahre Aussage mache und dass
der Satz auch verstanden wird, bedeutet nicht auch gleich, dass die *Aussage*
verstanden wurde, so wie es ursprünglich gemeint war. Aber auch wenn *die
Wahrheit* der Aussage vollkommen verstanden wurde, muss das nicht heißen,
dass es nur *eine richtige* Art und Weise gibt, diese Wahrheit zu verstehen und
auf sie zu reagieren. Dies wird anschaulich in dem Fall, wenn ich einer
Gruppe von Franzosen und Thailändern sagen würde: „Wenn ihr eure Gäste
bewirtet, dann nur mit dem, was ihr an Leckerem zu bieten habt!" Es darf nun
angenommen werden, dass beide Gruppen den Satz vollkommen verstehen
und dass sie im Befolgen der Aufforderung vollkommen im Sinne der Aussage dieses Satzes handeln. Beide werden auch den Sinn des Wortes „lecker"
richtig aufgefasst und gedeutet haben. Dennoch ist ersichtlich, dass das
Ergebnis ihrer Handlungen nicht notwendig auch die vollkommene Zustimmung der jeweils anderen Gruppe haben wird. Ihren Taten lagen nämlich
jeweils unterschiedliche *Vorurteile, verschiedene Vorstellungen derselben
Wahrheit* zu Grunde.

Kann es sich mit der Aussage „Gott ist Einer" nicht ebenso verhalten? Was
bedeutet es, dass man sich die Einheit Gottes trinitarisch denkt oder als eine
einzige undifferenzierte Substanz? Können wir sagen, es ist *a priori* notwendig, Gott trinitarisch oder anders zu denken? Wäre es nicht vielmehr
geradezu eine Vermessenheit zu behaupten, dass man wüsste, wie Gott *a
priori* zu sein hat? Insbesondere dann, wenn wir uns noch einmal vergegen-
wärtigen, dass der Horizont unserer Erkenntnis durch den Horizont unserer
Sprache bestimmt ist. Wenn man sich schon eingesteht, dass Gott immer der
Eine ist und bleibt – müsste man sich in diesem Sinne nicht eher allen möglichen Vorstellungen öffnen und sich im Zweifel eingestehen, dass Gott auch

---

[7]   Vgl. etwa die entsprechenden diskursethischen Begründungsfiguren bei Jürgen Habermas.

durchaus dreifaltig sein kann, wenn es doch seine essentielle Einheit nicht verletzt – und umgekehrt? Im Sinne der vorangegangenen Erörterung will ich nun versuchen Gottes Einheit „vorurteilsfrei" zu denken.

III. Be-denken

„>>Einfach<< heißt: nicht zusammengesetzt. Und da kommt es darauf an: in welchem Sinne >zusammengesetzt<? Es hat gar keinen Sinn von den >einfachen Bestandteilen des Sessels schlechtweg< zu reden."[8]

1.

Auch, wenn man auf einer verlassenen Insel aufgewachsen wäre und nie von einer Religion gehört hätte, würde man sich fragen, woher man kommt und wer man ist. Zweifelsohne wäre in diesem Fall die erste Quelle, derer man sich bediente, um das Rätsel anzugehen, die Sinne. Man würde dann die Welt um sich herum untersuchen, beobachten. Man würde zu Beginn sehen, dass die Tiere um einen herum sterben. Die Frage wäre, was ihnen fehlt. Welcher Teil von ihnen ist ihnen abhanden gekommen, so dass sie nicht mehr aufstehen können? Wahrscheinlich kommt hiernach der nächste große Schritt, und man erkennt, dass es „Dinge" gibt, die nicht sinnlich erfahrbar sind, aber andererseits so wichtig sind, dass sie überhaupt Leben möglich machen. Man kommt auf die Idee der „Seele" oder des „Geistes". Hiernach würde man mit großer Wahrscheinlichkeit auf die Idee kommen, dass es etwas Größeres geben muss als diese Welt. Dass es einen Architekten geben muss, der Macht über die Seelen hat, der Seelen erschafft. Man hätte dann erkannt, dass es twas geben muss, das viel mächtiger ist als man selber, das Macht über das eigene Leben hat, das mir das Leben überhaupt geschenkt hat. Man wäre zu einer Vorstellung gelangt, dass es eine Ur-Macht gibt, die alles schafft und lenkt und die ihrerseits aber erhaben über den Tod sein muss, da sie ja überhaupt an den Lebewesen den Tod hervorbringt.

Man könnte aber auch auf die Idee kommen, dass jedem Lebewesen oder jedem Ding ein Gott innewohnt. Dies ist vielleicht sogar die viel wahrscheinlichere Variante. Man würde sagen, dass es einen Gott der Seelen gibt und einen Gott der Materie. Man würde womöglich auch davon ausgehen, dass alles in der Welt von Göttern beseelt ist. Aber in diesem Fall gäbe es starke und schwache Götter, kleine und große. Für den normalen Menschen ist das

---

[8] WITTGENSTEIN, Philosophische Untersuchungen, § 47.

kein weiteres Problem. Man bittet dann eben jene Götter um Unterstützung, deren Hilfe man bedarf und die sich am besten durchsetzen können. Es bräuchte dann schon einen Philosophen, der konsequent weiterdenken würde. Dann müsste man im ersten Schritt zumindest denken, dass es einen „Obergott" oder einen „Herrschergott" geben müsste, der alles lenkt. Denn einen Lenker braucht es. Einen „Masterplan" muss es geben, sonst herrscht ein immerwährender Krieg zwischen den Göttern. Der Gott des Tages würde den Gott der Nacht bekriegen und der Gott des Wassers den Gott der Erde usw. Dies ist jedoch in Anbetracht der Regelmäßigkeit der Naturabläufe nicht gerade wahrscheinlich. Der großen Harmonie im Kosmos muss eine Harmonie im Willen des Architekten zu Grunde liegen. Dieser Weg führt geradewegs zum Monotheismus. Man könnte aber auch argumentieren, dass die Götter viel weiser sind als Menschen, und dass sie die Welt gemeinsam entwerfen. Jeder bekommt seinen Souveränitätsbereich. Alle arbeiten mit gebündelter Macht für die Harmonie in der Welt. Jeder Gott wäre für die Seele seiner Schützlinge verantwortlich. Und da Götter selber nicht sterben können, gibt es auch keinen Grund für sie sich zu bekriegen. Außerdem kennt jeder Gott seinen eigenen Bereich am besten. Der Gott des Meeres wüsste ja gar nicht, wie die Seele eines Löwen zu erschaffen ist. Jeder Gott ist abhängig vom anderen. Deshalb gäbe es eine große Harmonie zwischen den Göttern.

Dies sind zwei grobe Skizzen als Antwort auf die Frage, wie man überhaupt auf die Idee eines Gottes kommen kann. Sicherlich kann man hier wie dort noch viel Kritikwürdiges finden. Aber eines dürfte damit gut hervorgehoben sein: Die Idee eines nicht empirisch erfahrbaren Souveräns (oder eben mehrerer Souveräne) ist für jede Weltanschauung außerordentlich naheliegend. Durchaus kann man durch *rein rationale* Überlegungen sowohl zu der Vorstellung eines einzigen Gottes als auch zu der vieler Götter kommen. Aber für die Ansicht, dass es einen einzigen Gott gibt und dass dieser in sich dreigeteilt ist, ist die Lehre der christlichen Tradition notwendig. *A priori* gibt es keinen Grund, einen einzigen Gott zu denken und diesen gleichzeitig notwendig trinitarisch zu denken. Es sei denn, es würden sehr komplexe Gedankengänge beschritten – wie die christliche Theologie sie seit rund 2000 Jahren beschreitet –, auf die jedoch unabhängig von dem Dogma, Jesus als Sohn Gottes zu verstehen, wohl kaum jemand gekommen wäre.

Aus christlicher Sicht könnte man an dieser Stelle einwenden, dass vielleicht nicht die konkrete Idee der Trinität notwendig ist, wohl aber, dass man unbedingt einen Platzhalter für Differenz in Gott braucht, um die Vielheit in der Welt erklären zu können. Aber dieser „Platzhalter" ist für eine autonome Vernunft nicht zwingend notwendig, weil es nicht *a priori* notwendig ist, die Taten Gottes mit seinem Wesen gleichzusetzen. Obschon dies in diesem Rahmen so pauschal formuliert werden kann, muss gerade diese Frage in einem seriösen Diskurs in die Tiefe gedacht werden.

2.

Was aber alle monotheistischen Religionen gemeinsam haben, ist, dass sie alle von der Offenbarung Gottes ausgehen. Gott hat sich geoffenbart und verkündet, dass er Einer und ein Einziger ist. Anscheinend war es notwendig, dass Gott sich offenbart und diese Wahrheit zur Sprache bringt. Das ist der Grund, warum oben gesagt wurde, dass es viel wahrscheinlicher ist, dass der „unabhängig" denkende Mensch eher an mehrere Götter glaubt, als an einen einzigen. Zu der Einsicht der Einheit Gottes bedarf es eines wirklichen Philosophen. Denn der Gedanke eines einzigen Gottes ist viel höher und abstrakter, als dass eine gewöhnliche Vernunft ihn von sich aus und ohne Anleitung durchdringen könnte. Die Erkenntnis des Einen Gottes ist deshalb nicht gleich unmöglich, aber für den Großteil der Menschen ohne Anleitung nicht zugänglich. Deshalb wurde es notwendig, dass Gott sich offenbart. Wenn es die natürlichste aller Einsichten wäre und der Mensch von sich aus ohne Umwege dazu finden könnte, dann wäre eine Offenbarung, die unbedingt auf dieser Idee beharrt, nicht notwendig gewesen. Eine rein eschatologische Offenbarung hätte gereicht. In meiner Sicht sind jedoch die eschatologischen Verkündungen innerhalb der Offenbarungen stets sekundär, wohingegen die Betonung der Einheit Gottes stets das primäre Anliegen solcher Offenbarungen ist. Denn diese Idee ist das grundlegende Fundament monotheistischer Weltanschauung.

Wie das zu verstehen ist und womit das zusammenhängen kann, soll in einem späteren Stadium besprochen werden. Hier soll uns vor allem folgendes interessieren: Wir haben – wenn auch nur skizzenhaft – die Wege der sinnlichen Erkenntnis und der vernunftbasierten Erkenntnis abgesteckt und befinden uns nunmehr mitten im Schoß der Tradition. Wir befinden uns insofern mitten in der Tradition, als wir unser Wissen um die Einheit Gottes aus den Quellen unserer Tradition schöpfen. Obschon die christliche und die islamische Tradition sich über das „Was", nämlich der Einheit Gottes, einig sind, liegen sie im Widerstreit in Bezug auf das „Wie", nämlich wie diese Einheit zu denken ist. Nun wurde ein Brückengedanke vorgeschlagen, der diesen Widerspruch schlichten soll. Wie wäre es, wenn beide Positionen Gott in primärer Hinsicht schlechthin als Leben denken würden? Dann hätten wir zumindest einen weiteren gemeinsamen Nenner. Auch war die Argumentation Schärtls nicht, dass Gott *a priori* als trinitarisch zu denken ist. Dies wird erst notwendig, wenn wir Gott als Leben denken. In solcher Weise formuliert, bleibt natürlich die Frage, inwiefern dies ein ernst gemeinter Vorschlag an die islamische Warte ist, in gleicher Weise an Gott zu denken. Vielmehr, so scheint es, ist hier die Frage gestellt, ob es für Muslime nicht auch möglich ist, an einen trinitarischen Gott zu glauben.

Wenn es um die Einheit Gottes geht und insofern die Einheit Gottes nicht belastet wird, sollte es aus islamischer Warte heraus grundsätzlich keine Probleme geben, über Gottes Beschaffenheit zu spekulieren. Wir müssen zugeben, dass wir letzten Endes immer nur spekulieren können. Und insofern muss es islamisch gesehen nicht unbedingt verwerflich sein, Gott auch trinitarisch zu denken. Aber Gott wird nicht *a priori*, aus autonom philosophischer Reflexion trinitarisch gedacht, sondern immer schon aus der christlichen Tradition heraus. Was bringt das mit sich? Das bringt mit sich, dass ich dann eben auch das Dogma annehme, dass Jesus als Sohn Gottes angesehen wird. Das Dogma lautet „wahrer Gott von wahrem Gott und wahrer Mensch vom wahren Menschen". Dies ist natürlich für einen Muslim, der Jesus, genauso wie Muḥammad, als Propheten versteht, nicht annehmbar. Aber aus dem Satz Schärtls, dass Gott – wenn als Leben gedacht – immer schon trinitarisch sein müsse, auch wenn es nie eine Welt gegeben hätte, kann man herauslesen, dass Jesus nicht unbedingt als Gott zu verstehen ist. „Der Sohn" ist dann nur als eine sprachliche Brücke zu verstehen und gemeint als ein Attribut Gottes. Das Attribut hieße dann: „Der Nahe/Erfahrbare". Wenn wir die Trinität in diesem Sinne als drei wesentliche Attribute Gottes verstehen, uns ferner im weiteren Verlauf von terminologischen Wendungen wie „der zeugende Gott" und „der gezeugte Gott" entfernen, so liefert uns dieser Gedanke durchaus einen Boden, wo ich aus der Warte der islamischen Tradition heraus weiterdenken kann. Aber vorher muss die Möglichkeit einer solchen Annahme untersucht werden.

2. a)

Zuerst muss gefragt werden, ob es möglich ist, davon abzusehen, Jesus als Sohn Gottes zu denken. Man könnte dies – in Rückblick auf das Postulat, dass Gott immer schon trinitarisch zu sein hat – in einem ersten Schritt durchaus bejahen. Aber es entfällt in diesem Fall der Erkenntnisgrund. Das heißt: Der Grund für die Erkenntnis des dreifaltigen Gottes ist unmittelbar gekoppelt an die Vorstellung, dass Jesus Gottes Wort in seinem Wesen ist. Andernfalls würde die Notwendigkeit der Trinität entfallen. Aber dennoch: Denke ich mir Jesus nicht als Gott – gehe ich von der Vorstellung aus, dass Gott immer schon Einheit in dreifaltiger Differenz ist, wobei „Jesus" jenen Teil Gottes beschreibt, durch den Er sich erfahrbar macht –, so besagt das, dass Gott in der Welt schon immer in diesem Sinne gewirkt haben muss. Demnach ist die Welt grundsätzlich vom trinitarischen Charakter Gottes geprägt. Die Welt ist dann in diesem Sinne mein Fenster zu Gottes Wesen und ich müsste dann überall auf die Idee der Trinität Gottes stoßen – auch Tausende von Jahren vor Jesus. Nehmen wir einmal an, dass dies der Fall ist, so ist entweder die Welt – in umfassendem Sinne – schon immer wesensgleich mit Gott – weil die Welt in diesem Sinne die empirische Seite Gottes ist und er sich immer in dieser Weise *offenbart* –, oder aber nichts ist wesensgleich mit Gott. Was man höchstens sagen könnte, wäre, dass alles „göttlich" ist – mithin auch Jesus. Freilich müsste man jetzt ausdiskutieren, wie dieses „göttlich" zu verstehen ist. Gibt man das aber zu, so besagt dies, dass es nichts gibt, das Jesus von anderen Menschen unterscheidet. Außer man sagte, dass Gott sich in Jesus ganz besonders offenbart. Dann müsste man immerhin erklären, wie dann die alles umfassende Liebe, Güte und Fürsorge Gottes zu verstehen ist, wenn doch in diesem Fall der Großteil der Menschheitsgeschichte dieser besonderen Leitung entbehren musste.

2. b)

Aber gehen wir für unsere Zwecke noch einmal davon aus, dass Jesus nicht als Sohn Gottes gedacht wird, sondern dass „der Sohn" ein Attribut Gottes beschreibt. Gehen wir in diesem Sinne noch einmal auf die vorgeschlagene Idee, Gott als Leben zu denken, ein. Dies besagte, dass sich das „Ur-Ich" zum „Ur-Du" hin öffnet. Dieser Gedanke impliziert, dass es eine Andersheit innerhalb der Einheit gibt. Es ist Einheit in Differenz. Aber was sagt uns, dass es nur ein „Du" innerhalb des „Ichs" geben muss, zu welchem hin es sich öffnet? Es kann auch durchaus angenommen werden, dass es unendlich viele Differenzen innerhalb der Einheit gibt. Man kann es sich anschaulich vorstellen, wenn man an eine Zellteilung denkt. Es wird dann angenommen, dass die eine Zelle in sich zweigeteilt ist und dass es eine Membran gibt, welche die beiden Teile zueinander zusammenzieht. Es wäre aber ebenso legitim anzunehmen, dass sich die Zelle immer wieder und wieder teilt. Es müsste legitimiert werden, wieso es *a priori* nur ein „Du" innerhalb der Einheit geben kann. Auch wenn man sagen würde, dass das „Du" als Synonym für alle Andersheiten gilt, so bleibt immer noch die Frage, ob alle Andersheiten immer vom selben „Ich" angesprochen werden. Wenn nämlich das „Ur-Ich" eine absolute Einheit ist und das „Du" steht für alle Andersheiten, dann bleibt die Frage, wo dieses „Du" sich befindet. Denn durch das „Ur-Ich" ist die Einheit schon gewährleistet. Entweder befindet sich das „Du" dann außerhalb des „Ich", wodurch m.E. die Ur-Einheit von „Ich" und „Du" erschüttert ist, oder „das Leben" wird Einheit genannt, worin sich „Ich" und „Du" teilen. Wenn dies aber der Fall ist, dann ist „das Leben" (als umfassendes Prinzip) das „Ur-Ich", das in sich geteilt ist. Ist das jedoch eingestanden, so verliert das „Ur-Du" seine Legitimierung. Denn es gebe in diesem Fall nur ein „Ich", das in sich multipel ist. Die einzelnen Teile innerhalb dieses „Ichs" könnten dann nicht als gleichwertig betrachtet werden, sondern nur als untergeordnete Teile dessen und es würde ebenfalls einer Legitimierung bedürfen, diese Teile in zwei beschränken zu wollen. Denn es kann durchaus eine unendliche Vielfalt angenommen werden, zumal „das Leben" in diesem Sinne eine Unendlichkeit bezeichnet. Wenn man die Trinität also als die drei Attribute Gottes bezeichnen würde, so würde diese Idee der ursprünglichen Idee der Trinität widersprechen. Denn die Attribute Gottes können – auch wenn sie als Hauptattribute oder Wesensattribute bezeichnet werden würden – nicht als mit Gott gleichwertig gedacht werden. Dieses aber verlangt die Rede von Instanzen *oder* Personen in der Trinität.

2. c)

Ferner bleibt noch ein Punkt in Bezug auf die aristotelisch begründete Kritik zu bedenken. Diese besagte, dass Bewegung immer aus Mangel resultiert. Und Mangel war uns Synonym für „Öffnung", wie Schärtl sie vorgetragen hat. Entweder nimmt man die Kritik an und gesteht, dass Bewegung mit Mangel gleichzusetzen ist, oder aber man lehnt sie ab und führt eine andere Einsicht ein. Dies jedoch erfolgt, soweit ich es sehen konnte, nicht. Wenn dem nun so ist, ergibt sich folgende Frage: Wenn das „Ur-Ich" sich zum „Ur-Du" hin öffnet, sich auf ihn hin bewegt, so fragt sich hier, warum die Bewegung nicht eher umgekehrt vonstattengeht. Denn die Bewegung erfolgt vom Unvollkommeneren zum Vollkommeneren hin. In diesem Fall ist nämlich das „Ur-Du" der Ruhepol, bei dem das „Ur-Ich" zur Ruhe kommt. Das „Du" ist somit viel vollkommener, abgeschlossener als das „Ich". Plausibler wäre es dann zu sagen, dass das „Du" erst aus dem „Ich" hervorgeht. Dies würde aber den Heiligen Geist als das Bindeglied, welcher überhaupt die Vervollkommnung vollendet, unnötig machen.

Oder aber man denkt sich, dass alle Teilhaber der Einheit „geöffnet" sind. Alle bewegten sich zu dem jeweils anderen ständig hin und her. Keiner ist für sich vollkommen, sondern nur *durch*-einander. Das würde noch einmal die Dynamik betonen, die in dem Begriff des Lebens immanent ist. Aber in diesem Fall ist es schwierig, von einer abgeschlossenen Einheit des Lebens zu sprechen. Denn stets bleibt ein Teil immer *offen*. Ohne diesen abschließenden Zusammenschluss aber können wir nicht von Vollkommenheit sprechen. Es sei denn, dass man nun den Begriff der Vollkommenheit überhaupt anginge und versuchen würde, ihn neu zu bestimmen.

IV. Nach-denken

„Wir ergreifen keine Idee, sondern die Idee ergreift uns und knechtet uns und peitscht uns in die Arena hinein, dass wir wie gezwungene Gladiatoren für sie kämpfen."[9]

1.

Ich hatte gesagt, dass es für die Vernunft kein schwierigeres Unterfangen gibt, als Einheit zu denken. Doch womit hängt es zusammen, dass die Erkenntnis der Einheit Gottes ein viel komplexeres Denken erfordert, als viele Götter zu denken? Sollte es nicht eher jene Position sein, die immer schon sofort auf der Hand liegt, wenn es doch der Wahrheit eher entspricht? An dieser Stelle will ich noch ein letztes Mal betonen, dass unsere Erkenntnis innerhalb der Möglichkeiten unserer Sprache gefangen ist. Denn das Problem scheint damit zu tun zu haben, wie unsere Sprache aufgebaut ist, wie unser Denken funktioniert. Denn so wie wir auch in der Welt nichts erfahren können, was unteilbar Eins ist – *in dem Sinne, dass es keines anderen außer sich bedarf, doch gleichzeitig größer als alles andere und somit unbegrenzt ist* – so ist auch unsere Sprache aus vielen Teilen aufgebaut, die sich zueinander verhalten. Sprechen als solches ist nur durch die Unvollkommenheit der Sprache möglich. Wenn wir ein Wort hätten, womit wir alles ausdrücken könnten, so bräuchten wir keine Sätze. Aber alles, was wir durch die Sprache zum Ausdruck bringen können und was wir überhaupt denken können, liegt immer schon in dem Sinnkomplex von Raum und Zeit. Alle zehn aristotelischen Kategorien des Denkens fallen letztlich in diesen Komplex oder finden in ihm ihre Verwirklichung. Das Geheimnis Gottes ist mit der Feststellung seiner Einheit insofern beim Namen genannt, als es für die menschliche Vernunft eine unmögliche Aufgabe ist, eine Entität zu denken, die sowohl un-räumlich als auch un-zeitlich, aber doch ein „Etwas" sein muss. Das scheint mir auch der Grund für die Ansicht Kants zu sein, wenn er sagt, dass die Idee „Gott" für die Kohärenz der Vernunft notwendig ist und deshalb postuliert werden muss, auch wenn sie nicht bewiesen werden kann.[10]

Auch wenn die Philosophie an diesem Punkt stehen bleiben kann, ist die Theologie jedoch immer wieder gefordert, dem Geheimnis nachzuspüren, da sie in der Pflicht steht, die Botschaft, für die sie einsteht, auch zu legitimieren. Im Sinne der vorausgegangenen Erörterung ist es jedoch ersichtlich, dass jede Theologie die Mittel der Sprache immer im Rahmen ihrer eigenen Vor-

---

[9] HEINRICH HEINE, Der Salon, Hamburg 1834, Vorrede.
[10] IMMANUEL KANT, Kritik der praktischen Vernunft. Hrsg. von Karl Vorländer, Hamburg [10]1990, A 223-263.

stellungen verwendet. In der Sprache Wittgensteins kann man sagen, dass jede Theologie ihre eigenen, ihr spezifischen Sprachspiele besitzt.[11]

Auf die islamische Theologie gemünzt, kann man sagen, dass sie niemals ohne Rückbezug auf den Qur'ān argumentieren kann. Auch wenn man „autonom" philosophisch reflektieren kann, so muss man im letzten Schritt stets auf den Qur'ān verweisen, da die Idee ansonsten keinen Boden innerhalb des Islam finden wird, um zu fruchten. Der Qur'ān ist der letzte Prüfstein konsistenten, islamischen Denkens, und islamische Theologie muss daher immer wieder durch ihn legitimiert werden. Wenn also der Frage nachgegangen werden soll, ob es möglich ist, Gott als Leben zu denken, so muss in erster Linie der Qur'ān hierzu befragt werden. Daher kann jetzt schon festgehalten werden, dass es zwar rein spekulativ durchaus möglich ist, Gott trinitarisch (*als den Besitzer dreier Wesensattribute*) zu denken, doch wird dieser Spekulation innerislamisch jeglicher Erkenntnisgrund fehlen. Es gibt keinen hinreichend notwendigen Grund, seine Attribute auf drei zu beschränken oder alle anderen Attribute unter diese drei zu subsumieren. Zumal – wie hoffentlich ersichtlich dargelegt worden ist – es auch aus autonomer Reflexion heraus nicht *a priori* notwendig ist, Gott als trinitarisch zu denken.

Man könnte nun zwar durchaus die Idee aufgreifen, den „Sohn" als ein Attribut Gottes zu verstehen und es in diesem Sinne als „der Nahe/ Erfahrbare" interpretieren. Man könnte auch versuchen, es zu unterfüttern, indem man ferner darauf verweisen würde, dass der Qur'ān von Jesus als vom „Wort Gottes" (*kalimatullah*) spricht (Q 4:171). Ja, es wird sogar vom Qur'ān vertreten, dass Jesus durch den „*ruḥ al-quds*" unterstützt wurde, was wortwörtlich übersetzt „der Heilige Geist" bedeutet (Q 2:87). Man könnte nun dies alles nehmen und so versuchen, die Trinität Gottes durch den Qur'ān zu belegen. Aber das würde eher einer künstlichen Collage entsprechen, als dass es den Qur'ān widerspiegeln würde. Denn in diesem Fall hätte man Kategorien miteinander vermengt, die nicht zusammenpassen. Wenn der Qur'ān darüber redet, dass Jesus „Wort Gottes" war, so wird hier nichts über Gott selbst ausgesagt, sondern über Jesus. Dieser Ausspruch ist somit nicht als Selbstoffenbarung Gottes zu verstehen, in dem Sinne, dass Er hier etwas über sein Wesen sagen würde, sondern es ist eine Aufklärung über den historischen Menschen Jesus von Nazaret. Diese Differenz leuchtet insbesondere ein, wenn man den ganzen Satz liest, in dem die Idee ausgedrückt wird: „Siehe, Christus Jesus, Marias Sohn, ist *der Gesandte Gottes* und sein Wort (*kalima*), das er an Maria richtete, und ist Geist von ihm." (Q 4:171) Jesus ist in diesem Sinne nicht „Wort Gottes in seinem Wesen", da er in seinem Wesen stets Mensch bleibt, denn er ist „nur der Gesandte". Die Bezeichnung „das Wort Gottes" deutet hier lediglich auf ein Attribut Jesu. Zweifelsohne ist Jesus hier ganz besonders ausgezeichnet und bekommt eine entsprechend besondere Stellung unter den Propheten eingeräumt, aber die Differenz zwischen Mensch und Gott bleibt.

---

[11] Vgl. zum Sprachspielbegriff WITTGENSTEIN, Philosophische Untersuchungen, § 23.

Anders formuliert: Jesus hat keinen Teil an der *Göttlichkeit Gottes*. Für Seine Vervollkommnung ist weder Jesus noch irgendein anderes Wesen konstitutiv.

2.

Was jedoch die Hauptfrage betrifft, nämlich ob Gott islamisch als Leben zu denken ist, so kann dies in diesem gegebenen Rahmen nicht zur Gänze aus-diskutiert werden, da sie viel zu komplex und vielschichtig ist und eines eigenständigen Aufsatzes bedarf. Dennoch kann man im Sinne eines Denk-ansatzes einige mögliche Eckpfeiler benennen.

Die Frage nach dem Wesen und den Attributen Gottes ist eine der um-strittensten Fragen innerhalb der islamischen Gelehrsamkeit. Schon sehr früh führte diese Frage zu Abspaltungen innerhalb der Gelehrten, welche bis heute nachwirken. Während z.B. die Muʿtazilīten sich dagegen wehrten, die Attri-bute Gottes mit seinem Wesen gleichzusetzen, da es für sie die Idee des *Tauḥīd*, also der Einheit Gottes, gefährdete, waren die Ašʿariten der Auf-fassung, dass es Gottes Vollkommenheit erschüttern würde, wenn man etwas anderes behauptet. Die Attribute Gottes müssten gleich Ihm ewig und unver-änderlich sein. Denn ansonsten müsste man annehmen, dass der Wille Gottes sich zu einem bestimmten Zeitpunkt geändert haben muss, als er die Welt erschuf, wo sie doch vorher nicht war. Eine Veränderung im Willen Gottes anzunehmen, sei aber gleich, eine Veränderung in Gott anzunehmen. Gott aber könne sich nicht ändern, weil er vollkommen ist. Vollkommenes ist nämlich deshalb vollkommen, weil es abgeschlossen ist, nichts weiter bedarf und sich deshalb auch nicht mehr verändert. Auch hier können wir im Hintergrund die aristotelische Idee der Bewegung deutlich entziffern.[12]

Ohne weiter auf diese Diskussion einzugehen, sei das allgemein etablierte Ergebnis dieser Differenzen kurz festgehalten. Allgemein unterscheidet man in der islamischen Theologie nämlich zwischen den Wesensattributen (*al-ṣifāt al-ḏātīya*) und den konstitutiven Attributen (*al-ṣifāt al-ṯubūtīya*). Zu den Wesensattributen gehören u.a., dass er existent ist (*wuǧūd*), dass er Eins ist (*waḥdānīya*), dass er unabhängig und aus sich selbst heraus ist (*qiyām bi-nafsihi*) und dass er wesensverschieden von allen anderen Lebewesen ist (*muḫalafatun lī al-ḥawādiṯ*). Zu den konstitutiven Attributen zählt, dass er lebendig ist (*al-ḥaiy*), dass er weise ist (*al-ʿalīm*) und dass er einen freien Willen besitzt (*irāda*). Diese Attribute sind natürlich allesamt entweder im Qurʾān zu finden oder sind aus ihm abgeleitet worden. Die hier erfolgte

---

[12] ABŪ AL-ḤASAN AL-AŠʿARĪ, Maqālāt al-islāmīyīn wa-iḫtilāf al-muṣallīn. Hrsg. von Muḥammad Muḥyī ad-Dīn ʿAbd al-Ḥamīd, Kairo 1950, 1:224-231; DERS., al-Lumaʿ fī radd ahl az-ziyāġ wa-l-bidaʿ. Hrsg. von Ḥamūdah Ġarābah, Kairo 1955, 17-31.; QĀDĪ ʿABD AL-ĠABBĀR AL-ASADĀBĀDĪ, al-Uṣūl al-ḫamsa. Hrsg. von Fayṣal Badīr ʿAwn, Kuwait 1998, 67ff., 72-77, 86f. (Das letzte Kapitel ist *ḫalq al-qurʾān*).

Klassifizerung jedoch ist das Werk der Gelehrten und ist nicht schon im Qurʾān in dieser Weise gegeben.[13]

Hier ist anzumerken, dass „konstitutiv" in diesem Zusammenhang nicht zu verstehen ist als etwas, das ein Anderes überhaupt möglich macht. Die konstitutiven Attribute sind in der klassischen Vorstellung eher zu verstehen als Attribute, die zu seinem Wesen in zweiter Linie hinzugezählt werden. In der Sprache der Logik könnte man sie zur Kategorie der Propria hinzuzählen, während die Wesensattribute in die Kategorie der Differenzen fallen. Im gewöhnlichen Sinne konstitutiv sind somit die Wesensattribute, während die „konstitutiven Attribute" ihre Propria sind. Um Missverständnissen vorzubeugen, will ich im Folgenden anstatt von „konstitutiven Attributen" von „sekundären Attributen" reden.

In diesem Sinne ist es sehr interessant zu beobachten, dass der Qurʾān Gott zwar als „der Lebendige" bezeichnet, nicht aber als „das Leben" (Q 2:255). Ferner ist auch sehr interessant zu sehen, dass hier zwischen der „Existenz" Gottes und seiner „Lebendigkeit" unterschieden wurde. Existenz gehört zu den Wesensattributen, während die Lebendigkeit zu den sekundären Attributen zählt. Ich frage mich: Ist eine „Existenz" außerhalb des Bereichs des Lebens möglich? Gibt es einen anderen Grund und Boden, was nicht *Leben* ist, worin aber eine Existenz möglich ist? Diese Unterscheidung der Gelehrten, die schlechthinnige Existenz Gottes zu seinem Wesen zu rechnen, dafür aber seine Lebendigkeit als sekundär zu denken, scheint in diesem Stadium sehr schleierhaft. Denn wenn ich mir alle Attribute Gottes wegdenke, um das zu benennen, was er in seiner Essenz ist, so ist das Letzte, was ich von Gott aussagen kann: „Er *ist*". „Ist" aber bedeutet nicht einfach nur „existent", sondern es ist der Name für das, was mit „lebendig sein" ausgesagt werden will, und *lebendig* ist Gott ja nach islamischer Vorstellung *durch sich selbst heraus*. Ferner kann man fragen, ob diese Unterscheidung denn gerechtfertigt ist, da der Begriff „*wuǧūd*" in solcher Form und in solchem Kontext nicht qurʾānisch ist, sondern das Ergebnis theologischer Arbeit.

Ohne aber unbedingt gleich die Tradition anzugreifen, kann man versuchen diese Diskrepanz zu lösen, indem man „*wuǧūd*" nicht als „Existenz" versteht, sondern in Heideggerscher Manier als „Sein".[14] Denn genau das scheint mit diesem Begriff ausgesagt zu werden. „*Wuǧūd*" ist hier nämlich nicht die Existenz in gewöhnlichem Verständnis, sondern *der Bereich der Existenz*. Das Verbum für Existenz ist: „ist". Wenn ich sagen will, dass jemand existiert, dann sage ich einfach „er ist". Aber was sage ich, wenn ich sagen will, dass jemand das „ist" höchstpersönlich ist? D.h. was ist der Name dieses „Ists", oder was ist das Nomen dieses Verbs? Ich sage: „Er ist das Sein." Ferner kann

---

[13] Dies ist nur eine allgemeine Zusammenfassung der attributiven Unterscheidungen, die die Gelehrten eingeführt haben. Weder sind hier alle Attribute wiedergegeben noch spiegelt diese Unterscheidung die Ansicht aller Gelehrten wider.

[14] MARTIN HEIDEGGER, Sein und Zeit, Tübingen [17]1993.

ich weiterhin in Heideggerscher Manier fragen: „Wie *west* das Sein?" Das heißt, wie zeigt es sich? In welcher Weise ist er im Tun? Was ist charakteristisch für sein Sein? Die Antwort darauf wäre: Indem er *ist*. Zu *sein* und im „Ist" zu sein ist charakteristisch für sein Sein. In einer weniger differenzierten, doch viel zugänglicheren Sprache wäre das so viel, wie wenn man sagte: Gott existiert und ist lebendig.

Ich würde somit letztlich argumentieren, dass Gott Leben in seinem Wesen ist und dass im Qurʾān darauf hingewiesen wird, indem zuerst von ihm das Attribut „lebendig" ausgesagt wird und ferner, dass er „*wuǧūd*" ist. Um der Misere zu entgehen, in die man klassisch gerät, wenn man an die Attribute Gottes denkt, würde ich mich ferner davor hüten, seine Attribute als wesensgleich mit Ihm, somit als vollkommen und ewig zu denken. Das jedoch ist nur möglich, wenn man den Begriff der „Vollkommenheit" noch einmal überdenkt. Die Aufgabe ist hier den Widerspruch zwischen „Leben" (Dynamik und Entwicklung) und „Vollkommenheit" (Statik und Abgeschlossenheit) zu lösen. Ein erster Schritt in diese Richtung könnte sein, dass man zuerst den Begriff der „Bewegung" neu angeht und zusieht, ob denn Aristoteles wirklich schon alles bedacht hat, was mit ihm einhergeht. Ist Statik notwendig für Vollkommenheit? Ist nicht vielmehr die Bewegung ein viel ersichtlicherer Ausdruck der Vollkommenheit? Zumindest kann man den Ausgang zu solch einer Überlegung aus dem einfachen Bild nehmen, dass Abraham die Götzen zerschlägt. Die Götzen symbolisieren dann in diesem Bild den statischen Gott und stehen somit metaphorisch für die althergebrachte statische Idee der Vollkommenheit, und Abraham symbolisiert einen neuen Ansatz.

Aus diesen Überlegungen wurde hoffentlich ersichtlich, dass die Idee, Gott als Leben zu denken, dem Islam nicht fremd ist und dass man auf dieser Basis durchaus sehr fruchtbar weiterdenken und kommunizieren kann – allerdings ohne zu den trinitätstheologischen Denkfiguren vorzustoßen, die Thomas Schärtl bewegen.

BERNHARD NITSCHE

Muslimischer Monotheismus und christliche Trinitätslehre

Ureigene Anliegen und Chancen der Begegnung

Christliche Trinitätslehre und muslimischer Monotheismus gelten weithin als unvereinbar miteinander. Angesichts dieser Einschätzung ist es ein zentrales Anliegen dieses Beitrages, die theologischen Ursprungsmotive zu exponieren und von daher auf mögliche Berührungspunkte in den Theologie generierenden Fragen aufmerksam zu sein. Der systematische Möglichkeitsaufweis, Gott in seiner lebensdynamischen Einheit als dreieinen Gott logisch begründet denken zu können, hat die Aufgabe zu erfüllen, das christliche Bekenntnis zu Vater, Sohn und Geist als Träger der Gottheit in ihrer von vorneherein verbindenden Wesens-Einheit aufzuzeigen. Damit ist zugleich dem Eindruck Einhalt zu gebieten, wonach sich das christliche Bekenntnis als ein Bekenntnis zu drei Göttern verstehen würde, was die muslimische Kritik befürchtet, wenn sie das Modell der »Beigesellung« als Abfall vom monotheistischen Glauben ansieht (Q 4:48.116; 31:13). Im Unterschied zum christlichen Selbstverständnis wird die Trinitätstheologie muslimisch nicht als lebensdynamische Differenzierung in Gott, sondern als *Tritheismus* der »Beigesellung« verstanden: »Ungläubig sind, die sagen: ‚Gott ist der Dritte von dreien‘« (Q 5:73). Dies wird in einem Dialog Gottes mit Jesus als Kritik an der christlichen Theologie herausgearbeitet: »Und damals, als Gott sprach: O Jesus, [...] hast du den Menschen denn gesagt: ‚Nehmt mich und meine Mutter zu Göttern neben Gott‘? Er sprach: [...] ‚Mir steht nicht zu, dass ich etwas sage, wozu ich nicht berechtigt bin. [...] Dient Gott, meinem Herrn und eurem Herrn!‘« (Q 5:116f.).

Deshalb folgert die Sure über Maria (19), dass die Trinitätslehre eine Dreiheit von Gott-Vater, Gott-Mutter und Gott-Sohn vertrete, die selbstverständlich überwunden werden müsse. Die Kritik macht deutlich, dass der Islam in seinen Anfängen in einer Auseinandersetzung mit einer tendenziell vergöttlichenden Rede von der Gottesmutterschaft Mariens, mit einer latent monophysitischen Christologie in Auseinandersetzung stand sowie mit mythischen Denkweisen einer Theogonie. »Das ist Jesus, Marias Sohn, als Wort der Wahrheit, über das sie uneins sind. Es steht Gott nicht an, einen Sohn anzunehmen« (Q 19:34f.).

Neben der grundlegenden Problematik, wie die Einheit des dreieinen Gottes so ursprünglich gedacht werden kann, dass jeder Anschein von Tritheismus vermieden wird, sind insbesondere die möglichen Äquivalente in den Strukturen und Figuren der Vermittlung von göttlicher Transzendenz und geschichtlicher Immanenz zu bedenken. Zudem hat sich durch die Dynamik der Debatte der Wunsch ergeben, ich möge doch auf die Spezifika meines eigenen Ansatzes und die Einwände von *Thomas Schärtl* stärker eingehen.

Daher werde ich zunächst (1.) das leitende Einheitsverständnis des Monotheismus problematisieren und (2.) die soteriologischen Anliegen des trinitarischen Bekenntnisses exponieren sowie (3.) die grundlegenden Weisen der Konzeptualisierung der christlichen Trinitätslehre thematisieren. Die systematischen Probleme versammeln sich (4.) im »Personbegriff«, der wiederum auf die (5.) methodischen Prämissen der jeweiligen Argumentation aufmerksam macht und angesichts der Probleme (6.) der »Reflexionstheorie vom Subjekt« (7.) zu einem konsequent transzendentallogischen Freiheitsdenken anleitet. Mithilfe dieser Denkform ist es möglich, die Trinität (8.) als ein »Kommerzium von drei vollkommenen Freiheiten« verständlich zu machen. Im Lichte der Einheitsvorstellungen (1.) und soteriologischen Anliegen des trinitarischen Denkens (2.) können (9.) sodann »fruchtbare Perspektiven des muslimischen Offenbarungs- und Gottesverständnisses aus christlicher Sicht« aufgezeigt werden. Zum einen sind die Chancen der dialogischen Tradition des muslimischen Offenbarungsverständnisses zu beachten (9.1.), zum anderen ist der Konnex von Allmacht und Monotheismus zu berücksichtigen (9.2.). Aus diesem Gesamtzusammenhang heraus sind schließlich Rückfragen an die muslimische Position zu formulieren (9.3.), aufgrund derer analoge Fragestellungen und mögliche strukturelle Entsprechungen in der Vermittlung von göttlicher Transzendenz und geschichtlicher Immanenz freigelegt werden.

1. Von der Einheit Gottes

Mit dem Begriff Gottes verbinden sich die Gedanken der Unendlichkeit, Vollkommenheit und Einheit. Wenn daher von Gott sinnvoll gesprochen werden können soll, kann Gott nur der *eine* mit sich identische Gott sein, der in vollkommener Überfülle er selbst ist, weil er schon nach der traditionellen These *Anselms von Canterbury* derjenige ist, über den hinaus nichts Vollkommeneres an Güte und Einheit gedacht werden kann. Die »Identität« Gottes ist im strengen Sinne allerdings nur in Gott selbst gegeben, in seiner radikalen Immanenz »für sich«. Diese Identität ist menschlichem Erkennen nicht ungebrochen zugänglich, sondern geschichtlich-symbolisch vermittelt in geschöpflicher Kontingenz und menschlicher Transzendenzerfahrung. Daher wird die lebensdynamische Ganzheit und Einheit Gottes unter der menschlichen Leitidee von Einheit gedacht. So kommt es entscheidend darauf an, welche Einheitsvorstellung das Denken leitet. Insofern trifft die Leitidee von Einheit bereits ein Präjudiz in der Kontroverse, inwiefern der trinitarische Monotheismus als Monotheismus oder als Tritheismus zu gelten hat.

Gerade typisch mystische Terminologien, welche die Harmonie oder die Erfahrung von Eins-Sein unterstreichen, machen deutlich, dass die Einheit (*unitas*), im Unterschied zur numerischen Einsheit (singulär qualifiziertes *unum*), die Bedingung darstellt, unter der die Erfahrungen von Harmonie, von Vereinigung oder dynamischer Lebensfülle bedacht und ausgesagt werden können.[1]

Bereits in den Veden des Hinduismus ist darum die philosophische Einsicht leitend: »(Gott ist) Einer, (obgleich) die Weisen ihn mit vielen Namen benennen«.[2] Auch das hebräische Denken kann die Einheit des einen Gottes der Namensoffenbarung am Sinai als »dynamische Einheit« verstehen. Dies zeigt die vierfache Rekonstruktion der Semantik von *echad* bei *Daniel Krochmalnik*, derzufolge *echad* mit »eins«, »einer«, »einzig« und »allein« übersetzt werden kann. Wird das »ist« zwischen »unser Gott« und »der Ewige« gesetzt, so bedeutet dies im Zusammenhang: »Höre, Israel! Der Herr, unser Gott, *ist* ein einiges, ewiges Wesen«. Diese Übersetzung haben *Moses Mendelssohn* und *Leopold Zunz* favorisiert. In dieser Version wird die lebensdynamische Einigkeit des ewigen Wesens herausgestellt.[3]

Im christlichen Lebenszusammenhang dient der Begriff der Perichorese dazu, die innergöttliche Einheit als lebensdynamischen Vollzug zu verstehen. *Johannes von Damaskus* greift diesen Begriff auf, um die trinitätstheologische Beziehung der Personen näher zu qualifizieren:

> Die Personen weilen und wohnen ineinander. Denn sie sind untrennbar und gehen nicht auseinander, sie sind unvermischt ineinander, jedoch nicht so, dass sie ineinander verschmölzen oder sich miteinander vermischten, sondern so, dass sie sich miteinander verbinden.[4]

Insofern kann Einheit Gottes als dynamische Fülle verständlich werden: »Im Gegensatz zu einem einzigen Zentrum, in dem alle letzten menschlichen Erfahrungen zu einer Einheit verschmelzen (was letztlich zu einem gewissen

---

[1] Vgl. BERNHARD NITSCHE, »… der Fragen wegen, die seine und seiner Zeit Philosophie bewegen«. Karl Rahners Ringen um ein transzendentales Denken als Erbe und Auftrag. In: RALF MIGGELBRINK (Hg.), Was hat er uns gegeben – was haben wir genommen?, Münster u.a. 2009, 105–147.

[2] Vom Erkenntniszusammenhang ausgehend ist zu folgern, dass das Geheimnis, auf das die religiösen Erfahrungen der Menschheit zielen, weder in genau gleicher Weise zur Erscheinung kommt, noch jeweils in völlig verschiedener Weise ein anderes Geheimnis berührt. »Um diesen Sachverhalt« vom Erkenntniszugang her zu bestimmen, legt es sich deshalb nahe, von einer nichtdualistischen Differenzierung im Mysterium selbst und vor allem von einem »Pluralismus« seiner kulturellen und geschichtlichen Erfahrungsgestalten zu sprechen. Vgl. RAIMON PANIKKAR, Der unbekannte Christus des Hinduismus, Mainz ²1990, 32.

[3] Vgl. DANIEL KROCHMALNIK, Formeln des Monotheismus. In: Jahrbuch Politische Theologie 4 (2002) 81–92. Ähnlich bereits JÜRGEN MOLTMANN/ PINCHAS LAPIDE, Jüdischer Monotheismus, christliche Trinitätslehre. Ein Gespräch, München 1979, 51–54.

[4] JOHANNES VON DAMASKUS, De fide orthodoxa 1,14 (BKV 44, 42).

Monismus führen würde), erlaubt das Paradigma der Trinität eine unendliche Fülle« zu denken.[5]

In logisch-begrifflicher Reflexion kann die Ganzheit als eine Einheit von Identität und Differenz gefasst werden, die von den dialektischen Alternativen eines univoken Monismus oder eines äquivoken Dualismus abzugrenzen ist. Blickt man auf *Plotins* Konzept von Einheit, so zeigt seine Formel ἕν καί πολλά ein dynamisches Vermittlungsverhältnis an. Das Eine ist in seinem prinzipiierenden Ursprung einerseits konstitutiver Grund (ὑπερούσιον) von allem existierenden Seienden und andererseits radikale Transzendenz zu allem Seienden (ἐπέκεινα τῆς οὐσίας).[6] Dabei beschreitet das Eine in seinem Bezug auf das Andere einen Vermittlungsprozess, indem sich das Eine als das in höchster Freiheit Sich-selbst-Bestimmende und Sich-selbst-Wollende erweist. In dieser freien Willensbestimmung ist es zugleich das Sich-selbst-Konstituierende.[7] Diese dynamische Identität der »unvermischten Einung« (ἀσύγχυτος ἕνωσις) begründet, warum nach *Proklos* einerseits gilt: »Alles ist in Allem«; aber andererseits dieses allen Gemeinsame »in jedem auf je eigene Weise« existiert (πάντα ἐν πᾶσιν, οἰκείως δὲ ἐν ἐκάστῳ).[8] Damit benennt Proklos auf seine Weise jenes »zugleich« von Gemeinsamkeit und Unterschiedenheit, das *Basilius* im Rückgriff auf *Aristoteles* Unterscheidung von erster und zweiter *Ousia* für den Begriff der Hypostase geltend macht.

Um Einheit als dynamische Selbstvermittlung zu verstehen, ist der Blick auf *Schelling* hilfreich. Schelling begreift die absolute Einheit als »lautere Identität«.[9] Doch ist dies keine tautologische oder begrifflich-abstrakte oder rein formallogische Identität, sondern eine dynamische und integrale Identität, die sich vollzieht, indem das »Eine *ohne* Gegensatz« ist. Dieses Eine hat den Gegensatz in sich überholt, weil es das Eine ist, welches »über allen Gegensatz erhoben« ist und darum den Gegensatz »unter sich« versammelt.[10] Im Blick auf den Gottesgedanken bedeutet dies, dass Einheit als dynamische Ganzheit gedacht werden kann, solange in Gott keine sich ausschließenden, kontradiktatorischen Gegensätze gedacht werden müssen und die Differenz in

---

[5] PANIKKAR, Der unbekannte Christus des Hinduismus, 31.

[6] Vgl. PLOTIN, Enneaden V 5.13, 33ff. und V 4.2, 39. Zit. nach R. HARDER, Plotin Schriften, Hamburg 1956.

[7] Vgl. PLOTIN, Enneaden V 1.

[8] Zu den Einzelnachweisen vgl. WERNER BEIERWALTES, Identität und Differenz, Frankfurt/M. 1980, 45f.

[9] FRIEDRICH W.J. SCHELLING, Bruno. In: Friedrich W.J. Schellings Sämtliche Werke, hg. von K.F.A. SCHELLING, erste Abteilung Bd. IV. Stuttgart, Augsburg 1859, 323. Zu Schelling vgl. auch die einschlägige Arbeit von Malte Krüger sowie meine entsprechende Rezension dazu: BERNHARD NITSCHE, Rez. M.D. Krüger, Göttliche Freiheit. Die Trinitätslehre in Schellings Spätphilosophie (Religion in Philosophy and Theology 31), Tübingen 2008. In: ZkTh 132 (2010) 111–114.

[10] SCHELLING, Bruno, 302.

dynamischer Identität über allen Unterschied hinweg als lebendige Einheit eingeholt werden kann.[11]

2. Von den soteriologischen Anliegen der Trinitätslehre

Für die Ausbildung der christlichen Trinitätslehre sind die soteriologischen Anliegen entscheidend. Die christliche Trinitätslehre ist nicht aus einem abstrakten spekulativen Bedürfnis erwachsen, sondern folgt bestimmten heilsgeschichtlichen Erfahrungen, die auf ihre Begründung in Gott selbst hin durchbuchstabiert und daher auf Gottes eigenes Selbstsein zurückgeführt werden.

Obwohl biblisch keine Anweisung vorliegt, den christlichen Glauben notwendig trinitarisch auszubuchstabieren, ergibt sich diese trinitarische Gestalt inhaltslogisch doch aus der spezifischen Gegenwart Gottes in Jesus von Nazareth und im Heiligen Geist in der Gemeinde. Unter der hebräischen Voraussetzung, wonach Heil und Friede (*Schalom, Salam*) nur von Gott selbst erwirkt sein kann, lautet die zentrale Doppelfrage:

(a) Dürfen Christinnen und Christen darauf vertrauen, dass sie es in Jesus nicht mit einer Zwischenmacht (Röm 8) oder mit Beelzebub (Mk 2) zu tun haben, sondern mit Gott selbst?

(b) Dürfen Christinnen und Christen darauf vertrauen, dass sie es im Geist, der heilt und heiligt, der in die Wahrheit einführt und vollendet, mit dem schlechthin Heiligen zu tun haben?

Diese beiden Grundfragen thematisieren die Einsicht, der zufolge Christinnen und Christen nur dann wahrhaft Gemeinschaft mit Gott selbst haben, wenn ihnen im Sohn und seiner Botschaft sowie im Heiligen Geist und seiner Gnade und Gemeinschaft *Gott selbst* gegenwärtig wird: Darf das wirkliche und wirksame »Gegebensein« Gottes in Logos und Pneuma als Selbstgabe des Vaters in Sohn und Geist verstanden werden, welches Gottes »Eigen-Wirklichkeit« bestimmt?[12]

Für die christliche Tradition entstand zunächst das Problem, wie die Neuheit des eigenen Glaubens in einer unterscheidenden Profilierung zum Judentum einerseits und in Treue zum jüdischen Monotheismus andererseits formuliert werden konnte. Bereits der Philipper-Hymnus versucht in der Form eines Christus-Psalms die besondere Bedeutung Jesu Christi in den beiden Grundmodellen des selbstlosen »Abstieges« aus der Gestalt Gottes und des »Aufstieges« des bis zum Tod am Kreuz gehorsamen Knechtes in die Herrlichkeit

---

[11] Vgl. SCHELLING, Bruno, 325; Werke I, 362.
[12] JÜRGEN WERBICK, Trinität II/III. In: LThK³ 10 (2001), 242–251, hier 243.

Gottes hinein zu formulieren. In diesem judenchristlichen Psalm wird die Herkunft Jesu Christi aus Gott sowie die Rückbezüglichkeit Jesu Christi auf Gott hin durch eindeutige Gottesprädikationen (Gestalt Gottes, Name über alle Namen, Proskynese, Kyrios-Adonai-Anrufung) zum Ausdruck gebracht. Die biblische Theozentrik, die den Vorrang des Vaters bewahrt, wird durch den Hinweis auf die Ehre des Vaters, für die all dies geschieht, durchgehalten (Phil 2,5–11).[13] Weil für die Besonderheit des christlichen Bekenntnisses von der spezifischen Gegenwart Gottes im Sohn und im Heiligen Geist erst neue Modelle und neue Sprechweisen ausgebildet werden mussten, konnte zum einen auf jüdische Traditionen von göttlichen Vermittlungsinstanzen wie die Weisheit Gottes (*chokmah*), das Wort Gottes (*dabar*) und der Geist Gottes (*ruah*) zurückgegriffen werden.[14] Zum anderen mussten in einem Prozess von Versuch und Irrtum neue Begriffe und Denkweisen entwickelt werden.

3. Misslungene und gelungene Systematisierungsweisen: Eine Typologie

Sofern Gottes eigenes Engagement in der Geschichte der Menschen gehofft und geglaubt werden darf, wird es notwendig, die heilsgeschichtlichen Erfahrungen der Menschen mit Gott auf Gottes Sein in sich zu beziehen. Damit rückt das Problem ins Zentrum, wie das Unterscheidende der Erfahrung Gottes als Vater, Sohn und als Geist so benannt werden kann, dass einerseits die spezifisch christlich-biblische Gotteserfahrung genügend zur Geltung gebracht und andererseits die Einheit Gottes nicht gefährdet wird. Die Frage »Von wo her wird gedacht?« hat eine methodenpolitische und eine inhaltlich-systematische Pointe: Methodenpolitisch geht es um die Frage, wie die biblisch erkennbare Differenzierung von Vater, Sohn und Geist Berücksichtigung findet. Systematisch wurde die Frage »von woher wird gedacht« in der Geschichte des christlichen Glaubens unterschiedlich durchbuchstabiert. Drei Richtungen einer möglichen Antwort bestimmen die Diskussion:

- Man kann von dem einen Wesen Gottes her auf die Dreiheit der Personen hin denken.

- Man kann von der heilsgeschichtlich bezeugten Dreiheit der Personen auf ihre Einheit hin denken.

- Oder man kann vom biblisch-alttestamentlichem Primat des Vaters aus nach der Funktion und dem Sein von Sohn und Geist fragen.

---

[13] Vgl. OTFRIED HOFIUS, Der Christushymnus Philipper 2,6–11. Untersuchungen zu Gestalt und Aussage eines urchristlichen Psalms, Tübingen ²1991.

[14] Vgl. BERNHARD NITSCHE, Gott und Freiheit. Skizzen zur trinitarischen Gotteslehre, Regensburg 2008 (ratio fidei; 34), 141–164.

Diese drei unterschiedlichen Konstruktionsmöglichkeiten kamen in der Geschichte der Trinitätstheologie als »unzureichende Fehlversuche« des Glaubens und als »hinreichende Systematisierungsweisen« zur Anwendung. Zu den letztlich nicht zufrieden stellenden Lösungen zählte eine bloß äußere, modalistische Unterscheidung, die Gottes-Selbstvollzug nicht in sich betraf.

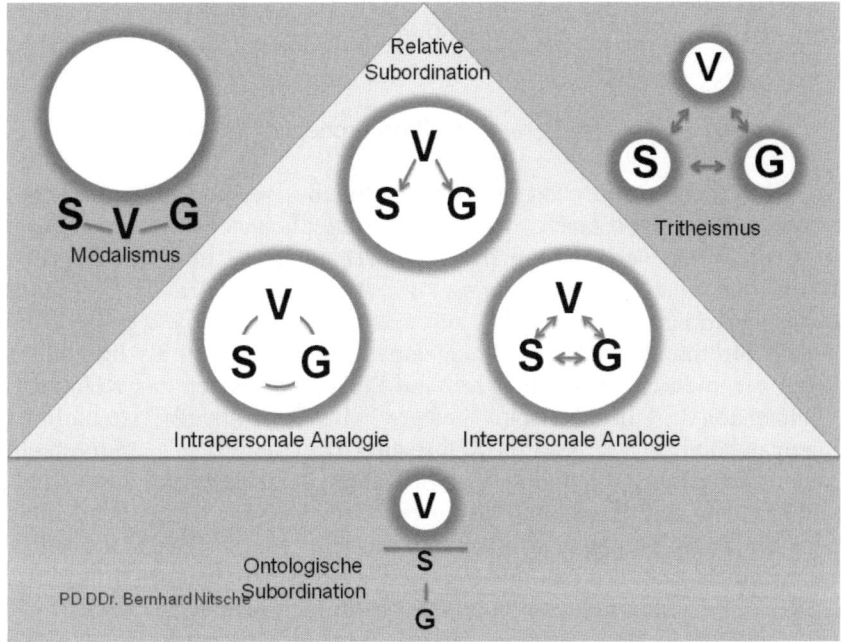

Dazu zählte eine Unterordnung unter Gott, so dass der Sohn oder der Geist den Vater nicht kennen und ihm nicht wesenhaft verbunden sind. Dazu zählte schließlich eine Differenzierung in drei verselbstständigte Gottheiten hinein.[15]

Die gelungenen Systematisierungsweisen der relativen, innergöttlichen Subordination, der monosubjektiven oder intrapersonalen Analogie, sowie der personal differenzierenden oder interpersonalen Analogie wurden in Abgrenzung zu den Fehlversuchen ausgebildet. Sie können als »Innen« des christlichen Glaubens skizziert werden, die paradigmatisch die lateinisch-westliche,

---

[15] Zum gesamten Zusammenhang vgl. BERND J. HILBERATH/THEODOR SCHNEIDER/BERNHARD NITSCHE, Jesus Christus/Christologie. In: Neues Handbuch theologischer Grundbegriffe, Bd. 2, München ³2005, 272–291; JÜRGEN WERBICK, Trinitätslehre. In: THEODOR SCHNEIDER (Hg.), Handbuch der Dogmatik II, Düsseldorf 1992, 481–576; WILHELM BREUNING, Gotteslehre. In: WOLFGANG BEINERT (Hg.), Glaubenszugänge I., Paderborn 1995, 274–314; WALTER KASPER, Der Gott Jesu Christi, Mainz 1983.

griechisch-östliche und die relational-moderne Systematisierung der christlichen Gotteserfahrung charakterisieren.[16]

Die drei Grundtypen der Reflexion der christlichen Gotteserfahrung bringen
die legitime Pluralität, sowie die *wechselseitig sich korrigierende und ergänzende Funktion* der Systematisierungsweisen des Glaubenszeugnisses zum
Ausdruck. Sodann legen sie die *Gegenseitigkeit von praktischem Lebensvollzug und theologischer Reflexion* offen.[17]

4. Person als Problembegriff

Seismisches Zentrum der verschiedenen Modelle ist der Problembegriff der
»Person« oder »Hypostase«, der in unterschiedlichen Modellen auf unterschiedliche Weise Verwendung findet. In der Sache ist mit dem Begriff das
Problem der *Verhältnisbestimmung von Wesenseinheit und Personunter-
scheidung* markiert. Dies wird deutlich, wenn *John O´Donohue* bemerkt: »Bei
der einen Strömung liegt der Akzent immer auf der Person als Individualität
[...]. Bei der anderen wird der Akzent auf Person als Beziehung, Relation, auf
die Dimension [...] des Mitseins gelegt«.[18] Im Personbegriff ist darum das
Problem gebündelt, wie jeweils Selbststand (Eigentümliches, Individualität)
exponiert, Beziehung (Gemeinsames, Sozialität) konzipiert und das Verhältnis
von Selbststand und Beziehung austariert wird. Soll angesichts des Problem-
standes die These genügen, wonach der Ausgang von der Dreiheit der Personen die Einheit nicht erreicht und der Ansatz bei der Einheit die differenzierte
Dreiheit der Personen nicht genügend zu bestimmen vermag?[19]

Im Unterschied zum intrapersonalen Denken des lateinischen Westens
sowie im Unterschied zum ursprünglich östlichen Modell des relational unter-
stufenden Denkens des Sohnes und des Geistes unter den Vater und in
Wesenseinheit mit dem Vater entwickelte die jungnizänische Theologie der
Kappadokier ein Modell der »unvermischten Einung«, das als Vorreiter eines
modern-interpersonalen Denkens angesehen werden kann.[20]

---

[16] Vgl. LEONARDO BOFF, Der dreieine Gott, Düsseldorf 1987, 59–144.
[17] Vgl. BERNHARD NITSCHE, Die Analogie zwischen dem trinitarischen Gottesbild und der
communialen Struktur von Kirche. Desiderat eines Forschungsprogrammes zur Communio-
Ekklesiologie. In: BERND J. HILBERATH, Communio – Ideal oder Zerrbild von Kommunikation?, Freiburg u.a. 1999 (QD 167), 81–114.
[18] JOHN O´DONOHUE, Person als Vermittlung. Die Dialektik von Individualität und Allgemeinheit in Hegels »Phänomenologie des Geistes«, Mainz 1993 (Tübinger Studien zur Theologie
und Philosophie; 4), 14. Vgl. BERND J. HILBERATH, Der Personbegriff der Trinitätstheologie
in Rückfrage von Karl Rahner zu Tertullians »Adversus Praxean«, Innsbruck 1986 (Innsbru-
cker theologische Studien; 17), 230f. 290ff.
[19] Vgl. HANS URS VON BALTHASAR, Theologik II., Einsiedeln 1985, 35; WERBICK, Trinitätslehre, 538f.
[20] Vgl. CHRISTOPH MARKSCHIES, Alta trinità beata. Gesammelte Studien zur altkirchlichen Trinitätstheologie, Tübingen 2000, 234.

Anders als *Athanasius* versteht *Basilius der Große* die Gottheit nicht (monosubjektiv) im Sinne eines einzelnen Trägers (Hypostase), sondern unterscheidet »antisabellianisch« drei Träger (Hypostasen), die gemeinsam ein Wesen innehaben und realisieren. Vom biblischen Befund ausgehend, sieht Basilius die Notwendigkeit, die drei Namen (Vater – Sohn – Geist) auch personal oder instantial zu unterscheiden. Deshalb interpretiert Basilius die Hypostase als ontologisches »Integral« von Gemeinsamkeit (im Wesen) und idiomatischer Besonderheit. Sie ist das »Zugleich« von Eigentümlichkeiten der Personen (ἰδιότητες) und Gemeinschaft im Wesentlichen (κοινωνία). Leitbild für dieses Modell ist die Unterscheidung des Aristoteles zwischen erster und zweiter *Ousia*. In dieser Tradition ist jeder Mensch Träger des Menschseins und doch in je spezifischer Weise Mensch. Dieses Modell kann zum Paradigma für ein modernes trinitätstheologisches Denken werden, insofern nun der Begriff der Person (*kappadokisch* genauer: der Hypostase) als Integral von spezifischem Eigensein und wesentlich Gemeinsamen fungiert. Die Hypostase ist als selbstvollmächtiger Träger der Gottheit zugleich spezifisch individuiert und vollständig relationalisiert.[21]

Lässt sich diese Option systematisch, d.h. auch im Kontext der modernen Debatte um den Personbegriff, begründen?

5. Von den Prämissen

Bevor ich auf die Details meiner trinitätstheologischen Argumentation eingehe, möchte ich pointiert auf verschiedene Prämissen hinweisen, die zum Verständnis wichtig sind, die hier aber nicht noch einmal im Detail erarbeitet werden können: (1.) Ich plädiere ausdrücklich für eine »analoge« Denkform, die einen »univoken« Bezug unterstellt, aber im Unterschied zum univoken Denken keine »univoke« Bestimmbarkeit dieses univoken Minimums behauptet.[22] (2.) Bei aller Unterscheidung der »Träger« (Hypostasen) des göttlichen Lebens darf die Trinitätslehre nicht so ausbuchstabiert werden, dass sie den Eindruck unterstützt, es handle sich um »drei eigenständige oder gar konkurrierende Götter«. Dies hat die neuere Auseinandersetzung mit dem jüdischen und islamischen Monotheismus sehr deutlich gemacht![23] (3.) Daher habe ich mich früh und methodenpolitisch entschieden für ein streng transzendentallogisches Denken ausgesprochen und mich gegen eine Anwendung von »sozial-phänomenologischen« Kategorien in der Beschreibung der christologischen Einheit oder Trinitätslehre gewandt, wie sie etwa in der Rede von »Anerkennungsverhältnissen« (bei *Pannenberg, Essen, Wendel, Schärtl* u.a.)

---

[21] Vgl. NITSCHE, Gott und Freiheit, 80–100.
[22] Vgl. ebd., 17–62.
[23] Vgl. ebd., 141–164.; zum Ansatz von Thomas Schärtl vgl. ebd., 177–179.

Verwendung findet.[24] (4.) Ebenso halte ich aus transzendentallogischen Gründen eine innere Verzeitlichung des Lebensvollzugs Gottes (*Moltmann, Striet*) für problematisch.[25] (5.) Mit dem Bekenntnis von Nikaia und Konstantinopel sowie dem Pseudo-Athanasianum (*Rahner, Kasper* u.a.) bin ich der Meinung, dass die drei formal unterschiedenen »Träger« (Hypostasen) des göttlichen Lebensvollzugs als zu unterscheidende Träger des einen »realen« (materialen) göttlichen Bewusstseins bzw. als formal differenzierte Träger der einen »realen« (materialen) göttlichen Allmacht usw. begriffen werden müssen. Nur so lässt sich ein Tri-Theismus konsequent vermeiden.[26]

6. Von Ich-Identität und Selbstreferenz im Begriff freier, subjektiver Trägerschaft

Um Diskurse über dieselbe Sache zu führen, bedarf es immer wieder neu der Einsicht in den Umstand, dass gleiche Begriffe nicht dieselbe Sache garantieren. Begriffe bleiben an ihren jeweiligen Verwendungszusammenhang gebunden und können von unterschiedlichen Menschen und Konzepten mit unterschiedlichen Bedeutungen belegt sein. Dieser scheinbar banale Umstand zeigt gerade hinsichtlich der trinitätstheologischen Begriffe von Instanz, Subjektivität, Freiheit oder Person seine Relevanz, denn diese Begriffe können sachlich synonym oder völlig disparat verwendet werden. In Anlehnung an den kappadokischen Begriff der Hypostase bevorzuge ich nachfolgend den Begriff freier, subjektiver Trägerschaft.

---

[24] Vgl. ebd., 177–190.
[25] Vgl. ebd., 191–202.
[26] Bezüglich der freiheitstheoretischen Grundlagen vgl. auch BERNHARD NITSCHE, Endlichkeit und Freiheit. Studien zu einer transzendentalen Theologie im Kontext der Spätmoderne, Würzburg 2003 (RIM 8), bes. 395–436. Trinitätstheologisch vgl. NITSCHE, Gott und Freiheit, 203–212, dort auch die Nachweise zu den folgenden Zitaten: Rahner spricht davon, dass es »eine gegenseitige (zwei Akte voraussetzende) Liebe zwischen Vater und Sohn« nicht geben kann. Rahner plädiert »bewusstseinsphänomenologisch« dafür, dass »jede der göttlichen ›Personen‹ die beiden anderen ›bewusst‹ hat«. In dieser Weise spricht auch Hans Urs von Balthasar davon, dass Vater, Sohn und Geist nicht drei nebeneinander stehende Personen sind, wie wir uns menschliche Personen vorstellen, sondern »so sehr ineinander, dass sie ein einziges Selbstbewusstsein, Erkennen und Lieben, kurz: Einen einzigen Gott bilden (!)«. Mit dem Ausdruck „bilden" signalisiert Balthasar zugleich, dass Vater, Sohn und Geist „Träger" dieser Bildung sind bzw. „Inhaber" des göttlichen Seins und Bewusstseins. Deshalb gibt es in Gott nur »ein reales Bewusstsein«, »das von Vater, Sohn und Geist in der je eigenen Weise besessen wird«. Auch Walter Kasper spricht davon, dass »wir [...] es in der Trinität mit drei Subjekten zu tun [haben], die sich gegenseitig bewusst sind kraft eines und desselben Bewusstseins, das von den drei Subjekten in jeweils unterschiedlicher Weise ›besessen‹ wird«. Von daher ergeben sich zwei Problemüberhänge: Zum einen ist zu fragen, wie sich die drei Träger bewusst haben können, ohne sich ihrer selbst bewusst zu sein. Zum anderen ist zu klären, wie die drei formal unterschiedenen Träger jeweils Träger des einen realen Bewusstseins und realen Willens Gottes im Blick auf die Welt sein können.

Zu den Erfahrungen der Menschen gehört es, dass sie sich im Wandel ihrer Lebensgeschichte nicht immer mit sich und ihrer Persönlichkeit inhaltlich re-identifizieren können. Der geschichtliche Wandel der Selbstwahrnehmung und der Fremdwahrnehmung begründet, warum Menschen sich in ihrer sozial bestimmten Persönlichkeit geschichtlich-variabel entwickeln und verändern und in diesem Wandel auch Brüche und Abbrüche erleben, durch die das »Ich« sich als »ein anderes« empfinden und erfahren kann. Dieser Wandel resultiert einerseits aus der sozialen Bestimmtheit und geschichtlichen Formung der Identität der Persönlichkeit, die mit wechselnden, weil gesellschaftlich unterschiedlichen Identifikationen einhergeht. Darum sind die identitätbildenden Subjektivierungsprozesse von unterschiedlichen Kompositionen von Identitätsmerkmalen begleitet und kann es zu unüberbrückbaren Diskontinuitäten in der Persönlichkeitsbildung kommen. Damit wird jene unauflösbare Doppelpoligkeit des menschlichen Personseins ins Wort gebracht, die phänomenologisch als Differenz-Einheit von Selbstbezug (Individuum: interne Persönlichkeit) und Weltbezug (Inter-Personalität: sozial bestimmte Persönlichkeit) beschrieben werden kann. Im Anschluss an diese fundamentale Unterscheidung ist es zunächst hilfreich, verschiedene Ebenen des menschlichen Person-Seins zu bedenken.[27]

Oft wird das Verständnis der Person durch den (verinnerlichten) Außenbezug bestimmt. Unter dem Gesichtspunkt der Identitäts-Konstruktion wird hier besser von der sozial bestimmten und individuell gestalteten »Persönlichkeit« gesprochen. Entsprechend galt *Fichtes* Kritik an der Bezeichnung Gottes als Person der Qualifikation durch notwendig endliche Persönlichkeitsmerkmale.

Die soziale Einbettung und gesellschaftliche Konstruktion der menschlichen Persönlichkeit vollzieht sich in der Dialektik von zugewiesenen Rollen und Möglichkeiten (*role-making*) und der inneren Übernahme bestimmter Rollen oder Identifikationsangebote (*role-taking*).[28] Entsprechend dieser Einsicht sind die beiden Seiten der sozialen Außenwahrnehmung und Fremdeinschätzung der Person sowie der individuellen Selbstbeschreibung und Selbsteinschätzung der Person zu unterscheiden.

Im Sinne einer transzendentalen Bewusstseinsphänomenologie kann dann gefragt werden, wie Formen der Selbst-Bezüglichkeit (Selbstreferenz) und der

---

[27] Vgl. WOLFHART PANNENBERG, Anthropologie in theologischer Perspektive, Göttingen 1983, 185–235. Subjekttheoretisch schärfer noch, weil in der Komplementarität von transzendentaler und phänomenologischer Perspektive, wird die Doppelheit von DIETER HENRICH, Fluchtlinien. Philosophische Essays, Frankfurt/M. 1982, 158, beschrieben:»Bewusstes Leben trägt also in sich selbst die Ansätze zu Selbstinterpretationen, die sich gegenläufig zueinander verhalten. So stehen gegenläufig zueinander das Dasein der Person unter anderen Weltdingen und die Subjektivität, die ohne Weltorientierung alles andere von sich unterscheidet«.

[28] Vgl. GEORGE H. MEAD, Mind, Self, and Society. Ed. by CHARLES W. MORRIS, Chicago 1934; Dt.: DERS., Geist, Identität und Gesellschaft aus der Sicht des Sozialbehaviorismus, Frankfurt/M. 1968.

Strukturierung von Vorstellungen über sich (Selbstanschauung) möglich sind. Dieser Zusammenhang verweist einerseits auf den dynamischen Vollzug der Selbstvermittlung des Bewusstseins zu einem individuellen Selbstbewusstsein und andererseits auf die raum-zeitlichen Formen der Anschauung sowie auf die primären Kategorien der vorstellenden Verstandestätigkeit (Qualität, Quantität, usw.). Von dieser bewusstseinsphänomenologischen Ebene ist noch einmal die Frage zu unterscheiden, wie überhaupt Selbstreferenz subjekt-logisch begründet werden kann.

Die Frage von Kontinuität und Diskontinuität der Persönlichkeit wird somit zur subjekttheoretischen und philosophischen Frage nach den Bedingungen der Möglichkeit der Einheit des Ich in der Zwiefalt von ursprünglichem Ich-Agens und subjektiv realisierter Ich-Vorstellung (Ich-Objekt). Mithin geht es um die Einheit im Wandel der bewussten oder unbewussten Ich-Selbst-Präsentationen, Ich-Selbst-Aktualisierungen und Ich-Selbst-Referenzen inner-halb des Wandels der Ich-denke-Fälle oder Ich-handle-Fälle. Wie kann diese Einheit des Ich gedacht werden?

Diese Fragen der philosophischen Begründung sind mit methoden-politischen Entscheidungen verknüpft. Denn das Problem der Einheit des Ich verweist auf eine begründungslogische Aufgabe, die ursprünglicher angesetzt werden muss, als dies in den Logiken der sozialen Phänomenologie und So-zialphilosophie geschieht. Die mit *John Locke* anhebende *bewusstseins-phänomenologische* Tradition der Bestimmung menschlichen Personseins bestimmt die Identität der Person über die Verstandestätigkeit und definiert sie als »Identität des Bewusstseins«.[29] Die Identität der Person wird dadurch über die Einheitserfahrung des Bewusstseins organisiert, was das Gelingen per-sonaler Identität von der synthetischen oder Einheit stiftenden Kraft des Bewusstseins abhängig macht.

Insofern *Kant* mit Lockes Konzept der re-flexiven Re-Identifikation der Person im Wandel der Bewusstseinsakte überein geht, ist die entscheidende Frage, ob ihm die transzendentale Grundlegung der Identität des Personseins im Wandel der Ich-denke-Fälle gelingt. Hier sind Zweifel angebracht. Kant begründet die Einheit im Kontext der Analytik der reinen Vernunft. Dort wird die Einheit der transzendentalen Apperzeption als eine Voraussetzung der Vernunfttätigkeit bestimmt. Im Zusammenhang der transzendentalen Dialektik hingegen ist die Einheit eine Zielvorstellung der Vernunfttätigkeit und fungiert als Leitstern innerhalb der Aufgaben der Vernunft. In der Dialektik behauptet Kant, dass die kausale bzw. synthetische Verknüpfung aller Wahrnehmungs-gehalte »der *Grund der Identität* der Apperzeption«[30] sei. Solche synthetische Einheit, darauf hat *Richard Schaeffler* eindringlich hingewiesen, kann miss-lingen. »Damit aber ist auch die Voraussetzung für jede weitere Erkenntnis-

---

[29] JOHN LOCKE, Versuch über den menschlichen Verstand I., Leipzig 1981, 369.
[30] IMMANUEL KANT, Kritik der reinen Vernunft, Darmstadt ⁶2005, B 134 [= WW III, 137f. – Kursivierung B.N.].

bemühung bedroht, und die Verstandestätigkeit bleibt nicht nur hinter dem Ziele zurück, das ihr von der Vernunft gesteckt wird, sondern kommt als ganze zum Erliegen«.[31] Benennt das transzendentale Ich die Möglichkeitsstruktur, so markiert die Reflexionstheorie vom Subjekt nach *Dieter Henrich* das systematische Problem dieses bewusstseinstheoretischen Ansatzes.[32] Es bedarf darum einer Begründung, die ursprünglicher noch als die Bewusstseinsphänomenologie einsetzt und insofern nicht einfach apodiktisch auf das Faktum von Selbstreferenz setzen kann.[33] »Die Einzigartigkeit dieser Referenz [genauerhin: Selbstreferenz] – ihre Erfolgsgarantie sowie ihre epistemischen Konsequenzen – bleiben nach wie vor ein philosophisches Mysterium. [...] Das Phänomen Selbstbewusstsein ist hinzunehmen«.[34]

Wer den apodiktischen Begründungsstatus der Bewusstseinsphänomenologie für nicht zureichend ansieht, den führt hier ein Denken weiter, welches die Einheit des Ich mit sich »reduktiv« in vorausgehenden, empirisch und bewusstseinsphänomenologisch nicht anschaubaren und darum auch nicht in dieser Weise verifizierbaren »transzendentalen Bedingungen der Möglichkeit« ausweist. Die transzendentale Bedingungsanalyse zielt damit auf Bedingungen, die vorausgesetzt werden müssen, um die Einheit des Ich der Möglichkeit nach denken zu können. Diese transzendentale Logik von Subjektivität findet ihr Ziel nicht im demonstrativen Beweis jener Einheit des Ich, sondern in der konsistenten Begründung des reduktiven Möglichkeits-Erweises.

In der Sache geht es um eine philosophische Auseinandersetzung mit jenen Problemüberhängen, welche Dieter Henrich der sogenannten »Reflexionstheorie vom Subjekt« zumisst,[35] die die Einheit des Ich im Wandel der Ich-denke-Fälle nicht erreicht, so dass ein Moment der zeitlichen und seman-

---

[31]   RICHARD SCHAEFFLER, Erfahrung als Dialog mit der Wirklichkeit: Eine Untersuchung zur Logik der Erfahrung, Freiburg 1995, 136f.

[32]   Die Reflexionstheorie versucht die Einheit des Ich als Agenten und als Vorstellung durch einen Akt der Identifikation zu gewinnen, wobei der Akt der Identifikation zugleich die Differenz zwischen Ich und Sich-Wissen setzt und voraussetzt. Die Re-Identifikation des Reflexionsmodells ist daher durch eine Lücke ausgezeichnet, die temporale und semantische Verschiebungen des zeitlich und sprachlich bestimmten Denkens (Derrida: différance) einschließt. Deshalb gilt bereits für Descartes' cogito-Argument, dass die Möglichkeitsbedingungen, unter denen ein Ich weiß, dass es selbst es ist, wenn es sagt: ‹Das bin Ich› bzw. ‹cogito sum›, allererst zu erweisen sind. Vgl. DIETER HENRICH, Fichtes ursprüngliche Einsicht. In: DERS./ HANS WAGNER (Hg.), Subjektivität und Metaphysik (FS W. Cramer), Frankfurt/M. 1966, 188–232.

[33]   Vgl. DIETER HENRICH, Der Grund im Bewusstsein: Untersuchungen zu Hölderlins Denken (1794-1795), Stuttgart 1992, 556f.

[34]   THOMAS SCHÄRTL, Personsein – Indexikalität – Personsein. In: BRUNO NIEDERBACHER/ EDMUND RUNGGALDIER (Hg.), Was sind menschliche Personen? Ein akttheoretischer Zugang, Frankfurt/M. 2008, 79–115, hier 107.

[35]   Vgl. HENRICH, Fichtes ursprüngliche Einsicht. Vgl. BERNHARD NITSCHE, Göttliche Universalität in konkreter Geschichte. Eine transzendental-geschichtliche Vergewisserung der Christologie in Auseinandersetzung mit Richard Schaeffler und Karl Rahner, Münster u.a. ²2009 (Religion – Geschichte – Gesellschaft; 22), 63–94; NITSCHE, Endlichkeit und Freiheit, 209–321; NITSCHE, Gott und Freiheit.

tischen Verschiebung eintritt, welches *Jacques Derrida* mit dem Begriff der *Différance* benannt hat. In der Tradition Fichtes hat Dieter Henrich die transzendental freie Dynamik des Ich als dynamisches Abbild jener leeren, formalen und unabschließbaren Bewegung vorgestellt, die ins Absolute greift. Diese unabschließbare freie Dynamik begründet Autonomie, ist aber in ihrem Wovonher nicht selbsterklärend (»autark«) und kann daher als formal dynamisches Abbild vollkommener Freiheitsdynamik verstanden werden.[36]

In diesem von Fichte und Henrich markierten Problemhorizont hat *Hermann Krings* die freie Dynamik und formale Unabschließbarkeit des transzendentalen Ausgriffs, als frei und formal unbedingt charakterisiert. Dieser Charakter schließt in sich den ursprünglich freien Entschluss einer dynamischen Bewegung der Auskehr und Einkehr, welche Krings als »Retroszendenz« bezeichnet.[37] Die Pointe dieser Begründungsfigur liegt darin, dass diese Bewegung, die mit dem Entschluss der freien Transzendenz selbst gesetzt wird, jeder Bestimmung durch Anschauungsformen (Zeit und Raum) logisch vorausliegt. Der Entschluss und die im Entschluss gesetzte transzendentale Dynamik, welche im Weltbezug als Relationsgeschehen die Anschauungsformen konstituieren, gehen dem zeitlich bestimmten und vorstellenden Denken begründungslogisch voraus. Transzendentaler Entschluss und retroszendierende Dynamik sind daher vorzeitlich (prätemporal) und vordenklich (prä-reflexiv).[38]

Die Stärke dieser Figur besteht nun nicht allein darin, dass sie die dynamische Einheit von vordenklichem und vorzeitlichem Ich-Agens und vorgestellten und benannten, raum-zeitlich konnotierten Ich-Objekt vernünftig begründen kann, sondern in dieser Selbstreferenz und mit diesem Selbstbezug zugleich auch jenes ursprüngliche »Vertrautsein des Ich mit sich« als einem leiblich bestimmten Wesen zu begründen vermag, auf das Dieter Henrich abhebt.[39] Dadurch kann nicht nur die Einheit des Bewusstseins, sondern auch die Einheit von Subjektivität und leiblich bestimmter Objektwelt transzendental begründet werden. Deshalb findet die transzendentallogische Bedingungsanalyse im vorzeitlichen Entschluss transzendentaler Freiheit und in der Setzung der transzendentalen Dynamik von vordenklicher Auskehr und Einkehr ihren Abschluss.[40]

---

[36] Vgl. HANS MICHAEL BAUMGARTNER, Kants »Kritik der reinen Vernunft«. Anleitung zur Lektüre, Freiburg-München 1985.

[37] Vgl. HERMANN KRINGS, Transzendentale Erfahrung und kategorialer Gehalt. Versuch zur Herkunft der Kategorien. In: Philosophische Jahrbuch 88 (1981) 120–132.

[38] Vgl. ebd.

[39] Vgl. DIETER HENRICH, Selbstbewußtsein. Kritische Einleitung in eine Theorie. In: RÜDIGER BUBNER/ KONRAD CRAMER/ REINER WIEHL (Hg.), Hermeneutik und Dialektik I. Methode und Wissenschaft, Lebenswelt und Geschichte (FS H.-G. Gadamer), Tübingen 1970, 257–284, hier 267.

[40] Vgl. SASKIA WENDEL, Trinitarischer Monotheismus. Wie man dem Gewaltverdacht gegen den Monotheismus zu entrinnen vermag. In: PETER WALTER (Hg.), Das Gewaltpotential des

In dieser transzendentalen Mit-Erfahrung des *eigenleiblichen Spürens* und der *prädiskursiven Mit-Erfahrung von Zeitlichkeit* wird ein ursprüngliches Gewahrsein der leiblichen Verfasstheit und insofern ein Vertraut-Sein des Menschen mit sich als eines leiblich verfassten und kontingenten Wesens möglich.[41] Ein solches dynamisches und relationales Konzept des Weltbezugs nimmt die bei Kant bestehende »Lücke« zwischen Vernunft und Verstand zum Anlass, um die Gestaltformen des Weltbezugs zugleich historisch-variabel und transzendental-modifikabel zu verstehen.[42] Dieses transzendentale Mitbewusstsein der Zeitlichkeit ist allerdings vom reflexen Bewusstsein der Kontingenz im kategorialen Weltbezug zu unterscheiden.[43] Wird der Mensch in seiner leiblichen, psychischen und freien subjektiven Ganzheit als Person verstanden, so macht der Rekurs auf transzendentale Freiheit es möglich, die Einheit der Person in der Pluralität ihrer Dimensionen im Entschluss der Freiheit, sowie in der ursprünglich einenden transzendentalen Retroszendenz zu begründen. Sie überwindet persontheoretisch den garstig breiten Graben der »transzendental-empirischen Doublette« (*Foucault*), jene Kluft zwischen dem *homo phaenomenon* und dem *homo noumenon* Kants. Die im Gedanken der Retroszendenz begründete Verbundenheit der Dimensionen des Personseins steht damit für einen Personbegriff, der weder einseitig bewusst-seinstheoretisch angesetzt ist, noch privilegiert leiblich und sozial im Außen-verhältnis begründet wird. Dieser Personbegriff steht integral für das Ganze und die Einheit des Menschseins, weil er freie Subjektivität und relationale Sozialität gleichermaßen umfasst und die Würde der Person mit Kant von Freiheit her begründet, aber nicht an ein reflexes, kategoriales Selbst-bewusstsein bindet. Er trägt damit auch den patristischen Traditionen Rech-nung, welche πρόσωπον/*persona* sowohl als eine soziale Rolle als auch als ei-ne moralisch-rechtlich verantwortliche Handlungssubjektivität verstehen.[44]

Diese transzendentallogische Begründung trägt zwei weiterführende Mo-mente in sich. Zum einen ist der primäre transzendental-materiale Gehalt der Freiheit die andere Freiheit und das eigenständige Freiheitsverhältnis der an-deren Freiheit. Freiheit findet mithin ihre Erfüllung darin, dass sie sich zu an-derer Freiheit entschließt und diese bejaht. Zum anderen bedarf die endliche Freiheit – angesichts der Brüche der Wirklichkeit und ihrer Widersprüche – der Orientierung. Diese Orientierung ist durch die Idee vollkommener Frei-heit, mithin durch die Idee einer formal unbedingten und material allen Gehalt erfüllenden Freiheit möglich.

Monotheismus, Freiburg u.a. 2005 (QD 216), 117–130; BERNHARD NITSCHE, Endlichkeit und Freiheit, 209–278, bes. 223–225, 241–250.

[41] Vgl. SASKIA WENDEL, Affektiv und inkarniert, Regensburg 2002, 291.

[42] Vgl. KRINGS, Transzendentale Erfahrung.

[43] Hier präzisiere ich meine bisherigen Überlegungen transzendentallogisch: NITSCHE, Göttliche Universalität in konkreter Geschichte, 319–322.

[44] Vgl. GISBERT GRESHAKE, Der dreieinige Gott. Eine trinitarische Theologie, Freiburg u.a. 1997, 82f.

7. Von der Idee vollkommener Freiheit

a) Zum Kommerzium göttlicher Freiheiten

Konnte die Idee retroszendierender Freiheit im anthropologischen Zusammenhang die Einheit der Person transzendental begründen, so sind drei Anschluss-
punkte für den trinitätstheologischen Diskurs von Relevanz:

(a) Die Idee vollkommener, formal schlechthin unbedingter und allen Gehalt
material erfüllender Freiheit, ist eine Idee der praktischen Vernunft. Sie begründet keine reale Existenzaussage über Gott, aber macht für den Gottesgedanken in praktischer Absicht ansprechbar. Zugleich schließt der Gedanke
einer vollkommenen göttlichen Freiheit nicht aus, dass sich die Idee vollkommener göttlicher Freiheit zu anderer göttlicher Freiheit entschließt, so dass
der Ansatz bereits bei Hermann Krings selbst für die Auslegung eines trinitarischen Kommerziums offen ist, insofern Krings von einem Hingeben vollkommener, göttlicher Freiheit in sich selbst spricht.[45]

(b) Soll sich diese Reflexion nicht in eine trinitätstheologische Teufelsküche
verirren und den Verdacht eines Tritheismus schüren, so kommt alles darauf
an, dass die transzendentallogische Figur als solche, d.h. streng in ihrer
präreflexiven und prätemporalen Fassung anzuwenden ist. Deshalb sind Übertragungen endlicher, raum-zeitlicher Momente, wie der welthafte Zeitindex
des endlichen Freiheitsvollzugs, oder sozial-phänomenologische Aspekte, wie
gegenseitige Anerkennungsverhältnisse, problematisch.[46]

In der Regel zeigen die Positionen, welche den Gedanken eines Kommerziums
von drei Freiheiten kritisieren, dass sie keinen streng transzendentallogischen
Freiheitsbegriff ansetzen, sondern einem Verständnis freier Subjektivität
folgen, das traditionell durch die »bewusstseinsphänomenologische Reflexionstheorie vom Subjekt«, durch »sozial-phänomenologische Phänomene
der Anerkennung« sowie durch einen kategorial von »Wahlfreiheit« bestimmten Freiheitsbegriff gekennzeichnet sind. Dadurch wird das transzendentallogische Freiheitsdenken mit Problematiken belegt, die in der von mir
beanspruchten Form begründungslogisch überholt sind.[47]

---

[45] Vgl. NITSCHE, Gott und Freiheit, 165–240, bes. 177–213.

[46] Vgl. ebd., 191–203.

[47] Siehe den Aufsatz „Trinität, Einheit und Eigenschaften Gottes" von THOMAS SCHÄRTL in
diesem Band; DERS., »Eine unerhörte und ungerechte Geschichte?« Soteriologie jenseits einer ökonomistischen Grammatik. In: ZKTh 132 (2010) 482–504. Schärtl formuliert hier Freiheit primär unter dem Aspekt der Wahlfreiheit. Mit der Kritik an einer ökonomistischen
Grammatik distanziert er sich auch von der erkenntnistheologischen Pointe des sog. trinitätstheologischen Grundaxioms von Karl Rahner.

(c) Im Rahmen der Christologie führt ein univokes Verhältnis von menschlicher und göttlicher Freiheit zur formalen oder gar materialen Idiomen-Identität. Hingegen erlaubt es das analoge Denken in einer konsequent chalkedonischen Hermeneutik, welche die göttliche und menschliche Wirklichkeit klar unterscheidet, ohne beide voneinander zu scheiden, an einer dynamischen Idiomen-Kommunikation festzuhalten. Anders gesagt: In einem chalkedonischen Modell des Dyotheletismus (vgl. *Maximus Confessor*) muss ein Kompatibilismus oder Synergismus angenommen werden, weil nur so die endliche Freiheit Jesu als eigenständig menschliche Freiheit aufrechterhalten werden kann. Zugleich darf dieses formal-dialogische Freiheitsverhältnis nur innerhalb der göttlichen Initiative und Freisetzung (der einenden Freiheit des göttlichen Logos-Sohnes von Ewigkeit) gedacht werden. Es geht also um ein wechselseitiges Emergenz-Verhältnis unter göttlichem Primat.[48]

Für die Anwendung dieses Modells ist es entscheidend, dass die Freiheit ihre transzendental-materiale Erfüllung im Entschluss zu anderer Freiheit und dem

---

[48] Warum dieses dialogisch-formale Emergenz-Verhältnis »nestorianisch« genannt werden soll, bleibt für mich opak (so die Kritik von THOMAS SCHÄRTL in diesem Band an meiner transzendental-dialogischen Rekonstruktion der Christologie). Zwar hat sich Schärtl mit der Christologie von *Georg Essen* auseinandergesetzt, dabei allerdings meine kritische Sichtung von Essens Christologie sowie meine alternativen Überlegungen nicht berücksichtigt: Vgl. NITSCHE, Endlichkeit und Freiheit, 395–436, bes. 397–405: »Wird die Freiheit in ihrem formellen Sich-Entschließen eine transzendental-formal gestufte Entschlußkraft zugesprochen, so zielt diese theologisch auf die mögliche Offenheit für unterschiedliche formelle Qualitäten der konnaturalen Bestärkung der formal unbedingten und frei sich entschließenden menschlichen Freiheit durch göttliche Freiheit. In dieser Perspektive kann nun das kausative Denken als formales Freiheits-Emergenz-Verhältnis im Zusammenhang der Pneumatologie (Gnadenlehre) und der Christologie zur Durchführung gebracht werden.«
Bei diesem formal-dialogischen Emergenz-Verhältnis ist es entscheidend, dass sich die Freiheit des Logos wie auch die Freiheit Jesu zu ihrem Gelingen setzen. Eine durch Wahl bestimmte Selbstverfehlung der Freiheit ist nach Kant kein Vermögen, sondern ein Unvermögen. Ansatzpunkt der Reflexion kann aber nicht ein solches Unvermögen der Freiheit des Logos oder der Freiheit Jesu sein. Die Annahme eines prinzipiellen Misslingens hat am Realvollzug keinen Anhalt und bliebe soteriologisch widersinnig. Widersinnig wäre sowohl ein Entschluss des göttlichen Logos gegen die väterliche Setzung von vollkommener göttlicher Freiheit (des Logos) als auch ein Entschluss der Freiheit Jesu gegen den transzendentalen Sinn von Freiheit (das Wollen der anderen Freiheit) und damit eine Verfehlung des Gelingens menschlicher Freiheit. Ein solcher Widerspruch der Freiheit des Logos gegen seine ureigene Freisetzung durch den Vater bzw. ein solcher Widerspruch der Freiheit Jesu gegen den Sinnanspruch menschlicher Freiheit bliebe soteriologisch absurd. Demgegenüber kommt es darauf an, die vom Geist erhobene und durch den Logos bestimmte Freiheit Jesu in einem transzendentalen Emergenz-Verhältnis als Höchstfall des menschlichen Freiheitsvollzuges im Gelingen zu verstehen.
So kann gefragt werden: Wird hier tatsächlich substantiell etwas anders als von THOMAS SCHÄRTL gesagt, wenn er in seinem Beitrag – Zeichen der Freundschaft mit Gott. Konturen einer christologischen Denkform. In: MARGIT ECKHOLT/ THOMAS FLIETHMANN (Hg.), „Freunde habe ich euch genannt". Freundschaft als Leitbegriff systematischer Theologie, Münster u.a. 2007, 83–110 – ein dynamisch-dialogisches Verhältnis von göttlicher und menschlicher Freiheit in der Christologie einfordert?

Freiheitsverhältnis anderer Freiheit findet. Hingegen ist die Verfehlung dieses Gehaltes oder das Wollen des Bösen bereits nach Kant kein Vermögen der Freiheit, sondern ihre Verfehlung oder ihr »Unvermögen«. In dieser Hinsicht ist das Moment der »Wahlfreiheit« zwar nicht unbedeutend, aber doch deutlich sekundär gegenüber dem Entschluss von Freiheit für Freiheit.

(d) Um (begründungslogisch) ein Kommerzium der Freiheit zu beschreiben, genügen innerhalb der transzendentallogischen Begründung drei Freiheiten. Unter dieser Annahme ist es möglich, dass jede Freiheit im Entschluss eine andere Freiheit bejaht, die ihrerseits ein eigenständiges Freiheitsverhältnis mit einer anderen Freiheit realisiert. Im Sinne eines Kommerziums vollkommener göttlicher Freiheit kann so gedacht werden, dass der Vater sich vordenklich und vorzeitlich vollkommen zur Freiheit des Sohnes und dessen Freiheits-verhältnis zum Geist entschließt, wie umgekehrt der Geist sich vordenklich und vorzeitlich sowie vollkommen zur Freiheit des Sohnes und dessen Frei-heitsverhältnis zum Vater entschließt, usw. Wer demgegenüber einen qualita-tiven Mehrwert durch quantitative Steigerung (vier oder fünf usw. Freiheiten) annimmt, überträgt endliche Mengenvorstellungen und kategoriale Gehalte des menschlichen Freiheitsvollzuges auf Gott.

Muss nun, so ist selbstkritisch zu fragen, in diesem Modell quasi-meta-physisch mit drei Freiheiten eingesetzt werden? Unterstützt dieses Modell daher den Eindruck eines metaphysischen »Tritheismus«? Zunächst einmal ist festzuhalten, dass es hier um eine gedankliche Rekonstruktion geschehener und gläubig bezeugter Offenbarung und ihrer Implikationen handelt. Insofern zielt die Argumentation nicht auf eine metaphysisch-deduktive Wirklichkeits-behauptung, sondern auf eine transzendentallogische Möglichkeitsanalyse und damit auf eine Nachvollziehbarkeit gläubig bezeugter Wirklichkeit. Das trans-zendentallogische Argumentationsverfahren unter der Leitidee vollkommener Freiheit zielt rekonstruktiv und reduktiv auf den Aufweis vernünftig denkbarer Möglichkeit.

Sodann kann der Eindruck eines metaphysischen Tritheismus aus zweierlei Gründen abgewehrt werden:

Zum einen: Die klassische Kritik an einer moralischen Einheit der gött-lichen Personen in ihrem Willensvollzug geht davon aus, dass sich diese Übereinstimmung nicht ursprunghaft (*ab ovo*) sinngemäß oder »wesenhaft« ergibt. Diese Annahme trifft auf das hier profilierte Freiheitskommerzium nicht zu. Die Argumentation, wonach die Willenseinheit zu spät komme und die Wesenseinheit nicht vollständig erreicht werde, operiert mit einem trans-zendentallogisch unterbestimmten Freiheitsdenken und übersieht die kappa-dokisch-aristotelische Unterscheidung von erster und zweiter *Ousia*, derzufolge das Wesen unerkennbar ist, weil es nur von den konkreten Trägern des Wesens her erkannt werden kann. Die Kritik ist nicht vom Gedanken des Entschlusses von vollkommener Freiheit für vollkommene Freiheit geleitet, sondern setzt in der Regel ein Verständnis endlicher, wankelmütiger und wandelbarer Wahlfreiheit voraus.

Zum anderen: Biblisch besehen – und auch im Blick auf Judentum und Islam – kommt es darauf an, die klare heilsgeschichtliche Theozentrik – auch der Verkündigung Jesu – innertrinitarisch als »Patrozentrik« zur Geltung zu bringen. Dies ist innerhalb des anskizzierten Freiheitskommerziums möglich, wenn der Vater im Sinne der Tradition als »ursprungsloser Ursprung der Gottheit« (Synode / Konzil von Toledo 675: DH 525) verstanden und profiliert wird.[49] In einer systematischen Rekonstruktion des Freiheitskommerziums ist es möglich, die Konstitution in logischer, aber nicht in zeitlicher Nachordnung zu denken und daher mit *Jürgen Moltmann* zwischen der Konstitutions- und der Relationsebene zu unterscheiden.

In dieser Weise kann vernünftig gedacht werden, dass die göttliche, vollkommene Freiheit des Vaters sich vollkommen zur Freiheit des Sohnes und zur Freiheit des Geistes entschließt und diese ursprünglich (*ab ovo*) eröffnend freisetzt. Damit ist ein konstitutionslogischer Hervorgang vollkommener göttlicher Freiheit aus vollkommener göttlicher Freiheit formuliert, der nicht zeitlich konnotiert ist. Er bezeichnet darum auch keinen schöpferisch-geschöpflichen Vorgang innerhalb der raumzeitlichen Welt! Wird dieser Hervorgang streng transzendentallogisch prätemporal gedacht, so folgt aus dieser freisetzenden Konstitution die Möglichkeit, ein Kommerzium von drei vollkommenen göttlichen Freiheiten zu denken. Zu diesem Kommerzium gibt es innertrinitarisch qualitativ keinen Mehrwert.

Wie die Wahrnehmung vollkommener göttlicher Trägerschaft bezogen auf die Hypostasen je spezifisch für Vater, Sohn und Geist differenziert und profiliert werden kann, kann hier nicht eigens noch einmal aufgenommen werden. An dieser Stelle – und im Blick auf den Tritheismus-Vorwurf und das Gespräch mit dem Islam – genügt es zu zeigen, dass die wesenhafte Einheit im Kommerzium der göttlichen Freiheiten nicht nur konstitutionslogisch (vom Vater her) begründet ist, sondern auch relationslogisch gewahrt bleibt, weil in diesem Kommerzium gegenseitig alles vollkommen, d. h. *ab ovo* und wesentlich, übereignet wird. Für dieses Modell sind zwei Aspekte kennzeichnend: Zum einen kann dieses Modell die klassische Annahme, wonach das Wesensdenken die Unterscheidung der Personen unterbestimmt und die soziale Trinitätslehre die Einheit des Wesens nicht erreicht, überwinden. Zum anderen wird die kappadokische Prämisse, wonach die Hypostase sowohl freier, selbstvollmächtiger Träger je spezifischer Unterschiede (ἰδιότητες) ist, als auch

---

[49] Vgl. BERNHARD NITSCHE, Jesus Christus zwischen jüdischem Messianismus und christlichem Triumphalismus – Thesen. In: Tagungsband »Ernstfall Christologie. Christliche Identität und ungekündigter Bund (Röm 11,29)?« Hg. v. VEREINIGUNG KATHOLISCHER RELIGIONSLEHRERINNEN UND RELIGIONSLEHRER AN GYMNASIEN IM BISTUM TRIER, Trier 2003, 1–41.

freier, selbstvollmächtiger Träger und Inhaber des wesentlich Gemeinsamen (κοινόν), eingeholt.

(e) Wie bereits deutlich gemacht, kann die Unterscheidung zwischen Konstitutions- und Relationsebene, die innertrinitarisch den Primat des Vaters wahrt, ohne in subordinierende Relationsbestimmungen einzutreten, auch heilsgeschichtlich den Vorrang und Primat des väterlichen Handelns durchhalten. Denn in diesem Modell ist auch zu berücksichtigen, dass die innertrinitarischen Hervorgänge sachlich, d. h. reduktiv und logisch, auf die heilsgeschichtlichen Sendungen des Sohnes (offenbarungstheologische Spezifität: Wahrheit) und des Geistes (gnadentheologische Universalität: Liebe) bezogen sind. In dieser Weise kann mit *Thomas von Aquin* festgehalten werden, dass der Vater die Welt erschafft und ins Dasein ruft, indem er den Sohn zeugt und sein ewiges Wort der Wahrheit des Seins innergöttlich und in Bezug auf die Schöpfung spricht. Es ist der Vater, der die Welt vollmächtig in eine eigene Gesetzlichkeit hinein freisetzt, weil er das All aus Liebe freisetzt und mit seinem Lebensodem erfüllt, indem er den Geist haucht. Nicht nur heilsgeschichtlich, sondern bereits innertrinitarisch im Blick auf die heilsgeschichtlichen Sendungen, kann daher gesagt werden, dass das ewige Wort der Wahrheit den allgegenwärtigen Geist inhaltlich bestimmt, wie umgekehrt der Geist das Wort kraftvoll ermächtigt. Damit ist auch eingeholt, dass der Geist nicht »frei flottierend« und inhaltlich unbestimmt ist, sondern heilsgeschichtlich immer Geist Jesu Christi ist und bleibt. Und umgekehrt kann damit festgehalten werden, dass Jesus von Beginn an als der vom Geist Gottes ermächtigte und gesalbte (*Christos*) Sohn des Vaters (*Bar Abbas*) verstanden wird.

b) Testfall Pannenberg

Wolfhart Pannenberg hat in der Diskussion um *Karl Rahners* sogenanntes »trinitätstheologisches Grundaxiom« die erkenntnistheologische Sinnspitze des Axioms herausgestellt. Dadurch können theologische Aussagen über Gott »in sich« – zunächst nicht aufgrund philosophischer Spekulation, sondern – nur aufgrund menschlich-gläubiger Erfahrungen mit Gott und aufgrund der in der biblischen Heilsgeschichte bezeugten »Gegenwart Gottes« gemacht werden. Natürlich bedürfen diese Aussagen nachfolgend, sekundär dann auch der philosophischen Begründung und Bewährung. Deshalb hat die Tradition mit Recht die Gegenläufigkeit von *ratio cognoscendi* und *ratio essendi* hervorgehoben. Dennoch bleibt hermeneutisch auch hier die Frage entscheidend: »Von woher wird gedacht?«

Im Zentrum der Selbstbekundung Gottes, die von Menschen identifiziert wird, steht christlich und geschichtlich das intime *Abba*-Verhältnis Jesu sowie seine Botschaft von der Königsherrschaft Gottes unter den Menschen. Beide Aspekte sind ins Zentrum der heilsökonomischen Bestimmtheit der christlichen Gott-Rede zu rücken. So ist es »das konkrete Verhältnis Jesu zum Vater«, welches zum »Ausgangspunkt der trinitätstheologischen Reflexion« wird.[50]

In der Sache macht diese »Interpretationsregel« eine Unterscheidung zwischen dem »Entdeckungszusammenhang« und seinem geschichtlich geformten »Bestimmungszusammenhang« im Kontext des hebräisch-biblischen Denkens notwendig. Davon ist der »Begründungszusammenhang« als Reflexion »zweiter Stufe« zu unterscheiden, der zusammen mit theologischen und philosophischen Reflexionsbegriffen dann eine fachlich spezifische Reflexion »dritter Stufe« ausbildet. Deshalb gehen die geschichtlich bezeugten Erfahrungen der Gegenwart Gottes, den reflexiven Implikationen trinitarischer oder unitarischer Einheit Gottes erkenntnistheologisch voraus. Die Geschichte der Ausbildung des christlichen Bekenntnisses bringt dies im Grundsatz *lex orandi, lex credendi* zum Ausdruck, der die in gläubiger Erfahrung gewachsene liturgische Doxologie als primären Ort der Theologie festhält.

Die Frage nach der Einheit Gottes ist darum im Ausgang von den geschichtlich differenzierten Weisen der Gegenwart Gottes anzugehen. Zugleich schließt das biblische Zeugnis die Konsequenz in sich ein, dass die Trinitätslehre die auch bei Jesus durchgehaltene Theozentrik für die innergöttliche Durchbestimmung des Seins Gottes als »Vorrang« des Vaters zu bedenken hat. Dieser heilsgeschichtliche Ansatz »von unten« führt Wolfhart Pannenberg zu einem sehr ausdrücklichen Konzept der »Selbstunterscheidung« der Personen.

Innertrinitarisch versucht Pannenberg die Inkonsistenzen der bisherigen Systematisierungsweisen dadurch zu überwinden, dass er die Person »aus dem Wesen der Liebe« selbst heraus »konstituiert« sein lässt.[51] Um dies verstehen zu können, ist Pannenbergs Rückgriff auf *Martin Bubers* Personalismus zu berücksichtigen. Nach Buber ist der Konstitutionsgrund der Person nicht das Du, also jenes andere Ich, welches in seinem Antlitz als ein Du begegnet. Vielmehr ist es jenes »zwischen« dem Ich und dem Du waltende Geheimnis. Dieses Geheimnis begreift Pannenberg als Liebe. Es ist die Kraft der Liebe, die sich in der gegenseitigen Hingabe von Liebenden am ursprünglichsten und in der vollkommensten Gestalt manifestiert. Dies gilt besonders für das trinitarische Leben Gottes. Deshalb folgert Pannenberg: »Nicht die Personen sind

---

[50] WOLFHART PANNENBERG, Systematische Theologie I, Göttingen 1988, 335.

[51] »Jede Ableitung der Pluralität der trinitarischen Personen aus einem Wesensbegriff des einen Gottes, sei es als Geist oder als Liebe, führt also in die Schwierigkeiten hier des Modalismus, dort des Subordinatianismus. Auf beiden Wegen werden die Intentionen des trinitarischen Dogmas verfehlt« (ebd., 325). »Es ist zwar denkbar, dass auch die Hervorbringung von Personen Ausdruck von Liebe sein kann. Dann aber ist immer schon ein Subjekt vorausgesetzt, das als das primäre Subjekt der Liebe zu verstehen ist und dessen Produkte die anderen Personen sind. [...] Vor allem aber wird ihre Einheit problematisch: Mögen sie auch noch so eng mit der Liebe verbunden sein, so scheint doch ihr Dasein als Personen ihrer gegenseitigen Zuwendung in der Liebe schon vorausgedacht werden zu müssen« (ebd., 323f.).

der Liebe mächtig, sondern die Liebe hebt die Person über sich selbst hinaus und konstituiert sie dadurch in ihrem Selbstsein«.[52]

Nun hat Pannenberg das Konzept der Selbstunterscheidung als Antitoxin gegen das westliche Wesensdenken entwickelt. Zugleich hat er den konkreten Ansatz beim heilsgeschichtlichen Beziehungsverhältnis der Personen betont. Deshalb ist die »Monarchie des Vaters« bei Pannenberg nicht Voraussetzung, sondern – im Sinne von *Hegels* Geschichtsdenken – das Resultat des trinitarischen Lebens. Angesichts dieser Anliegen und Prämissen verblüfft Pannenbergs Lösungsvorschlag umso mehr. Wenn es die Kraft der Liebe ist, welche die Personen in ihr Personsein hinein erhebt und ermächtigt, dann hat das Wesen der Liebe den Vorrang bezüglich den Akteuren und Trägern oder Instanzen dieser Liebe. Damit fällt Pannenberg entweder auf ein westliches oder athanasianisches Wesensdenken zurück. Aber vermutlich kritischer noch ist das Feld des Geistes oder die Kraft der Liebe als eine vierte Größe anzusehen, welche nun ihrerseits den Personen vorausgeht: »[S]o scheint doch ihr Dasein als Personen ihrer gegenseitigen Zuwendung in der Liebe schon vorausgedacht werden zu müssen, *es sei denn*, das Personsein ließe sich als konstituiert aus dem Wesen der Liebe, dieses aber als *selbständige*, in den Personen nur manifest in Erscheinung tretende Realität denken«.[53]

In der Sache bedeutet dies, dass hier entweder eine Quaternität formuliert wird, insofern das Wesen der Liebe noch dem Vater vorausgeht. Oder es wird ein latenter Modalismus festgehalten, insofern die Personen eine geschichtliche Manifestationsweise des ungeteilten Wesens der Liebe sind.

Ähnlich verhält sich die Problemlage, wenn das Wesen der Liebe die Struktur bildet, aus der – entsprechend der stochastischen Wahrscheinlichkeit der mandelbrotschen Fraktale – Vater und Sohn und Geist als sortal differenzierte Variationen des strukturbildenden Wesens hervorgehen. Auch diese Figur bleibt im Grunde quaternal. Die innertrinitarischen Instanzen sind dann nicht genuine, aktive Träger des göttlichen Selbstvollzuges, sondern abgeleitete und insofern sekundäre Vollzugsgestalten.

So sehr also der Problemdiagnose Pannenbergs zuzustimmen ist, so wenig kann seine Problemlösung wirklich überzeugen. Wer die erkenntnistheologischen Einsichten von Rahners Grundaxiom ernst nimmt, hat darum von der Unterschiedenheit der Personen auf ihre Einheit hin zu denken und innerhalb dieses Relationsgeschehens den Vorrang des Vaters ohne Abwertung des Sohnes und des Geistes zu begründen. Wer den Problemen des sublimen Modalismus oder der latenten Quaternität entgehen und die Prävalenz des Vaters aufrecht erhalten will, kann dies m.E. nur, wenn der Vater als der ursprungslose Ursprung der Gottheit und damit als das Ur-Sprung gewährende Voraus und freie Wovonher des göttlichen Wesens sowie des trinitarischen Lebens festgehalten wird. Trinitarisches Denken ist daher ohne ontologische

---

[52] Ebd., 461.
[53] Ebd., 323f.

Inferiorität, worauf Pannenberg mit Recht insistiert, nur möglich, wenn mit *Jürgen Moltmann* zweistufig zwischen der (transzendental-logischen) Logik der Konstitution des trinitarischen Lebens und der (transzendental-dialogischen) Logik der wechselseitigen Beziehungsverhältnisse unterschieden wird, wobei beide sowohl Voraussetzung als auch Implikat der heilsgeschichtlich-phänomenalen Erfahrungen und geschichtlich bezeugten Beziehungen zwischen Vater, Sohn und Geist sind. Mit der Unterscheidung von »Konstitutionsebene« und »Relationsebene« ist es möglich, im Sinne einer Begründungslogik »dritter Stufe«, das innergöttliche Selbstsein systematisch mit dem Ursprung-Gewähren des Vaters zu beginnen. So kann die konstitutionslogische Unterschiedenheit von vorursprünglich vollkommen freiem Ur-Sprung Gottes (des Vaters), ursprünglich freier personaler Fülle Gottes (des Sohnes) und ursprünglich freier Ermächtigung Gottes (des Geistes) ein Kommerzium der vollkommenen Freiheiten begründet werden, das *relationslogisch*, d.h. auf der Ebene der konkreten Beziehungen, eine Wechselseitigkeit der vollkommenen Freiheiten des Vaters, des Sohnes und des Geistes in ihrem Sich-Entschließen füreinander einschließt.[54]

Systematisch kommt es darauf an, zu zeigen, dass die Gemeinschaft der drei freien Träger des göttlichen Lebens so gedacht werden kann, dass die Personen »ihre Unterschiede wie ihre Einheit« selbst konstituieren.[55] Dabei ist mit Wolfhart Pannenberg am Gedanken des reicher strukturierten Beziehungsnetzes anzuknüpfen, der eine Gegenseitigkeit und Wechselseitigkeit der trinitarischen Beziehungen zu denken und zu veranschaulichen erlaubt.

Im Sinne der *Konstitutionslogik* gehen Sohn und Geist aus der Ur-Sprung gewährenden Ursprünglichkeit des Vaters hervor und beziehen sich in diesem ewigen Hervorgehen gleichewig auf den Vater und den jeweils anderen freien Träger des göttlichen Lebens zurück. Die Vor-Ursprünglichkeit freisetzender väterlicher Freiheit erlaubt es, von einem Vorrang und Voraus des Vaters (μοναρχία τοῦ Πατρός) zu sprechen. Er ist der Ur-Grund der göttlichen Le-

---

[54] Vgl. JÜRGEN MOLTMANN, Bóg nadziei, Lublin 2006, 145–154, hier 150; WOLFHART PANNENBERG, Der offenbarungstheologische Ansatz in der Trinitätslehre. In: MICHAEL WELKER/ MIROSLAV VOLF (Hg.), Der lebendige Gott als Trinität, München 2006, 13–22, hat die Unterscheidung von Relations- und Konstitutionsebene noch einmal kritisiert. Doch ist diese Argumentation Pannenbergs ihrerseits voraussetzungsreich. Neben dem Methodenproblem (Analogie *versus* Univozität) berücksichtigt Pannenberg die hermeneutische Unterscheidung zwischen den Aussagen erster Ordnung (Relation Jesus – Vater) und den Aussagen zweiter Ordnung (Jesus – Logos) und dritter Ordnung (Logos – Vater) nicht. Klassisch gesprochen ist hier zu fragen, ob Pannenberg damit nicht die Gegenläufigkeit von *ratio cognoscendi* (Relationsebene) und *ratio essendi* (Konstitutionsebene) außer Kraft setzt bzw. umkehrt. In Pannenbergs Begründung scheint mir ein Hegelianismus lebendig, welcher die immanente Trinität als Resultat der *oikonomia* konzipiert, weshalb die »Monarchie« des Vaters »Resultat« des heilökonomischen Lebensvollzuges ist, wie umgekehrt die Gottheit des Vaters im Lebensvollzug des Sohnes auf dem Spiel steht.

[55] JÜRGEN MOLTMANN, Trinität und Reich Gottes. Zur Gotteslehre, München 1980 (Systematische Beiträge zur Theologie; 1), 190.192f.

bensdynamik, der geschichtlich und kategorial als »Theozentrik« bzw. »Patrozentrik« erfasst und beschrieben werden kann.[56]

In dieser gottimmanenten, voranfänglichen und urewigen Entschlossenheit des Vaters zum Sohn und zum Geist ist der voranfängliche Anfang aller Anfänge je schon als »Unterschiedenheit in Einheit« gesetzt. Die »Einheit« der drei freien Träger (Hypostasen) der Gottheit ist denkbar und sagbar, weil jede Hypostase vollkommene Freiheit ist, die in ihrer formalen Unterschiedenheit zugleich *ab ovo* auch material vollkommen zur jeweils anderen vollkommenen Freiheit und ihrem je eigenen Freiheitsverhältnis entschlossen ist. Dieser Zusammenhang kann als vollkommenes Kommerzium von drei Freiheiten gedacht werden.

Damit ist nachfolgend und reduktiv eingeholt, warum diese Gestalt des trinitarischen Denkens hinreichend und zureichend ist. Eine Vervielfachung der freien Träger würde keine qualitative Steigerung von Vollkommenheit implizieren. Auch hier muss noch einmal an die Unterscheidung zwischen phänomenologischer und transzendentallogischer Begründung hingewiesen werden. Ein quantitativer Mehrwert kann nur in einer phänomenologischen Betrachtung behauptet werden, setzt also sozialphänomenologisch Anerkennungsverhältnisse voraus.

Die Entschlossenheit der Freiheiten zueinander ist transzendental streng vorzeitlich und vordenklich in einer transzendentalen Auskehr und Rückkehr (retroszendierend) zu denken. Daher bezeichnet dieses Kommerzium von Beginn an eine vollständige Einheit und Übereinkunft, weil es sich hier um ein Kommerzium vollkommener göttlicher Freiheiten handelt. Die Analogie, die hier beansprucht wird, bezieht sich nicht auf eine Phänomenologie menschlicher Personenverhältnisse, sondern auf die transzendentallogische Analyse menschlicher Freiheit. Deshalb kann sie eine gewisse Abstraktheit und Formalisierung nicht umgehen. Das vordenkliche und vorzeitliche *Zugleich von Unterscheidung und Gemeinsamkeit* im Sich-Entschließen der göttlichen Freiheit(en) begründet, warum die Konstitutionsebene und die Relationsebene zwei verschiedene »Blickwinkel« derselben Lebensdynamik benennen, ohne dass diese »Hinblicke« (Aspekte) voneinander getrennt oder gar antagonistisch gegeneinander ausgespielt werden können.

Auf der *Relationsebene* (transzendental-dialogisch) sind die Personen in ihrer Lebensdynamik und gegenseitigen Beziehungsfülle so wechselseitig von den anderen freien Trägern/Personen freigesetzt, dass innerhalb der Relationsebene nach der *Beziehungslogik* gilt: Die Personen sind durch die Beziehungen zueinander als Hypostasen »bestimmt«.[57]

---

[56] Vgl. NITSCHE, Jesus Christus zwischen jüdischem Messianismus und christlichem Triumphalismus.

[57] Um die beiden Ebenen besser unterscheiden zu können formuliere ich hier: als Personen »bestimmt«. MOLTMANN, Trinität und Reich Gottes, 198–203, bes. 187–193, spricht von einem wechselseitigen Konstituiertsein. Diese Formulierung steht zumindest semantisch im Konflikt mit Moltmanns hilfreicher Unterscheidung von Konstitutions- und Relationsebene.

Innerhalb dieser *konstitutionslogisch begründeten* und *beziehungslogisch konkretisierten* Dynamik des Freiheitskommerziums sind die Hypostasen auf je eigene Weise selbstzentriert (*subsistent*) und selbstlos (*relational*). Deshalb verwirklicht jede Person in spezifischer Weise die strukturelle Dynamik von Selbstbezogenheit und Selbstlosigkeit. Dadurch kann auch die Forderung von (*Bernard Lonergan* bzw. *Hans Urs von Balthasar*) eingeholt werden, wonach Vater, Sohn und Geist auf jeweils unterschiedliche Weise als Hypostase (bzw. »Person«) zu bestimmen sind.

Die Einheit der drei freien Träger der Gottheit ist nicht zeitanalog, sondern vorzeitlich und schöpferisch-zeitgewährend zu denken. Weil der Vater alles außer seiner ursprunggebenden Vaterschaft dem Sohn und alles dem Geist gibt, geht Gott als Geist exzentrisch über sich hinaus und allbelebend in Kosmos und Geschichte ein. Der Logos-Sohn als ewige materiale Selbstaussprache des Vaters bestimmt die menschlich-personale und geschichtlich-gehaltliche Konzentration der Selbstzuwendung des Vaters inhaltlich, indem er zur Ansprache an die Menschen wird: Gott spricht die Menschen im Sohn an »wie Freunde« (DV 2).

8. Alternative Sprechweisen:

a) Von der grammatischen Ordnung (Ich/Du/Es)

Obwohl ich – entsprechend dem kappadokischen Begriff der freien, selbstvollmächtigen Hypostase – den Begriff der freien, subjektiven Trägerschaft bevorzuge, kann die apophatisch-östliche (*Vladimir Lossky*) und mystisch-westliche (*Jakob Böhme*) Tradition dazu anleiten, auch die Trinitätslehre mithilfe des Personbegriffs in veränderter Form zu benennen. Sowohl für die apophatisch-östliche als auch für die mystisch-westliche Tradition ist der Sohn im eigentlichen Sinne Person, Ikone Gottes. In dieser Tradition wird die These stark gemacht, dass der Vater als der unsichtbare Gott nicht »an sich« oder »in sich« erkannt wird, sondern nur in seinem geschichtlich manifesten Ebenbild, d.h. im Sohn und durch den Sohn. Dies geschieht entsprechend dem johanneischen Wort, wonach niemand den Vater kennt, außer der Sohn, und niemand zum Vater kommt, außer durch den Sohn (Joh 14).

Ist der Sohn in ausgezeichneter und eminenter Weise »Person«, weil er unter allen Menschen Person werden will und es in Jesus von Nazareth in einzigartiger, unüberbietbarer Weise geworden ist (GS 22) und geschieht all dies in der Macht des Heiligen Geistes der aller geschöpflichen Wirklichkeit verlebendigend innewohnt, so kann der Vater als uneinholbarer Ursprung und Wovonher (ICH bzw. Vor-dem-ICH), der Sohn als höchste personale Fülle und Offenbarkeit (DU) sowie der Geist als ermächtigende Tiefendynamik in allem (ES) verstanden werden. Diese Unterscheidung der grammatischen Personen gewinnt sowohl in der Auseinandersetzung mit der jüdischen Kabbala –

in der Unterscheidung zwischen dem uneinholbaren Abgrund (*'Ên Sôf*) und der höchsten Fülle (*Keter*), die als obere Weisheit und Einsicht offenbar wird und als untere Weisheit und Einsicht in Israel einwohnt[58]– als auch mit der hinduistischen Scholastik – welche eine ungetrennte Unterscheidung und relationale Verbundenheit von abgründiger Göttlichkeit (*nirguna brahman*) und höchster göttlicher Personalität (*saguna brahman*) und inwendiger Göttlichkeit (*atman*) thematisiert – an Bedeutung.

b) Von der dimensionalen Ordnung (über uns, unter uns, in uns)

Diese Unterscheidung der grammatischen Personen konvergiert sodann mit der von *Karl-Heinz Ruhstorfer* und mir vertretenen heilsgeschichtlichen Typisierung, den Vater als »Gott über uns«, den Sohn als »Gott unter uns« und den Geist als »Gott in uns« zu beschreiben.[59]

Zugleich ermutigen die religionsgeschichtlichen (kabbalistischen und hinduistischen) Entsprechungen dazu, nicht nur heilsgeschichtlich, sondern auch innertrinitarisch das Wovonher (Vater), Worin oder Wodurch (Geist) und Woraufhin (Sohn) der Gottheit zu unterscheiden.

c) Von der analogisierten Personrede

Daher kann die Unterscheidung der grammatischen Personen zu einer veränderten trinitarischen Personrede anleiten, welche den analogen Charakter des Personbegriffs stärker akzentuiert. Jenseits der klassischen Alternativen von Personalität und Impersonalität habe ich *ad experimentum* den Vorschlag unterbreitet, ein forciert analoges personales Sprechen zu verwenden: Dabei kennzeichnet das Adjektiv »personal« den christlichen und monotheistisch-personalen Reflexionszusammenhang. Hingegen dienen die Präfixe »vor-«, »über-« und »trans-« dazu, den analogen Charakter dieser Personrede zu verdeutlichen. Unter der Prämisse, wonach der Personbegriff entsprechend dem kappadokischen Verständnis der Hypostase als »Integral« von idiomatisch charakterisiertem Selbststand und wesentlicher Beziehung im Gemeinsamen profiliert wird, können die freien Träger des göttlichen Lebens nun in grundsätzlicher Bezogenheit und je spezifischer Eigentümlichkeit profiliert werden: Als unbedingtes Auf-hin-Sein vollzieht sich der Vater, indem er von Ewigkeit her Sohn und Geist freisetzt. Der Vater ist darin freisetzendes Woher (Quelle der Gottheit; Ur-Schoß: *nirguna brahman*). Er ist *vor*-personal, weil er

---

[58] Vgl. NITSCHE, Gott und Freiheit, 141–164.

[59] Vgl. KARL-HEINZ RUHSTORFER, Gotteslehre, Paderborn u.a. 2010 (GGD 2), 146–300; BERNHARD NITSCHE, Holy and heavy II. Systematische Orientierungen zur Firmung. In: Impulse für die Pastoral 5 (2010) 2, 24–29.

innergöttliche und geschichtliche Personalität eröffnet und ihr konstitutionslogisch vorausgeht. Er vollzieht sich als ursprunggewährendes (zeugendes) Wovonher in radikaler Übereignung an den Logos-Sohn.

Der Logos-Sohn ist das allerschaffende Sinn-Wort, die personale Fülle des göttlichen Seins (*saguna brahman*), das allem Seienden Existenz verleiht. Der Sohn ist als Person und geschichtliches Du schlechthin Antlitz, die Offenbarkeit des Vaters. Er ist Gottes Wort in Menschenwort und -tat. Weil der Logos-Sohn im Hinblick auf Jesus einend die Schöpfung und die ganze Menschheit annimmt, kann er *über*-personal genannt werden.

Der im uranfänglichen Ursprung des Vaters freigesetzte (gehauchte) Geist entlässt lebendige und Leben schaffende Dynamik, ermächtigt das Schöpferwort in sein Wirken hinein und erfüllt das All mit seinem Odem. Als Geist des ungeteilten und unteilbaren Gottes durchwirkt er (all)versöhnend alle Schöpfung. Seine freie und freisetzende Aktivität ist das Andere und Nicht-Andere der Schöpfung. Er ist sozusagen die »Seele« der kosmischen Welt sowie der freigebende »Grund« der Freiheit des Menschen (*âtman*). Darum kann er *trans*-personal genannt werden.

9. Fruchtbare Perspektiven des muslimischen Offenbarungs- und Gottesverständnisses aus christlicher Sicht

Ohne Experte für Islamwissenschaften zu sein, blicke ich im Interesse des Dialogs auf einige Aspekte im muslimischen *Offenbarungs- und Gottesverständnis*, welche mir als Theologe aus christlicher Perspektive interessant erscheinen, weil sie weiterführende Momente für das Gespräch freilegen.

9.1. Dialogisches Offenbarungsdenken und religionstheologische Implikationen

Der Islam kennt ein theologisches Offenbarungsverständnis der wechselseitigen Kontaktaufnahme und Rede zwischen Gott und Mensch, das dialogisch und kommunikativ genannt werden kann. Demgemäß kann das göttliche Handeln in Verbformen – *wahā* (hervorrufen, inspirieren, offenlegen), *nazala* (herabsenden, regnen), *'atā* (geben) und *ǧā'a* (kommen) – benannt werden. In diesem dialogischen Modell betont *Allāh*, dass er den Ruf der rufenden Menschen hört, und die, welche ihn hören, auf den rechten Weg geleitet wird (Q 2:187).[60]

---

[60] Vgl. PIM VALKENBERG, Das Konzept der Offenbarung im Islam aus der Perspektive komparativer Theologie. In: REINHOLD BERNHARDT/ KLAUS VON STOSCH (Hg.), Komparative Theologie. Interreligiöse Vergleiche als Weg der Religionstheologie, Zürich 2008 (BThR 7), 131–156. HAMIDEH MOHAGHEGHI, Erfahrungen theologisch verstehen. Aus islamischer Per-

So dient die Offenbarung der *Rechtleitung in Barmherzigkeit*. Sie ist Froh-Botschaft für die Gottergebenen (Q 16:89). Dass es hier zunächst um eine Froh-Botschaft geht, wird auch anhand des Gottesnamens deutlich. Der Gottesname »*Allāh*« ist vorislamischer Herkunft und steht in Verbindung mit dem semitischen Begriff »*El*« / »*Elohim*«. Entscheidend für das muslimische Gottesbekenntnis ist der Zusammenhang von Artikel und Gottesbegriff, welcher an die nizänische Unterscheidung zwischen dem Gottsein des Vaters, das mit Artikel ausgezeichnet wird, und dem Gottsein des Sohnes erinnert. Daher braucht es nicht zu verblüffen, dass arabische Christen den Vater unseres Herrn Jesus Christus selbstverständlich *Allāh* nennen. Der mit Artikel ausgezeichnete Gott ist, wenn er Gott ist, notwendig ein einziger Gott. So formuliert es das muslimische Glaubensbekenntnis: »*Lā ilāha illa-l-llāh*« – kein Gott (*Elohim*) außer Gott. In diesem Bekenntnis wird eine Tautologie formuliert: »Ich bezeuge, dass keine Gottheit ist, außer Gott ...«.

Zur Froh-Botschaft wird dieses Gottesbekenntnis durch die inhaltliche Bestimmung unter dem *Leitgedanken der Allbarmherzigkeit* Gottes. Daher ist die Barmherzigkeit Gottes muslimisch als primäres Handlungsprinzip Gottes anzunehmen. Die Attribute »*ar-raḥmān*« und »*ar-raḥīm*« entstammen gemeinsam der Wurzel »*raḥima*« (vgl. hebr. *rechamin*: Mutterschoß der Gnade) mit der Bedeutung: Gott zeigt höchste Gnade, er war freundlich und gütig, er vergab und verzieh. Während »*raḥmān*« eine Form der Intensität darstellt und zum Ausdruck bringt, dass die Liebe in Gott den Vorrang hat und Gottes Gunst unverdienbar allen Dingen gilt, sogar jenen, die von sich her nichts getan haben, um diese Gunst zu erwerben, betont die Form »*raḥīm*« den fortdauernden Charakter dieser Barmherzigkeit Gottes, im Sinne einer sich wiederholenden Handlung. So kann und darf Gottes Gnade auch muslimisch als *creatio et gratia continua* verstanden werden.[61] Daher beginnt jede Sure des Qur'ān – abgesehen von der neunten – mit der Formel (*basmala*): »Im Namen Gottes, des Erbarmers, des Barmherzigen«. Menschen können auch Barmherzige genannt werden, aber nicht Erbarmer. So wird die primäre Initiative des Erbarmens durch Gott festgehalten, die sich in den verschiedenen Zeichen der Zuwendung Gottes geschichtlich manifestiert. Zeichen dieser barmherzigen Zuwendung Gottes sind das jüdische Gesetz und die Propheten (Q 28:43; 6:154; 7:154; 46:12; 11:17), sind Jesus, Maria und das Evangelium (Q 19:21), sind schließlich Muḥammad und der Qur'ān (Q 27:77; 16:89; 31:2-3; 7:52; 17:82). Entsprechend kommt alles darauf an, inwiefern die Offenbarung und Rechtleitung, die dialogisch in Gebetsruf und Erhörung, in Glaube,

---

spektive. In: MARTINA KRAML/ DANIELA KÄSTLE/ HAMIDEH MOHAGHEGHI (Hg.), Heilig-Tabu. Christen und Muslime wagen Begegnungen, Ostfildern 2009 (Kommunikative Theologie; 13), 275–284; HAMIDEH MOHAGHEGHI, Wenn Dialog gelingt. Blick in die islamische Tradition. In: a.a.O., 297–304.

[61] Vgl. HANS-MARTIN BARTH, Dogmatik. Evangelischer Glaube im Kontext der Weltreligionen. Ein Lehrbuch. München, Gütersloh 2001, 296–303; Lexikon des Islam I, 106–112; ebd. II, 311–321.

Gehorsam und göttlicher Rechtleitung konstituiert ist, selbst diesem Primat der Barmherzigkeit und Gnade, der Freiheit von Zwang und dem werbenden Locken verbunden bleibt und dies zum Ausdruck bringt.[62]

Dann kann das interreligiöse Gespräch selbst als Dialog der Güte und Barmherzigkeit verstanden werden, wenn gesagt wird, er ist ein »Ruf zum Weg deines Herrn mit Weisheit und mit schöner Predigt«. Entsprechend lautet die Anweisung: »[S]treite mit ihnen auf gute Weise! Siehe, dein Herr kennt die am besten, die von seinem Weg abirren, und er kennt die am besten, die sich rechtleiten lassen« (Q 16:125).

Hier kommt wohl alles darauf an, wie dieses Besserwissen Gottes zur Geltung gebracht wird. Dies ist auf zweierlei Weise möglich. Entweder wird hier ein geschichtlicher und eschatologischer Vorbehalt formuliert, demzufolge auch Muslime in einem relativen und relationalen Voraus erst unterwegs sind zu jener letzten Wahrheit, die Gott in seiner Uneinholbarkeit und Unendlichkeit ist. Oder es handelt sich um ein definitives Vorwegbescheidwissen der Muslime, die instruktiv einen klaren Vorrang gegenüber allen anderen monotheistischen Glaubensrichtungen haben, weil sie schon wissen, was Gottes Rechtleitung definitiv beschreibt. Entsprechend bekommt der Qurʾān eine unterschiedliche Funktion. Im ersten Falle kann er als eine Ratifizierung und Konkretisierung von Gesetz und Evangelium gelten. Im zweiten Falle ist er die klare Überholung von Tora und Evangelium, welche in der jüdischen beziehungsweise christlichen Tradition falsch interpretiert und rezipiert wurden: »Herabgesandt hat er auf dich das Buch mit der Wahrheit, bestätigend, was vor ihm war. Herabgesandt hat er Tora und Evangelium schon vorher – für die Menschen als Geleit. Und die Unterscheidung hat er herabgesandt.« (Q 3:3).

Schließlich kommt es darauf an, ob ein solcher *normativer Vorrang inklusiv oder exklusiv* zur Geltung gebracht wird.[63] Sofern er inklusiv und dialogisch zur Geltung gebracht wird, können die Traditionen des Judentums und des Christentums auch eine Herausforderung für die Gestalt des Islam und seine gläubige Reflexion des muslimischen Glaubens darstellen.

9.2. Monotheismus als Wahrung der Allmacht Gottes

Nach *Josef van Ess* ist das Problem der Allmacht Gottes der zentrale Konstruktionspunkt und das ureigenste Anliegen der muslimischen Theologie. Die Frage der Allmacht Gottes ist darum auch der Grund für den strengen Monotheismus des Islam. Wenn Gott in einer zum menschlichen Denken und Sein analogen Weise »allmächtig« ist, dann kann er niemanden neben sich

---

[62] Vgl. Lexikon des Islam I, 112–113.
[63] Vgl. MOUHANAD KHORCHIDE, Eine Frage der Lesart. Islamische Positionen zum religiösen Pluralismus. In: Herder Korrespondenz Spezial 2 (2010) 17–20. Khorchide meint, dem Qurʾān Haltungen des Inklusivismus und des Pluralismus entnehmen zu können.

haben, weil dies zu konkurrierenden Machtansprüchen führen würde. Daher hat Gott weder ein Kind gezeugt noch eine Gefährtin an seiner Seite erwählt (Q 72:3; 6:101). Gäbe es eine andere göttliche Instanz »würde jeder Gott mit dem davongehen, was er schuf, und der eine von ihnen würde sich über den anderen erheben.« (Q 23:91). Diese Begründung erinnert an die altorientalischen und griechischen Götter-Mythen. Das Resultat eines solchen, »anthropomorph gedachten Polytheismus«, wäre ein heilloses, diabolisches Chaos in den Himmeln und unter den Göttern (Q 21:22). Allmacht wird deshalb mit singulärer Monarchie verbunden.[64] Allerdings zeigen diese Vorbehalte auch, wie hier menschliche Allmachtsgefühle und Omnipotenzwünsche, wie das damalige Chaos der zerstrittenen arabischen Stämme und Muḥammads eigener Führungsanspruch die Reflexion auf das Gottesbild anleiten.

In den mittelalterlichen Theologien des Christentums und des Islam wird die Allmacht Gottes vorrangig (nominalistisch) als *potentia dei absoluta* begriffen. Nach dieser Vorstellung wird die Allmacht Gottes als souveräne Willkür gedacht, die keiner formalen oder inhaltslogischen Beschränkung unterliegt. Auf diesen Zusammenhang weist auch *Papst Benedikt XVI.* in seiner *Regensburger Rede* (2006) hin.[65] Deshalb darf Gott durch nichts beschränkt sein, nicht einmal durch sein bisheriges Wort der Offenbarung (Q 17:86). Daher enthüllt Gott nicht sein inneres Wesen, sondern seinen Willen und sein Handeln im Hinblick auf die Welt. Nach dieser qur'ānischen Auffassung geschieht nichts ohne den uneingeschränkten und unbedingten Willen Gottes. Er hat die ganze Welt in seiner Hand und jedes menschliche Schicksal: »Nur das wird uns treffen, was uns Gott bestimmt hat.« (Q 9:51).

Das Problem der Allmacht als *potentia dei absoluta* ist vermutlich auch ein zentrales Moment in der Argumentation von Thomas Schärtl, die ihn zu einem Plädoyer für eine monosubjektive Fassung des Trinitätsdogmas mithilfe des kybernetisch-strukturbildenden Modells der Fraktale veranlasst.[66]

---

[64] Vgl. JOSEF VAN ESS, Theologie und Gesellschaft im 2. und 3. Jahrhundert Hidschra IV, Berlin 1997. Im Zentrum steht die Allmacht Gottes, die keine Teilung der Macht zulässt. Gerade ein ebenbürtiger Sohn würde mit dem voluntaristischen Allmachtdenken entgegenlaufen.

[65] Vgl. PAPST BENEDIKT XVI., Regensburger Rede 2006, die von der Universität Tübingen als Rede des Jahres ausgezeichnet wurde: http://www.uni-tuebingen.de/uni/nas/rede/rede06.htm [15.04.2011]. Vgl. Live-Mitschnitt: http://www.phoenix.de/sixcms/detail.php?id=96038& template=d_ph_videostream_popup&format=4&transfer=2 [15.04.2011]. Der später publizierte Text weicht vom Redetext ab, kürzt teilweise und fügt erläuternde Anmerkungen zu missverständlichen Interpretationsmöglichkeiten hinzu: http://www.vatican.va/holy_father/ benedict_xvi/speeches/2006/september/documents/hf_ben-xvi_spe_20060912_university-regensburg_ge.html [15.04.2011] Vgl. den Kommentar des EKD-Ratsvorsitzenden Bischof Wolfgang Huber in der FAZ: http://www.faz.net/s/RubBF7C7D2794CEC4B87B47C719A 68C59339/Doc~E596A7F190C45474888EE866EC632BA47~ATpl~Ecommon~Scontent.ht ml [15.04.2011]. Vgl. KNUT WENZEL, Die Religionen und die Vernunft. Die Debatte um die Regensburger Vorlesung des Papstes, Freiburg 2007.

[66] So habe ich einen Redebeitrag von Thomas Schärtl zur Allmachtsproblematik im Kontext des monotheistischen Denkens bei der Tagung in Schwerte verstanden.

Eine entscheidende Gegenfrage allerdings lautet: »Hat Gott sich selbst nicht im Griff? Ist sein Wesen inhaltslogisch unbestimmt?«.[67] Anders ist der Fall darum gelagert, wenn innerchristlich Gottes Allmacht als All-Liebe bestimmt wird, mithin als eine Liebe, die alles vermag, was Liebe vermag.[68] Diesem inhaltslogischen Gedanken, der den Willen Gottes *ad extra* mit dem Wesen Gottes *ab intra* verbindet, würde eine muslimische Theologie entsprechen, welche das Selbstsein oder Wesen Gottes und dementsprechend das Handeln Gottes in Allmacht als All-Barmherzigkeit *Allāhs* bestimmt. In diese Richtung argumentiert der offene Brief der 38 bzw. 138 muslimischen Gelehrten, welche den Zusammenhang von Gottes- und Nächstenliebe als *Ein Wort, das uns und euch gemeinsam ist* verstehen.[69] Dann dürfte und könnte in analoger Weise formuliert werden: *Allāhs* Allmacht bringt *Allāhs* All-Barmherzigkeit zum Ausdruck. So vermag *Allāhs* Allmacht »beziehungsbestimmt« alles, was All-Barmherzigkeit vermag.

Allerdings hätte dieser Gedanke zwei Konsequenzen. Zum einen müsste Gottes Handeln dann inhaltslogisch als All-Liebe bzw. All-Barmherzigkeit bestimmt werden. Zum anderen würde dieser Ansatz zu einer Respektierung menschlicher Freiheit und ihrer autonomen Selbstbestimmung nötigen. Gottes Handeln in der Geschichte könnte dann nur als dialogische Freisetzung und Rechtleitung menschlicher Freiheit gedacht werden. Ein solches Konzept müsste die Vorstellungen naturaler Eingriffe Gottes und einer Lenkung der Geschichte durch Gott als perfekten »Marionettenspieler« zurückdrängen. Diese Vorstellungen stünden zumindest vordergründig im Konflikt mit der ašʿaritischen Auffassung, wonach jedes Geschehen in der Welt unmittelbar ein von Gott verursachtes und erwirktes Geschehen ist.[70]

Der Gedanke einer absoluten, monarchischen Allmacht schließt die Vorstellung einer Statusgleichheit von innergöttlichen Instanzen prinzipiell aus. Deshalb ist die Vorstellung eines gleichrangigen, gleichwesentlichen, gezeugten, nicht geschaffenen »Sohnes« unvorstellbar. In der Genese des Gedankens wird damit Teilung, Konflikt, Konkurrenz usw. verbunden, welche die qualitative Alleinstellung *Allāhs* zerstören würde. Dieser Zusammenhang wird auch

---

[67] Allerdings ist hier zu beachten, dass es innermuslimisch durchaus unterschiedliche Positionen gibt. Während *Abū al-Hudail* für einen reinen Voluntarismus plädiert, tritt *Ḥisām al-Fuwāṭī* für eine inhaltslogische Bestimmtheit *Allāhs* ein. Danach ist die Möglichkeit, dass *Allāh* ungerecht sei, ausgeschlossen. Der spekulative Irrealis, mit der man diese hypothetisch mögliche Ungerechtigkeit zum Ausdruck bringt »impliziert entweder einen Zweifel – dann ist er unzulässig, oder eine Negation – dann ist er überflüssig«: VAN ESS, Theologie und Gesellschaft IV, 13.

[68] Vgl. EBERHARD JÜNGEL, Gott als Geheimnis der Welt: zur Begründung der Theologie des Gekreuzigten im Streit zwischen Theismus und Atheismus, Tübingen ⁶2010, 430–453; THOMAS PRÖPPER, Evangelium und freie Vernunft, Freiburg 2001, 288–299.

[69] Vgl.: www.warda.info/EIN_WORT_DAS_UNS_UND_EUCH_GEMEINSAM_IST.pdf [15.04.2011]

[70] Vgl. STEFAN ORTH, Islamdialog: Gottesbilder in der Diskussion. In: Herder Korrespondenz 65 (2011) 225–227; MEDARD KEHL, Und Gott sah, dass es gut war. Eine Theologie der Schöpfung, Freiburg u.a. 2006, 346ff.

durch die Inschriften am Felsendom in Jerusalem angezeigt: Die Aussage, dass Gott weder Sohn noch Tochter habe, richtet sich klar gegen das christliche Bekenntnis (Nikaia) zur Gottessohnschaft Jesu Christi: »Gott hat keinen Teilhaber« – »er zeugte nicht und wurde nicht gezeugt« (Q 112:1-4).

Während eine innergöttliche »Gewalten-Teilung« undenkbar ist, ist die Delegation der göttlichen Allmacht an untergeordnete, geschaffene Instanzen für den Islam kein Problem. In dieser Weise können Engel, Propheten, Kalifen oder andere religiöse und politische Führer ausführende Organe des göttlichen Willens in der Geschichte sein. Allerdings handelt es sich dabei immer und prinzipiell um geschaffene Instanzen, die Gott unterworfen sind und von Gott erwählt werden, um seinen Willen zu vollziehen.

9.3. Rückfragen an den Zusammenhang von Willen (Offenbarung) und Wesen (Sein) Gottes

Für das christliche Verständnis Gottes ist es entscheidend, die Gegenwartsweisen Gottes in der Geschichte und seine Willensbekundungen als Formen der Selbstmitteilung Gottes zu verstehen. Pointe dieses Denkens ist es, dass Gott kein äußerliches Verhältnis zur Welt einnimmt, sondern innerlich in die Welt eingeht. Indem Gott selbst das Heil der Menschen ist und sich selbst gibt, stehen die Gegenwartsweisen Gottes im Heiligen Geist der Liebe und Barmherzigkeit sowie im Wort der Wahrheit und Klarheit unter der Frage, ob hier »etwas« mitgeteilt wird, was Gott letztlich äußerlich bleibt, oder ob Gott sich hier selbst gibt. Dadurch wird verständlich, dass die christliche Rückfrage an das muslimische Gottesverständnis sich auf den Zusammenhang von Willen Gottes (nach außen: Offenbarung) und Wesen Gottes (in seinem Selbstsein) fokussiert:

(a) Kann Gottes Wille nach muslimischem Verständnis Ausdruck von Gottes Selbstsein (Wesen) sein oder ist der Wille notwendig abgetrennt, allein schöpfungsbezogen zu denken?

Nach dem hier vorgelegten Freiheitsverständnis ist die Freiheit keine »nachträgliche« Eigenschaft der geistigen Wirklichkeit des Menschen oder Gottes, sondern innerster, primärer Charakter, oder philosophischer gesprochen: »Transzendentale Bedingung der Möglichkeit« des Selbstvollzuges. Im Sinne einer weiterführenden Verständigung darf daher gefragt werden, ob auch nach muslimischer Auffassung der Wesensvollzug Gottes als dynamischer Lebensvollzug und ursprünglich freier Selbstvollzug Gottes verstanden werden darf. Ein solches freies, lebensdynamisches Verständnis könnte auch den Begriff der »Kompaktheit«, wonach das Wesen Gottes nicht in einzelne Aspekte auseinanderfällt, sondern zusammengehörig oder »kompakt« ist, als dynamische Einheit begreifen.

Ein Blick in die Theologiegeschichte des Islam kann die Problemlage und den Klärungsbedarf verdeutlichen. Hier ist auf die parallele Problematik der Willensbestimmung hinzuweisen. In einer ersten Phase wurden die Willenshandlungen Gottes nur in ihrem Außenbezug gesehen und reflektiert. Weil in der Frühphase islamischer Theologie immer nur der einzelne Wissensgehalt Gottes bedacht wurde, so dass Gott einfach dieses oder jenes wissen konnte, wurde noch nicht auf eine ewige Allwissenheit Gottes zurückgeschlossen.

In einer zweiten Phase entstand die Notwendigkeit, Gottes Wesen, seine Natur, und seinen Willen zusammen zu denken. Dies geschah, indem die Lehre von den Namen Gottes weiter entwickelt und für die interne Selbstbestimmung Gottes durchbuchstabiert wurde. Zunächst vollzog *Abū al-Hudail* eine Wende auf der sprachlichen Ebene und identifizierte Gott mit seinem Willens- und Wissensakt. Daher konnte er sagen: »Gott ist wissend«. Solange man diesen Wissensakt für sich und parallel zum Sein Gottes dachte, kam man nicht umhin, diesen zu hypostasieren.

Weiter führte hier die Überlegung des Theologen *Nazzām*, welcher den Akt des Wissens und Willens auf Gott selbst bezog. Er folgerte, dass Gott nicht wissend sei durch jenen Willensakt, den er »habe«, sondern durch sich selbst. Dieses Wissen als Selbstvollzug betrifft analog das Verhältnis von Sein und Willen Gottes.[71] Allerdings blieb in diesem Konzept ungeklärt, warum Gott so viele »attribuierende« Namen (99) benötigte. Insbesondere blieb das Verhältnis von Willensakt (Wollen) und Willensgehalt (Gewolltes) sowie von Wissensvollzug und Wissensgehalt (Gewusstes) aufzuhellen.

Nach van Ess schlugen die Muʿtaziliten eine andere Richtung ein. Sie unterschieden zwischen Arteigenschaften und Wesenseigenschaften Gottes und siedelten die Arteigenschaften »subordinierend« im medialen Bereich zwischen Transzendenz und Immanenz, zwischen Gott und seiner Offenbarung an. Dadurch sind die Arteigenschaften der Offenbarung zugeordnet. Die Wesenseigenschaften hingegen verbleiben in strenger Transzendenz. Ein in dieser Weise unterordnendes Denken wirkt vermutlich in der Šiʿa weiter.[72]

Ibn Kullāb begründete dann die spätere Position der Ašʿariten, welche die Namen und Attribute nicht mehr streng mit Gott identifizieren, sondern sie als Momente im Wesen Gottes betrachten. Hier ergibt sich eine Nähe zur bisherigen Position von Thomas Schärtl, der den innertrinitarischen Person-Begriff durch die Kategorie der »Instanz« charakterisierte, die durch eine Ansammlung je spezifischer semantischer Eigenschaftsmengen bestimmt ist und konstituiert wird. Allerdings bedarf diese Vorstellung einer »Menge von Eigenschaften« der weiteren Aufklärung. Unklar ist zunächst, wie sich die genannten »Momente im Wesen« zum Sein Gottes verhalten und andererseits

---

[71] Vgl. VAN ESS, Theologie und Gesellschaft IV, 457.
[72] Vgl. dazu den Ansatz von AYATOLLAH GHAEMMAGHAMI. Siehe den Aufsatz „Einheit und Vielfalt" von GHAEMMAGHAMI in diesem Band.

von bloßen zeitbedingten, schöpfungsbezogenen »Akzidenzien« unterschieden werden können.[73]

Dadurch wird eine »mittlere Position« notwendig, welche die göttlichen Attribute sowohl vom ureigenen Wesen als auch von äußeren, und dadurch wandelbaren Eigenschaften unterscheiden konnte. Historisch ist zu beachten, dass die muslimische Theologie dabei auf die christliche Unterscheidung zwischen dem einen Wesen Gottes und seinen Hypostasen zurückgriff, indem sie die christologische Leitformel »weder identisch mit Gott noch nicht-identisch mit Gott« aufnahm.[74]

In der Kontroverse um den Zusammenhang von Sein und Willen Gottes beziehungsweise von Sein und Erkennen Gottes zeigte sich, dass die islamische Theologie in ihren Anfängen noch nicht hinreichend zwischen der vorzeit-lichen oder unzeitlichen (transzendentalen) Ebene Gottes und der zeitlichen und inhaltlichen (kategorialen, phänomenologischen) Ebene der Schöpfung unterscheiden konnte. Deshalb pendelte sie zwischen einem streng disso-ziierenden und entleerten Apophatismus (Muʿtaziliten) und einem univoken, identifizierenden Offenbarungsdenken (Ašʿariten) hin und her.

Hier wird deutlich, dass die muslimische Theologie sich maßgeblich im Spannungsfeld von zwei alternativen Positionen ausgebildet hat. Um den gött-lichen Willen nicht hypostasieren zu müssen, vertreten die einen die Auf-fassung, dass Gottes Wille nicht ewig sei, wobei Ewigkeit als ohn-endliche Fortdauer von Zeit gedacht wird. Zwar gibt es ein Wissen Gottes davon, was er dereinst einmal wollen will, aber es gibt keinen sich durchhaltenden Willen, nur einzelne Willensakte, bezogen auf die Schöpfung in der Zeit. In diesem Sinne wird auch die menschliche Freiheit nicht transzendental bestimmt, d.h. als ein formales, freies und spontanes Vermögen gedacht. Vielmehr wird die menschliche Freiheit aktualistisch und phänomenologisch als ein je-jetzt geschehender, inhaltlicher Wahl- oder Handlungsvollzug gedacht. Von daher unterscheidet sich das Wollen Gottes und das Wollen des Menschen nicht hinsichtlich seiner Begründungsstruktur, sondern vor allem hinsichtlich des Ergebnisses. »Der Mensch kann nicht sicher sein, ob ihm das, was er will, auch gelingt; bei Gott dagegen fällt, da seine Macht durch nichts außerhalb seiner selbst gehindert wird, der Willensakt mit seiner Durchführung zu-sammen. Das Gewollte verwirklicht sich bei ihm ohne Verzug«.[75]

Insofern der göttliche Wille und das Gewollte zeitlich zusammenfielen, war der göttliche Willensakt ein Sprechakt und ein schöpferischer Akt, denn es wurde gesetzt und verwirklicht, was geschah bzw. geschehen sollte. Innerhalb dieser zeitbestimmten Freiheits- und Willenslehre ergab sich das Problem,

---

[73] Vgl. KLAUS VON STOSCH, Der muslimische Offenbarungsanspruch als Herausforderung komparativer Theologie. Christlich-theologische Untersuchungen zur innerislamischen De-batte um Ungeschaffenheit und Präexistenz des Korans. In: ZKTh 129 (2007) 53–74.

[74] Vgl. VAN ESS, Theologie und Gesellschaft IV, 444.

[75] Ebd., 445.

dass das Erschaffen der Schöpfung selbst Voraussetzung aller Ereignisse in ihr war und Gottes Wille dem Sein der Schöpfung sowohl ontologisch als auch chronologisch vorausgehen musste. Der Willensakt Gottes war im Blick auf die Schöpfung ein zeitlicher Akt und konnte doch zugleich als göttlicher Akt nicht zeitlich gedacht werden. An dieser Stelle geriet das zeitbestimmte Denken in eine Krise. Entsprechend wurde der vorausgehende göttliche Willensakt zur Schöpfung nun zu einem »utopischen«, »ortlosen« Aktus, der zwischen Gott und Welt angesiedelt und eigenständig als Hypostase gedacht werden musste.

Das zeitbestimmte Modell führte zu einer protologischen Vorordnung und eschatologischen Nachordnung Gottes. In diesem Modell gab es eine »Zeit«, in der die Welt noch nicht war, und wird es eine »Zeit« geben, in welcher das Paradies nicht mehr sein wird, weil Gott (im aristotelischen Sinne) erste Ursache und letzte Wirklichkeit aller Dinge ist.[76]

Die Karramiten setzten nicht auf eine subordinierende Unterstufung durch eine ortlose Hypostase, sondern auf eine (transzendental) parallele Ewigkeit des Willens im Verhältnis zum Wesen Gottes.

Die christliche Theologie hat demgegenüber die Konsequenz gezogen nicht Wesen und Willen, sondern die ewige Selbstaussprache des Gottes im Wort (Logos-Sohn) als Willen zum Anderen und der Selbst-Entäußerung des Wortes als Kenosis Gottes und Genesis der Welt zu unterscheiden. Gleichwohl stehen sich vor dem genannten Hintergrund die christliche und die karramitische Position nahe.

In dieser Hinsicht ergibt sich die Doppel-Rückfrage an die muslimische Theologie, ob der göttliche Wesens-Selbstvollzug als prinzipiell unbedingter, freier Selbstvollzug verstanden werden darf, und ob der inhaltsbestimmte Willensvollzug zugleich Ausdruck des Wesens-Selbstvollzuges zu verstehen ist.

(b) Wer handelt, wenn Muḥammad Gottes All-Barmherzigkeit repräsentiert?

Zu den traditionellen Auffassungen im Vergleich zwischen Christentum und Islam gehört die Unterscheidung zwischen der Personwerdung (Inkarnation) und der Buchwerdung (Inverbation) des Wortes Gottes. Allerdings darf nicht übersehen werden, dass es auch innerhalb der muslimischen Theologie Traditionen gibt, welche den Vorrang personaler Präsenz vor der initialen Präsenz behaupten. In diese Richtung weist u.a. die mystische Theologie *Ibn ʿArabīs*, der die personale Präsenz Gottes im Propheten Muḥammad herausstellt und die Eigenschaften des idealen Menschen als Präsenz der idealen Eigenschaften Gottes versteht. Für die Gegenwart der Eigenschaften Gottes im idealen Menschen bedeutet dies, dass zunächst der Prophet Muḥammad selbst die ideale Erscheinungsform des Heiligen ist. Fragt man nach dem Modus der Präsenz Gottes im Menschen, so darf mit *Adel Theodor Khoury* und in einer

---

[76] Vgl. ebd., 447.

hohen Nähe zur Christologie gefolgert werden: »Die Einigung des Menschen mit Gott erfolgt dadurch, dass die göttliche Natur so zum Inhalt der menschlichen wird, dass der Mensch, nun zum Gefäß der göttlichen Gegenwart geworden, in Gott untertaucht. So offenbart sich Gott als das wahre Ich des Menschen, ohne dass Gott und Mensch sich vermischen; und so vermag der Mensch im unendlichen Raum der göttlichen Wirklichkeit sein wahres Selbst sowie alle Dinge in ihrem Urgrund zu erkennen. Die göttliche Wirklichkeit wird von keinem Schleier mehr für den Blick des vollkommenen Menschen verhüllt«. Deshalb kann der Mystiker im Sinne einer »ungetrennten Unterschiedenheit« oder »unvermischten Einung« sagen: »‚Gott ist der Spiegel, in dem du dich selber schaust, so wie du Sein Spiegel bist, in dem Er Seine Namen schaut: nun sind aber diese nichts anderes als Er Selbst, so dass die Wirklichkeit vertauscht wird und zweideutig erscheint‘ (Ibn ʼArabi)«.[77]

In dieser Traditionslinie kann Muḥammad und können die Heiligen Gottes als personale Repräsentanten von Gottes verborgener Wahrheit und eigener Natur als All-Barmherzigkeit verstanden werden.[78] Aus christlicher Sicht entsteht damit die Rückfrage: kann unter Berufung auf diese Tradition personaler Repräsentanz auch die muslimische Theologie eine neue Verhältnisbestimmung und inhaltliche Verschränkung zwischen dem Wesen (der Natur) Gottes und der Willensoffenbarung Gottes annehmen? Darf in dieser Tradition die Wortwerdung der Ur-Schrift und ihr primärer Gehalt (All-Barmherzigkeit) selbst zunächst und vorrangig personal (durch Gabriel, Moses, Jesus, Muḥammad u.a.) vermittelt gedacht werden?

(c) Wer spricht, wenn Muḥammad das Verbaldiktat des Qurʼān empfängt?
Navid Kermani bringt die traditionelle Auffassung zur Vorstellung, wonach die Herabsendung der göttlichen Rede entscheidend mit dem Gedanken verbunden ist, dass der Qurʼān »Gottes« Wort sei. Nach dieser Auffassung spricht Gott selbst, wenn er durch die Vermittlungsinstanzen des Erzengel Gabriels, durch Muḥammad oder andere sprechen lässt.[79] Demnach ist es göttlicher Wille und göttliches Wirken, wenn der Erzengel Gabriel jedes Jahr im Monat Ramadan mit Muḥammad die Verse des Qurʼān einstudierte. Wie Muḥammad zweimal im Jahr seines Todes den Qurʼān dem Erzengel vorgetragen hat, so soll auch jeder Muslim den Qurʼān im Ramadan vollständig lesen und rezitieren: »Indem sich in der Rezitation Menschliches und Göttliches verbinden, wird der Mensch aus seiner irdischen Welt herausgehoben, Gottes Stimme im Irdischen präsent. Besonders für die Mystiker haben die Qurʼānrezitationen tatsächlich einen Offenbarungscharakter, insofern mit ihnen die ‚Selbstent-

---

[77] Lexikon des Islam II, 369–370.
[78] Vgl.   http://www.scribd.com/doc/14022864/Der-Prophet-der-Barmherzigkeit-Muhammad-Szenen-aus-seinem-Leben; http://www.alhiwar.net/ShowNews.php?Tnd=10510 [15.04.2011]
[79] Vgl. NAVID KERMANI, Gott ist schön: Das ästhetische Erleben des Koran, München 1999, 228.

hüllungen' Gottes [...] erneuert werden«.[80] Darf hier gesagt werden, dass Gott hier nicht etwas ihm äußerlich Bleibendes, sondern *sich selbst* offenbart (enthüllt)?

Während eine Mehrheit der muslimischen Traditionen in der Qur'an-Rezitation eine intuitive Erinnerung, Aktualisierung und erneuernde Wiedergeburt von Gottes Wort erkennen, welche Christinnen und Christen mit einem »sakramentalen Verständnis von Gegenwart« verbinden, vertreten die Hanbaliten ein Wort-Verständnis, innerhalb dessen nicht nur eine dramatisch-symbolische, sondern eine unmittelbare, wortwörtliche Präsenz des Göttlichen angenommen wird.[81] Wer nach hanbalitischer Tradition den rezitierten Qur'ān hört, hört Gott direkt und unmittelbar. Dem entspricht die frühe Übertragung johanneisch-christologischer Formeln auf den Qur'ān. Tritt in der muslimischen Tradition die initiale Inverbation von Gottes Weisung im Qur'ān an die Stelle der personalen Inkarnation Gottes in Jesus Christus, so steht im Islam nicht die Person des Propheten im Mittelpunkt, sondern das im Qur'ān fixierte Wort Gottes: »Wer den Qur'ān liebt, liebt Gott, und wer den Qur'ān nicht liebt, liebt Gott nicht« (*Ibn Maṣ'ūd*).

(d) Was bedeutet es, dass Gottes Wort als »Ur-Schrift« (ewig) bei Gott - existiert und im Endgericht Fürsprache für die Gläubigen bei Gott hält?

Einerseits können Tora, Evangelium und Qur'ān als einander auslegende und bestätigende Schriften der einen göttlichen Urschrift angesehen werden (Q 5:44-48): »Es gibt nur eine ewige Schrift bei Gott, die ,Urnorm des Buches' (,Mutter des Buches': *umm ul-kitāb*) (Q 3:7 u.a.), die den verschiedenen Völkern nacheinander in ihren jeweiligen Sprachen geoffenbart worden ist.«[82] Von daher ist die Ur-Schrift Mutter aller Heiligen Schriften aller Völker.

Andererseits und nach weit verbreitetem Verständnis steht der Qur'ān über Tora und Evangelium, insofern Muḥammad und seine Botschaft bereits in den alttestamentlichen Schriften als angekündigt gesehen wird: von Abraham angekündigt (Q 2:129) und von Jesus vorausgesagt (Q 62:6). In dieser Weise entspricht der vom Erzengel Gabriel dem Propheten diktierte Qur'ān der ewigen, göttlichen Weisung, also der »im Himmel aufbewahrten Ur-Schrift« (Q 43:2-4). Sie ist die »Ur-Norm des Buches« (Q 3:7; 19:39). Insofern ist die arabische Version die irdisch authentische, in menschlicher Sprache gefasste Wiedergabe des himmlischen Originals. Deshalb hat auch der Prophet nicht die Vollmacht, am Qur'ān irgendeine Änderung vorzunehmen, ist doch Gott der wahre und alleinige Autor der himmlischen Version der Urschrift (Q 17:88). In diesem Verständnis ist der Qur'ān die Dauer-Präsenz Gottes und das Dauer-Wunder der Offenbarung.

---

[80]   Ebd., 221.
[81]   Vgl. Ebd., 222–227.
[82]   Lexikon des Islam II, 312.

Aus christlicher Sicht ergibt sich hier eine doppelte Rückfrage: Nach christlicher Auffassung ist zwischen dem himmlischen, ewigen Logos als der Selbstaussprache des urewigen Vaters und seiner menschlich-endlichen Vergegenwärtigung in Jesus von Nazareth zu unterscheiden, ohne dass beide Seiten voneinander geschieden werden dürfen. Diese »chalkedonische Hermeneutik« bestimmt, soweit ich sehe, auch die muslimische Unterscheidung zwischen der himmlischen Ur-Schrift und ihren irdisch-geschichtlichen Versprachlichungen (besonders Tora und Evangelium), die im Qur'ān ihren Abschluss finden.

Damit stellt sich die Frage, ob es eine funktionale Entsprechung im Verhältnis von ewiger Sinngebung und zeitlicher Sinnstiftung zwischen Christentum und Islam gibt. Diese Frage wird einerseits mit Hilfe der bereits thematisierten Alternative von personaler (Inkarnation) *versus* verbaler (Inverbation) Vermittlung weiter aufzuhellen sein. Andererseits ist zu klären, wie das Verhältnis von *Allāh* und Ur-Schrift als Ursinn von Welt und Schöpfung innergöttlich gedacht wird, d. h. im Hinblick auf den möglichen »Status« der Ur-Schrift und ihr Verhältnis zur »Ewigkeit Gottes«.

Diese zweite Problemstellung wurde in der frühen islamischen Theologie zu Gunsten einer »Ewigkeit der Ur-Schrift« beantwortet, hingegen von den Muʿtaziliten kritisiert, weil sie darin eine Gegeninstanz gegenüber Gott gesehen haben. Wegweisend wurde die Unterscheidung der Ašʿariten, welche zwischen der göttlichen Sinngebung in himmlischer Ewigkeit und ihren sinnenhaften Sprechweisen in der Geschichte unterschieden. Diese Differenz-Einheit wurde zum Paradigma der theologischen Orthodoxie und zeigt deutliche Konvergenzen mit der christlichen Theologie des Wortes Gottes an. So fokussiert sich alles auf die Frage, ob das ewige Sinnwort Gottes über Welt und Geschichte auch in der muslimischen Tradition einen »relativen« oder »formal unterscheidbaren« Eigenstand gegenüber *Allāh* einnimmt oder nicht.

In dieser Hinsicht ist eine weitere Beobachtung von Interesse: Die islamische Eschatologie kennt einen zugespitzten Gerichtsprozess, bei dem geschaffene Instanzen wie die Engel oder der Prophet als Anwälte der Gläubigen auftreten können.[83] In unserem Zusammenhang ist interessant, dass es auch Traditionen gibt, denen zufolge die ewige Ur-Schrift bei Gott und gegenüber Gott für die Gläubigen Fürsprache hält. Hier handelt es sich nicht nur um eine geschaffene Größe, sondern um Gottes Sinnwort, welches stellvertretend und im Gegenüber zu Gott zu Gunsten der Gläubigen eintritt: »Manche gingen so weit, den [himmlischen] Qur'ān als menschliches Wesen mit Herz und Zunge vorzustellen, das beim Jüngsten Gericht Fürsprache hält«.[84]

Wenn diese Beobachtung zutrifft, käme es hier zu einer innergöttlichen Unterscheidung und Gegenüberfunktion der Ur-Schrift im Unterschied (nicht im Gegensatz!) zu *Allāh*. Darin fokussiert sich auf ein Neues die christliche

---

[83] Vgl. ebd., 421–424.
[84] KERMANI, Gott ist schön, 212.

Rück-Frage, ob die Ur-Schrift »ewig« ist und als Gottes Selbstaussage in himmlischer Ewigkeit, wenn auch im Hinblick auf das Sein und die Erschaffung der Welt, verstanden werden kann. Wenn dies der Fall wäre, ließe sich eine funktionale Entsprechung zur christlichen Logos-Theologie festhalten. Diese besteht zumindest insofern, als auch der Islam zwischen der himmlischen Ur-Schrift und ihrer geschichtlichen Manifestation im Qur'ān unterscheidet.

e) Ausblick

Wie auch immer diese Fragen im Einzelnen beantwortet werden, können zum Ende drei Einsichten festgehalten werden:

(1.) Der strenge jüdische und muslimische Monotheismus ist ein gutes und notwendiges Korrektiv gegenüber einem christlich-trinitarischen Sprechen, welches das Anliegen der lebensdynamischen Einheit des dreieinen Gottes, mithin das Bekenntnis zu dem einen Gott zur Geltung bringen will.

(2.) Die Stärke des trinitarischen Denkens liegt darin, dass es in der Differenzierung von Logosgegenwart und Geistesgegenwart unterschiedliche Qualitäten und Bestimmtheiten der Präsenz Gottes in der Geschichte denken und präzise ausbuchstabieren kann, so dass sowohl die Universalität des Göttlichen in Welt und Geschichte (kraft des Geistes) aussagbar ist, als auch seine inhaltlich bestimmte und ausgezeichnete Gegenwart (durch das Wort) formuliert werden kann.

(3.) Immer dann, wenn ein reiner, im Grunde agnostischer Apophatismus als religiös unangemessen angesehen wird, ergeben sich Fragestellungen bezüglich der Vermittlung von göttlicher Transzendenz und geschichtlicher Immanenz, welche die Erkundung von funktionalen Entsprechungen zwischen den unterschiedlichen Religionssystemen (*Panikkar*: »Analogien dritten Grades«) anregen. Damit rückt das Verhältnis zwischen Gott und den geschaffenen Vermittlungsinstanzen in den Blickpunkt. In dieser Hinsicht konzentrieren sich die christlichen Rückfragen an muslimische Theologie auf die inhaltliche Bestimmtheit des Wesens Gottes, sodann auf das Verhältnis von göttlichem Willensvollzug und Wesensselbstvollzug sowie auf den Status und die Funktion der göttlichen Ur-Schrift im Verhältnis zu *Allāh*.

MUNA TATARI

Gottes Wesen

Eine islamische Perspektive im komparativen Gespräch

1.) Anfragen an den trinitätstheologischen Entwurf Bernhard Nitsches

Im Entwurf seines trinitätstheologischen Zugangs, Gott denkerisch zugänglich zu machen, sieht *Bernhard Nitsche* sich wie jeder christliche Theologe herausgefordert, sowohl die besondere Erfahrung der frühen Christen mit Gott durch Jesus von Nazaret im Heiligen Geist heilsökonomisch zu würdigen, als auch die Einheit Gottes immanent-trinitarisch adäquat zum Ausdruck bringen zu wollen. Er steht damit in einer bestimmten Tradition von trinitätstheologischen Überlegungen, die er gleichwohl um innovative Überlegungen bereichert und die sich zunächst folgendermaßen klassifizieren lassen.

Die als lateinische Trinitätslehre bezeichnete Tradition nimmt einen monosubjektiven Ansatz als Ausgangspunkt ihrer Überlegungen. Sie geht von dem Dasein eines Gottes aus, der als *ein* Subjekt und *ein* Selbstbewusstsein gedacht wird und der sich in drei verschiedenen Hypostasen konkretisiert. Eine der Grundherausforderungen der lateinischen Trinitätslehre in der Perspektive innerchristlicher Debatten ist es, die Verschiedenheit der Hypostasen argumentativ so zu stützen, dass die Grenze zu einem modalistischen Gottesverständnis nicht überschritten wird, in dem die Hypostasen „nur" als Erscheinungsweisen ein und des Selben verstanden würden. Die damit verbundene Leugnung eines innertrinitarischen Beziehungsgeschehens verstellt spekulativ nach Ansicht vieler christlicher Theologen die Möglichkeit, Andersheit in Einheit beruhen zu lassen bzw. Einheit durch Andersheit zu denken, was insbesondere für den Selbststand der Schöpfung prekär zu sein scheint.[1] In dem Zugriff über die Tradition der sozialen Trinitätslehre wird hingegen versucht, Gottes Wesen ausgehend von drei als gleich ursprünglich gedachten Personen zu erschließen, die eine Einheit bilden aufgrund der zwischen ihnen realisierten Liebe bzw. Freiheit. Während hier die Einheit-in-Differenz-Problematik gelöst zu sein scheint, stellt sich die Grundherausforderung, die Spannung, die zu tritheistischen Verständnissen besteht, aufrechtzuerhalten und nicht in sie abzugleiten. Mittels des Ansatzes aus der griechischen Trinitätslehre möchte

---

[1] Vgl. GISBERT GRESHAKE, Der dreieine Gott, Das Verständnis von Schöpfer und Schöpfung und der Trinitätsglaube, 219-317.

man wiederum in besonderer Weise den Vorzug des Vaters in der immanenten Trinitätstheologie zum Ausdruck bringen. Eine Grundherausforderung dieser Entwürfe kann dementsprechend darin gesehen werden, nicht einer qualitativen und quantitativen Unterscheidung in Gott das Wort zu reden, in welcher beispielsweise Gott dann im Vater präsenter wäre als im Sohn.[2]

Der Entwurf von Bernhard Nitsche bewegt sich in den Koordinaten der sozialen Trinitätslehre, die er spezifiziert, indem er Anfragen moderner liberaler katholischer Theologie mit neueren Erkenntnissen aus der Subjektphilosophie verbindet.[3] Es zeigt sich, dass dabei die Begriffe der Liebe - und im vorliegenden Beitrag - der Begriff der Freiheit in seinem Entwurf systembildend sind. Im Einzelnen entfaltet Nitsche seinen Gedankengang folgendermaßen: Im Ausschluss sozialphänomenologischer Ansätze entscheidet er sich für einen transzendentallogischen Zugang aus der Subjektphilosophie, da hier die Gefahr, in tritheistische Verständnisse abzugleiten, seiner Ansicht nach in besonders überzeugender Weise überwunden werden kann. Er expliziert dabei die Bedingungen der Möglichkeit, Gottes Wesen angemessen reflektieren zu können und bestimmt diesbezüglich notwendige Prämissen. Um u.a. die beiden Denkfiguren der Relations- und der Konstitutionsebene miteinander versöhnen zu können,[4] greift Nitsche den Begriff der Retroszendenz auf, der, da prätemporal und präreflexiv einsetzend, seiner Ansicht nach die logischen Widersprüche beider Ansätze zueinander aufzuheben vermag.

Vermittels dieses Ansatzes wendet sich Nitsche zudem den spezifizierenden Koordinaten seines sozialtrinitarischen Entwurfes zu. Der Notwendigkeit, drei eigenständige Ich-Bewusstseine in Gott zu vermeiden, trägt er Rechnung, indem er stattdessen von drei immer schon füreinander entschiedenen Freiheiten in Gott ausgeht. Daran knüpfen sich m.E. zwei zentrale Anfragen: Da diese Freiheiten notwendigerweise prätemporal und präreflexiv für einander entschieden sind, scheint hier zum einen kein Raum für ein Anderskönnen zu bestehen, so dass offenkundig ein kompatibilistisches Verständnis der Freiheit angenommen werden muss. Ein kompatiblilistisches Verständnis der drei Freiheiten in Gott müsste allerdings spätestens in Bezug auf die Schöpfung aufgehoben sein, um die Denkfigur einer *creatio ex nihilo* bzw. die Kontingenz der Schöpfung weiter gewährleisten zu können. Da gerade eine Besonderheit des trinitarischen Gottesentwurfs darin besteht, Gott denkerisch so zu

---

2   Vgl. KLAUS VON STOSCH, Einführung in die Systematische Theologie, Paderborn u.a. [2]2009, 53-59 und in diesem Band: BERNHARD NITSCHE, Muslimischer Monotheismus und christliche Trinitätslehre. Ureigene Anliegen und Chancen der Begegnung, 93-95; sowie in diesem Band THOMAS SCHÄRTL, Trinität, Einheit und Eigenschaften Gottes, 24-25, 63.

3   Es gilt hier vor Allem den Personenbegriff, der neuzeitlich nicht ohne Freiheit und Selbstbewusstsein zu denken ist, neu zu fassen.

4   Auf der Relationsebene ist die Gleichgewichtigkeit der drei innertrinitarischen Hypostasen bestimmt und auf der Konstitutionsebene ist die Anschauung im Blick, dass im Vater *der ursprunglose Ursprung der Gottheit* benannt ist. Vgl. hierzu JÜRGEN MOLTMANN, Trinität und Reich Gottes, 1980, 178-194, bes. 182f.

erschließen, dass er sich zur Schöpfung so verhält wie zu sich selbst, ergibt sich in der Kollision zweier Freiheitskonzepte in Gott, meiner Ansicht nach, eine Schwierigkeit und ich schließe mich hier und im folgenden Punkt den kritischen Anfragen Thomas Schärtls an.[5] Eine weitere Schwierigkeit besteht m.E. zum anderen darin, dass Begriffe aus der Subjektphilosophie zwar übernommen, aber so entscheidend modifiziert werden, dass ein Transfer zwischen den Erkenntnissen dort und einer Trinitätstheologie eigentlich nicht mehr möglich ist, da es sich inhaltlich um verschiedene Begriffe handelt.[6] Hier fällt neben der Verwendung des Begriffes Person vor allem Nitsches Definition von Freiheit ins Auge, die neben den Anschlussfragen an ein kompatibilistisches Verständnis hier insofern problematisiert werden kann, als dass Nitsche sie als immer schon entschiedene Freiheit für den Anderen, aber ohne je eigenes Bewusstsein definiert. Eine der berechtigten Kernanfragen Schärtls besteht demzufolge in der Frage, wie Freiheit ohne Bewusstsein gedacht werden kann. Der Einwand Nitsches, dass es sich hier um jeweils methodisch unterschiedliche Zugänge, den eigenen transzendentallogischen und Schärtls sprachphilosophischen handelt, kann m. E. insofern nicht geltend gemacht werden, als dass zu bedenken wäre, dass bestimmte Begriffe wie Freiheit, die auf sprachphilosophischer Ebene (u.a.) inhaltlich erschlossen werden, auch auf dieser Ebene weitergedacht werden müssten, um aussagekräftig zu bleiben. Somit ist für mich nach wie vor eines der großen ungelösten Probleme im Ansatz Nitsches, wie er den Freiheitsbegriff inhaltlich profilieren will, ohne ihn mit dem Gedanken des Selbstbewusstseins zusammenzubringen.

Zudem erscheint es mir noch nicht eingängig, wie drei jeweils eigenständig gedachte Ich-Einheiten in transzendentallogischer Perspektive, die innertrinitarische Konstituiertheit sichern soll, die darin besteht, dass sich Gottes Wesen gerade nicht aus drei Einzelwesen erschließt, sondern sich aus der Perichorese der drei Hypostasen ergibt.

An diese ersten vorläufigen Anfragen an den trinitätstheologischen Entwurf Bernhard Nitsches, der durch seine konzentrierte Dichte dem Leser ein Höchstmaß an Reflexionsvermögen abverlangt, schließen sich die Erwartungen einer muslimischen Leserschaft in Bezug auf den zweiten Teil seines Textes an, einen Abschnitt, in dem er kritisch Stellung zu Entwürfen islamischer Theologie in Bezug auf ihre entwickelten Gottesvorstellungen nimmt. Die Erwartungen bestehen darin, zu sehen, dass Bernhard Nitsche den Inhalten islamischer Theologie auf ähnlich hohem Reflexionsniveau begegnet. Von ein paar eher salopp formulierten Wendungen abgesehen,[7] fallen unter dieser Prämisse folgende Punkte kritisch ins Auge.

---

[5] Siehe den Aufsatz „Trinität, Einheit und Eigenschaften Gottes" von THOMAS SCHÄRTL in diesem Band.

[6] Vgl. SCHÄRTL, Trinität, 45ff.

[7] So problematisiert Nitsche beispielsweise nicht seine unterschiedliche Verwendung der Begriffe Allāh und Gott und lässt den Leser bezüglich möglicher Implikationen im Dunkeln, 116ff, auch bleibt die Verwendung des Ausdruckes *strenger Monotheismus* (im Kontrast zum

2.) Rückfragen an die Reflexionen Bernhard Nitsches zu Inhalten islamischer Theologie

(a) Wenn Nitsche dem Qur'ān eine exklusivistische Haltung gegenüber anderen theologischen Entwürfen zuschreibt, ist dies insofern verwunderlich, als er in geradezu textfundamentalistischer Art und Weise unvermittelt und ohne Kontextualisierungen zu diesem Urteil kommt und damit eine Herangehensweise an den Qur'ān teilt, die sonst gelegentlich Muslimen kritisierend zugeschrieben wird.

Bei einer näheren Betrachtung müsste m.E. der Aspekt berücksichtigt werden, dass sich in der islamischen Theologie, Hadīt- und Geschichtswissenschaft u.a. unterschiedliche Lesarten der frühislamischen Zeit entwickelt haben.[8] Allgemeiner Konsens scheint zunächst zu sein, dass sich das Selbstverständnis Muḥammads entsprechend der ersten Suren des Qur'ān zunächst darauf gründete, in der abrahamitischen Tradition zu stehen. Er sah sich keinesfalls eine grundlegend neue Religion bringen. Diese Haltung differenzierte sich in der Tat im Laufe der Zeit weiter aus. Die Sure al-Mā'ida (Sure fünf), die in medinensischer Zeit entstand, legt in besonders nachdrücklicher Weise Zeugnis für den Konstituierungsprozess der jungen muslimischen Gemeinde ab, der auch in Abgrenzung zu und Kritik an theologischen Überzeugungen der jüdischen und christlichen Stämme stattfand, die sich auf der arabischen Halbinsel angesiedelt hatten. Diese suchten dort eine neue Heimat u.a. aufgrund ihrer von den offiziellen Lehrmeinungen im damaligen christlichen Kernland eher als häretisch wahrgenommenen Glaubensvorstellungen.[9] Eine Ablehnung bestimmter Glaubensdogmen richtete sich in erster Linie also an diese Stämme, die aber, wie Texte dieser und späterer Zeit belegen, wahrscheinlich von einer großen Mehrheit muslimischer Gelehrter als nie so tief-

---

konkreten Monotheismus im Christentum) missverständlich, 119ff. Die Formulierung, dass Muslime *kein Problem hätten, Gottes Allmacht an untergeordnete Instanzen zu delegieren*, 122ff, hat nicht nur einen eher despektierlichen Beigeschmack, sondern ignoriert allem Anschein nach die innerislamischen Debatten zur Beziehung zwischen Gottes Macht und Willen und der vor diesem Hintergrund menschlichen Gestaltung von politischen Strukturen, die schon in der Frühzeit heterogen waren. Vgl. hierzu u.a. KHALED ABOU EL-FADL, Islam and the Challenge of Democracy Commitment. In: Fordham International Law Journal 27/1 (2003) 2-71.

[8] Als anschauliches Beispiel, wie Haltungen bzw. Vorverständnisse die Interpretation von Texten maßgeblich beeinflussen oder - wie im Feld der Überlieferung - auch produzieren können, sei hier auf die Dissertationsarbeit von Ludwig Amman verwiesen, der die Authentizität von Texten der Überlieferung zu der Frage nach dem möglichen oder eher unwahrscheinliche Lachen des Propheten, analysierte. Vgl. LUDWIG AMMAN, Vernunft und Vorbild. Die Regelung von Lachen und Scherzen im mittelalterlichen Islam, Hildesheim 1993.

[9] Vgl. hierzu HARTMUT BOBZIN, Mohammed, München ²2002, Kapitel: Arabien- Heimat und Umfeld des Propheten, 50-65. Aber auch für Bobzin bleibt die genauere Erforschung der damaligen „theologischen Landschaft" ein Desiderat.

gehend empfunden wurden, dass eine grundsätzliche Ablehnung die Folge gewesen wäre.[10]

Als Fazit lässt sich feststellen, dass mit Mouhanad Khorchide der qur'ānische Text so gelesen werden kann, dass er heterogene theologische Verhältnisbestimmungen zwischen dem Islam und den anderen Religionen zulässt; eine rein exklusive Bestimmung wird auch in seiner Anschauung dem qur'ānischen Textmaterial nicht gerecht.[11]

(b) Nitsche diskutiert im Anschluss an die Verhältnisbestimmung der islamischen Theologie zu anderen theologischen Entwürfen die Möglichkeiten, nach denen sich Muslime zur Wahrheitsfrage verhalten würden, die er als mit einem *Vorwegbescheidwissen* am passendsten beschrieben sieht. Aufschlussreich ist an dieser Stelle die Haltung, die Muslime diesbezüglich im innerislamischen Diskurs etabliert haben. Die Vehemenz, mit der in der islamischen Geistesgeschichte theologische Debatten bisweilen geführt wurden, mag den Eindruck verstärken, dass Muslime von einer objektiv eindeutig verifizierbaren Wahrheit ausgehen würden. Allerdings finden sich in der Frühzeit des Islam bis in die Anfänge der Moderne dokumentierte Spuren in der Wissenschaft, die eine komplexere Haltung zu diesem Thema vermitteln: Das Sammeln von Korankommentaren, die sich inhaltlich auch wiedersprechen können, sowie die mehr oder weniger gängig durchgehaltene Akzeptanz der innerislamischen Pluralität in den verschiedenen Wissenschaftsdisziplinen.[12]

---

[10] Vgl. hierzu u. a. Q 5:44-48; 5:5. Abdoljavad Falaturi hat im Zusammenhang dieses Verses den Begriff der *interreligiösen Tischgemeinschaft* geprägt. Vgl. auch al-Ġazālī zu christlichen Trinitätsvorstellungen in: EBRAHIM MOOSA, Ghāzalī and the Poetics of Imagination, North Carolina 2006, 148-150 [im Folgenden: Moosa, Poetics], und Farid Esack zum Gebet einer christl. Delegation in der Prophetenmoschee: FARID ESACK, Qur'ān, Liberation and Pluralism. An Islamic Perspective of Interreligious Solidarity against Opression. Oxford 1997, 151, mit Verweis auf: S. MOINUL HAQ (Hg.), ABU ʿABD ALLĀH MUḥAMMAD IBN SAʿAD, Kitāb at-Tabaqāt al-kabīr. Bd. 2, Karachi 1967, Bd. 1, 419. In diesem Zusammenhang muss allerdings auch das Schicksal dreier jüdischer Stämme erwähnt werden, die von der arabischen Halbinsel vertrieben, bzw. zu großen Teilen getötet wurden unter Umständen, die noch weiterer historischer Klärung und theologischer Aufarbeitung bedürfen.

[11] Vgl. MOUHANAD KHORCHIDE, Eine Frage der Lesart. Islamische Positionen zum religiösen Pluralismus. In: Herder Korrespondenz Spezial 2 (2010) 17-19.

[12] Mir scheint, dass hier der Begriff *kafara* genauerer Deutung bedarf. In der Regel wird er mit *ungläubig sein* übersetzt, er meint aber zunächst einmal nur *bedecken* und wird im Qur'ān ambivalent benutzt: Gott bedeckt die Sünden mit seiner Barmherzigkeit (Q 39:34; 48:4), die auf ihn Vertrauenden bedecken mit ihrer Haltung die tyrannischen Kräfte und lassen sie nicht zum Zuge kommen (Q 2:256). Es kann aber auch bedecken meinen, im Sinne von *nicht wahr haben wollen* von etwas, das man eigentlich weiß und dann auch im Sinne von *undankbar sein* verstanden werden und hätte dementsprechend eine negative Konnotation (Q 24:55). Als Beispiele für die Akzeptanz verschiedener Ansichten seien al-Aš'arī und Ibn Rušd genannt, die in ihren Werken ganz selbstverständlich von dem *iḥtilāf* (der Meinungsverschiedenheit) unter den Gelehrten gesprochen hatten, ohne sie unbedingt sofort als *kāfir* bezeichnet zu haben und diese Haltung geht über Religionsgrenzen hinweg, wenn man hinzuzieht, dass al-Ġazālī sich dagegen verwehrte, Christen als *kuffār*, also Ungläubige bzw. Verleugner, zu bezeichnen. Er trat damit gleichzeitig auch gegen eine scheinbar (doch) vorhandene theologi-

Ein Diskurs, der diesbezüglich in dem Bereich von Recht und Ethik die Möglichkeiten menschlicher Erkenntnisfähigkeit diskutiert, scheint mir sehr bezeichnend für eine allgemein geteilte Haltung: Die Schule der *muḥaṭṭiʾa* nahm an, dass es eine korrekte Antwort auf Textfragen – gemeint ist auch der Qurʾān – oder rechtliche Fragen gäbe, die Gott weiß und um deren Erkenntnis der Mensch sich bemühen kann und am Ende der Zeit darüber aufgeklärt wird, ob es ihm gelungen ist, sie zu finden oder nicht. Sein Bemühen ist aber in jedem Fall bei Gott erkannt und anerkannt[13]. Die Schule der *muṣauwiba* hingegen vertritt die Auffassung, dass es keine solche objektive Wahrheit gäbe, denn dann hätten die Menschen über objektive Mittel und Methoden verfügen müssen, um diese eindeutig und unzweifelhaft entdecken zu können.[14] Während die zweite Position m.E. die Disposition menschlicher Wissensfähigkeit adäquater trifft, ist es dieser Stelle wichtig, aufzuzeigen, dass es beiden Ansätzen gemeinsam ist, *de facto* das Schließen eines Textes im Hinblick auf den Prozess des Verstehens zu verbieten. Es bleibt vielmehr eine immerwährende Anstrengung, das entweder richtige Verständnis oder die immer wieder beste und integerste Interpretation zu finden.[15]

In Bezug auf theologische Fragestellungen und Einsichten scheint Nāṣr Ḥāmid Abū Zaid diesen Gedankengang aufzugreifen und m.E. in größere Nähe zur Schule der *muṣauwiba*, die Frage nach der Wahrheit als einen Prozess zu denken, in dem der Menschen sich unablässig in einer dialektischen Spannung zwischen Zweifel und Gewissheit bewegt. Dieser Prozess regt immer aufs Neue zur kritischen Reflexion an und trägt damit zum einen dem göttlichen Aspekt des qurʾānischen Textes Rechnung, der ihn unvereinnehmbar macht. Zum anderen liegt in dieser Sichtweise auch ein, wie oben beschrieben, konstruktives Moment.[16]

---

sche Unduldsamkeit gegenüber innerislamisch unterschiedlichen Positionen ein. Vgl. MOOSA, Poetics, 139-164. Vgl. auch die folgende Überlieferung, die wahrscheinlich nicht authentisch auf den Propheten zurückzuführen ist, aber eine innerislamische Wirkungsgeschichte hat: „Die Meinungsverschiedenheit der Gelehrten meiner Gemeinde ist ein Segen." Vgl. ABŪ HANĪFA, al Fiqh al-Akbar in der Übersetzung von: RUDOLF JOCKEL (Hg.), Islamische Geisteswelten, von Mohammed bis zur Gegenwart, Darmstadt 1954, 85.

[13] Vgl. KHALED ABOU EL-FADL. Speaking in God's Name. Islamic Law, Authority and Women, Oxford 2001, 9 [im Folgenden: ABOU EL-FADL, God's Name], rückbezüglich auf eine prophetische Überlieferung, die in fünf der sechs als kanonisch bezeichneten Ḥadīt-Kompendien zu finden ist.

[14] Zur Vorstellung der beiden Schulen vgl. ABOU EL-FADL, God's Name, 147-151. Sowohl namhafte Juristen wie al-Ǧuwainī (gest. 1085) und as-Suyūṭī (gest. 1505), sowie al-Ġazālī (gest. 1111) und ar-Rāzī (gest. 1210) gehörten der Schule der Muṣauwiba an. Vgl. hierzu u.a. ABŪ ḤĀMID AL-ĠAZĀLĪ, al-Mustaṣfā, 2: 371-374 (zitiert nach ABOU EL-FADL, God's Name, 166, Fn.17).

[15] Vgl. ebd. 148-150 und auch die Thesen von Thomas Bauer in Bezug auf die Leistung der islamisch geprägten Kultur hinsichtlich ihrer Ambiguitätstoleranz. THOMAS BAUER, Die Kultur der Ambiguität. Eine andere Geschichte des Islams, Berlin 2011.

[16] Vgl. NASR ḤĀMID ABU ZAYD, Was bedeutet der Begriff "Gewissheit"? In: JÜRGEN WERBICK/ MUHAMMAD SVEN KALISCH/ KLAUS VON STOSCH (Hg.), Verwundete Gewissheit.

Diese Haltung der prinzipiellen Offenheit lässt sich m.E. ebenso auf die Ein- und Wertschätzung anderer theologischer Entwürfe als der eigenen beziehen.[17]

(c) Die These, mit der Nitsche sich in Anlehnung an Josef van Ess auseinandersetzt, dass die Vorstellung des Monotheismus als Garant zur Wahrung der Allmacht Gottes zu sehen sei, spiegelt in der Tat eine Strömung der frühen muslimischen Theologie wieder, sie darauf festzulegen, würde allerdings zu einer Engführung frühislamsicher Positionen führen. Mit Muḥammad ʿAbduh und Fazlur Rahman kann man sicher zu Recht zum einen festhalten, dass die frühmekkanischen Verse ein monotheistisches Gottesverständnis in Erinnerung rufen wollten sowie die Verantwortung ihm gegenüber, Spiritualität wiederbeleben und einen Gegenentwurf zu einer fragmentierten Gesellschaft darstellen zu wollen, deren sozio-politisches Gefälle von den privilegierten Stämmen religiös legitimiert wurde.[18] In diesem Sinne kann die Idee, die Allmacht Gottes stark zu betonen, auch als Versuch verstanden werden, irdische Machtverhältnisse in Frage zu stellen und als Aufruf zur Befreiung aus illegitim verstandener Machtausübung gesehen werden. Implizit findet sich hier also ein Argument für eine kritische Beurteilung von menschlichen Machtgebrauch, die sich nicht nur in neueren befreiungstheologischen Überlegungen zeigt,[19] sondern schon in der Argumentation der Ḫāriǧiten, der Qadariten und die dann neuzeitlich u.a. bei Saiyid Qutb zu finden sind.[20]

Darüber hinaus findet sich schon bei den Muʿtaziliten der Gedanke, dass Gottes Macht dann eine Beschränkung erfährt, wenn es um die Wahrung von Logik geht und wenn Gottes Machtgebrauch im menschlichen Verständnishorizont dem Prinzip der Vernunft und Gerechtigkeit wiedersprechen würde.[21]

Strategien zum Umgang mit Verunsicherungen in Islam und Christentum, Paderborn 2010 (Beiträge zur Komparativen Theologie; 1), 89-106.

[17] Vgl. Fn. 12.

[18] Vgl. MUḥAMMAD ABDUH, Islam, Reason, and Civilization (übers. aus Risāla at-Tauḥīd). In: JOHN J. DONOHUE/ JOHN L. ESPOSITO (Hg.), Islam in Transition. Muslim Perspectives, New York (u.a.) [2]2007, 20-23 und FAZLUR RAHMAN, Islam, Chicago [2]2002, 11-18.

[19] Vgl. HAMID DABASHI, Islamic Liberation Theology. Resisting the Empire, New York (u.a.) 2008, LILY ZAKIYYA MUNIR, Islam and Politics (Abruf am 17.10.2011 unter http://www.lfip.org/laws718/link1.htm) und explizit FARID ESACK, Qurʾān, Liberation and Pluralism. An Islamic Perspective of Interreligious Solidarity against Opression, Oxford 1997.

[20] Die radikalen politischen und damit auch problematischen Implikationen, die sich bei einigen dieser Gruppierungen aus der Betonung der Macht Gottes ergeben haben, sollten den Blick nicht darauf verstellen, dass es als ein grundlegendes islamisches Charakteristikum angesehen werden kann, die Rede von Gott nicht ohne die Rede von Menschen und den Verhältnissen, in denen sie leben, denken zu wollen. Rein quietistische Religionsverständnisse gab und gibt es in der islamischen Geistesgeschichte zwar auch, sie sind aber u.a. aus politischen Zwangssituationen entstanden und innerislamisch immer wieder kritisiert worden, siehe *Ali Šarīʿatī* im Iran, *Mūsā aṣ-Ṣadr* im Libanon und die in verschiedenen Kontexten erhobene Kritik an den unpolitischen Sufibruderschaften in Ägypten.

[21] Vgl. HERMANN STIEGLECKER, Die Glaubenslehren des Islam, Paderborn u.a. 1962, 67.

Nicht zuletzt lässt sich auch die qur'ānische Verwendung des Begriffes *haqq*
(Wahrheit, Recht, Pflicht) auf Gott bezogen, so verstehen, dass er sich zu
bestimmten Verhaltensweisen verpflichtet und an bestimmte Gesetzmäßigkeiten gebunden sieht (*sunnatu l-llāh*), die einem absolut anmutenden Verständnis der Macht Gottes als Allmacht zu widersprechen scheinen.[22] Mir
scheint, dass man den qur'ānischen Begriffen von *qadīr* und *mulk*[23] näher
kommt, wenn man in der Tat von Gottes Macht spricht und das verabsolu-
tierende all, im Sinne eines sich Hinwegsetzens, da theologisch schwer halt-
bar, in deutscher Sprache auch nicht verwendet.[24]

Es bleibt festzuhalten, dass Nitsche Positionen diskutiert, die die islamische
Theologie zwar entscheidend geprägt haben, weiterführende Ansätze werden
hingegen nicht bedacht. Dies wäre so, als würde man die christliche Theologie
auf die dogmatischen Entwicklungen in der Zeit um Nicäa beschränken.
Zudem perpetuieren sich in der Art dieser Herangehensweise immer bestimmte Positionen islamischer Theologie unter Ausklammerung anderer
Standpunkte und es müsste an dieser Stelle die Frage nach dem Ertrag dieser
Herangehensweisen und nach eventuellen Kriterien gestellt werden, die hier
zugrundliegen könnten.[25]

---

[22] Q 22:40.

[23] Eine häufig im Qur'ān vorkommende Formulierung ist: *Und Gott ist aller Dinge mächtig*
      (*qadīr*). Da der arabische Begriff auch die Bedeutung von *messen* und *einschätzen* umfasst,
      scheint mir hier eine Macht beschrieben zu sein, die sowohl die Ausgangsposition eines jeden
      Menschen kennt und im Rahmen der göttlichen Gesetzmäßigkeiten bestimmt, als auch alle
      zukünftigen Möglichkeiten mit Wissen umfasst. *Mulk* beschreibt Gottes Herrschaft auch in
      dem Sinne, dass die gesamte Schöpfung ihm gehört und er verantwortungsvolle Sorge für sie
      trägt. Vgl. u.a. Q 3:29; 2:107.

[24] Die Relevanz eines Problembewusstseins an dieser Stelle zeigt sich besonders im Hinblick
      auf Fragen der Theodizee. Hier würde eine ašʿaritische Anschauung m.E. schwerlich in der
      Lage sein, die meisten diesbezüglichen Implikationen angemessen zu reflektieren.

[25] Zahlreiche Abhandlungen zum Islam konzentrieren sich auf die Darstellung der Differenzen
      zwischen der Muʿtazila und Ašʿarīya und beziehen bisweilen noch al-Ġazālī ein. Vgl. hierzu
      beispielhaft: HENRY ANSTRYN WOLFSON, The Philosophy of the Kalam, Camebridge u.a.
      1976. Der fast als Mythos geglaubte Satz vom *geschlossenen Tor des iğtihād* scheint hier der
      Grund dafür zu sein, sich eher mit Standpunkten und Diskursen aus der Zeit vor dem 11./12.
      Jh. auseinander zusetzen, sowohl innerislamisch als auch aus einer Außenperspektive. Wäh-
      rend Fazlur Rahman die offizielle *Schließung des Tores* in Frage stellt, bleibt seine Erfahrung
      von der De-facto-Stagnation der Wissenschaft und ihr Mangel an Kreativität maßgeblich für
      seine Einschätzung des Zeitraumes zwischen dem 11. und 19. Jahrhundert. Vgl. FAZLUR
      RAHMAN, Ijtihād in the later centuries. In: DERS., Islamic Methodology in History, Delhi
      1994, 149-174. Islamwissenschaftlich argumentieren Thomas Bauer und Wael bin Hallaq ge-
      gen diese These. Vgl. hierzu BAUER, Eine andere Geschichte des Islams und WAEL BIN
      HALLAQ, Was the Gate of Ijtihad Closed?' In: International Journal of Middle East Studies 16
      (1984) 3-41. Innerislamisch vorsichtiger positioniert sich Khaled Abou el-Fadl, der hier wei-
      teren Klärungsbedarf sieht. Vgl. KHALED ABOU EL-FADL, God's Name, 164, Fn. 7. Ich mei-
      ne, dass auch in anderen Wissenschaftszweigen neben den Rechtswissenschaften nicht von
      einer kompletten Stagnation im oben geschilderten Sinne ausgegangen werden kann. Vgl.
      hierzu mit der Nennung von Mullā Ṣadra ansatzhaft PARWIZ MOREWEDGE, Theology. In:
      JOHN L. ESPOSITO (Hg.) The Oxford Encyclopedia of the Islamic World, New York 2009,
      Bd. 5, 364-376.

Zudem scheint es mir eher ein Merkmal islamwissenschaftlicher Zugänge zu sein, die Suche nach historischen Entwicklungen in den Mittelpunkt zu stellen und ihrer analytischen Aufarbeitung, die nicht unwesentlich auch Sache einer islamischen Theologie sein sollte. Darüber hinaus sollte eine islamische Theologie aber in wissenschaftlicher Redlichkeit auch von dem Interesse geleitet sein, eine, in Rückbezug auf die Quellen, und in Respekt gegenüber der Tradition, eine an den Fragen der Zeit orientierte angemessene Theologie *zu entwickeln* und sie kontextuell sensibel zur Diskussion zu stellen. Die Fragestellung, die sich somit zusätzlich gegenüber einem islamwissenschaftlichen Ansatz ergibt, ist die Frage nach der Relevanz und aktuellen Anschlussfähigkeit theologischer Aussagen, sowohl in Bezug auf parallel laufende erkenntnistheoretische Diskurse, als auch den inhaltlich bestimmten Fragen der Zeit.

In diesem Sinne gelingt es Bernhard Nitsche überzeugend, Problemfelder, die sich in der Frühzeit des islamischen Denkens zu Gott ergeben haben und bis heute in nicht unerheblichem Maße die Diskussion bestimmen, aufzuzeigen, und der kritische Blick aus einer anderen theologischen Tradition stellt eine wichtige Herausforderung dar, die eigene Positionsbestimmung zu konkretisieren. Ich möchte im Folgenden versuchen, von den zentralen Anfragen Nitsches zum einen ausführlicher zu Gottes Wesen (a) und in Streifzügen nach der Beziehung des Wesens Gottes zu seinem Willen (b) und dem Status und der Funktion der Urschrift (c) im islamischen Diskurs erste Gedanken zu formulieren.

3.) Erste Versuche, auf die Anfragen Bernhardt Nitsches zu antworten

a) Gottes Wesen im Verstehenszugang Ibn ʿArabīs

In der Islamischen Tradition war man in der Tat sehr vorsichtig, Aussagen über Gottes Wesen zu treffen bis hin zu der Haltung, dass das Nachdenken über Gottes Wesen sogar verboten sei und zu Unglaube führe.[26] Dahinter stand die Haltung und anscheinend auch die Erfahrung, dass Nachdenken im Sinne von Spekulieren[27] zu theologischen Extrempositionen führen könne, die

---

[26] Vgl hierzu BINYAMIN ABRAHAMOV, The bi-la kaifa Doctine and its foundations in Islamic theology. In: RICHARD NETTON (Hg.), Islamic Philosophy and Theology, Bd. II: Revelation and Reason, New York 2007, 246, rückbezüglich auf AḤMAD IBN ʿAṬIYYA IBN ʿALĪ IBN AL-ĠĀMIDĪ, AL- MADĪNA (Hg.), IBN QUDĀMA AL-MAQDISĪ, Iṯbāt sifāt al-ʿulū, 155.

[27] Der Begriff *tazandaqa* ist in diesem Kontext höchst negativ besetzt und meint hier spekulieren im Sinne von *auf Abwege führendes Freidenkertum* und wurde als Begriff u.a. zur dogmatischen Abgrenzung benutzt. Vgl. A. J. WENSINCK/ J. H. KRAMERS (Hg.), Leiden 1971 (erste Auflage 1941), 827f. und eine Überlieferung, die Ali zugeschrieben wird: „Wer über das Wesen Gottes nachsinnt (tazandaqa), begeht Ketzerei." Vgl. JOSEF VAN ESS, Theologie und Gesellschaft im 2. und 3. Jahrhundert Hidschra,, Berlin u.a. 1997, Bd. IV, 438, rückbezüglich auf den schiitischen Traditionarier al-Kulainī und sein Werk al-Kāfī, VII, 22,1.

keinen Bezug mehr zu einer religiösen Lebenspraxis bzw. den Texten der
Überlieferung hätten und daher als Gefahr empfunden wurden.[28]

Dies hinderte die systematische Theologie nicht daran, Entwürfe, die sich
mit dem Sein Gottes beschäftigen, zu entwickeln und rational nachvollziehbare Gedankenlinien zu entfalten, die in unterschiedlichem Maße aussagekräftig waren und sein wollten, aber in jedem Fall Methoden[29], inhaltliche
Grenzbestimmungen[30] und Orientierungskoordinaten[31] aufzeigten.

Der Lösungsweg auf einer muʿtazilitischen Linie[32] in Bezug auf Gottes Wesen
sieht kurz skizziert und wie Bernhard Nitsche bereits treffend ausführte, so
aus, dass Gott mit seinen Wesenseigenschafen (ṣiffāt aḍ-ḍāt), also nicht den
Handlungseigenschaften (ṣiffāt al-fiʿl) identisch gedacht wird. Dies wurde
allerdings in der Regel so stark mit dem Anliegen einer negativen Theologie
verknüpft, dass man den Eindruck einer theologischen Sackgasse bekommen
kann: Über Gott lässt sich eigentlich nichts aussagen, da er der ganz und gar
andere ist,[33] was letztlich eine stark apophatische Rede ist. Der Ansatz aus der
Ašʿariya, Gott als sowohl identisch als auch nichtidentisch mit seinen Eigenschaften bzw. Momenten (maʿānī)[34] zu beschreiben, führte durch die weitver-
breitete Haltung des bi-lā kaif[35] ebenfalls zu einer Theologie, die in Bezug auf
Gottes Wesen nur begrenzt aussagekräftig sein konnte.[36]

---

[28] Sowohl al-Ġazālī als auch Ibn Rušd waren der Überzeugung, dass Theologie nicht von Laien
      betrieben werden sollte, da sie sich in der Kompliziertheit der Gedanken verlieren könnten.
      Vgl. zu Position von Ibn Ruschd: ANKE VON KÜGELGEN, Averrroes und die Arabische Mo-
      derne. Ansätze einer Neubegründung des Rationalimus im Islam, Leiden u.a. 1994, 31-33.
[29] Sowohl die Muʿtazila als auch die Ašʿarīya machten sich die griechische Logik zu Eigen, um
      für ihre Position argumentieren.
[30] Damit meine ich die in allen islamischen theologischen Schulen vorhandenen Ansätze negati-
      ver Theologie in unterschiedlicher Ausprägung, die sich u.a. mit den Grenzen des über Gott
      Sagbaren auseinandersetzen.
[31] Vgl. hierzu die diversen Auflistungen und Einteilungen der Eigenschaften Gottes in Katego-
      rien, die zum Ziel hatten, die Rationalität und Differenziertheit der je eigenen Gottesvorstel-
      lung zu sichern.
[32] Die Gründungsphase der muʿtazilitischen und ašʿaritischen Schule datiert auf das 8. bis 10.
      Jahrhundert.
[33] Vgl. Q 42,11: „ Laisa ka-miṯlihi šaiʾ(nichts ist ihm gleich)."
[34] Vgl. VAN ESS, Theologie, Bd. 4, 443.
[35] Zu übersetzen: ohne wie. Vgl. hierzu Fn. 26. Zu Ursprung und Rezeption des bi-lā kaif_ Ge-
      dankens vgl. ABRAHAMOV, The bi-la kaifa Doctrine, 242-254. Angemerkt sei hier, dass al-
      Ghazzali in dieser Darstellung die bi-la kaifa Doktrin nur für ein bestimmtes Klientel von
      Menschen für sinnvoll hält, Vgl. DERS., 249, rückbezüglich auf al-Gazālī, al-Iqtiṣād fī-
      lʿitiqād, Cairo 1971, 26-27.
[36] Vgl. VON ESS, Theologie, Bd. IV, 438-444. Es sei in diesem Zusammenhang zudem noch
      vermerkt, dass sich da eine Ungenauigkeit in Nitsches Text ergibt, wenn er die theologiege-
      schichtlichen Dispute zwischen der Muʿtazila und der Ašʿarīya bezüglich der Frage nach Be-
      ziehung von Gottes Wesen zu seinen Attributen beschreibt und der letzteren Denkschule ein
      univokes, identifizierendes Offenbarungsdenken zuordnet, was vielmehr der hanbalitischen
      Position entspricht, wie er dies zuvor im Text auch treffender dargelegt hatte. Vgl. hierzu
      NITSCHE in diesem Band und JOSEF VAN ESS, Ibn Kullāb und die Miḥna, Oriens Bd. 18/19

Mir scheint, dass die gängige Aufteilung in Wesenseigenschaften und Handlungseigenschaften Gottes hier nur bedingt hilfreich ist. Im Allgemeinen wurden die Eigenschaften der zweiten Kategorie als Beschreibung von Gottes Verhältnis zur Welt verstanden und somit menschlicher Erkenntnis zugänglich. Dies ignoriert m.E. die erkenntnistheoretische Tatsache, dass jeder Sprechakt eine Art von Definition birgt und Gott somit durch jeden Denk- und Sprechakt auf der Ebene der menschlich bedingten Erkenntnis und Erfahrbarkeit fasst und seine Unbedingtheit logischerweise nicht fassbar bleibt. Daraus folgt, dass alle Aussagen über Gott und sein Wesen nur ihn in der Beziehung zur Schöpfung meinen können, da sie unseren Kategorien des Denkens verhaftet sind.[37]

Mir scheint es an dieser Stelle deshalb unabdingbar, nochmals zu reflektieren, was mit dem Begriff Wesen bzw. Wesen Gottes gemeint sein kann.

In Analogie zu Ansätzen der Subjekttheorie kann man sicher sagen, dass so wie kein Mensch gegenüber einem anderen die Erste-Personen-Perspektive[38] einnehmen kann und somit nie wissen wird, was es heißt, diese Person zu sein, also keinen Zugang zu seinem eigentlichen, inneren Wesen haben kann, so kann es erst recht keinen Zugang zu Gottes Wesen (*ḏāt*) geben, so wie er sich zu sich verhält, er sich kennt in seiner transzendenten Daseinsweise.[39] Wie bereits angedeutet, bedeutet dies keine theologische Sprachlosigkeit, sondern lenkt den Blick darauf, dass Aussagen über Gott immer seine in der Welt uns zugewandte Daseinsweise als Ausgangspunkt haben müssen. Diese lässt allerdings auch bedingt Rückschlüsse auf sein Sein[40] an sich zu, insofern er sich einerseits nicht völlig wesensfremd zur Schöpfung verhalten kann, da jedes

---

(1965-1966) 92-142, hier 102. Mir erscheint es bezugnehmend auf die gesamte Diskussion zu Gott und seinen Attributen nicht eingängig, wie man überhaupt über eine Identität zwischen Begriffen aus verschiedenen Kategorien nachdenken kann. Mathematisch logisch können zwei Größen unterschiedlicher Kategorien nie identisch miteinander sein.

[37] In dem Moment, wo der Mensch Aussagen über die transzendente Daseinsweise Gottes macht, geht konsequenterweise der Aspekt des Unabhängigen, Absoluten und von allem Losgelösten verloren und ist meiner Ansicht in sich widersprüchlich.

[38] Vgl. hierzu die Ausführungen von Bernhard Nitsche in diesem Band und SASKIA WENDEL, Affektiv und inkarniert: Ansätze deutscher Mystik als subjekttheoretische Herausforderung, Regensburg 2002, 25-42.

[39] Vgl. VAN ESS, Theologie, Bd. 4, 425-426.

[40] Auch bei einer so prägnanten These wie aus der muʿtazilitischen Schule, dass Gott nicht das Sein, sondern das Seine hervorbringende ist und seine Entsprechung hat in einer Formulierung von Hans-Joachim Höhn, bleibt der Mensch auch hier an seine epistemischen Fähigkeiten gebunden: Er kann entweder in Seinskategorien (phänomenologisch, ontologisch, empirisch) denken, oder die Möglichkeiten in Seinskategorien zu denken, reflektieren (transzendentaler Ansatz). Nach der kopernikanischen Wende durch Kant geht das nicht mehr. Allerdings hat Theologie auch die Aufgabe, Strukturen zu schaffen, die die vernünftige Reflexion von den Erkenntnissen gewährleistet, die über die Vernunfterkenntnisse hinausgeht, aber als vernünftig eingeordnet werden können. Vgl. zum muʿtazilitischen Standpunkt: VAN ESS, Theologie, Bd. 4, 433 und vgl. auch HANS-JOACHIM HÖHN, Gott – Offenbarung – Heilswege. Eine Fundamentaltheologie, Würzburg 2011, 124.

Handeln immer auch Ausdruck einer inneren Disposition ist.[41] Andererseits wird seine Beziehung zur Schöpfung aber nicht zwingend alle Dimensionen seines Seins umfassen. So ist ja ganz im Gegenteil selbst der christliche Entwurf der Trinitätslehre ein Versuch, aus der menschlichen Erfahrung mit Gott, Rückschlüsse auf sein Wesen zu ziehen, der dann die menschliche Reflexion angemessene Demut wahrt, wenn sie wie bei Nitsche oder Thomas von Aquin in analoger Rede von Gott entwickelt wird.[42] In der islamischen Theologie zeigt sich diese Bescheidenheit in Bezug auf das menschliche Fassungsvermögen von Gott in der Formel *allāhu akbar*: Gott ist größer, die im lateinischen *Deus semper maior* seine christliche Entsprechung hat.

Ein genauerer Blick in die frühislamische Debattenlandschaft zeigt, dass Begriffe um Gottes Wesen herum nicht einheitlich definiert sind. Der arabische Begriff *ḏāt* bezeichnet in der islamischen Diskussion oft das Wesen und damit gemeint, das unergründliche Wesen Gottes. Allerdings wurde dieser Begriff bisweilen mit *nafs* gleichgesetzt; ein Begriff, den der Qurʾān in Bezug auf Gott verwendet. *Nafs* wurde nun andererseits aber eher als Persönlichkeit Gottes verstanden, eben so wie Gott menschlich wahrnehmbar ist.[43] Aufgrund dieser begrifflichen Indifferenzen gilt es m.E. einen Weg innerhalb des Koordinatensystems zu finden, das sich aus meinen vorangegangenen Überlegungen ergeben hat. Vielversprechend erscheint der Weg, den Mouhanad Khorchide in seinem Bandbeitrag eingeschlagen hat, indem er die Barmherzigkeit Gottes – ausgehend vom qurʾānischen Textbestand [44] – auch zum Ausgangspunkt seiner theologischen Überlegungen in Bezug auf Gott macht und deren methodische Implikationen weiter unten erläutert werden. Zunächst scheint mir ein Blick auf die qualitativen Konsequenzen einer solchen Entscheidung angebracht, indem kurz an den facettenreichen Konnotationen der im Qurʾān am häufigsten genannten Namen Gottes *ar-raḥmān* und *ar-raḥīm* erinnert wird. Sie umfassen folgende lexikalisch dokumentierte Bedeutun-

---

[41] Gott trägt keine Maske, hinter der sich womöglich nicht nur ein ganz anderes, sondern ein im Widerspruch zur Maske stehendes Wesen verbirgt, wie die antike Vorstellung von Usia und Persona vielleicht nahelegen könnte. Es ist also Gott selbst, der sich kenntlich macht, wenn auch in anderer Intensität und Qualität als in seiner transzendenten Seinsweise. Vgl. hierzu der Aufsatz „Trinität, Einheit und Eigenschaften Gottes" von THOMAS SCHÄRTL in diesem Band, 31, der im Rückgriff auf Josef Wohlmuth u.a. für die Prämisse argumentiert, dass Gott (wirklich) so ist, wie er sich zeigt und in der Erfahrung von Gott, Gott selbst zum Ausdruck kommt, wenngleich die trinitarischen Implikationen an dieser Stelle islamisch weniger anschlussfähig sind.

[42] Univoke Aussagen über Gott zu treffen wie christlicherseits durch Georg Essen und Magnus Striet vertreten, sind mir aus der theologischen Tradition des Islam nicht bekannt und auch in der islamischen Mystik bleibt die Ebene der absoluten Transzendenz (hāhūt) absolut, d. h. unerfassbar. Ob dies auch so für Aussagen über Gott in seiner immanenten Daseinsweise zutrifft, versuche ich weiter unten zu eruieren.

[43] Vgl. VON ESS, Theologie, 437–439.

[44] Vgl. Q 6:12,54; 7:56.

gen:[45] zu jemandem gnädig, barmherzig und gütig sein, Mitgefühl für jemanden haben, jemand, der zärtlich ist und vergebend und ausgerichtet ist, jemanden zu ehren und von Nutzen zu sein.[46]

Methodisch schließen sich folgende Überlegungen an. Im Zusammenhang mit den qur'ānisch und außerqur'ānisch zusammengestellten 99 Namen Gottes[47] zeigt sich im Prinzip eine unbegrenzte Vielfalt in Gott und durch die mehrfache Aufnahme von Gegensatzpaaren auch Gegensätzlichkeit in Gott.[48] Die Integration der Einheit in dieser Verschiedenheit kann nun mit Khorchide durch die Barmherzigkeit Gottes gelingen, welche Differenz in Gott nicht nivelliert – also nicht das platonische Ineinsfallen der Gegensätze meint –, sondern die Fülle der Namen harmonisiert, insofern *alle* Haltungen Gottes zur Schöpfung wesenhaft durch seine Barmherzigkeit konturiert sind, sowie seine Barmherzigkeit sich auch durch das Prisma der anderen Eigenschaften Gottes konturiert. Hier wäre allerdings eine Modifizierung des Ansatzes von Mouhanad Khorchide insofern sinnvoll, als dass sich die Ebene des Reflektierens entsprechend der Vorüberlegungen m.E. allein auf die immanente Daseinsweise Gottes beziehen kann.

Auf der Unterscheidung von Transzendenz und Immanenz besteht auch al-Ġazālī, wenn er sagt, dass der Mensch nicht nach dem Bilde Gottes, sondern nach dem Bilde des Barmherzigen geschaffen wurde.[49] Bemerkenswert ist zudem, dass al-Ġazālī vermittelt durch die Erkenntnisfähigkeit des Menschen seiner selbst, eine Möglichkeit zur Erkenntnis Gottes schlussfolgert.

Muḥyī ad-Dīn Ibn ʿArabī ist in der innerislamischen Diskussion vor allem für seine mystischen Gedichte bekannt und deshalb auch nicht unumstritten.

---

[45] Sprachanalysen zum Teil der theologischen Arbeit zu machen, hat sich islamisch aus der Überzeugung abgeleitet, ernst zu nehmen, dass der Qur'ān ein Wort von Gott ist und Wortanalysen ein erster Schritt sind, diesen zu verstehen. Die Authentizität der in dieser Arbeit herangezogenen Belegwörterlexika wird immer wieder in Frage gestellt (siehe: Luxemburg-Debatte). Solange keine stichhaltigen neuen Theorien etabliert sind, bleibt der Bezug auf diese Werke m. E. weiterhin legitim.

[46] Vgl. EDWARD WILLIAM LANE, Arabic-English Lexicon. 2 Bde., Edinburgh 1867, Bd. 1, Teil 3, 1055 (Abruf am 20.10.2011). Das Verb *raḥima* ist hier immer mit einem direkten Akkusativobjekt konstruiert und Adressaten nicht denkbar.

[47] Die Zahl 99 steht symbolhaft für eine unabgeschlossene, da unendlich erweiterbare Zusammenstellung der Namen Gottes.

[48] Dies umfasst die Paare wie: der Erste/der Letzte, der Lebendige/der den Tod Ermöglichende, der Ehrende/der Erniedrigende, der Aufschiebende/der Beschleunigende.

[49] Hierzu gibt es allerdings unterschiedlich lautende Überlieferungen: „For He said through the mouth of the Holy Prophet, "Verily God created Adam in His" divine and perfect "form" and according to His own all-comprehensive qualities of Lordship. And since it is possible that the pronoun in "His form" refers to Adam, as some people have claimed, he followed this with his words, and in another version, "in the form of the All-Merciful". Vgl. WILLIAM C. CHITTIK, Ibn Arabi´s own Summary of the Fusūs "the Imprint of the Bezels of the Wisdom". In: SOPHIA PERENNIS (Tehran) Bd. 1, 2 (Herbst 1975) und Bd. 2, 1 (Frühling 1976) (Abruf am 20.01.12 unter: http://www.ibnarabisociety.org/articlespdf/naqshalfusus.pdf, 6, im Folgenden: CHITTIK, Ibn Arabi´s own Summary).

Hinsichtlich der theologisch nutzbaren Gehalte seines Denkens wird Ibn
ʿArabī weniger vom muslimischen Mainstream rezipiert als al-Ġazālī.[50] Zu
wenig berücksichtigt bleibt m.E. somit seine Leistung, ein philosophisches
System zu schaffen, in dem die Beziehung zwischen Gott, der Schöpfung und
dem Menschen entfaltet wird. Ohne Anspruch auf Vollständigkeit erheben zu
können, scheinen mir die theologischen Möglichkeiten des philosophischen
Ansatzes von Ibn ʿArabī in Bezug auf die Fragestellung nach Gottes Wesen
und seinem Verhältnis zur Schöpfung klarer zu Tage zu treten, wenn sie in
Beziehung zu ausgewählten Anliegen der Prozesstheologie gebracht werden.

Eine erste kurze Definition dieses theologischen Ansatzes kann folgendermaßen formuliert werden:

> Prozesstheologie ist der Entwurf einer Theologie des universalen Ereignis-
> zusammenhangs, der vor allem von drei grundlegenden Deutungskategorien aus-
> geht: Relationalität (Vorrang von Beziehungen gegenüber dem Objektcharakter),
> Konkretheit („Zusammenwachsen" von Verschiedenem als Grund der Identität
> von Subjekten und Ereignissen) und Kreativität (prozesshafter Umschwung von
> kreativer Freiheit und ökologischer Evolution).[51]

Gott wird in diesem theologischen Ansatz nicht ausschließlich weltimmanent
gedacht (monistisch oder pantheistisch) und auch nicht rein transzendent seiend, sondern in den Koordinaten einer panentheistischen Denkweise als Gott,
der in der Welt (*physical pole, consequent nature*) und unabhängig von ihr
(*mental pole, primordial nature*) ist. Gott vereint hier in sich diese gegensätz-
lichen Pole, die allerdings erst aus der Interaktion Gottes mit der Welt entstehen.[52] Solcher Panentheismus leugnet keineswegs Gottes Transzendenz, aber
er „ergänzt" sie mit Gottes (temporaler) Immanenz.[53]

Dieser Ansatz der Prozesstheologie und der Ansatz Ibn ʿArabīs sind nun
wechselseitig anschlussfähig. Nach Ibn ʿArabī ist Gott reines Sein und die
Kategorie Nicht-Sein existiert nur hypothetisch, da es nichts außer reinem
Sein geben könne.[54] Ihm zufolge sind die Namen Gottes keine selbständigen
Einheiten, noch repräsentieren sie sein gesamtes göttliches Sein. Sie sind nicht

---

[50] Vgl. hierzu ALMA GIESE, Ibn Arabi. Urwolke und Welt. Mystische Texte des Größten Meis-
ters. München 2002, 19-50 und FATEME RAHMATI, Der Mensch als Spiegelbild Gottes in der
Mystik Ibn Arabis, Wiesbaden 2007 (Studies in Oriental Religions; 55) und WILLIAM,
CHITTICK, Ibn ʿArabi. In: RICHARD NETTON (Hg.), Islamic Philosophy and Theology. Critical Concepts in Islamic Thought. Bd. IV: Eclecticism, Illumination and Reform, New York
2007, 122-187.

[51] ROLAND FABER, Gott als Poet der Welt. Anliegen und Perspektiven der Prozesstheologie,
Darmstadt 2003, 13.

[52] Vgl. ROLAND FABER, Prozesstheologie. In: Theologien der Gegenwart. Eine Einführung,
Darmstadt 2006, 179-197, hier 185-187.

[53] Vgl. hierzu J. B. COBB/ D.R. GRIFFIN, Prozess-Theologie, Göttingen 1979, 46, 61 und FABER,
Prozesstheologie, 186.

[54] Der Seins-Begriff, den Ibn ʿArabī mit *wuǧūd* benennt, unterscheidet sich insofern vom philosophischen Seinsbegriff der europäischen Tradition, als dass er weniger abstrakt gefasst ist.
Wuǧūd meint wörtlich: das, was sich finden lässt.

seine Essenz, die unerfassbar ist, sondern stehen für die Beziehungen zwischen Gott und der Schöpfung. Durch die Namen wird Göttliches in der Welt manifest.[55] Dies kann man sich nach Ibn ʿArabī folgendermaßen vorstellen: Gott sendet von sich Zeichen (āya), die aus Form und Inhalt bestehen. Gott in seinem transzendenten Dasein ist weder Form noch Zeichen,[56] umfasst sie aber als Möglichkeit. Zwischen Sein und Nicht-Sein besteht alles, was in Raum und Zeit besteht, und damit auch Gott in seinem immanenten Dasein und somit in menschlich materialer Begrenztheit möglich wahrnehmbar. Hier ist Gott in der Geschichte und mit der Schöpfung.

Nach Ibn ʿArabī gibt es also eine Brücke zwischen Geschaffenem und somit Bedingtem und Gott, dem Unbedingten über seine immanente Anwesenheit in der Schöpfung, sodass man von Gott zwar mehr als (nur) in Entsprechungsverhältnissen sprechen kann, aber wie zum Beispiel Jürgen Werbick zu Recht betont, es im Zuge der Übersetzung Gottes in menschlich Wahrnehmbares in der Tat eine Modifikation der Qualität eintritt.[57]

In der Vorstellung von Ibn ʿArabī kommt dem Menschen in Bezug auf die Anwesenheit Gottes in der Schöpfung eine besondere Fähigkeit und Aufgabe zu. Er ist für die Schöpfung der Isthmus, die Verbindung zu Gott, insofern er die Anlage der Namen Gottes in sich birgt, da diese ihm von Gott eingehaucht wurden.[58] Der Mensch ist in der Lage, die Namen Gottes in menschlicher Dimension zu reflektieren.[59]

> **Wisse, dass die schönsten Namen Gottes**, die prinzipiell 99 oder 1001 sind, oder individuell und im Detail betrachtet, jenseits der Erfahrbarkeit sind, weil die Namen die Bestimmungen des Namens "Allah" in der Welt der möglichen Existenzen (mumkināt) sind und sie sind unbegrenzt aufgrund der Unbegrenztheit der möglichen Namen, **aus sich heraus das Verlangen nach der Existenz der Welt haben,** damit sie ein Spiegel für die verborgenen Lichter und der Ort für die Manifestation ihrer verborgenen Geheimnisse werden, im Hinblick darauf, dass Gott sagte: „Ich war ein verborgener Schatz und wollte erkannt werden, darum erschuf ich die Welt." Und […] [ʿIbn Arabī], [...] ordnete diesen Wunsch den Namen zu, die die Essenz sind, durch Eigenschaften bestimmt – aber nicht die Essenz selbst, weil die Essenz hinsichtlich ihrer Absolutheit (itlāq) keine ihr angemessene Bezeichnung haben kann und auch durch keine Qualität oder Begrenzungen bestimmt werden kann. **Also hat Gott hinsichtlich des Namen "Allah" die Welt ins Dasein gebracht als einen zu**

---

[55] Vgl. BULENT RAUF, Einführung zu den Fusus al-Hikam. In: MUHYIDDIN IBN ARABI, Die Weisheit der Propheten. Fuşuş al Ḥikam. Vom Arabischen ins Französische übertragen von und mit Anmerkungen versehen von TITUS BURCKHARDT, übers. aus dem Französischen von WOLFGANG HERRMANN, Zürich 2005, 13-24, hier 13-15.

[56] Hier zeigt sich eine Nähe zum platonischen Ineinsfallen der Gegensätze.

[57] Zur Ansicht, sich Gott über Entsprechungsverhältnissen nähern zu können vgl. HÖHN, Gott, 238-283 und JÜRGEN WERBICK, Die Angst vor dem Verlust der Gewissheit. In: DERS./ MUHAMMAD SVEN KALISCH/ KLAUS VON STOSCH (Hg.), Verwundete Gewissheit. Strategien zum Umgang mit Verunsicherungen in Islam und Christentum, Paderborn 2010 (Beiträge zur Komparativen Theologie; 1), 143, 165, hier 162-164.

[58] Vgl. Q 2:30ff.

[59] Vgl. GIESE, Ibn Arabi, 39f., 149.

vervollkommnenden Körper (und bereit für einen Geist) **und hat Adam zu ihrem Geist gemacht. Und ich meine mit Adam die Existenz des menschlichen Mikrokosmos und er hat ihn die Namen gelehrt, alle.** Einer der Sufis sagte in Bezug auf seine Worte, „er lehrte Adam die Namen, alle von ihnen" (Qur'ān, 2,31), ist gleichbedeutend mit, er setzte in Adams präexistente Natur die feinstoffliche Essenz von jedem Seiner Namen und setzte ihn durch diese feinstoffliche Essenz, in die Lage alle Namen [Gottes] der Majästet (ǧalāl) und Schönheit (ǧamāl) zu realisieren. [60]

Nach diesem Zitat mutet es fast so an, als sei Gott in der theologischen Philosophie Ibn ʿArabīs umfassender in der Geschichte anwesend als in der christlichen Theologie, da hier Gott nicht „nur" in Jesus Christus und im Heiligen Geist auf der Erde präsent wäre, sondern durch jeden Menschen. Dies würde allerdings die Tatsache nicht berücksichtigen, dass nach Ibn ʿArabī nicht Gott selbst, sondern etwas von Gott, also eher Göttliches[61] im Menschen liegt und zwar als potenzielle Möglichkeit. Der Unterschied ist also anders formuliert, so, dass nach islamischer Vorstellung in der Lesart von Ibn ʿArabī Gott nicht in einem Menschen inkarniert, oder nur eine Gruppe von Menschen führt, sondern wie bereits erwähnt, Gottes immanentes Dasein für jeden Menschen möglich und erfahrbar wird durch die Reflexion seiner Namen im Menschen. Reflexionsfläche sind hier also die Namen Gottes im Menschen. Die Wahrnehmung Gottes geht in Anlehnung an neuplatonische Gedankengänge mit einer – bedingt durch die geschöpfliche Perspektive – Änderung der Qualität und der Quantität einher. Es gilt hier den metaphorischen Ausdruck von der Lichtquelle und ihrer Strahlen in systematisch-theologische Sprache zu übersetzen. Dies könnte folgendermaßen formuliert werden: Alles zwischen Sein und Nicht-Sein ist die Natur aller Dinge. Sie haben Sein in dem Sinne, dass sie vom reinen Sein kommen wie die Strahlen von der Lichtquelle und sie haben relatives Nicht-Sein insofern sie nicht mit dem reinen Sein, sprich Lichtquelle identisch sind. Absolutes Nichtsein existiert nur hypothetisch.

An dieser Stelle befinden sich die theologischen und philosophischen Schulen des Islam hinsichtlich der Art der Schöpfung im Streit. Ist die Schöpfung aufgrund der Art und Weise des Daseins Gottes notwendig da und damit (nur) eine *creatio continua* oder aus einem reinen Willensakt Gottes entstanden und erhalten und damit eine *creatio ex nihilo et continua*. Ibn ʿArabī formuliert, in Anlehnung an neuplatonische Ideen – und aristotelische Ansätze sehen es ähnlich – einen Ansatz der *creatio continua*, die sich in seiner Lesart aus der Liebe Gottes erschließt, die grundlegend sein Verhältnis zur Schöpfung bestimmt.

Ist die *creatio continua* nun *absolut* zu verstehen? Meiner Ansicht nach nicht, da in dem Konzept Ibn ʿArabīs die Schöpfung zum einen nicht restlos

---

[60] CHITTICK, Ibn ʿArabīʿs own Summary.. Fettgerucktes ist der Originaltext von Ibn ʿArabī, der normale Fließtext stellt eine von Chittick gekürzte Version des Kommentars dazu von ʿAbd al-Raḥmān Ǧamiʿ aus dem Jahr 1459 dar. Die Begriffe in Klammern sind Zusätze von Chittick selbst.

[61] Hier ist Ibn ʿArabī der christlich-nicänischen Glaubensformel nahe.

von Gott verschieden ist und er eindeutig keine deistische Gottesvorstellung vertritt, aber sie zum anderen auch nicht in Gott aufgeht, Ibn ʿArabī also auch kein monistisches Konzept des Gott-Schöpfungsverhältnisses propagiert. Schwierig bleibt hier, die Wertschätzung der Schöpfung zu gewährleisten, wenn sie als Ausdruck von Gottes Namen verstanden wird und eigentlich nicht das volle Sein hat, wie es dies nur in Gott gibt. Anderseits ist die Vorstellung von einer mit Gottes Anwesenheit durchwobenen Welt, in der er den Menschen näher als ihre Halsschlagader ist,[62] ein starkes Argument für ihre Wertschätzung.

Schwierig bleibt in dem panentheistischen Konzept von Ibn ʿArabī die Vorstellung von Gott als personalem Gegenüber, das wahrscheinlich über die Namen Gottes entwickeln müsste.

An dieser Stelle lautet mein vorläufiges theologisches Fazit folgendermaßen: M.E. gab es zu keiner Zeit Nichts neben Gott, diese Setzung erscheint mir eher das Produkt einer menschlichen Denknotwendigkeit zu sein. Denn wenn es Zeit auch schon als Möglichkeit in Gott gab und alles andere in Gott, wann soll Gott sich warum entschlossen haben zu kreieren? Schöpfung gehört zu Gottes Wesen, ohne mit Ihm identisch zu sein. Anders gesagt: Gott umfasst alles, der Umkehrschluss ist hingegen nicht möglich: Alles ist nicht er. Die theologische Schwierigkeit an dieser Stelle hat in ähnlicher Weise meines Erachtens die christliche Theologie, wenn sie die Andersheit in Gott als unüberbietbar sieht. Sie ergibt sich im theologischen Denken durch den Ausgangspunkt der Liebe. Wenn Liebe nur vollkommen in Relation entfaltet ist und Gott von der Schöpfung weiterhin unabhängig gedacht werden soll, dann darf durch die Beziehung, die durch die Liebe Gottes zur Schöpfung entsteht, kein qualitativer Zuwachs für Gott entstehen, der dann der Schöpfung bedürftig wäre. Aber hier ist der Ausdruck, dass die Schöpfung in Gott hineingeschaffen ist, problematisch. Denn dann ist sie in Gott und damit gleichzeitig von Gott verschieden, hat also eine Andersheit, die nicht mit der trinitarischen Denkfigur abgedeckt ist. Sie ist zwar vom Logos abgeleitet, aber nicht mit ihm identisch, was einer eher monistischen Gott-Welt-Konzeption entsprechen würde.[63] Oder man sagt, dass die Welt restlos von Gott verschieden ist und dann ist sie ein Dasein neben Gott ohne mögliche Verbindung. Mir scheint hier die Formulierung von der *Einheit in Differenz* die prinzipielle Akzeptanz und Begrüßung von Differenz zu gewährleisten, ohne sie qualitativ völlig eingeholt zu haben.[64]

---

[62] Vgl. Q 50:16.

[63] Die Aussage, dass der Logos schlechthinnige Andersheit zum Vater ist und der Geist Andersheit zu dieser Andersheit, und damit jede auch die geschöpfliche Andersheit hiermit vermittelt ist, ist für mich insofern nicht ganz einsichtig, als dass mir hier die Grenze zu monistischen Denkstrukturen nicht klar genug gezogen ist. Es mag an der Mehrdeutigkeit des Verbes *vermitteln* liegen.

[64] Einen scheinbaren Ausweg aus diesem Dilemma scheint Hans-Joachim Höhn zu gehen, wenn er die Aufgabe der Theologie so definiert, dass sie erklären soll, warum etwas ist und nicht

Wie kann vor diesem Hintergrund von Gott geredet werden? Univok, äqivok oder analog? Der Qur'ān legt über die literarische Form des Gleichnisses[65] die analoge Rede über Gott nahe. Damit diese aber eine Relevanz für eine lebendige Gottesbeziehung hat und keine formale dogmatische Formulierung bleibt, muss die analoge Rede von Gott m.E. einen prinzipiell univoken Kern haben, der sich allerdings allein auf Gottes modifiziertes Sein in der Immanenz bezieht und sich den menschlich epistemischen Beschränkungen bewusst ist. Ansonsten würde über das Charakteristikum der rein analogen Rede, in der die in Beziehung setzenden Aussagen über Gott immer von einer größeren Unähnlichkeit als Ähnlichkeit gekennzeichnet sind, eine tragfähige inhaltliche Bestimmung von Gott schwerlich möglich sein.[66] Eine univoke Rede über Gott, bezogen auf seine Transzendenz, bleibt weiterhin aus den oben angeführten Gründen unmöglich und eine zusätzliche Einschränkung ergibt sich dadurch, dass eine univoke Rede über Gott, auch wenn sie „nur" auf der Ebene der Immanenz erfolgt, die Grenze zur Mystik markiert und theologische Rede nur bis an diese Grenze gehen sollte und *per definitionem* gehen kann.

Zusammenfassend lässt sich an dieser Stelle sagen: Ein theologisches Gebäude, das sich vor dem Forum der Vernunft zu verantworten hat und das auch vernünftige Denkstrukturen vorzuhalten hat für Inhalte, die nicht aus der Vernunft allein ableitbar sind, sollte also auch in der Lage sein, Inhalten von Offenbarung, die auf vielerlei Wegen vermittelt sein können,[67] einen Ort zu geben, an dem sie kritisch reflektiert werden müssen. Täte sie das nicht, liefe Theologie Gefahr, entweder reiner Spekulation mit nicht mehr nachvollziehbaren Glaubensdogmen Tür und Tor zu öffnen, oder einer reinen Gefühls- und Intuitionslust ungehinderten Raum zu geben. Mir scheint, dass Ghazzali diese Herausforderung in soweit angenommen hat, als dass er die Grenzen eines verstandesmäßigen Zugangs zu Gott beschreibt und dann den Weg zur Gotteserkenntnis über die von Gott erleuchtete Vernunft im Feld der systematischen Anstrengung auf dem Gebiet der Mystik sieht.

---

wie. Auch wenn die Frage nach dem wie die epistemischen Fähigkeiten des Menschen an seine Grenzen bringt, klären sich doch auf diesem Wege wichtige theologische Fragen nach der Art und Weise der Gott-Schöpfungsverbundenheit, die durch die Frage nach dem warum weniger angeschnitten würden, für eine Theologie aber relevant sind. Mir scheint an dieser Stelle die Haltung von Jürgen Werbick am treffendsten, wenn er an dieser Stelle die Aufgabe christlicher Trinitätstheologie als eine beschreibt, die Probleme anzeigt und Spannungen stabilisiert. Vgl. HÖHN, Gott, 68-71 und JÜRGEN WERBICK, Der Unendliche im Endlichen. Was die Trinitätslehre theo-logisch in Spannung hält. In: Religionsunterricht an höheren Schulen 54 (2011) 108-114.

[65] Vgl. u.a. Q 24:35.

[66] Vgl. hierzu ARMIN KREINER, Das wahre Antlitz Gottes - oder was wir meinen, wenn wir Gott sagen, Freiburg-Basel-Wien 2006, 77-108.

[67] Vgl. Q 42:51.

b.) Die Beziehung von Gottes Wesen zu seinem Willen

Da die philosophischen Ansätze Ibn ʿArabīs bis heute eher weniger in der islamischen Theologie rezipiert werden, bleibt es weiterhin sinnvoll und auch ertragreich, sich mit den heutigen Anfragen an theologische Positionen aus der Formierungszeit der Muʿtazila und Ašʿarīya auseinanderzusetzen.

Hier merkt Bernhard Nitsche m.E. zu Recht die in Teilen der islamischen Theologie gängige starke Trennung von Willensvollzügen Gottes und seinem Wesen kritisch an und fragt, ob die Vorstellung von einer Brücke zwischen der inneren Dynamik Gottes und seinem Willensvollzug islamisch gedacht werden könnte. Zunächst erscheint es mir unlogisch, absolut zwischen Willen und Wesen einer Person zu trennen. Ihr Wollen und Handeln lässt immer auch Rückschlüsse auf ihr Wesen zu, ohne es ganz zu erfassen. Bernhard Nitsche führt an, dass diese Gedanke u.a. von dem Gelehrtenzusammenschluss in ihrem offenen Brief an Papst Benedikt verfolgt wurde,[68] dem ich nur bedingt zustimmen kann, da im Text eher die Liebe des Menschen zu Gott als Gottes Liebe selbst im Mittelpunkt steht und ein direkter Bezug zu seiner Macht bzw. seinem Willen eher vage bleibt.

Zu den bereits oben angeführten Standpunkten und Argumenten in Bezug auf die Beziehung zwischen Gottes Wesen und seinem Willen lassen sich an dieser Stelle allerdings noch folgende Überlegungen in den Blick nehmen:

Der Qurʾān hat keinen substantivierten Ausdruck für den Willen Gottes (irāda) und unter den 99 Namen Gottes ist es allein ein Name, der sich auf ein Wollen Gottes bezieht: al-wadūd, der im Allgemeinen als der Liebende übersetzt wird. Noch bis ins heutige Umgangsarabisch hat sich allerdings die im Begriff enthaltene Konnotation des Wollens erhalten, die sich in dem Verb awaddu zeigt, das ich liebe, ich möchte liebend gerne, ich will, ich wünsche bedeutet. ʿAdūd ad-Dīn al-Iǧī[69] allerdings sieht die Verbindung zum Willen Gottes nicht über diesen Namen, sondern tatsächlich über das Begriffspaar ar-raḥmān und ar-raḥīm. In seiner Lesart weisen sie insofern auf den Willen Gottes, als dass Gott der Schöpfung Liebe und Barmherzigkeit erweisen will. Mit Khorchide gäbe es also hier in der Tradition verankert eine Denkmöglichkeit, Gottes Willen als Ausdruck seines Wesens zu verstehen.[70]

An dieser Stelle verliert allerdings m.E. die ašʿaritische Position der Vorherbestimmung durch Gottes Macht und Willen über die soeben angedeuteten sprachlichen Konnotationen und theologischen Ableitungen an Überzeugungskraft zugunsten muʾtazilitischer und qadaritischer Ideen von der Freiheit des Menschen.[71]

---

[68] Vgl. NITSCHE, Trinität, 121f. und vgl. zum Text der muslimischen Gelehrten an Papst Benedikt XVI.: http://www.acommonword.com/lib/downloads/gemeinsames_wort.pdf.

[69] Al-Iǧī ist ein šāfiʿitischer Rechtsgelehrter und Theologe, gest. 1355.

[70] Vgl. HERMANN STIEGLECKER, Die Glaubenslehren des Islam, Paderborn u.a. 1962, 145.

[71] Die Debatte um Vorherbestimmung und Willensfreiheit kann an dieser Stelle nicht aufgegriffen werden. Vgl. hierzu u.a. ANDREAS RENZ, Der Mensch unter dem Anspruch Gottes.

Die vielfältigen und detaillierten Überlegungen in der islamischen Theologie über Gottes Wesen, aber auch die Verweigerung einer theologischen Reflexion führen m.E. zu der Frage, inwieweit die Referenzquelle, also in erster Linie der Qur´an, jeweils grundgelegt ist. Da es sich bei dem Qur'ān um einen Text vorwissenschaftlichen Genres handelt, ist m. E. ein interpretatorisches Fortschreiben der Offenbarung[72] in jedem Fall angezeigt und die islamische Theologie hat dem griechischen und christlichen Denken in dieser Hinsicht viel zu verdanken. Sie sollte aber auch in der Lage sein, den Bezugspunkt ihres Denkens, den qur'ānischen Text immer wieder kenntlichmachen zu können, so wie die christliche Theologie die Erfahrung der Urgemeinde immer wieder zum Ausgangs- und Referenzpunkt ihrer Überlegungen nimmt. Die Zusammenstellung von Haupt- und Nebenattributen Gottes[73] sind Ergebnisse von Systematisierungsversuchen qur'ānischer Aussagen mit den vorhandenen theologischen und philosophischen Diskursen der Zeit und weisen in dem Versuch, Gottes Wesen in Kategorien zu fassen, ihre Schwierigkeiten auf, m. E. besonders dann, wenn Namen oder Attribute mit einem Quasi-Eigenleben versehen werden, oder es zu einer gespaltenen Vorstellung von Gott kommt. Der qur'anische Rückbezug ist in den teilweise artifiziell wirkenden Systematisierungen m.E. eher schwerlich erkennbar und dann anfragbar, wenn die Idee von Gott als einem konkreten Gegenüber verloren zu gehen droht.[74]

c.) Status und Funktion der Urschrift

In der islamischen Theologie wird die Konkretion Gottes vor allen Dingen durch den Qur'ān gesehen und hier gab und gibt es dementsprechend die Vorstellung einer Inverbation des Wortes Gottes im Qur'ān analog zur christlichen Vorstellung von der Inkarnation des Logos in Jesus Christus ausgehend vom Johannesevangelium. Der Argumentationsweg islamischerseits geht von der Attributenlehre aus, in der Gottes Rede (*kalām*) als eines seiner Hauptattribute in aš'aritischer Lesart mit Gott identisch und nichtidentisch ver-

---

Offenbarungsverständnis und Menschenbild des Islam im Urteil gegenwärtiger christlicher Theologie, Würzburg 2002, 385-404.

[72] Vgl. FARID ESACK, Qur'ān, Liberation and Pluralism. An Islamic Perspective of interreligious Solidarity against Oppression, Oxford 1997, 54f. (siehe hier den Begriff *progressive revelation*) und ABOU EL-FADL, Speaking in God's Name, 146 (siehe hier den Begriff *work in movement*).

[73] Darunter fallen die sieben Hauptattribute: Leben, Willen, Macht, Wissen, Rede, Hören, Sehen, wie sie von al-Ġazālī und Muḥammad 'Abduh z.B. aufgegriffen werden.

[74] Die heißt keine Absage an das diesbezügliche Gedankengut der islamischen Tradition. Den Ansatz, den ich hier für konstruktiv halte, Tradition nicht zu negieren oder zu vernachlässigen, sonders sich in produktiver Weise mit ihr auseinanderzusetzen, beschreibt Moosa als critical traditionalism. Vgl. EBRAHIM MOOSA, Transitions in the 'Progress' of Civilization: Theorizing History, Practice, and Tradition." In: OMID SAFI (Hg.), Voices of Change. General editor, Vincent J. Cornell Voices of Islam, Bd. 5, Westport & London 2007, 115-130.

standen wird. Bemerkenswert scheint in Bezug auf diesen Ansatz, dass nach
Ibn Kullāb, einem der Vordenker der ašʿaritischen Position hierzu, der Qurʾān
nicht mit der Rede Gottes gleichgesetzt ist. Insofern verhält sich hier nicht der
Qurʾān zu Gott wie Jesus zum Logos.[75] M.E. sollte diese dogmatische Offenheit stärker in den aktuellen Debatten um die Natur des Qurʾān zutragen
kommen, da sie eher der qurʾānischen Offenheit in dieser Frage zu entsprechen scheint und folgenden Überlegungen Raum gibt: Die Wertschätzung
des Qurʾān als ein Wort von Gott, die darin enthaltene mittelbare Begegnung
mit Gott, seine herausragende Bedeutung als Quelle für verschiedene Wissen-
schaftszweige und die Liebe der Muslime zu seiner Schönheit haben die
islamische Sicht auf das Buch maßgeblich geprägt. Mir scheint, dass damit
bisweilen eine Vernachlässigung der weiteren Möglichkeiten, mit denen Gott
(sich) mitteilen kann, einherging.[76] Der Qurʾān ist ein Wort von Gott und nicht
das ausschließliche.[77] Die Wertschätzung der Heiligen Schrift sollte daher
nicht zu Lasten anderer Kommunikationsmöglichkeiten Gottes geschehen, die
ihn hier zu Unrecht – da nicht qurʾānisch legitimiert – beschneiden würde. So
ist es auch qurʾānisch und außerqurʾānisch nicht nur der Qurʾān, der Fürsprache einlegen wird und Zeugnis, sondern die gesamte Erde, die Glied-
maßen eines jeden Menschen und Menschen wie z. B. der Propheten selbst.
Die Idee eines personenhaften Verständnisses von Nichtpersonen bezieht sich
also nicht auf den Qurʾān allein.[78]

Die Verbindung des Qurʾān und der Rede Gottes wird augenscheinlich in
der zeitgenössischen Theologie, die sich an ašʿaritischen Denkmodellen
orientiert, wenig diskutiert. Muḥammad ʿAbduh, der einige Elemente der
muʿtazilitischen Schule in sein Denken aufgenommen hat, vertritt in Bezug
auf das Wesen Gottes und damit auch seine Rede die ašʿaritische Ansicht, dass
dies nicht Gegenstand von theologischen Reflektionen sein sollte, da es dem
menschlichen Verstand nicht zugänglich sei.[79] Nach klassischer ašʿaritischer
Lehre substituiert der Qurʾān im Wesen Gottes, während der Reformtheologe
Muḥammad Šahrūr offenbar an Ibn Kullāb anknüpfend hingegen sagt, dass
der Qurʾān nicht Rede Gottes ist, sondern es – in einer Modifikation der
Sprachtheorie de Saussures[80] – ein *a priori* existierendes Schöpfungswort

---

[75] Vgl. VAN ESS, Ibn Kullāb, 103-108.

[76] Vgl. Fn. 67.

[77] Es ist hier Aufgabe der Theologie, Kategorien zu erstellen, die die Wahrnehmung der Rede
Gottes vor-, während- und nach qurʾānisch gewährleisten kann, ohne in dogmatisch schwieri-
ge Fahrwasser in Bezug auf die zentrale Rolle des Qurʾān selbst zu geraten.

[78] Nach islamischer Vorstellung legen auch die Erde, Hände und Zungen usw. Zeugnis, Anklage
oder Fürsprache am Tag des Gerichts ein. Vgl. Q 99:1-6 und ISSAC HASSON, Last Judgement.
In: JANE MCAULIFFE (Hg.), Encyclopaedia of the Qurʾān, 6 Bde., Leiden u.a. 2003, Bd.3,
136-145, hier 140f.

[79] Vgl. zu Position von Muḥammad Abduh: ANKE VON KÜGELGEN, Averroes, 379.

[80] Vgl. ROY HARRIS, Reading Saussure: A Critical Commentary on the Cours de Linguistique
Général. Illinois 1987. Im Bereich der Sprachwissenschaften gilt der Ansatz de Saussures allerdings als überholt.

Gottes gibt, dass in Gottes Selbstoffenbarung Buch wird, vermittelt durch die menschliche Sprache (*qaul*), die relativ ist und sich vom absoluten wirkmächtigen Schöpfungswort (*kalimatu l-llāh*) unterscheidet.[81] Für Šahrūr gilt also nicht die ašʿaritische Formulierung der gleichzeitigen Identität und Nicht-Identität des Qurʾān mit der Rede Gottes. Vielmehr geht er von einer qualitativen Änderung des Gotteswortes mit Eintritt in die material bedingte Schöpfung aus.

Im Verlauf der Untersuchung, die sich mit dem Wesen Gottes und dem Problem der Vermittlung von Unbedingten zum Bedingten beschäftigt hat, ist m.E. einsichtig geworden, dass sich die christliche und islamische Theologie viel zu sagen haben, nicht nur weil sie und das Judentum Abraham als integrale Figur haben und nicht nur weil sie einen ethischen Anspruch mit ihrem Glauben verbinden, sondern weil sie in den Tiefen ihrer Theologien mit ähnlichen Herausforderungen umzugehen haben und das gegenseitige Studium, sowohl in methodischer, als auch inhaltlicher Hinsicht das Potenzial hat, anregend zu sein und die Verifizierung von Ähnlichkeiten und Unterschieden immer verständlicher gelingen kann.

---

[81] Zur Position Šahrūrs vgl. THOMAS AMBERG, Auf dem Weg zu neuen Prinzipien islamischer Ethik. Muhammad Shahrour und die Suche nach religiöser Erneuerung in Syrien, Würzburg 2009, 82.

II. Einheit und Vielfalt in Gott denken

MOUHANAD KHORCHIDE

Wie wird im Islam Verschiedenheit in der Einheit Gottes gedacht?

Versuch einer islamisch-theologischen Erwiderung auf die Trinitätslehre

Nach christlicher Auffassung ist Gott immer schon in sich selbst Beziehung.[1] „Also gewinnt er durch die Erschaffung der Welt nichts hinzu."[2] Das Wesen Gottes war dieser Auffassung nach immer schon eine relational strukturierte Vollkommenheit. Daher wird Gott im Christentum als trinitarisches Beziehungsgeschehen gedacht. „Gott ist nichts anderes als das sich wechselseitige Durchdringen der verschiedenen göttlichen Personen. Gott Vater, der ganz darin aufgeht, Ursprung und Urgrund zu sein, und von dem alles innergöttliche Leben ausgeht, der also gewissermaßen Beziehungsstiftung ist; Gott als Sohn bzw. Logos, der ganz darin aufgeht, vom Vater her und auf den Vater hin zu sein, um so sein Wesen auszusagen und gerade so Gemeinschaft mit dem ganz und gar Anderen zu ermöglichen; und Gott als Geist, der als dieser ganz und gar Andere in Gott Einheit in Differenz verwirklicht und ganz und gar aus der Gemeinschaft mit Vater und Sohn und auf diese hin lebt. Alle drei Personen durchdringen sich wechselseitig und gehen auf in ihrem gegenseitigen Aufeinanderbezogensein […] Gott kann nur Liebe sein und nicht nur Liebe haben, wenn er relational strukturiert ist. Denn Liebe ist immer ein Geschehen, das zwischen mehreren Personen stattfindet. Ein Mensch alleine kann nicht lieben – jedenfalls gewinnt seine Liebe an Vollkommenheit, wenn sie sich auf einen anderen Menschen richtet. So kann auch Gottes Liebe nur als vollkommen gedacht werden, wenn Gott als Beziehungsgeschehen zwischen verschiedenen Personen gedacht wird, wenn Gott also in seinem Wesen relational strukturiert ist."[3] *Klaus von Stosch* führt weiter aus: „Es kommt also alles darauf an, Gott nicht zuerst als ein Wesen zu denken und dann zu überlegen, wie sich dieses Wesen in verschiedenen Gestalten artikulieren kann. Vielmehr gilt es, die Beziehung als das Ursprüngliche zu denken und Gottes Wesen aus den ihn strukturierenden Beziehungen heraus als Liebe einsichtig zu machen."[4]

---

[1] Vgl. KLAUS VON STOSCH, Einführung in die Systematische Theologie, Paderborn 2006, 50.
[2] Ebd.
[3] Ebd., 50ff.
[4] Ebd., 57.

Die Schwierigkeit, Gott als relational strukturiert zu denken, besteht darin, wie Klaus von Stosch es treffend beschreibt, die Relationalität im Wesen Gottes so zu artikulieren, dass Einheit und Verschiedenheit im Wesen Gottes als direkt proportionale Größen verständlich werden. Die Gefahr dabei sei jedoch, „bei der Betonung der Verschiedenheit, der göttlichen Personen in den Tritheismus abzurutschen. Diese Gefahr besteht vor allem bei Trinitätskonzeptionen, die den neuzeitlichen *Personenbegriff* rezipieren. Denn mit dem neuzeitlichen Personenbegriff sind Eigenschaften wie Selbstbewusstsein und Freiheit notwendig verbunden, so dass allzu leicht der Rückschluss auf drei Götter erfolgen kann. Umgekehrt kann die Vernachlässigung dieser Verschiedenheit auf der Grundlage des antiken Personenbegriffs dazu führen, die Personen als bloße Erscheinungsweisen des einen Gottes zu denken (Gefahr des Modalismus). Die Aufgabe jeder Trinitätstheologie besteht also darin, ohne modalistische Verkürzung die Einheit und Einfachheit des Wesens Gottes zu wahren und zugleich ohne tritheistische Anleihen die reale Verschiedenheit der Personen auszusagen."[5]

Die Frage, die an den Islam gestellt ist, betrifft einerseits die Frage, wie von der innergöttlichen Verschiedenheit aus die Einheit Gottes gedacht werden kann (östliche Trinitätstradition bzw. soziale Trinität), bzw. die Frage, wie die Verschiedenheit von der Einheit Gottes her gedacht werden kann (lateinische Trinitätstheologie).

1. Ibn Taymīyas Antwort als Beispiel einer traditionellen islamischen Positionierung

Bevor ich auf diese Fragestellung eingehe, möchte ich kurz den innerislamischen Diskurs zur Trinität anhand einer knappen Darstellung einiger Argumente des Gelehrten *Ibn Taymīya* anführen, um zu zeigen, dass diese Frage nach dem Denken der Verschiedenheit in Einheit in der islamischen Ideengeschichte im Zusammenhang mit der Auseinandersetzung mit der Trinität so nicht gestellt wurde.

Ibn Taymīya (1263-1328 n. Chr.) war ein Anhänger der sunnitischen hanbalitischen Rechtsschule. Er verfasste, als Antwort auf das Christentum, ein ausführliches vierbändiges Werk mit dem Titel „Die richtige Erwiderung auf den, der die Religion des Messias veränderte". Diese Abhandlung gilt als eine der wichtigsten islamischen Erwiderungen auf die christliche Glaubenslehre. Im zweiten Band seines Werkes widmet Ibn Taymīya der Trinität ein eigenes Kapitel, das mit „Kapitel zur Widerlegung der Trinität" betitelt ist.[6] Er beginnt mit der Darstellung christlicher Argumente, jedoch ohne Verweise auf bestimmte christliche Gelehrte bzw. Literatur. So schreibt er: „Christen sagen:

---

[5]   Ebd.
[6]   AHMAD IBN TAYMĪYA, Al-Ǧawāb aṣ-ṣaḥīḥ li-man baddala dīn al-masīḥ, Bd. 2, 1993, 97ff.

Wenn wir Vater, Sohn und heiligen Geist sagen, wollen wir damit sagen, dass Gott lebendig und sprechend ist. Wir nehmen wahr, dass die Dinge erschaffen sind, daher müssen sie einen Schöpfer haben, denn sie können nicht sich selbst erschaffen haben. Gott muss daher anders als die Geschöpfe sein, er ist der Schöpfer aller Dinge, um ihm die Nichtexistenz abzusprechen. Und wir sehen, dass es zwei Arten der Schöpfung gibt: lebendige und nicht lebendige. Wir beschreiben Gott als den Lebendigen, um ihm den Tod abzusprechen, und wir sehen, dass es vom Lebendigen zwei Arten gibt: sprechende und nicht sprechende; wir beschreiben Gott mit der besseren Eigenschaft, und so sagen wir, er ist lebendig und sprechend, um ihm Unwissenheit abzusprechen. Diese drei Dinge machen Gott aus, sie sind eins: Das Wesen Gottes, sein Sprechen und sein Lebendigsein. Das Wesen ist der Vater und das ist der Anfang der zwei anderen, das Sprechen ist der Sohn. Dieser ist aus dem Wesen hervorgegangen; und das Lebendigsein ist der Heilige Geist"[7]. Ibn Taymīya erwidert dann auf diese Ausführungen: „Es ist allen Religionen bekannt, dass Gott existiert, dass er lebendig, allmächtig und sprechend ist. Für diese Eigenschaften Gottes sind keine extra Bezeichnung wie Vater, Sohn und Heiliger Geist notwendig, denn diese Bezeichnungen sind irreführend."[8] Hier hat man den Eindruck, dass Ibn Taymīya mit den christlichen Argumenten, die er selbst anführt, im Grunde einverstanden ist, und lediglich die Bezeichnungen, Vater, Sohn und Heiliger Geist, ablehnt.[9] Später geht er allerdings ausführlich auf die Inkarnation Gottes in Jesus Christus ein und weist diese zurück, und übt in diesem Zusammenhang scharfe Kritik an den Šiʿīten und Mystikern, denen er vorwirft, Christen nachzuahmen und Menschen zu verherrlichen.[10] Interessant ist, dass Ibn Taymīya eine Unterscheidung unter den Christen zwischen den Laien und den Gelehrten vornimmt: „Viele der Laien-Christen glauben, dass der Messias der Sohn Gottes im biologischen Sinne ist und sagen: ‚Maria ist Gottes Frau'"[11] Dagegen argumentiert er mit dem qurʾānischen Vers: „Wie kann er einen Sohn haben, wenn er keine Frau hat."[12] Die Gelehrten hingegen würden von einer metaphorischen Sohnschaft sprechen.[13] Seine Ausführungen zum „Heiligen Geist", von dem ja auch im Qurʾān die Rede ist,[14] könnten als Annäherung an das Christentum gelesen werden, denn er versteht unter dem „Heiligen Geist" nicht immer den Engel Gabriel, wie viele muslimische Exegeten dies tun. Er schreibt: „Der Heilige Geist: Damit kann der Engel Gabriel

---

[7] Ebd., 97f.
[8] Ebd., 98.
[9] Vgl. auch ebd., 108, wo er bestätigt, dass Gott lebendig, allmächtig und sprechend ist, allerdings ohne die explizite Einteilung in Vater, Sohn und Heiliger Geist, die er am Christentum stark kritisiert.
[10] Ebd., 99ff.
[11] Ebd., 103.
[12] Q 6:101.
[13] Ebd.
[14] Vgl. z.B. Q 5:110.

gemeint sein, oder die Inspiration, die Rechtleitung, oder die Unterstützung, die von Gott mittels eines Engels oder unmittelbar kommt."[15] Er grenzt sich jedoch vom Christentum ab, indem er das christliche Verständnis vom Heiligen Geist – nach seiner gewählten christlichen Auslegung – als Leben Gottes, ablehnt.[16] In seinen Ausführungen zur Trinität geht er auf ein bestimmtes Trinitätsverständnis ein, in dem Gott-Vater Ursprung der zwei anderen göttlichen „Eigenschaften", des Sprechens und des Lebendigseins ist.[17] Er kritisiert die Einschränkung der Attribute Gottes auf diese drei, da Gott auch andere Attribute hat.[18] Ferner argumentiert er: „Wenn sie sagen: ‚Der Vater ist das Wesen Gottes und Ursprung des Lebens und des Sprechens', dann war der Vater vor dem Leben und vor dem Sprechen Gottes, denn der Ursprung ist immer zuerst, aber dies kann man nicht von Gott denken."[19] Ibn Taymīya setzt sich zwar ausführlich mit der Trinität auseinander, geht jedoch von einem völlig anderen Verständnis der christlichen Trinität aus als dem heutigen, was seine Ausführungen nur begrenzt für den heutigen Diskurs fruchtbar machen.

2. Vielfalt und Einheit in Gott

Die soziale Trinität setzt ein Verständnis von Gott voraus, das von drei „Personen" bestimmt ist, die sich wechselseitig durchdringen und in ihrem gegenseitigen Aufeinanderbezogensein aufgehen. Da die islamische Glaubenslehre nicht von der Existenz mehrerer „Personen" in Gott spricht, ergibt sich dennoch die Frage, wie die ewige Liebe bzw. ewige Barmherzigkeit Gottes im Islam zu denken ist, wenn diese Liebe und Barmherzigkeit nicht immer auf eine Wirklichkeit bezogen waren. War Gott demnach nur zu sich selbst barmherzig bzw. liebte Gott nur sich selbst, bis er Menschen erschuf, die er liebte und die ihn lieben? Anders gesagt, braucht Gott die Schöpfung, um vollkommen zu werden? Sicher nicht! Nach islamischer Vorstellung ist Gott in sich vollkommen. Er beschreibt sich selbst im Qur'ān durch Eigenschaften, die zeigen, dass Verschiedenheit immer in Gott vorhanden war, ohne dass in ihm eine relationale „personale" Beziehung zu denken notwendig ist. So ist er zum Beispiel „der Erste und der Letzte, der Offenbarste und der Verborgenste".[20] Dass Gott der barmherzige oder der liebende Gott ist, heißt nicht nur, dass er die Potenziale der Liebe und Barmherzigkeit immer in sich trug und trägt, diese Potenziale sind dadurch verwirklicht, dass er immer für die Erschaffung des Menschen entschieden war. Gott war nach islamischer Auffassung durch seine Barmherzigkeit immer schon für die Schöpfung des Men-

---

[15] IBN TAYMĪYA, Al-Ğawāb aṣ-ṣaḥīḥ li-man baddala dīn al-masīḥ, 105.
[16] Ebd., 106.
[17] Ebd., 120.
[18] Ebd., 122.
[19] Ebd.
[20] Q 57:3.

schen entschieden.[21] Die Barmherzigkeit Gottes drückt die Treue zur ewigen
Erwählung des Menschen und damit seine Beziehung und Nähe zum Menschen aus: „Ich bin dem Menschen näher als seine Halsschlagader."[22] „Und
wenn dich [Muḥammad] meine Diener nach mir fragen, dann sag ihnen: ‚Ich
bin nah und erfülle den Ruf der Rufenden.'"[23] Die Schöpfung des Menschen
ist ein Wirken der allmächtigen Barmherzigkeit Gottes. Seine Liebe und
Barmherzigkeit haben sich nicht irgendwann in der Geschichte verwirklicht,
dadurch, dass er sich irgendwann für die Schöpfung entschieden hat, sondern
seine Liebe und Barmherzigkeit waren immer verwirklicht, dadurch, dass er
immer dafür entschieden war, diese nicht für sich selbst zu behalten, sondern
zu teilen: „Wenn ihr euch abwendet, dann wird Gott Menschen bringen, die er
liebt und die ihn lieben."[24]

Wir Menschen, als soziale Wesen, sind veranlagt, in sozialem Umfeld und
Partnerschaft zu leben, wo wir lieben und geliebt werden wollen. Diese Veran-
lagung kommt nicht erst beim Kennenlernen eines Partners zustande, sondern
ist vielmehr das Motiv hinter unserem Streben nach einer Partnerschaft. Man
kann Gott also nicht unterstellen, nicht lieben zu können, ehe er die Schöpfung
hervorgebracht hat. Schon sein ewiger Entschluss, Menschen zu erschaffen,
die er liebt und die ihn lieben, zeigt, dass er immer im Stande war, zu lieben.
Er möchte jedoch selbst in Freiheit lieben und in Freiheit geliebt werden.
Weder er selbst ist zur Liebe determiniert, noch will er uns Menschen zu
seiner Liebe determinieren. Und hier liegt ein wesentlicher Unterschied
zwischen Islam und Christentum, denn der Qur'ān spricht immer wieder von
der bedingungslosen Barmherzigkeit Gottes, auch als Motiv für die Schöpfung. Im Qur'ān wird der Wunsch Gottes nach der Gemeinschaft mit dem
Menschen schon im Diesseits als Hauptanliegen offenbar. Sein Wunsch und
somit sein Angebot gilt für alle. Um aber in die Gemeinschaft Gottes einzutreten, muss sich die Seele vervollkommnet haben. Denn Gott liebt nicht
„diejenigen, die Unheil stiften",[25] „die Ungerechten",[26] „die Hochmutigen",[27]
„die Unaufrichtigen",[28] „die Verschwender"[29] usw. Seine Liebe ist also nicht
bedingungslos. Diese Menschen können nicht in die Gemeinschaft Gottes
eingehen, bevor sie sich nicht geändert haben. Und so sagte der Prophet
Muḥammad, dass alle ins Paradies kommen werden „bis auf den, der sich
weigert"[30]. Der Islam öffnet den Menschen die Perspektive, ihr Leben auf Gott

---

21 Q 55:1-3.
22 Q 50:16.
23 Q 2:186.
24 Q 5:54.
25 Q 2:190.
26 Q 3:57.
27 Q 4:36.
28 Q 4:107.
29 Q 6:141.
30 Überliefert nach *al-Buḫārī*, Hadīṯ-Nr. 6737.

hin auszurichten. Gott erbarmt sich bedingungslos, liebt jedoch nicht bedingungslos. Er kann nicht anders als barmherzig zu sein, denn er ist in seinem Wesen allbarmherzig. Was aber Liebe angeht, so möchte Gott sich in Freiheit dafür entscheiden, Menschen zu lieben. Er ist nicht zur Liebe determiniert. Er ist nicht immer dafür entschieden, alle Menschen und alles zu lieben, wohl aber Barmherzigkeit walten zu lassen. Im Qurʾān gab er uns sein bedingungsloses „Ja“, um sich unser zu erbarmen; er verschrieb sich selbst der Barmherzigkeit – und nicht der Liebe.[31] Durch diese bedingungslose Barmherzigkeit wendet sich Gott uns Menschen vorbehaltslos zu. Diese vorbehaltlose Zuwendung Gottes betrifft folgende Dimensionen:

- Gott war durch seine Barmherzigkeit immer schon für die Schöpfung des Menschen entschieden.[32]

- Gott will das Projekt „Mensch“ durch seine Barmherzigkeit vollenden und den Menschen in seine Gemeinschaft, also in seine ewige Liebe und Barmherzigkeit aufnehmen.[33] Dieser Wille zur Integration des Menschen in die Gemeinschaft Gottes geht auf einen ewigen Plan Gottes zurück, der auf seiner Barmherzigkeit basiert.

- Gott offenbart sich dem Menschen durch seine Barmherzigkeit.[34] Damit zeigt er sein Interesse an der Beziehung zum Menschen, er lädt den Menschen ein. Er macht sich dadurch zugänglich und erfahrbar, aber der Mensch muss dieses Angebot in Freiheit annehmen.[35] Denn ohne Freiheit kann es keine Liebe geben.

- Göttliche Barmherzigkeit drückt auch die Fürsorge Gottes für den Menschen aus.[36] Sie lädt den Menschen zum Vertrauen in Gott ein. Der Mensch kann sich in den Händen Gottes fallen lassen und sich auf ihn verlassen.[37]

- Die Barmherzigkeit Gottes hat letztlich auch eine eschatologische Dimension, das heißt, dass in ihr die Wiederauferstehung des Menschen im Jenseits mitgemeint ist, und dass sie einen Transformationsprozess darstellt, der auf die Vervollkommnung des Menschen zielt.[38]

Anders gesagt: Gott ist allen Menschen gegenüber barmherzig, auch dem Sünder gegenüber, er liebt zwar nicht alle, er will aber alle lieben und stellt dafür jedoch eine Bedingung. Er liebt nur den, der sein Leben auf ihn hin aus-

---

[31] Vgl. Q 6:12.
[32] Q 55:1-3.
[33] Vgl. Q 19:61, 19:85, 19:93 und 19:96.
[34] Vgl. Q 41:2.
[35] Vgl. Q 26:5 und 19:58.
[36] Vgl. Q 21:42, 67:19 und 78:37.
[37] Vgl. Q 13:30, 19:18, 36:23 und 67:29.
[38] Vgl. Q 6:12, 20:109 und 78:38.

richtet – also den, der die göttliche Liebe und Barmherzigkeit annimmt und sie zur Wirklichkeit macht. Um dem Menschen seine Freiheit nicht zu rauben, bestimmt nicht Gott, wer sein Leben auf ihn hin ausrichtet und wer nicht, sondern macht uns Angebote, seine Liebe und Barmherzigkeit anzunehmen. Die Verwirklichung seines Willens, uns alle zu lieben, hängt also von uns selbst ab. Wer die Liebe Gottes annimmt, indem er sie erwidert, trägt zur Verwirklichung des Willens Gottes bei.

Auf die Frage, wie im Islam von der innergöttlichen Verschiedenheit aus die Einheit Gottes gedacht werden kann, kann zusammengefasst gesagt werden, dass die im Islam gedachte innergöttliche Verschiedenheiten als verschiedene Eigenschaften Gottes gesehen werden und nicht als „Personen", die in Beziehung zueinander stehen. Die verschiedenen Eigenschaften Gottes stehen in relationaler Beziehung zueinander. Gott war durch seine bedingungslose Barmherzigkeit immer für die Schöpfung des Menschen entschieden, das heißt, er war immer in Beziehung zu dieser Schöpfungsidee. Mit dem Hervorbringen der Schöpfung wächst die göttliche Barmherzigkeit nicht, sie wird nur offenbart, so wie die Liebe einer Mutter, die ihr Kind nicht erst zu lieben lernt, wenn es da ist, sondern schon von vorhinein veranlagt ist und den Wunsch hat, es zu lieben. Durch die Geburt des Kindes wird diese Liebe, die bis jetzt als Wunsch und Potenzial da war, zur Wirklichkeit im Hier und Jetzt. Daher teile ich die traditionelle islamische Unterscheidung zwischen Wesensattributen und Tatattributen Gottes (s. unten) nicht. Denn diese Einteilung impliziert, dass Gott bestimmte Attribute, die mit der Schöpfung in Zusammenhang stehen, wie Vergebung oder Versorgung, sich erst durch das Hervorbringen der Schöpfung aneignet. Demnach würde Gott erst durch die Schöpfung vollkommen. Ich sehe diese Eigenschaften wie Vergebung oder Versorgung als Potenziale, die immer in Gott vorhanden sind. Nur die Offenbarung dieser Eigenschaften in einer von uns Menschen erfahrbaren realen Wirklichkeit setzt die Schöpfung voraus, nicht jedoch deren Existenz in Gott.

Diese Überlegungen geben zugleich Antwort auf die Frage, wie im Islam die Verschiedenheit von der Einheit Gottes her gedacht werden kann.

AARON LANGENFELD

Begründete Gottesrede?

Eine Antwort auf Mouhanad Khorchide

1. Einheit in Differenz – Positionsbestimmung

Dass Gott in sich vollkommen sei und keiner außer ihm liegenden Wirklichkeit bedürfe, um Vollkommenheit erst zu erlangen, ist der Ausgangspunkt der Überlegungen *Mouhanad Khorchides*. Er nimmt damit einen spezifisch christlichen Vorwurf an den muslimischen Glauben auf, der sich aus dem trinitarischen Bekenntnis generiert und sich auf die Notwendigkeit einer relationalen Struktur Gottes bezieht, die islamischerseits nicht gedacht wird und den Wahrheitsanspruch des Islams damit im Vergleich zum Christentum dispensiert.[1] Khorchides Anliegen ist es von diesem Ausgangspunkt zunächst weniger, das trinitätstheologische Anliegen des Christentums zu widerlegen, sondern vielmehr eine theologische Denkmöglichkeit der Eintragung von Differenz in die Einheit Gottes in der eigenen religiösen Tradition zu ermitteln. Denn dies scheint er als Kern der christlichen Anfrage auszumachen: Wie kann aus islamisch-theologischer Perspektive von einer Differenzeinheit in Gott, oder besser, die Gott *ist*, gesprochen werden?[2]

In der Beantwortung stützt sich Khorchide auf sein offenbarungstheologisches Konzept, das er in kommunikationstheoretischer Sinnspitze vom Gottesattribut der Barmherzigkeit her entwickelt. Gestützt auf Sure 39:23 kommt er zu dem Schluss, dass „der Koran nicht nur eine Mitteilung, sondern eine Selbstmitteilung Gottes"[3] ist: „Gott manifestiert sich im Koran."[4] Selbstmitteilung ist der Qur'ān aber in dem Sinne, dass sich der Akt des Sprechens

---

[1] Vgl. zu diesem Vorwurf etwa in bedenklicher Spitzenformulierung GERHARD GÄDE, Christus in den Religionen. Der christliche Glaube und die Wahrheit der Religionen, Paderborn ²2010, der mit der religionstheologischen Position des sog. Interiorismus meint aufzeigen zu können, dass sich Judentum und Islam in ihrem Offenbarungsanspruch nur *verstehen* können, wenn sie auf das Christusereignis und die trinitarische Vermittlung von Transzendenz und Immanenz verwiesen sind.

[2] Siehe den Aufsatz „Wie wird im Islam Verschiedenheit in der Einheit Gottes gedacht? – Versuch einer islamisch-theologischen Erwiderung auf die Trinitätslehre" von MOUHANAD KHORCHIDE in diesem Band, 152.

[3] DERS., Islam ist Barmherzigkeit. Grundzüge einer modernen Religion, Freiburg-Basel-Wien 2012, 110.

[4] Ebd.

selbst mit dem Attribut identifizieren lässt, das qur'ānisch in der Beschreibung Gottes dominant ist: Die Sendung des Qur'āns *ist* selbst derart *barmherzig*, wie Gott im Qur'ān *als* Barmherzig*keit* beschrieben ist, insofern kann von einer Übereinstimmung von Form und Inhalt des Offenbarungsgeschehens gesprochen werden.[5] Die Rede von einer *Selbst*offenbarung Gottes als Barmherzigkeit setzt allerdings voraus, dass Gott selbst seinem Wesen nach Barmherzigkeit *sein* muss, wenn der Mensch in der gläubigen Annahme der Offenbarung nicht im Letzten doch getäuscht werden soll.[6] Und in der Tat kommt Khorchide zu der Aussage, dass Gott nicht anders als barmherzig sein kann, da er in seinem Wesen allbarmherzig sei.[7]

Von der Wesensbestimmung Gottes als Barmherzigkeit versucht Khorchide nun aufzuweisen, inwiefern Gott auch im islamischen Denken der Schöpfung keineswegs bedurfte, um vollkommen zu sein. *Weil Gott wesenhaft Barmherzigkeit ist*, so seine Argumentation, *entspricht es seinem Wesen zu schöpfen.* Insofern aber von einer Wesensbestimmung die Rede ist, kann es nicht um einen kontingent-historischen Schluss Gottes gehen, sondern Gott muss von Ewigkeit her zur Schöpfung entschieden sein:

> Gott war nach islamischer Auffassung durch seine Barmherzigkeit immer schon für die Schöpfung des Menschen entschieden. Die Barmherzigkeit Gottes drückt die Treue zur ewigen Erwählung des Menschen und damit seine Beziehung und Nähe zum Menschen aus.[8]

Damit ist zunächst nur das Gott-Schöpfungs-Verhältnis, nicht aber das Verhältnis Gottes zu sich selbst geklärt, denn noch ist keineswegs einsichtig, inwiefern Gott der Schöpfung nicht bedurfte. Vielmehr sind dem Begriff der Barmherzigkeit syntaktisch zwei Valenzen zugehörig, die zudem semantisch auch noch Asymmetrie implizieren: Nicht nur, so scheint es, dass Gott etwas als Gegenüber braucht, er benötigt ein ‚Etwas‘, demgegenüber er seine Barmherzigkeit erweisen kann. Gerade der Begriff der Barmherzigkeit scheint also zu unterstellen, dass Gott *der Schöpfung* wesenhaft bedurfte, weil *er selbst* der Barmherzigkeit sicher nicht bedürftig ist. Khorchide versucht das Problemgefälle nun derart aufzulösen, dass er die Schöpfungsidee als ewige denkt, zu der Gott von Ewigkeit her wesenhaft entschieden war. Darin aber, so Khorchide weiter, ist eine ewige Relation Gottes zu sich selbst gegeben, die im Verhältnis Gottes zur Idee der Schöpfung besteht, was die Schöpfung selbst als Konstitutivum der Absolutheit Gottes ausschließt.

---

[5]   Vgl. ebd., 109f.

[6]   Für Khorchide ereignet sich die Annahme der Offenbarung in der Veranlassung der Barmherzigkeit im zwischenmenschlichen Geschehen. Darin sieht er die Möglichkeit gegeben, Offenbarung als dialogisches Ereignis zu denken, das einer rein instruktionstheoretischen Qur'ānhermeneutik den Grund entziehen soll. Vgl. ebd., 110-113.

[7]   Vgl. DERS., Verschiedenheit, 156.

[8]   Ebd., 155.

Gott war durch seine bedingungslose Barmherzigkeit immer für die Schöpfung des Menschen entschieden, das heißt er war immer in Beziehung zu dieser Schöpfungsidee. Mit dem Hervorbringen der Schöpfung wächst die göttliche Barmherzigkeit nicht, sie wird nur offenbart, so wie die Liebe einer Mutter, die ihr Kind nicht erst zu lieben lernt, wenn es da ist, sondern schon von vornherein veranlagt ist und den Wunsch hat, es zu lieben.[9]

Gott ist also keineswegs auf die Schöpfung angewiesen, da in seinem Wesen der Barmherzigkeit die Potenzialität zur Schöpfung bereits angelegt ist und er sich nicht erst im Laufe der Zeit zum Schöpfer entwickelt, weil er etwa eines anderen bedürfte. Gleiches ist dann auch von allen weiteren Attributen Gottes zu sagen, die sich auf das Verhältnis Gottes zur Schöpfung beziehen: Alle diese Attribute sind von Ewigkeit her in Gott als Potenziale angelegt und werden nicht von ihm im Laufe der Zeit als Vervollkommnung seines Wesens entwickelt. Sie sind vielmehr abgeleitete Potenzen aus der Wesensbestimmung Gottes als Barmherzigkeit.[10] Damit ist aber sowohl abgewiesen, dass Gott der Schöpfung bedurfte, als auch aufgewiesen, inwiefern Einheit in Differenz in Gott zu denken sei: In der Beziehung Gottes zu seinen Eigenschaften, zu denen auch die Schöpfungsidee als Ableitung aus dem Prinzip der Barmherzigkeit zählen kann:

> Auf die Frage, wie im Islam von der göttlichen Verschiedenheit aus, die Einheit Gottes gedacht werden kann, kann zusammengefasst gesagt werden, dass die im Islam gedachte innergöttliche Verschiedenheit, als verschiedene Eigenschaften Gottes gesehen wird und nicht als ‚Personen', die in Beziehung zueinander stehen. Die verschiedenen Eigenschaften Gottes stehen in relationaler Beziehung zueinander.[11]

Damit ist die Argumentation grob umrissen, es sei nur noch ein letzter Aspekt hinzugefügt. Khorchide versucht nämlich nicht nur aufzuweisen, inwiefern auch islamisch von einer Differenzeinheit Gottes gesprochen werden kann, er stellt mit der Wesensbestimmung Gottes als Barmherzigkeit gleichzeitig das christliche Gottesverständnis als Liebe infrage. Er wird nicht müde zu betonen, dass Gott sich qur'ānisch zwar zur Barmherzigkeit, nicht aber zur Liebe verpflichtet habe, was er als *wesentlichen* Unterschied zwischen Islam und Christentum markiert.[12] Wesenhaft könne Gott nicht anders als barmherzig sein, aber „seine Liebe ist […] nicht bedingungslos."[13] Gott „liebt nur den, der sein Leben auf ihn hin ausrichtet."[14] Diese qur'ānisch gestützte Sinnspitze hat nun zweierlei Konsequenzen: Erstens wird die auf dem Begriff der Barmherzigkeit aufbauende Gotteslehre stabiler, da Gott der Schöpfung offensichtlich nicht bedarf, weil er zur Liebe nicht gezwungen ist. Zweitens ist aber

---

9 Ebd., 157.
10 Vgl. ebd., 157f.
11 Ebd., 157.
12 Vgl. ebd., 155.
13 Ebd., 156.
14 Ebd., 157.

auch ein Angriff auf die christliche Theologie enthalten, der zum Vorwurf macht, der christliche Gott sei zur Liebe determiniert und sei derart auch geneigt, die Menschen zu seiner Liebe zu determinieren.[15] Khorchide suggeriert, dass ein Gottdenken, das von der Barmherzigkeit ausgeht, der Freiheit Gottes und des Menschen sehr viel angemessener sei, als ein solches, das von der Liebe Gottes ausgeht. „Die Verwirklichung seines Willens, uns alle zu lieben, hängt also von uns selbst ab."[16] Zugespitzt formuliert: Ein Gott, der notwendig universal liebt, kann die Gegenliebe des Menschen nicht der Freiheit desselben überlassen, wenn sein Schöpfungsprojekt nicht scheitern soll. Weil ein solches Gottdenken Gott selbst aber unangemessen ist, scheint die Bestimmung Gottes als Barmherzigkeit wesentlich plausibler als eine Bestimmung als Liebe. Damit ist aber die ursprünglich christliche Anfrage umgedreht: Wenn Gott nämlich nicht als Liebe, sondern als Barmherzigkeit zu denken ist, warum ist es dann überhaupt noch notwendig, einen starken Relationalitätsbegriff in Gott einzuführen? Reicht es dann nicht aus, plausibel zu machen, dass Gott ursprüngliche Beziehung in der Pluralität seiner Eigenschaften ist?

Die Theorieskizze ist damit ausreichend gezeichnet. Zweifelsohne weist das Konzept jedoch mitunter verstörende Unklarheiten auf, die ich im Folgenden aus philosophischer und theologischer Perspektive aufzeigen und kritisch diskutieren will, bevor ich kurz subsummiere.

2. Anfragen aus philosophischer Perspektive

Was im Folgenden geleistet werden kann, ist freilich nur eine streiflichtartige und keine allgemeine Kritik des offenbarungstheologischen Ansatzes. Ich beschränke mich daher auf diejenigen Punkte im Gottdenken Khorchides, die mir am problematischsten erscheinen.

2.1 Schöpfungsidee als innergöttliche Relation?

Zunächst und am deutlichsten scheint mir das Konzept bereits in der Kernthese, nämlich Gottes ewiger Beziehung zur Schöpfungsidee, problematisch und in kaum zu überwindende Aporien zu führen. Wie an den Äußerungen Khorchides selbst deutlich wird, geht es ja keineswegs um eine innergöttliche Relation, sondern um eine Relation Gottes zu einer – im besten Fall aus seinem Wesen der Barmherzigkeit deduzierten – Idee. Gehen wir dennoch die Denkmöglichkeiten der Bezogenheit Gottes auf die Idee der Schöpfung durch.

Erstens könnte man annehmen, dass Gott selbst eine Bezogenheit verschiedener Ideen aufeinander *ist*. Diese merkwürdig platonisch anmutende

---

[15] Vgl. ebd., 155.
[16] Ebd., 157.

Vorstellung kann allerdings kaum befriedigen, da Gott hier weder personal gedacht werden könnte, noch wäre erklärbar, wie sich Ideen selbst mitteilen also offenbaren können. Zweitens bestünde die Möglichkeit, dass die Schöpfungsidee ursprünglicher Wesensbestandteil Gottes ist und Gott somit in einer inneren Relation zu sich selbst stehen würde. Diese auf den ersten Blick attraktive Lösung birgt allerdings das Problem, dass man diesen Gedanken nicht ohne eine Hypostatisierung der Idee fassen kann, wenn diese nicht von Gott hervorgebracht worden sein soll, er aber trotzdem in wirklicher Beziehung zu ihr stehen soll. Ist dieser Schritt aber erst einmal vollzogen, dann handelt es sich nicht mehr bloß um verschiedene Eigenschaften Gottes, die aufeinander bezogen sind, sondern um verschiedene, ontologische Instanzen, die relational subsistieren. Ist damit aber nicht bereits das erreicht, was der Qurʾān mit dem Begriff *širk*, Beigesellung, bezeichnet, weil ein zweites Wirkprinzip neben Gott angenommen würde? Das philosophische Problem der Beigesellung besteht darin, dass, wenn Gott ein zweites Prinzip gegenübersteht, Gottes Souveränität und Absolutheit insofern in Gefahr gerät, als dass nicht mehr klar ist, inwiefern Gott gegenüber diesem Zweitprinzip noch als allmächtig und ineins als Herr über Sein und Zeit gedacht werden kann. Ist die Idee der Schöpfung ursprünglicher Wesensbestandteil Gottes und Gott soll gleichzeitig in Beziehung zu dieser Idee stehen, dann geschieht das entweder als radikaler *Selbst*bezug Gottes, als reine formale Bewegung, die unbedingt nach Realisierung der Idee trachten muss, wenn sie keine leere Bewegung bleiben will, oder aber es geschieht als *reale Beziehung*, was aber die Akzeptanz der Schöpfungsidee als Hypostase voraussetzt. Im ersten Fall wäre Gott allerdings nicht vollkommen, weil er erst dann sein Wesen verwirklicht hätte und also vollkommen wäre, wenn die Schöpfung geschehen wäre, der zweite Fall ist nur denkmöglich, wenn nicht mehr davon gesprochen würde, dass Gott in Beziehung zur Idee der Schöpfung stünde, sondern dass die Idee der Schöpfung neben weiteren Ideen und Eigenschaften das Wesen Gottes relational erst konstituiere. Hier ist dann allerdings sowohl zweifelhaft, dass noch eine muslimische Perspektive vorliegt, als auch weitgehend uneinsichtig, wie der oben beschriebene ‚Ideen-Gott' vermieden werden könnte. Aus den hier genannten Problemen lässt sich dann auch drittens ausschließen, dass es eine Idee der Schöpfung in Gleichursprünglichkeit zur Existenz Gottes geben kann, sodass nur die denkerische Möglichkeit übrig bleibt, dass Gott die Idee der Schöpfung selbst hervorbringt. Auch wenn er also von Ewigkeit her für die Schöpfung entschieden ist, ist die Idee von Gott verschieden. Damit aber bricht – so meine ich zumindest – die ursprüngliche Frage erneut auf: Braucht Gott, wenn schon nicht die Schöpfung, nicht mindestens die von ihm verschiedene Idee der Schöpfung, die ja im Letzten eben doch wieder realisiert werden *muss*, um als Wesen der Barmherzigkeit existieren zu können? Wird damit aber nicht doch ein zweites Prinzip neben Gott gedacht, ohne das er nicht absolut, dessen er also bedürftig ist? Sollte das jedoch der Fall sein, dann ließe sich mit dem Gottesbegriff *Anselms von Canterbury*[17], dem *id quo maius cogitari nequit*, aber m.E. zurecht anfragen, ob über den so gedachten Gott nicht etwas Größeres hinaus gedacht werden könnte. Die Spitze des anselmischen Begriffs besteht ja gerade darin, in reiner Formalität eine Denkrichtung aufzuweisen, die eine Prüfung immer neuer materialer Gehalte zulässt.[18] Wäre, so könnte man also im Anschluss an Anselm fragen, nicht ein Wesen größer, das der (Idee der) Schöpfung *nicht* bedürfte, als ein Wesen, das diesem von ihm Verschiedenen bedürftig ist? Ich meine, dass Khorchide genau auf diese Frage keine Antwort mehr zu geben vermag.

2.2 Barmherzigkeit vs. Liebe?

Der eingeführte Gottesbegriff Anselms weist auf ein weiteres Problem hin, das sich im Theoriegefüge Khorchides verbirgt. Wie oben gezeigt ist es sein Anliegen, zwischen die Begriffe der Liebe und der Barmherzigkeit Gottes eine gewisse Trennschärfe einzuführen. Qurʾānisch gestützt kommt er zu der Aussage, dass Gott zwar unbedingt barmherzig ist, aber nicht unbedingt liebt. Abgesehen von den theologischen Problemen, die im Anschluss aufzugreifen sind, stellt sich hier auch ein philosophisches Problem: Denn, in ähnlicher Stoßrichtung wie oben, ist auch hier zu fragen: Ist ein Wesen, das unbedingt liebt, nicht größer als ein Wesen, das nicht unbedingt liebt? Khorchides Antwort würde auf diese Frage vermutlich lauten, dass ein Wesen, das unbedingt liebt, auch unbedingt auf Liebe angewiesen ist und daher die Freiheit seiner Geschöpfe nicht akzeptieren könne, wenn es seine Absolutheit wahren will. Träfe diese Argumentation zu, dann ließe sich in der Tat darüber streiten, ob ein Wesen, das ‚nur' unbedingt barmherzig ist, nicht aber unbedingt liebt, nicht größer sei als ein Wesen, das Liebe ist. Allein, dieser Kausalschluss ist keineswegs unmittelbar einsichtig. Warum sollte ein Gott, der als Liebe gedacht wird, seine Geschöpfe nicht in Freiheit entlassen? Ist nicht vielmehr Freiheit die einzige Denkform, die dem Geschehen der Liebe angemessen ist?[19] Sofern diese Logik Khorchides also keineswegs zwingend ist, bleibt die Frage bestehen, ob ein Gott, der Liebe ist, nicht größer zu denken sei, als ein Gott, der seine Liebe von der Liebe des Menschen abhängig macht. Im zweiten Fall scheint doch ein recht ausgeprägtes, anthropomorphes Gottes-

---

[17] ANSELM VON CANTERBURY, Proslogion, Stuttgart-Bad Cannstadt 1962, Kap. II u. XV.

[18] Vgl. dazu etwa KLAUS VON STOSCH, Größer als am größten? Untersuchungen zum Gottesbegriff Anselms von Canterbury, in ThZ 62 (2006), 420-432; DERS., Gottes Wesen denken? Zur Rolle Anselms im aktuellen Streit um die Reichweite der Vernunft in der Fundamentaltheologie, STEPHAN ERNST/ THOMAS FRANZ (Hg.), Solaratione. Anselm von Canterbury (1033-1109) und die rationale Rekonstruktion des Glaubens, Würzburg 2009, 73-96.

[19] Vgl. BERNHARD NITSCHE, Gott und Freiheit. Skizzen zur trinitarischen Gotteslehre, Regensburg 2008 (ratiofidei; 34), 177f.

verständnis vorzuliegen, das sich in einer allzu menschlichen Tauschlogik niederschlägt. Ein Gott, der die Menschen erst liebt, wenn sie ihn zurücklieben, ist sicherlich nicht das, worüber hinaus Größeres nicht gedacht werden kann. Zudem ist auszuschließen, dass Gott sich in seinem zentralen Wesensvollzug vom Geschöpf abhängig macht.

Daraus ergibt sich allerdings nun eine Anschlussfrage an den Begriff der Barmherzigkeit: Oben ist bereits angedeutet worden, dass Barmherzigkeit im Gegensatz zur Liebe eine asymmetrische Relation impliziert. Ist Liebe ein gleichberechtigtes Freiheitsgeschehen unter verschiedenen Akteuren, so benötigt die Barmherzigkeit einen Agens, den Barmherzigen und einen Patiens, einen der Barmherzigkeit Bedürftigen. Unter einer Hermeneutik des Verdachts gerät dieses Verhältnis nun in eine Schieflage, da dem Barmherzigen immer unterstellt werden kann, er (miss-)brauche den Anderen zur Glorifizierung seiner eigenen Barmherzigkeit. Oder, mit *Friedrich Nietzsches* ‚Zarathustra‘ formuliert: „Wahrlich, ich mag sie nicht, die Barmherzigen, die selig sind in ihrem Mitleiden: zu sehr gebricht es ihnen an Scham."[20] Die von Zarathustra benannte Scham bezieht sich auf den Leidenden im Angesicht des Leidens: „[…] dessen schämte ich mich um seiner Scham willen; und als ich ihm half, da verging ich mich hart an meinem Stolze."[21] Der hier offenkundig werdende Vorwurf ist eine Anklage desjenigen, der unter der vorgeblichen Absicht, dem Anderen helfen zu wollen, doch letztendlich nur sich selbst hilft, den Anderen aber in Abhängigkeit zur eigenen Barmherzigkeit hält. Auf Khorchides Gottdenken übertragen: Ist Gott einerseits nicht nur abhängig von der Schöpfung, um seine Barmherzigkeit zum Ausdruck zu bringen, sondern andererseits auch noch unmoralisch, weil er den Menschen in Abhängigkeit zu seiner Barmherzigkeit hält, ihn darin verzweckt und ganz und gar *nicht* freisetzt? Insofern Gott dann die moralischen Standards unterschritte, die er dem Menschen auferlegt, wäre er ganz sicher nicht mehr als das zu denken, über das hinaus Größeres nicht gedacht werden kann. Zarathustras Aufforderung jedenfalls, einem leidenden Freund „eine Ruhestätte, doch gleichsam ein hartes Bett"[22] zu sein, um ihn derart zur Selbstbestimmung zurückzuführen, lässt sich mit dem Begriff der Barmherzigkeit kaum, mit dem Begriff der Liebe jedoch sehr wohl vereinbaren. So stellt sich die zugegeben polemisch überspitzte Frage, ob das Begriffsfeld der Barmherzigkeit in rein philosophischer Perspektive dem Gottdenken als Denk*form* überhaupt angemessen sein kann.

---

[20] FRIEDRICH NIETZSCHE, Also sprach Zarathustra I-IV, KSA 4, hrsg. von GIORGIO COLLI und MAZZINO MONTINARI, München [13]2011, 113.

[21] Ebd., 114.

[22] Ebd., 115.

3. Theologische Anfragen

Nachdem nun zunächst aufgewiesen wurde, inwiefern das von Khorchide vorgeschlagene Gottdenken Inkonsistenzen in sich trägt, ist aus christlich theologischer Perspektive zu prüfen, ob Khorchide das Grundanliegen der christlichen Trinitätslehre überhaupt im Blick hat, wenn er sein Theoriekonzept entfaltet.

3.1 Soteriologischer Einwand

Es ist deutlich geworden, dass Khorchide die christliche Steilvorlage eines Gottdenkens in Differenzeinheit aufzunehmen versucht, um diese Denkmöglichkeit anhand des Selbstoffenbarungskonzepts im Begriffsfeld der Barmherzigkeit auszubuchstabieren. Die begriffliche Abgrenzung zur Liebe macht allerdings m.E. deutlich, dass die Beachtung der Grundlagen des trinitarischen Bekenntnisses bei Khorchide keine zureichende Rolle spielt. Denn es ist ja keineswegs so, dass die Bestimmung Gottes als Liebe und die damit einhergehende Aufgabe, Gott als relationales Geschehen, als Einheit in Differenz zu denken, der reinen Vernunft entsprungen wäre, gerade so, als hätte die christliche Theologie das innere Bedürfnis verspürt, sich ein philosophisch schier unlösbares Problem in den ohnehin schon komplexen Gottesbegriff einzutragen.

Vielmehr ist an dieser Stelle die Erkenntnislogik des trinitätstheologischen Denkens zu berücksichtigen, das in unüberbotener Spitzenformulierung *Karl Rahner* zum Ausdruck gebracht hat: „Die ökonomische Trinität ist die immanente und umgekehrt."[23] Die Identitätsbehauptung von heilsökonomischer und immanenter Trinität hat nach *Bernhard Nitsche* ihre Pointe darin, dass „das christliche Gottesbild im Ausgang von den heilsgeschichtlichen Erfahrungen der *oikonomia* zu bestimmen"[24] ist. Nicht also ein philosophisches Konzept wirft die Frage nach der Differenzeinheit Gottes auf, sondern zuallererst ist es die Erfahrung der Jünger in der Begegnung mit dem lebendigen, gekreuzigten, auferstandenen Jesus, die sie zu der Überzeugung kommen lässt, dass Gott selbst nicht mehr ohne diesen Jesus und seine bleibende Wirklichkeit im Geist gedacht werden kann. Mit *Jürgen Werbick* lässt sich diese Überzeugung so fassen: „Gott ist nicht Gott ohne all das, was nach dem Bekenntnis des Glaubens ‚in ihn hineingehört‘: ohne sein Dasein als der Fleisch gewordenen Logos und als das heiligende Pneuma [...]."[25] Damit ist deutlich, dass das

---

[23] KARL RAHNER, Bemerkungen zum dogmatischen Traktat ‚De Trinitate‘, in: DERS., Schriften zur Theologie IV, Einsiedeln-Zürich-Köln ⁵1960, 103-133, 115.

[24] NITSCHE, Gott und Freiheit, 165.

[25] JÜRGEN WERBICK, Gott verbindlich. Eine theologische Gotteslehre, Freiburg-Basel-Wien 2007, 568.

trinitarische Bekenntnis zuallererst soteriologisch indiziert ist.[26] Dass Gott in Jesus Christus und seinem Geist zum Heil der Menschen gewirkt hat und wirkt, ist die epistemische Grundlage des trinitarischen Bekenntnisses. Dass er sich in Entsprechung von Form und Inhalt durch die liebevolle Hinwendung als Liebe offenbart hat, ist Gehalt des christlichen Glaubens. Es ist für Christen also keinesfalls optional, Gott als Liebe zu denken. Selbst wenn aufgewiesen werden könnte, inwiefern Gott auch unter dem Paradigma des Barmherzigkeitsdenkens als Einheit in Differenz gedacht werden könnte und das philosophische Problem damit gelöst wäre, was mir keinesfalls ohne weiteres zu erreichen sein dürfte, wäre aus christlich-theologischer Sicht aus soteriologischen Gründen unbedingt daran festzuhalten, dass Gott die Liebe ist, als die er sich offenbart hat.

In der heilsökonomischen Perspektivierung wird deutlich, dass die trinitätstheologische Reflexion ein interpretierendes Denkverfahren ist, das der existenziellen Erfahrung des Gottes, der sich dem Menschen zuwendet, zu entsprechen versucht. Gottes Handeln in Logos und Pneuma werden als liebende Antwort auf die Frage, die der Mensch selbst im Ausgriff nach Gott *ist*, im Glauben erfahren und gedeutet. Diese existenzielle Perspektive gerät bei Khorchide aber einigermaßen aus dem Blick, sodass die Frage nach der Differenzeinheit, als die Gott zu denken ist, recht unverbunden zur Wirklichkeit des religiösen Vollzugs steht. Christlich gewendet steht dem die Glaubensaussage gegenüber, dass dem Menschen, der nach Sinn in der Welt sucht und diesen in nichts, das ist, zu finden vermag, in Gottes Wort, dem inkarnierten Logos, Liebe als letzten Grund der Wirklichkeit zugesagt und im Geist bleibend vergegenwärtigt wird. Die Frage nach einer Einheit in Differenz stellt sich erst von dieser Erfahrung der Selbstoffenbarung Gottes her und nicht etwa in epistemisch umgekehrter Reihenfolge.

3.2 Der Gott, der Liebe ist

Aus dem bisher Gesagten ergibt sich die philosophische Kritik des Begriffs der Barmherzigkeit erneut aus theologischer Perspektive. Insofern aus christlicher Sicht unbedingt an der Selbstaussage Gottes als Liebe festzuhalten ist, erscheint es nahezu unzumutbar, dass Gott seine *wesenhafte* Liebe von der Freiheit des Menschen abhängig machte. Zur Klarstellung: Sehr wohl ist der Mensch frei, diese Liebe Gottes abzulehnen, aber wenn Gott sich als Liebe offenbart, dann kann er diese Wesensaussage nicht noch einmal zurücknehmen, ohne sein Gottsein infrage zu stellen. Natürlich ist es aus Khorchides Perspektive legitim, den Begriff der Liebe vom Primärattribut der Barmherzigkeit abhängig zu machen. Mündet diese Abhängigkeit allerdings in eine Willkür der Liebe Gottes zu den Menschen, dann trifft Khorchides Annahme

---

[26] Vgl. NITSCHE, Gott und Freiheit, 165.

allerdings zu, dass Christentum und Islam an diesem Punkt deutlich unterschieden sind. Wie bereits gesagt, ist aus christlicher Perspektive die Offenbarung Gottes als Liebe nicht optional. Wiewohl es am Menschen liegt, diese Offenbarung in Christus und Geist anzunehmen, so sehr ist die Wesensbeschreibung Gottes als Liebe nicht zu revidieren.

Zu überprüfen wäre also, ob die qur'ānische Begründung, die Khorchide für die Relativierung des Begriffs der Liebe bemüht, tatsächlich dem Menschen die Liebe entzieht, weil dieser Gottes Liebe nicht annimmt, oder ob hier der Mensch *als Sünder* im Blick ist. Wenn also gesagt wird, Gott liebe nicht „diejenigen, die Unheil stiften" (Q 2:190), „die Ungerechten" (Q 3:57) etc., ist damit wirklich gemeint, dass Gott diese Menschen nicht mehr liebt, oder den Menschen in seiner Eigenschaft als Sünder verurteilt? Im zweiten Fall könnte immerhin so argumentiert werden, dass es der Erfahrung des Menschen entspricht, in der Sünde Lieblosigkeit zu erfahren. Ob diese Interpretation nun allerdings zulässig ist, fällt nicht mehr in den Zuständigkeitsbereich meiner Urteilskraft.

Festzuhalten ist in jedem Fall, dass dann, wenn die Liebe Gottes islamisch unterminiert wird, eine christlich strikt abzulehnende Position vertreten wird, deren Zurückweisung, wie ich versucht habe zu zeigen, aus guten philosophischen und theologischen Gründen geschehen kann.[27]

4. Schlussbemerkung

Die kritische Reflexion des Ansatzes von Mouhanad Khorchide hat eine ganze Reihe von kritischen Nachfragen provoziert. Daher sei zum Schluss noch einmal betont, dass ich das Anliegen Khorchides sehr wohl würdigen will. Der Aufbruch in der islamischen Theologie, Offenbarung als Selbstoffenbarung zu denken, ist maßgeblich mit seiner Person und Position verknüpft und in seinem Wert für die Progression der islamischen Theologie kaum zu überschätzen. Ebenso bin ich davon überzeugt, dass der Ansatz bei dem Begriff der Barmherzigkeit durchaus fruchtbar weitergedacht werden kann und zahllose Möglichkeiten für den interreligiösen Austausch bietet. In diesem Sinne will ich meine kritischen Anmerkungen verstanden wissen: als Triebfeder *für*

---

[27] Nicht angesprochen habe ich bisher das Problem, dass sich möglicherweise aus dem Paradigma der Barmherzigkeit eine krasse anthropologische Abwertung ergibt. Ist es traditionell so, dass dem Christentum eine äußerst negative Anthropologie auf Basis der klassischen Lehre der Erbsünde unterstellt wird, so wäre hier die Frage zurückzugeben, ob ein Mensch, dem Gott zwar unbedingt barmherzig gegenüber steht, den er aber nicht unbedingt liebt, nicht schon darin abgewertet würde, dass er sich der Liebe Gottes erst würdig erweisen muss. Hier entsteht der Eindruck eines minderwertigen Geschöpfs, das die Liebe des Schöpfers erst verdienen muss. Khorchides häufig bemühtes Beispiel von Mutter und Kind gerät hier in theologischer Perspektive an die Grenzen des Erträglichen.

und – um mit *Felix Körner* zu sprechen – nicht als Endpunkt *des* inter-religiösen Dialogs.[28]

---

[28] FELIX KÖRNER SJ, Eschatologie und Ethik. Christlich-islamische Zuordnungen. In: JOACHIM NEGEL/MARGARETA GRUBER OSF (Hg.), Figuren der Offenbarung. Biblisch – Religions-theologisch – Politisch, Münster 2012 (Ökumenische Beiträge aus dem Theologischen Studienjahr Jerusalem; 1), 237-255, 255.

AYATOLLAH GHAEMMAGHAMI

Einheit und Vielfalt im Gottesgedanken

Einleitung

Man kann zu Recht die Gegenwart und die auf den Zweiten Weltkrieg folgende Epoche als *Epoche des Dialogs* bezeichnen. Zwar hat es in dieser Geschichtsperiode auch Ereignisse gegeben, in denen es keinen Dialog gab und die damit im Widerspruch zum Geist des Dialogs standen, dennoch hatten alle – zumindest in Gedanken – keinen Zweifel an der Notwendigkeit des Dialogs.

Ich habe in den vergangenen Jahren den Versuch unternommen, mich auf eine besondere Form des Dialogs zu konzentrieren, die ich als verständigungsorientierten Dialog, also einen Dialog mit dem Ziel des gegenseitigen Verständnisses, bezeichne.

In dem vorliegenden Beitrag zur trinitarischen Rede von Gott werde ich versuchen, so weit wie möglich in diesem Sinne zu verfahren.

1. Gott und Einheit (Monotheismus)

Das Thema *Gott* bildet den Hauptpfeiler der Theologie jeder theistischen Religion. Nach der Beweisführung über die Existenz Gottes ist die Rede von Einheit und Einsheit Gottes, also der Monotheismus, das Hauptthema im Hinblick auf die Frage nach Gott. Erst im Anschluss daran wird über göttliche Attribute und Eigenschaften diskutiert und geforscht.

Zweifelsohne sind Judentum, Christentum und Islam abrahamitische Religionen, deren zentraler Grundsatz die Einheit Gottes, der Monotheismus, ist. Alle drei Religionen sprechen vom Gott Abrahams. Im Alten Testament lesen wir:

> Als der Herr sah, dass Mose näher kam, um sich das anzusehen, rief Gott ihm aus dem Dornbusch zu: Mose, Mose! Er antwortete: Hier bin ich.

> Der Herr sagte: Komm nicht näher heran! Leg deine Schuhe ab; denn der Ort, wo du stehst, ist heiliger Boden.

> Dann fuhr er fort: Ich bin der Gott deines Vaters, der Gott Abrahams, der Gott Isaaks und der Gott Jakobs. Da verhüllte Mose sein Gesicht; denn er fürchtete sich, Gott anzuschauen. (Ex 3,4-6)[1]

Auch im Neuen Testament wird erwähnt, dass Abraham an Gott glaubt und ihm dies als Gerechtigkeit angerechnet wird:

---

[1] Die Bibelstellen sind der Einheitsübersetzung entnommen.

> Von Abraham wird gesagt: Er glaubte Gott, und das wurde ihm als Gerechtigkeit angerechnet.
>
> Daran erkennt ihr, dass nur die, die glauben, Abrahams Söhne sind. (Gal 3,6-7)

Qur'ān steht dazu:

> (Damals,) als sein Erzieher und Erhalter zu ihm (Abraham) sprach: „Ergib dich (mir)!", sagte er: „Ich habe mich dem Erzieher und Erhalter der Welten (und Weltenbewohner) ergeben." Und Abraham befahl es seinen Kindern an – und (ebenso) Yaqub: „O meine Kinder, Gott hat euch die Lebensweise (in Gottergebenheit) hervorgehoben; daher sterbt nicht, außer (Ihm) ergeben zu sein (im gesamten Leben bis zum Tod)!" (2:131,132)

Abrahams Gott ist der einzige Gott, was unmissverständlich in allen drei Heiligen Schriften (Altes und Neues Testament und Qur'ān) steht.

So wird im Alten Testament immer wieder betont: „Jahwe ist der Gott, kein anderer ist außer ihm" (Dtn 4,35 und auch 6,4; Ex 20,3-5; Jes 45,22). Weiter heißt es: „Vor mir wurde kein Gott erschaffen" (Jes 43,10). „Ich bin der Erste, ich bin der Letzte, außer mir gibt es keinen Gott" (Jes 44,6).

Im Neuen Testament bezeichnet Jesus den Vater als „den einzigen wahren Gott" (Joh 17,3). Auch Paulus betont: „Gott ist der Eine" (Röm 3,30 und 1 Kor 8,6; 1 Tim 2,5).

Und auch im Qur'ān ist die Einheit und Einzigkeit Gottes nicht nur ein wichtiger Punkt, sondern Grundlage und Grundstein aller qur'ānischen Lehren. Es wird immer wieder betont: „Es gibt keinen Gott außer Ihm" (Q 2:163) und Gott sagt über sich: „Es gibt keinen Gott außer Mir" (Q 16:2). Auch die Propheten haben stets ihr Volk daran erinnert: „dass euer Gott der einzige Gott ist." (Q 18:110)

2. Einheit und Dreifaltigkeit

Wie oben bereits herausgestellt, lässt die Lektüre des Neuen Testaments keinen Zweifel am Monotheismus. Dennoch wird neben dem einzigen Gott von Jesus als Sohn und auch vom Heiligen Geist gesprochen. Das Neue Testament enthält naturgemäß keine Erklärungen über diese drei Kategorien. Dennoch bin ich persönlich der Auffassung, dass man dem Neuen Testament eine Erklärung und Deutung dieser drei Kategorien entnehmen kann. In der offiziellen kirchlichen Lehre und der kirchlichen Tradition wird über das Verhältnis dieser drei Kategorien die Meinung vertreten, dass diese drei Kategorien ihrem Wesen nach eine Einheit bilden, aber dennoch drei getrennte und selbständige Einheiten (Personen) repräsentieren. Im Neuen Testament sehen wir allerdings keine Anhaltspunkte und Zeichen dafür, dass außer dem Vater auch dem Sohn und dem Heiligen Geist das Attribut der Gottheit zugeschrieben werden kann. Geht man aber nach der kirchlichen Lehre, so folgt aus der Wesenseinheit dieser drei Kategorien, dass allen Dreien Gottheit zugesprochen wird.

Eine solche Deutung der Dreifaltigkeit war immer – sowohl unter Christen als auch unter Nicht-Christen – Gegenstand zahlreicher kritischer Fragen. Bis heute sind verschiedene Antworten und Erklärungen über diese Fragen geliefert worden. Dennoch hat man den Eindruck, dass die Kette dieser Fragen und Antworten noch nicht endgültig zu einer Lösung geführt hat. Es gibt nach wie vor offene Fragen. Es gibt Menschen, die dieses als ein göttliches Geheimnis ansehen, das nur Gegenstand des Glaubens, also gewissermaßen ein *mysterium stricte dictum* sein kann.

Die Frage nach der Beziehung und dem Verhältnis zwischen dem in der Zeit entstandenen und dem Ewigen, nach dem veränderbaren und unveränderbaren Wesen, nach Einheit und Vielheit hat seit der Entstehung der Philosophie eine wichtige Rolle gespielt und unterschiedliche Antworten der Philosophie und Theologie nach sich gezogen. Was die Dreifaltigkeit nach der kirchlichen Tradition angeht, wurde immer die Frage gestellt, wie man trotz einer solchen Deutung der Dreifaltigkeit dennoch am Monotheismus festhalten und an die Einzigkeit Gottes glauben kann? Wie kann ein Wesen in mehreren Personen erfasst werden? Die Antwort auf diese Frage wird dann komplizierter, wenn man den Unterschied, die Verschiedenheit und das Anderssein dieser drei Kategorien betonen will.

Wir wollen zwar an dieser Stelle nicht in philosophische Diskussionen über die Dreifaltigkeit einsteigen; dennoch ist es sinnvoll, vor allen Dingen die Kernaussage der Dreifaltigkeit zu verdeutlichen. Diese Kernaussage lässt sich folgendermaßen beschreiben: *Die in der Dreifaltigkeit innewohnende Vielfalt und Verschiedenheit ist wirklich und wahr und nicht formal und äußerlich.* Aus diesem Grunde wird auf die Erkennung jeder der drei Kategorien und deren Eigenart Wert gelegt. Dennoch steht diese wirkliche Vielfalt nicht im Widerspruch zur Einheit Gottes und damit zum Monotheismus. Damit steht diese Vielfalt nicht der Einzigkeit Gottes in gesonderter Weise gegenüber und führt nicht zur Vielgötterei. Auch wird daraus nicht eine immanente göttliche Vielfalt und Synthese abgeleitet. „Synthese" meint in diesem Zusammenhang etwas, das in seinem inneren Wesen aus verschiedenen Elementen besteht und deshalb bezeichnen wir eine solche Eigenschaft als „immanente Vielfalt". Vielgötterei bedeutet die Anwesenheit mehrerer Dinge, die jeweils wie selbstständige Einheiten nebeneinander existieren.

Im Weiteren wollen wir nun der Frage nachgehen, ob wir aufgrund von islamischen Deutungen die Aussage der Vielfältigkeit philosophisch begründen können.

Die Existenz jedes Dinges wird durch seine Einzigartigkeit und Individualität begründet. Was die Individualität verwirklicht und offenbart (was also die Individualität des Einzelnen in der Welt ausmacht) ist seine Personalität. Die Individualität und Singularität jedes Wesens hängt also von seiner Personalität ab. Personalität und Identität bilden also die Summe dessen, was die

Einzelnen von Anderen abhebt. Wenn der Einzelne mit seiner Besonderheit und Unterschiedlichkeit betrachtet wird, dann bildet er eine Einheit (*Einer* und Eins-Sein), das bedeutet, dass dieses Wesen selbst ist und kein anderes.

Im nächsten Schritt kann daraus problemlos abgeleitet werden, dass die personifizierte Existenz eines Wesens mit seiner Determination einhergeht. Zum Beispiel nehmen wir den Begriff „Haus": Ein Haus ist dann in Wirklichkeit vorhanden, wenn dessen Grenzen bestimmt und dessen Besonderheit mit Entschlossenheit festgelegt sind. Ohne Festlegung der Grenzen und Besonderheiten, kann ein Ding nicht als „Haus" Teil der Wirklichkeit sein. Dennoch muss festgestellt werden: Sobald wir dem Haus eine Determiniertheit zuerkennen, haben wir gleichzeitig auch sein „Eins-Sein" und seine Individualität begründet.

Damit ergibt sich: „Einzigkeit und Einzigartigkeit" aller Wesen hängt nur mit deren Determiniertheit und Begrenztheit zusammen. Ist aber auch die Existenz und Personalität Gottes ebenfalls mit Determiniertheit und Begrenztheit verbunden? Bedeutet die Einheit und Einzigkeit Gottes auch, dass Er „eins" ist und nicht „anderes"?

In islamischen Schriften und Texten wird eindeutig von zwei Arten der „Einheit" gesprochen[2]: 1. *numerische Einheit* und 2. *absolute Einheit*.

Unter *numerischer Einheit* versteht man jene Einheit, die man auch den Zahlen zuschreibt. So bildet die Zahl „eins" eine Einheit, d.h. es ist nicht „zwei" oder „drei". Wie man sieht, wird die Zahl „eins" dadurch definiert und erklärt, indem man die Vielzahl und das Anderssein ins Spiel bringt. So werden Vielfalt und Anderssein der „eins" negiert, um deren „Einheit" zu begründen. Mit anderen Worten: Die Begründung jeder Einheit in diesem Sinne (eins) geht mit der Negation von „zwei", „drei" und „vier" einher. Wenn die anderen Möglichkeiten verworfen werden, wird die Einheit und Einzigkeit eines Wesens begründet. Damit stellen wir uns also „das Andere" und „Fremde" erst rein gedanklich vor, dann negieren wir es und begründen dadurch die Einheit. Die Frage aber, warum wir das Andere und Fremde verwerfen, beruht auf zwei Gründen:

1. Entweder ist die Existenz des Anderen und Fremden in der weltlichen Wirklichkeit wesensmäßig „undenkbar" und „unmöglich": Denn wir haben postuliert, dass die „numerische Einheit" nur durch die gedankliche Vorstellung des „Anderen" begründet wird. Aber wenn die Verwirklichung dieses „Gegensatzes" unmöglich ist, dann haben wir in diesem Fall eine „unmögliche Hypothese" aufgestellt, d.h. wir haben in unseren Gedanken etwas vorgestellt,

---

[2]	Vgl. MULLĀ ṢADRĀ ŠĪRĀZĪ, Al-Asfār al-arbaʿah, Bd. 2, Beirut 1990, 98; AL-FANNARĪ, Miṣbāḥ al-uns, Teheran 1995, 165, 178; AYATOLLĀH SEYYED MUḤAMMAD HOSSEIN TABĀTABĀĪ, Naqāyāt Ul ḥikma, Qom 1992, 182; LĀHĪJĪ, Al Šavāreq Ul Ilhām, Bd. 2, Qom 2008, 207.

was unmöglich ist. Es ist aber so, dass die Vorstellung eines Unmöglichen nicht unmöglich ist.

Also stellen wir fest: Immer wenn wir die Existenz eines Ähnlichen und Gleichwertigen zu einem Ding negieren, dann sind ähnliche und gleichwertige Sachen unmöglich, und damit haben wir die *numerische Einheit* des Gegenstandes begründet.

2. Es kommt auch vor, dass wir nach der gedanklichen Vorstellung eines Ähnlichen und Gleichwertigen zu einem Ding, die Vorstellung darüber verwerfen, obwohl es Realität werden kann, d.h. dieses Ähnliche und Gleichwertige dem Wesen nach doch Wirklichkeit werden und in der Realität erscheinen kann, als im Bereich der Möglichkeit liegt, auch wenn es aus bestimmten Gründen noch nicht Realität geworden ist. Dazu gehört z.B. das Kunstwerk eines verstorbenen Malers. Es ist unmöglich ein weiteres ähnliches und gleichwertiges Gemälde zu produzieren. Obwohl so etwas in unserer gedanklichen Vorstellung dem Wesen nach nicht unmöglich ist, gibt es dennoch zurzeit dieses Ähnliche und Gleichwertige nicht. Also ist das Gemälde des verstorbenen Malers einzig und ein Unikat; denn es gibt kein Zweites und Drittes davon. Die Einheit dieses Kunstwerkes ist also eine numerische Einheit.

Dagegen ist die *absolute Einheit* eine *transnumerische Einheit*. Diese Einheit ist nicht wie die Zahl „eins", so dass man die Existenz dieser Einheit dadurch begründet, indem man erst gedanklich die Existenz seines Gegensatzes vorstellt, und dann diesen Gegensatz negiert. Vielmehr ist es so, dass man im Verhältnis zur „absoluten Einheit" hypothetisch kein „Fremdes" und „Anderes" vorstellen kann. Dies bedeutet, dass nicht nur die Realisierung und der Auftritt dieses Gegensatzes in Wirklichkeit unmöglich, sondern auch dessen bloße hypothetische gedankliche Vorstellung undenkbar und unmöglich ist. Warum und wie? Die Antwort lautet: Die absolute Einheit ist – wie der Name sagt – ein Wesen, das mit Universalität, Absolutheit und Allgemeinheit charakterisiert wird. Wenn wir also vom absoluten Sein sprechen, so meinen wir ein Wesen, das keine Andersheit annimmt und keine Zusammensetzung besitzt. So ein Wesen ist reines Sein. Beispielsweise stellen wir uns das reine und pure Gold vor, das nichts Fremdes (nicht-Gold) enthält. Es ist nur Gold und frei von Farbe, Zeit, Raum und jeder anderen Bedingtheit. Dieses Gold ist so einzigartig und nicht vervielfältigbar, dass man sich sein Duplikat nicht vorstellen kann. Denn wenn man sich die Vervielfältigung des reinen Goldes vorstellt, ist es entweder das reine Gold, also kein Duplikat, sondern das reine Gold selbst, oder es ist nicht das reine Gold und ist mit etwas Fremdem vermischt worden, was nicht mehr die Vervielfältigung des reinen Goldes sein kann, sondern etwas anderes ist. Es gilt hier das allgemeine und unabdingbare Gesetz: Was als echt und rein (an und für sich Seiendes) betrachtet wird, ist nicht wiederhol- und vervielfältigbar. So einem Wesen sind also die Einheit und Einzigkeit inhärent. Diese ist eine absolute und transnumerische Einheit. Das heißt: Das Eine ist so transzendent, dass es keine

Leere zulässt, so dass das Andere hätte in diese Leere eindringen können. Daher ist sogar jede Vorstellung eines Anderen in diesem Einen unmöglich und unzulässig.

Nachdem wir nun zwei Kategorien der Einheit festgelegt haben, stellt sich die fundamentale Frage, von welcher Art die göttliche Einheit und das Eins-Sein Gottes sein kann? Gilt hier die „numerische" oder die „absolute" Einheit? Dazu muss zunächst festgestellt werden, dass wir nicht in der Lage sind, das reine Sein, also das an-und-für-sich-seiende Wesen in der Welt der Wirklichkeit objektiv vorzufinden. Vielmehr können wir so ein Wesen nur in gedanklichen Vorstellungen postulieren. Dem obigen Beispiel folgend ist das reine Gold ein Gold, das nur aus Gold besteht und nichts anderes enthält. Was ist aber dieses „etwas anderes"? Es ist das, was nicht-Gold ist; eine bestimmte Form, Farbe und Geruch hat; sich in Raum und Zeit befindet, einer Person gehört und mit etwas zusammen existiert etc. Alle diese Eigenschaften gehören zu einem Nicht-Gold, die zum Wesen des reinen Goldes hinzukommen, aber nicht zum reinen Gold gehören. Es ist aber eine Tatsache, dass die Reinigung des reinen Goldes von diesen Determinierungen und Bedingtheiten in Wirklichkeit nicht möglich ist, und wir es nur in rein gedanklichen Vorstellungen annehmen.

Aus der logischen Sicht ist „Menschlichkeit" in ihrer reinen und puren Form eine universale und begriffliche Kategorie. Was in der weltlichen Realität objektiv existiert, sind einzelne Menschen. Es sind personifizierte und individualisierte Menschen. Auch Gott hat den einzelnen Menschen erschaffen und nicht den Menschen als abstraktes begriffliches Wesen. Adam und Eva sind jeweils männliche und weibliche Individuen und nicht das Sinnbild für Mann und Frau. Personalität und Individualität gehen mit Vereinzelung einher. Jeder Einzelne ist von einer Reihe von Determiniertheiten und Bedingungen umgeben. In-der-Zeit-Sein und Im-Raum-Sein, einen bestimmten Körper und eine Gestalt zu haben und unser Verhältnis zur Umwelt sind Beispiele für diese Determiniertheit und Bedingtheit unseres Wesens, was den Menschen Vereinzelung verleiht und ihn zu Person und Individuum macht. Martin Heidegger spricht vom Dasein, womit er gewiss den Menschen meint. Wie wir sehen, besteht das Wort aus „Da" (Hinweis auf Räumlichkeit) und „Sein" (im Sinne von Existenz). Man kann es also so verstehen, dass das „Sein" das „reine Sein" präsentiert. Wenn das reine Sein sich in die wirkliche Welt entäußert, und Personalität und Individualität bekommt, wird es mit einer Reihe von Determiniertheiten und Bedingtheiten konfrontiert, was in der Vorsilbe „Da" zum Ausdruck kommt. So wird das reine Sein, was mit SEIN identisch ist, zum Existierenden und Seienden, also zum Dasein.

Aus diesen Ausführungen ergibt sich, dass das reine Wesen der Seienden nur in der Welt der Vorstellung vorkommen kann. In Wirklichkeit kann das reine Sein eines Wesens nicht begriffen werden. Deshalb können wir für keine existierenden Wesen die „absolute Einheit" begründen. Wenn wir ein seiendes

Wesen als „eins" bezeichnen, dann wollen wir damit seine numerische Einheit unter Beweis stellen.

Ist aber auch Gott als Schöpfer der Welt - wie andere Wesen - eine numerische Einheit? Gewiss nicht, denn das Wesen Gottes ist *basit*. Dieser Begriff beinhaltet zwei Bedeutungen, welche die Besonderheiten des göttlichen Wesens darstellen: Zum einen bedeutet *basit* ein Wesen, das innere Vielfaltlosigkeit besitzt, nicht aus einzelnen Elementen zusammengesetzt und nicht mit anderen Elementen zusammenzufügen ist. So ein Wesen ist als einfach (*basit* im Sinne von Reinheit und Echtheit) zu bezeichnen. Auf der anderen Seite bedeutet *basit* auch (im Sinne der Absolutheit) Durchdringung, Transzendenz, ausgeweitet sein und Grenzenlosigkeit. Die Summe dieser beiden Eigenschaften (Unzusammensetzbarkeit und Grenzenlosigkeit) führt dazu, dass ein Wesen, das *basit* und reines Sein ist, für seine Personalität und Individualität keiner Determiniertheit und Bedingtheit bedarf. Vielmehr ist dem reinen Wesen die Personalität und Individualität inhärent. Da das Wesen in anderem Seienden *abgegrenzt und beschränkt* ist, ist Personalität und Individualität nur durch Determiniertheit und Bedingtheit möglich.

Aus dem Gesagten können wir eine sehr wichtige Erkenntnis ableiten: Determiniertheiten sind nie Vorbedingungen von Personalität und Personalität ist ohne Determiniertheit nicht unmöglich. Vielmehr sind Determiniertheiten nur bei begrenzten und beschränkten Wesen die Voraussetzung ihrer Personalität. Dagegen ist das „reine" Sein (an und für sich in seiner Wesenseinheit) selbst mit Personalität und Individualität identisch und eins.[3] Aus diesem Grunde verwenden in der Regel die Philosophen und Theologen in vielen Fällen anstatt reines Sein den Begriff des „An-und-für-sich-selbst-Seienden". Dieser Begriff besagt, dass das reine Sein in seiner Objektivität, Individualität und Personalität selbständig und nicht abhängig von einem anderen Wesen ist. Manchmal wird aufgrund dieser Eigenschaft das reine Wesen auch als selbstständig umschrieben.

Gott ist das absolute und reine Sein. Man kann seine Existenz nicht mit der Existenz anderer Wesen vergleichen. Dieser falsche und irregeleitete Vergleich hat folgenden Hintergrund: Wir sagen: „Der Mensch und die Welt existieren", und danach sagen wir gleichzeitig: „Gott hat Sein". Wenn wir sagen: „Die Dinge haben Sein", so meinen wir, dass die Dinge existieren und sie Seiende und Existierende sind. Es ist klar und deutlich, dass Existenz und Sein dem Nicht-Sein und der Nicht-Existenz gegenüberstehen. Die philologische Analyse des Begriffes Nicht-Sein zeigt, dass das Nicht-Sein keinerlei Personalität und Objektivität besitzt und nichts anderes als Nicht-im-Sein ist. Gegenüber dem absoluten Sein steht das absolute Nicht-Sein. Mit dem Grad, wie das Wesen von Absolutheit und Transzendenz getrennt wird, wird es mit Nichtsein angereichert und relativiert. Dem relativen Sein steht das relative Nicht-

---

[3] Vgl. MULLĀ ṢADRĀ ŠĪRĀZĪ, al-Asfār, Bd. 6, Qom 1973, 86; PAUL TILLICH, Systematische Theologie, Bd. 1, Berlin 1987, 16.

sein gegenüber. *Paul Tillich* hat in seiner *Philologie* zum Begriff Existenz auf diese Opposition hingewiesen und erklärt, dass diese Opposition eine Widersprüchlichkeit darstellt, d.h. dass das Nicht-Sein des einen, das Sein des anderen bedeutet und dass die Abnahme des einen der Zunahme des anderen gleichkommt.

Die ursprüngliche Bedeutung des Begriffs existieren (lat. *existere*) geht auf ‚herausstehen' zurück. Hier stellt sich sofort die Frage: ‚Herausstehen' aus was und warum? Die Antwort auf die Frage, woraus und warum wir herausstehen, lautet: Wir stehen vom Nichtsein heraus. Paul Tillich folgert im Hinblick auf die Klarheit und Differenziertheit der griechischen Sprache, dass das Nichtsein in zweierlei Weisen zu verstehen ist: 1. „absolutes Nichtsein" (griechisch: *ouk on*); 2. „relatives Nichtsein" (griechisch: *me on*). Er erklärt zu diesen zwei Formen des Nichtseins: „Wenn wir sagen, dass etwas existiert, meinen wir, dass es, mittelbar oder unmittelbar, im Bereich der Wirklichkeit vorgefunden werden kann. Es steht heraus aus der Leere des absoluten Nichtseins. Aber die Metapher „herausstehen" bezieht sich auch auf ihr logisches Gegenteil „darinstehen". Nur das, was in gewisser Hinsicht darinsteht, kann herausstehen."[4]

In der oben zitierten Passage ist der Begriff „Leere des absoluten Nicht-Seins" sehr genau und treffend beschrieben und spielt in unserer Diskussion eine sehr wichtige und entscheidende Rolle. Das relative Sein ist mit Nicht-Sein behaftet, und mit dem Grad der Vermischung mit dem Nicht-Sein verliert es die Eigenschaft des Seins, denn wie oben vermerkt, ist das Nicht-Sein grundsätzlich nichts anderes als „leer werden vom Sein" und die Abwesenheit des Seins. Also folgt daraus unmittelbar:

Das absolute Sein, das keinerlei Nichtsein enthält, enthält auch keine Leere und ist somit niemals vom Sein getrennt. Es ist voll und ganz Sein, ist also ein „völliges Sein". Wenn wir die Differenziertheit und Bedeutung von Begriffen und Worten beachten, können wir das absolute Sein nicht als seiend und existierend bezeichnen; denn das Seiende ist ein mit „Nichtsein" behaftetes Wesen und deshalb ist seine Existenz „relativ" und ist von Determinierungen und Vorbehalten begleitet.

Nun können wir verstehen, warum der Satz: „Gott existiert" oder „Gott ist Wahrheit" nicht genau und exakt ist. Denn Gott ist das absolute Sein, ist mit der Wahrheit identisch und ganz und gar das Sein. Gott besitzt keine Leere und ist mit dem Nicht-Sein nicht vermischt. Deshalb können wir Gott nicht als Seienden bezeichnen. Um zum absoluten und reinen Sein zu gelangen, müssen wir den Begriff Seiender verlassen und zum reinen Sein und dem Ursprung der Wahrheit gelangen. Somit ist die alternative und korrekte Aussage diese: „Gott ist das absolute Wesen" oder „Die absolute Existenz ist Gott" bzw. „Gott ist Wahrheit" oder „Die Wahrheit ist Gott". Die absolute Existenz ist die Hauptquelle und der Ursprung aller Seienden und nimmt daher die Bezeich-

---

[4]   PAUL TILLICH, Systematische Theologie, Bd. 2, Berlin 1987, 26.

nung „Seiender" nicht an. Die Nicht-Zusammensetzbarkeit Gottes, die insbesondere von den drei Religionen Judentum, Christentum und Islam als
Grundprinzip anerkannt wird, entspricht exakt den Begriffen absoluter Existenz und reiner Existenz. Wir können aus den bisherigen Ausführungen ohne
weiteres schlussfolgern, dass Einheit und Einzigkeit der absoluten Existenz
nicht eine numerische Einheit sein kann. Vielmehr ist diese eine absolute
Einheit, also ihre Einheit ist direkt mit ihrer Absolutheit verschmolzen. In
diesem Sinne leitet *Thomas von Aquin* den Beweis der göttlichen Einheit vom
Argument der Unendlichkeit ab. In den heiligen islamischen Texten wird der
Zusammenhang zwischen „Absolutheit" und „Einheit" deutlich betont. Im
Qur'ān gibt es eine Sure mit der Bezeichnung *tauḥīd* (Einheit), welche auch
al-iḫlāṣ genannt wird und das „Einheitsbekenntnis" enthält (Q 112). Hier wird
erst auf die Einzigkeit und Einheit Gottes hingewiesen und daneben wird Gott
als *ṣamad* charakterisiert. *Imām Ǧaʿfar aṣ-Ṣādiq* (der Urenkel des islamischen
Propheten und einer der zwölf schiitischen Imame) sagte über die Bedeutung
von *ṣamad*: „Es ist ein Wesen, welches keine innere Leere besitzt."[5] Das heißt:
Gott ist die absolute Fülle, Ihm ist jede Form der „Leere des Nichtseins"
fremd.

Wenn wir *ṣamad* so definieren, so verstehen wir auch die Beziehung
zwischen diesem Begriff und daneben stehenden anderen Namen Gottes,
nämlich *aḥad* (Einer).

In heiligen islamischen Texten werden – dem Unterschied zwischen numerischer und absoluter Einheit folgend – für die existierende Einheit zwei
verschiedene Begriffe verwendet: Dort, wo die „absolute Einheit" gemeint ist,
wird zur Deutung und Beschreibung der göttlichen Einheit das Wort *aḥad*
verwendet, aber wenn es um die Einheit anderer Wesen geht, wird der Begriff
wāḥid benutzt. Aus *lexikalischer* Sicht bedeuten beide Begriffe das Eine, aber
in *philologischer* Hinsicht gibt es zwischen beiden Begriffen einen grundlegenden und wichtigen Unterschied. Die arabische Sprache besitzt gerade in
solchen Fällen ein großes Potenzial differenzierender sprachlicher Feinheiten.
Wollten wir im Arabischen den Unterschied zwischen *aḥad* und *wāḥid* erklären, so finden wir keine genaue Abgrenzung. Dennoch können wir für *aḥad*
das Wort „*Einer*" und für *wāḥid* den Begriff „*Eine*" verwenden. In der Sure
tauḥīd wird die „Einheit" Gottes mit *aḥad* (*Einer*) umschrieben (Q 112:1).
Damit ist ein Wesen gemeint, das absolute Existenz besitzt. Auch in islamischen Überlieferungen ist (durch Nachfolger des Propheten, wie bei *Imām
ʿAlī*[6] und *Imām Reḍā*[7]) der Unterschied zwischen absoluter und numerischer
Einheit hervorgehoben worden. Dabei wurde auf die wichtige Erkenntnis Wert
gelegt, dass die absolute Einheit die wahre Einheit ist. Die numerische Einheit
ist keine wahre Einheit. Auch im Neuen Testament wird nach der Aussage,

---

5 ŠAIḪ ṢADDŪQ, Ketābe at-Tauḥīd, Teheran 1978, Kapitel 4, Hadīṯ 8, 93.
6 DEILAMĪ, Iršād al qulūb. Qom 1975, besonders: Kapitel 50, Hadīṯ 1, 161.
7 ŠAIḪ ṢADDŪQ, Ketābe at-Tauḥīd, besonders: Kapitel 4, Hadīṯ 7, 93.

dass Gott Einer und einzig („allein") ist, das Attribut wahr verwendet (s. u.a. Joh 17,3).

3. Eine Hypothese zur Lösung des Rätsels von Einheit und Vielfalt

Der absoluten Existenz steht nichts anderes als das absolute Nichts gegenüber, so dass man die Vielfalt nicht auf etwas anderes zurückführen könnte. Darum müssen wir die „Vielfalt in der Welt" nur auf das „göttliche Wesen" zurückführen.

Unter den islamischen Mystikern und Wissenschaftlern gibt es dazu mit dem Hinweis auf heilige Texte – insbesondere auf den Qur'ān – verschiedene Deutungen und Interpretationen, die das Verhältnis zwischen Gott und der Welt in der oben genannten Form erklären. Alle diese Begründungen und Interpretationen besitzen eine besondere Brisanz. Eine der berühmtesten Deutungen ist die, welche anstatt von „absoluter Einheit" von *„Einssein in Persönlichkeit"* spricht. Nach dieser These begründet sich die „Wahrheit des Seins" durch die Annahme einer „Person", die mit „absoluter Existenz" (göttliches Wesen) identisch ist. Die Vielfalt der in der Welt existierenden Wesen (Existierende und Seiende) ist zwar eine Wirklichkeit, aber man kann sie nicht als wahres Kriterium der Existenz einstufen, obwohl sie eine Realität sind, denn die Wirklichkeit bezieht sich nicht allein auf existierende Personen und Individuen. Vielmehr haben wir zwei Formen der Wirklichkeit:

1.   „Existenzwirklichkeit"

2.   „erscheinende Wirklichkeit"[8]

Um diese beiden Begriffe zu erklären, nehmen wir ein Beispiel:

Stellen wir uns einen Menschen vor, der „Personalität" besitzt, also eine Person ist. Dieser Mensch ist einerseits eine Person, und auf der anderen Seite unternimmt er diverse Handlungen: Er malt, dichtet, schreibt, redet, partizipiert an gesellschaftlichen Aktivitäten, geht Freundschaften ein usw. Alle diese vielfältigen Handlungen sind wirklich, genauso wie das Wesen dieser Person wirklich ist. Also haben wir hier mit verschiedenen wirklichen Handlungen zu tun (wirkliche Vielfalt, oder Vielfalt in Wirklichkeit). Unter allen diesen Wirklichkeiten gibt es aber nur eine Wirklichkeit, die wir als „Existenzwirklichkeit" bezeichnen können, und das ist eine Wirklichkeit, die das wahre Kriterium der Existenz dieser Person darstellt, also jener Person, von der die genannten Handlungen ausgegangen sind. Die anderen Wirklichkeiten sind Erscheinungen, die auf eine Existenz bzw. auf eine Existenzeinheit

---

[8]   Vgl. zu dieser begrifflichen Unterscheidung MUHYĪ AD-DĪN IBN ʿARABĪ, al-Futuḥāt al-makkīya, Beirut, Bd. 3, Teil 335, 132; AL FANNARĪ, Miṣbāḥ al-uns, Teheran 1995, 35,37,52,182,626; AN -NASĀFĪ, al-Insān al-kāmil, Tehran 1962, 39.

zurückzuführen sind. Die Handlungen sind keine Person und sind von der handelnden Person nicht zu trennen. Man kann sie aber auch nicht mit der Person als identisch gleichsetzen. Diese Handlungen sind Produkte und Erscheinungen, die auf die handelnde Person zurückgehen und haben ohne diese Person kein wirkliches Dasein. Man kann also sagen, dass diese Person diese vielfältigen und verschiedenen Wirklichkeiten immanent in sich trägt. Diese sind nichts anderes als die potentiell in dieser einen Person steckenden Wahrheiten, die durch ihre Handlung offenbart werden und in Erscheinung treten. Deshalb bezeichnen wir diese als erscheinende Wirklichkeiten. Der Begriff „Erscheinung" steht in Beziehung mit dem oben erwähnten Begriff Herausstehen des Existierenden und Seienden. Wenn wir also sagen, „die Welt ist seiend", dann meinen wir damit, dass die Welt in „Erscheinung" getreten ist und sich aus der „göttlichen Einheit" heraus entäußert hat.

4. Göttliche Personalität und die Personalität der göttlichen Manifestationen

Nach der Negation des „Anderssein" und der Zurückführung der Vielfalt auf die Einheit entwickelt die obige Denkrichtung zwei grundlegende Themen: Es ist einmal die Personalität des absoluten Seins (göttliches Sein) und weiter die Personalität der vielfältigen Phänomene (Manifestationen und Erscheinungen des absoluten Seins).

In vielen Fällen wird von Vertretern der transzendentalen Einheit des Seins das Verhältnis zwischen göttlicher Einheit und weltlicher Vielfalt so dargestellt, als wären die Manifestationen und Erscheinungen (d.h. die Vielfältigkeit) des absoluten Seins alle mit der Personalität der Einheit identisch, als seien sie nur in Form der Vielfalt in Erscheinung getreten.

Genauso macht auch die Beziehung zwischen Seienden keinen Sinn mehr, da sie sich zwar als Vielfältigkeit zeigen, ohne dass sie sich aber dem Wesen nach voneinander und von der einheitlichen Person unterscheiden. In diesem Fall stehen sich Gott (Einheit) und weltliche Wesen (Vielfalt) nicht gegenüber, denn *Beziehung* und *Verhältnis* setzen die Existenz eines *Unterschiedes* zwischen beiden Seiten voraus.

Die Ansicht der transzendentalen Einheit des Seins beantwortet zunächst die grundlegende Frage, welche in der Theologie der Religionen als ein wichtiges und kompliziertes Problem auftaucht. Diese Frage lautet: „Inwieweit besitzt Gott (absolute Existenz) Einheit, und wo hat Gott Vielfalt?" Die Antwort auf diese Frage lautet: „Gott ist eine Einheit, wenn es um das Sein geht, und Vielfalt, wenn es um Erscheinung und Manifestationen geht". In einem weiteren Schritt wird sofort betont: Der Eine (absolutes Sein) ist eine Person mit Persönlichkeit und Personalität, und auch jede seiner Erscheinungen und Manifestationen ist Person und besitzt Personalität.

Die einheitliche Person ist das bestätigende Kriterium und das Gegenüber des Seins. Die vielfältigen Personen sind bestätigendes Kriterium und das Gegenüber der Erscheinung und Manifestation des Seins.

Die Betonung der Personalität der Einheit sowie der Vielfalt hat den Sinn, die Unterscheidung und Grenzziehung zwischen beiden Kategorien zu demonstrieren. Diese Unterscheidung findet ihre Bedeutung in der Beziehung und dem Verhältnis zwischen den Beiden (Gott und Welt, Welt und Gott, Beziehung von einzelnen Wesen zu einander). Diese Grenzziehung bedeutet aber keine Gegensätzlichkeit oder Abstand zwischen beiden Seiten; denn die Identität des Einen und der Vielfalt ist die gleiche. Grundsätzlich kann man nur zwischen zwei Kategorien, die Verwandtschaft und Gleichartigkeit besitzen, eine Beziehung und ein Verhältnis postulieren. Zwei Seiten, die voneinander getrennt und verschiedenartig sind, können zueinander keine Beziehung und kein Verhältnis herstellen. Deshalb finden wir im Qurʾān zwei verschiedene Darstellungsweisen zu diesem Thema:

Auf der einen Seite wird der Unterschied zwischen dem göttlichen Wesen, den Menschen und der Welt (Vielfalt) stark betont. So werden die Menschen und Kreaturen (Erscheinungen und Manifestationen Gottes) aufgrund des ihnen verliehenen Willens gegenüber Gott als verantwortlich bezeichnet. Zudem werden diese manchmal mit der Härte der göttlichen Autorität konfrontiert. Aber gleichzeitig dürfen Menschen und Kreaturen Gott direkt anrufen und Ihn mit „Du" ansprechen. Auch Gott spricht in gleicher Weise seine Kreaturen und Geschöpfe an, was deutlich seine Personalität zum Ausdruck bringt (s. u.a. Q 1:5).

Auf der anderen Seite wird die Einheit Gottes mit den Geschöpfen (göttlichen Manifestationen) so hervorgehoben, dass Gott sich ganz deutlich in Menschen hineinversetzt, und die Verletzung des Menschen wie die Verletzung Gottes ansieht (Q 43:55). So wird auch die Vergabe eines „schönen und zinslosen Darlehens" an einen Menschen als Verleihung an Gott eingestuft (Q 2:245 und 57:11).

Außerdem wird der Unterschied zwischen den Geschöpfen (Gotteserscheinungen) so ernst genommen, dass es heißt: „Und keine lasttragende (Seele) nimmt die Last einer anderen auf sich" (Q 6:164)

Aber dann werden wiederum die Geschöpfe als verschmolzen und einheitlich betrachtet, dass die Rettung und Lebenserhaltung eines Einzelnen mit der Rettung und Lebenserhaltung der gesamten Menschheit gleichgesetzt werden kann. (Q 5:32). An anderer Stelle, wo die Tötung eines Menschen verboten wird, heißt es nicht „tötet nicht einander", sondern es steht geschrieben „tötet euch selbst nicht" (Q 4:29).

Die Persönlichkeit jedes Wesens wird als Manifestation, Erscheinung und Offenkundig-Werden Gottes betrachtet. Das bedeutet, dass die Erscheinung Gottes in verschiedenen Phänomenen nicht einheitlich ist und dass das Erscheinen und die Manifestation in verschiedenen Wesen nicht gleich sind; obwohl die Phänomene Gemeinsamkeiten haben, unterscheiden sie sich voneinander. Man kann sagen: Gott hat mit seiner Erscheinung und Offenbarung in einzelnen Wesen eine besondere und spezifische Beziehung zum jeweiligen Wesen hergestellt. Dieses besondere und spezifische Verhältnis verleiht jedem Wesen eine besondere Persönlichkeit, die es von anderen Wesen hervorhebt. Dieses besondere Verhältnis gibt jedem Wesen ein verschlüsseltes existenzielles Geheimnis. Es ist ein Geheimnis zwischen diesem Wesen und Gott und kein anderer ist in dieses Geheimnis eingeweiht; denn andernfalls hätte das besagte Wesen nicht mehr eine eigene und gesonderte Persönlichkeit.

Die Besonderheit des Verhältnisses zwischen einem einzelnen Wesen und Gott ist bei unseren Überlegungen von großer Bedeutung und vervollständigt die übrigen Elemente einer Weltanschauung, die auf der transzendentalen Einheit des personalen Wesens basiert.

Da sich das absolute Sein (Gott) in allen Wesen manifestiert hat und erschienen ist, hat es ein allgemeines und generelles Verhältnis zu allen weltlichen Phänomenen, was zu Gemeinsamkeiten und Ähnlichkeiten unter den einzelnen Wesen führt.

Die Allgemeinheit und Universalität dieses Verhältnisses ist mit einem Relativismus nicht vereinbar. Wegen dieser allgemeinen und universellen Beziehung spricht man von *uluhīyāt* (Gottheit), und somit wird Gott als *Ilāh* und *Allāh* bezeichnet. In deutscher Sprache kann das Wort „Gott" als Synonym für die arabischen Wörter *Ilāh* und *Allāh* verwendet und *uluhīya* mit „Gottheit" übersetzt werden. Wir wissen aber, dass diese sprachlichen Übertragungen nie die volle Feinheit und Exaktheit wiedergeben, die im Sinn und Inhalt dieser Terminologien stecken.

Man kann also schlussfolgern, dass *Allāh* (Gott) mit dem absoluten Sein gleichgesetzt werden kann. Seine universelle und durchdringende Manifestation erfasst alle Wesen. Es ist jene Manifestation, durch die die weltliche Vielfalt entsteht.

Wie wir aber oben vermerkten, geht dieses absolute Sein nicht nur ein universelles, sondern auch ein spezielles Verhältnis zu einzelnen Wesen ein, was die Personalität des jeweiligen Wesens ausmacht. Dieses besondere Verhältnis wird in arabischer Sprache als *rabubī* oder *rabubīyāt* bezeichnet. Das Stammwort dieser Begriffe ist *rabb*, was in der Regel im Deutschen mit „Herr" übersetzt wird. Dies ist aber keine korrekte Übersetzung. Das Wort *rabb* kommt sowohl in aramäischer, hebräischer als auch arabischer Sprache vor und ist in heutiger arabischer Sprache verbreitet. Dieser Begriff ist ein sehr oft verwendetes Wort im Qurʾ ān und weist auf jenes besondere Verhältnis zwischen Gott und seinen Dienern hin. In diesem besonderen Verhältnis wächst und gedeiht die Persönlichkeit jedes Wesens. Wichtig ist bei diesem Verhältnis dessen dynamischer und lebendiger Prozess, der evolutionär in alle Wesensarten einfließt. Dies gleicht der Beziehung zwischen Mutter oder Erzieher zu einem Kind. So eine Beziehung wird ja entsprechend der Bedürfnisse, Wünsche und dem Potenzial des Kindes gestaltet. Daher entsprechen wohl die Begriffe „Erziehung und Erhaltung" eher dem Begriff *rabubīyāt*.

Aus dem oben gesagten kann man sehen, dass *rabubīyāt* (Erziehung und Erhaltung) im Gegensatz zu Gottheit (*uluhīyāt*) einen relativen Charakter hat und in Beziehung zu jedem einzelnen Wesen eine andere Gestalt annimmt, obwohl die absolute und universelle *rabubīyāt* nur Gott als dem absoluten Sein zugeschrieben werden kann. Genauso stehen auch andere Attribute der absoluten Vollkommenheit nur Gott zu. In einem relativen Sinne stehen auch die weltlichen Wesen zueinander in einer Beziehung der *rabubīyāt*. Manche Menschen können gegenüber Anderen die Rolle des *rabb* (Erzieher und Erhalter) übernehmen. So bekleiden Menschen, die verantwortungsvoll als Aufklärer das Bewusstsein von Anderen erweitern, einen gewissen Grad von *rabubīyāt*. Der höchste Rang kommt aber den von Gott Auserwählten zu, die wegen ihrer von Gott gegebenen göttlichen Eigenschaften als Vermittler den Menschen die Emanation, die Gnade und den Segen Gottes überbringen. In diesem Sinne wird Jesus in den Evangelien oft von seinen Jüngern und Aposteln mit dem Attribut *rabubīyāt* charakterisiert. Er wird als *rabb*, d.h. „Erzieher und Erhalter", angesprochen (Joh 1,39).

Das absolute Sein, d.h. der Vater kann auch als *rabb* bezeichnet und mit *Rabbi* angesprochen werden.[9] Aber an keiner Stelle des Evangeliums wird Jesus als „Gottheit" bezeichnet. Der Begriff Gottheit wird nur für den Vater verwendet. Zwar wird *rabubīyāt* (Erziehung und Erhaltung) begrifflich von *uluhīyāt* (Gottheit) abgeleitet; dennoch besteht zwischen beiden ein Unterschied: *rabubīyāt* ist relativ und *uluhīyāt* absolut. Gerade wegen der Beziehung zwischen diesen beiden Begriffen (beide werden Gott zugeordnet) wird gelegentlich jeder davon anstelle des anderen verwendet.

Im Qur'ān bedeutet *Allāh* Gott und ist für die Bezeichnung des absoluten Seins (Gott) reserviert. Nach dem Wort *Allāh* kommt der Begriff *rabb* am häufigsten im Qur'ān vor. Aus dem Kontext aller Verse, in denen *rabb* vorkommt, geht hervor, dass dieser Begriff auch für Personen außer Gott verwendet wird. Das sind Menschen, die mit der Eigenschaft der *rabubīyāt* ausgestattet sind. Dennoch wird betont, dass die *rabubīyāt* Gottes absolut und vollkommen ist und über der *rabubīyāt* aller anderen steht.

5. Eine weitere Hypothese für die Lösung des Rätsels von Einheit und Vielfalt

Wir haben bis jetzt festgestellt, dass die Hauptproblematik der Lehre über die transzendentale Einheit des personenhaften Wesens in folgender Frage begründet liegt: Wie kann die Einheit in Vielfalt vorgestellt und die Vielfalt auf Einheit zurückgeführt werden, so dass die Personalität beider (Einheit und Vielfalt) gleichermaßen bewahrt bleibt?

---

[9]   Im Qur'ān wird sehr oft Gott auch mit *rabb* aller Geschöpfe benannt, so z.B. Q 1:2, 2:131, 6:162 und 164, 18:14, 26:26,28 und 48, 45:36, 55:17, 113:1, 114:1.

Die Bedeutung dieser Frage zeigt sich darin, dass trotz verschiedener Denkrichtungen (u.a. der oben erwähnten transzendentalen Einheit des personenhaften Wesens) die Bemühung für das Herausfinden einer exakteren Antwort weiter geht. Man ist um eine Antwort mit höherem Potential für die philosophische Erklärung dieser Frage bemüht und will eine Antwort liefern, welche der rationalen Argumentation näher kommt.

Eine der wichtigsten Bemühungen um diese Lösung finden wir in der Hypothese der *taškīk im Sein,* deren ursprüngliche Formulierung auf den großen islamisch-iranischen Philosophen *Mullā Ṣadrā Šīrāzī*[10] zurückgeht. Diese Hypothese beruht auf einem zentralen Grundsatz der islamischen Philosophie, den man mit *taškīk* bezeichnet. Es ist daher vor allem notwendig, uns mit diesem Begriff zu beschäftigen.

Das Wort *taškīk* geht im Arabischen auf *šakk* (Zweifel) zurück und bedeutet „zweifeln, etwas beanstanden und kritisieren". Diese lexikalische Bedeutung hat aber keinen direkten Bezug zur gebräuchlichen Bedeutung dieses Begriffes in der Logik und der islamischen Philosophie. Diese bloß wörtliche Ähnlichkeit war der Grund, dass der Grundsatz *taškīk* (als einer der Hauptgrundsätze der Logik und Fundament vieler philosophischer Theorien) von vielen, die sich nicht gründlich mit islamischer Philosophie beschäftigt haben, nicht richtig erkannt worden ist. In vielen Übersetzungen der islamischen philosophischen Texte in europäische Sprachen (auch ins Deutsche) wurde dieser Begriff wortwörtlich übersetzt, was zu großen Missverständnissen über diese Denkrichtung geführt hat.

5.1 Die begriffliche Bedeutung von „taškīk"

Ohne in eine tiefere und fachliche Diskussion zu diesem Thema einzusteigen, wollen wir im Folgenden nur kurz und nur zur Vertiefung unserer Erkenntnisse auf die begriffliche Bedeutung von *taškīk* eingehen.

Es ist klar, dass *universale* Begriffe im Gegensatz zu *partikularen* Begriffen mehrdeutig sind und damit verschiedene Bedeutungen haben können. Dazu gehört z.B. das Wort „Mensch", das für zahlreiche Individuen verwendet wird und damit ein universaler Begriff ist. Universale Begriffe stimmen aber nicht immer mit ihrem Gegenstand und ihren Bezugspersonen vollständig überein. Nehmen wir zum Beispiel den Begriff „Mensch". Das Mensch-Sein ist aus logischer Sicht in allen Menschen einheitlich und gleichmäßig vorhanden. Es kommt nicht vor, dass ein Mensch mehr Mensch ist als der andere. Vielmehr tragen alle Menschen gleichmäßig das Mensch-Sein in sich. In dieser Hinsicht gibt es unter ihnen keinen Unterschied. Diesen Sachverhalt nennt man „univok". Dieses Beispiel kann aber nicht auf alle universalen Begriffe angewandt werden. Es gibt universale Begriffe, die zwar in allen Menschen exis-

---

[10] MULLĀ ṢADRĀ ŠĪRĀZĪ, Al-Asfār, Qom 1973, besonders: Bd.1, 430; Bd. 2, 104; Bd. 4, 3ff.

tieren, die aber nicht im gleichen Ausmaß vorkommen, also in verschiedenen Menschen mit unterschiedlichen Graden vorhanden sind. So ist z.B. „Licht" im Sinne von Sonnenlicht ein universaler Begriff, es tritt aber in unterschiedlichen Intensitäten auf. Es kann als schwach oder stark, sehr schwach oder extrem stark erscheinen, dies macht die Unterschiedlichkeit aus. Diese Unterschiede in der Intensität ändern aber nichts am Wesen des Sonnenlichts.

Wenn unser universaler Begriff ein Kompositum ist, gehen diese Unterschiede gewiss auf das Anderssein zurück, was beispielsweise bei Farben der Fall ist. So wird beispielsweise im Gegensatz zum Licht die Farbe Weiß von den Menschen unterschiedlich aufgenommen; ein Weiß erscheint heller, das andere dunkler: hier ist die Vermischung mit anderen Farben Grund des Unterschiedes.

Es gibt aber auch universale Begriffe, die nicht zusammengesetzt, sondern *bāsiṭ* (einziges unteilbares Wesen) sind. Hier kann man die Unterschiede zwischen ihnen nicht auf das Anderssein zurückführen. Dazu gehört das Licht, dessen Intensität nicht Ergebnis einer Vermischung mit Dunkelheit ist; denn Dunkelheit ist kein Ding, das sich mit anderen Dingen vermischen könnte. Vielmehr ist die Dunkelheit nur die Abwesenheit des Lichtes. Gerade hier wird der Grundsatz *taškīk* geboren, um damit den Grund für Unterschiede bei verschieden Wesen zu erfahren, die auf ein einfaches und unteilbares Wesen zurückgehen.

Dieser Grundsatz erklärt, dass ein universales unteilbares Ding eine pyramidale Gestalt hat. In einer pyramidalen Gestalt wird der Winkel der Linien, die von der Spitze zur Grundfläche gezogen werden, immer größer, wenn die Linien näher an die Grundfläche herankommen. Wenn wir nun die Spitze als Zentrum und Quelle der Kraft und Energie sehen, dann gilt folgendes: Je mehr von der Spitze Abstand genommen wird, nimmt die Manifestation der Kraft und Energie ab. Je näher wir an die Spitze herangehen, nimmt die Konzentration der Energie stärker zu. Dies ist mit dem Sonnenlicht genau vergleichbar. Je mehr das Licht sich vom Zentrum der Sonne (Pyramidenspitze) entfernt, desto schwächer und kälter wird es. Wichtig ist hier die Feststellung, dass die Intensität des Sonnenlichtes nicht auf seine Vermischung mit einem anderen Element zurückgeht, sondern die Ursache des Unterschiedes das Licht selbst ist, welches als universaler Begriff bei allen Wesen gemeinsam als das Licht-Sein auftritt. Grund dafür ist, dass das Licht ein universaler Begriff nach dem Prinzip der *taškīk* funktioniert.

Daher bedeutet *taškīk* inhaltlich: „Etwas, was eine pyramidale Struktur besitzt". Alles, was wie das „Licht" eine pyramidale Struktur hat, so dass die betreffenden Menschen durch diese Struktur zueinander in Beziehung treten, aber nicht gleichmäßig das Licht erhalten, kann mit *taškīk* zum Ausdruck gebracht werden.

Wenn etwas Gegenstand von *taškīk* wird[11], so kann dieser Zustand wie folgt umschrieben werden:

- Etwas, was eine pyramidale Struktur besitzt.
- Etwas, was nicht endgültig und gleichförmig ist und eine doppelsinnige Bedeutung hat *(äquivok)*.
- Etwas, was einen doppeldeutigen zweifelhaften Charakter hat.

Wenn wir diese Formulierungen (insbesondere die letztere) gebrauchen, müssen wir genau auf den Unterschied zwischen zwei Bedeutungen von *šakk* (Zweifel) achten.

5.2 Taškīk im Sein

Nachdem nun der Begriff *taškīk* näher erläutert worden ist, kann auch die Lehre der „*taškīk* im Sein", die pyramidale Struktur des Seins leichter verstanden werden.

Mit dieser Lehre wurden durch die Entdeckung der pyramidalen Struktur des Seins viele Fragen in Bezug auf die Einheit in Vielfalt und Vielfalt in Einheit geklärt, die bis dahin ungelöst waren.

Das Sein verhält sich wie das Licht: Beiden gegenüber steht das Nichtsein. Das Nichtsein hat keine Existenz, die sich hätte mit „Sein" vermischen können. Somit sind Unterschiede, die man in den verschiedenen Wesen und Menschen sieht, nicht Folge einer Vermischung mit Nichts, sondern gehen auf die Distanz zum Ursprung des Seins (absoluten Seins) zurück und bilden eine pyramidale Struktur. Die pyramidale Distanz schafft einerseits viele Unterschiede und Differenzen unter Wesen und Menschen, aber sie führt nie zu ihrer Trennung von einander und von der Pyramidenspitze. Auch bedeuten diese Unterschiede nicht das Herausfallen aus dem Geltungsbereich des Seins und auch nicht den Eintritt des Andersseins in die Sphäre des Seins. Dass die Vielfalt der weltlichen Wesen Erscheinungen und Manifestationen Gottes (des absoluten Seins) sind, bedeutet nach der Lehre der „*taškīk* im Sein", dass diese Wesen alle Manifestationen und Lichtstrahlen einer einzigen Sonne sind, die in unterschiedlicher Intensität und unterschiedlichen Graden existieren und trotz ihrer Verzweigung und Vielfalt alle von einer Sonne herkommen.

Die Auffassung von „*taškīk* im Sein" besitzt all die Besonderheiten und Kapazitäten der Lehre vom transzendentalen personellen Sein zur Beantwortung der Fragen und Rätsellösungen in Bezug auf das Verhältnis zwischen Einheit und Vielfalt und umkehrt, dennoch gibt es einen Unterschied:

---

[11] Man nennt ein solches Ding auch *mušakkak*, weil es *taškīk* beinhaltet.

Erstens beschreibt „*taškīk* im Sein" das Verhältnis und die Beziehung zwischen Einheit und Vielfalt in Form einer Pyramide. Die Problematik der Unterscheidung der Persönlichkeit aller Wesen und ihre Abgrenzung zum absoluten Sein und der Personalität Gottes wird genau erklärt.

Als ein Unterschied zwischen dieser Lehre und der Lehre von transzendentaler personaler Existenz kann herausgestellt werden, dass in der Lehre von *taškīk* alles, ob Einheit oder Vielfalt, in den Genuss des Seins kommt, und deshalb kann alles wahrhaftig „Sein" oder „Seiender" genannt werden. Obwohl das „absolute Sein" wegen seiner Nichtzusammensetzbarkeit und Unendlichkeit nicht Seiender genannt wird, sondern nur Sein ist, verfügen beide über eine gemeinsame Ordnung.

Ein weiterer Punkt ist: Die Pyramidenstruktur des Seins gibt die Möglichkeit, über Analogie- und Gleichungsbildung zwischen göttlichen Attributen und Eigenschaften der weltlichen Wesen diese Wesen zu erkennen. Die „analogische Theologie" hat aber auf der Basis der „*taškīk* des Seins" eine weitere wichtige Besonderheit gegenüber ähnlichen Lehren der „analogischen Theologie": Gleichnis und Allegorie können nur die Vollkommenheit von Seienden zum Ausgangspunkt machen. Aber die seienden Wesen sind mit Mängeln, Unzulänglichkeiten und Schwächen behaftet, die nicht auf den Ursprung ihres Wesens zurückgehen, sondern Ergebnisse einer besonderen Entwicklungsstufe der einzelnen Wesen sind. Je näher wir uns also der Pyramidenspitze des Seins nähern, je stärker und intensiver wird das Sein und die Mängel und Schwächen lassen nach. Darum kann man diese nicht als absolutes Sein bezeichnen. Wie wir sehen, sind Metaphern und Gleichnisse aus der Sicht der *taškīk* nicht absolut, sondern werden von Reinigung begleitet. Man kann sagen: Vollkommenheiten und Schönheiten der Wesen können nach Reinigung von Unzulänglichkeiten und Schwächen in reiner und echter Form auf das absolute Sein Gottes zurückgeführt werden.[12]

6. Anmerkungen über die „Dreifaltigkeit"

Nach Überlegungen über die Lehre der transzendentalen personellen Existenz und deren Entwicklung in der Lehre von *taškīk* des Seins kann nun nicht nur ein Christ, sondern auch ein Muslim zu einer verständnisvollen und akzeptablen Betrachtungsweise der Dreifaltigkeit gelangen und Antworten auf seine Fragen zu diesem Thema finden.

An dieser Stelle wollen wir aus der großen Menge von Diskussionen über die genannten zwei Lehren nur die wichtigsten vorstellen und uns mit denen, die gemeinsame Elemente aufweisen, beschäftigen:

Die Dreifaltigkeit betont durchgehend die Einheit des Seins, obwohl sie die Anwesenheit von drei Personen voraussetzt.

---

[12] ŠARĪF RĀZĪ, Nahǧ al-Balāġa (Reden von Imam Ali, Rede Nr.1), Qom 2001, 32.

Es sind drei Personen, deren Unterschied und Abgrenzung zueinander nicht äußerlich und unwirklich sind. Sie sind nicht wie ein Schauspieler, der verschiedene Rollen in einem Theaterstück übernimmt, so dass jede von diesen Rollen wirklich und Ursprung einer eigenen Wirklichkeit wäre. Was aus dem Evangelium entnommen werden kann, ist, dass diese drei „Personen" auf der einen Seite sich gegenseitig ergänzen und mit einander in Beziehung stehen; dennoch haben sie zueinander eine wirkliche Unterscheidung, und jede von ihnen hat in der Realität eine eigene Funktion und eine spezielle Wirkung. Der Sohn und der Heilige Geist leisten beide für die Menschen bei Gott ihren Beistand (Röm 8,26f.34; 1 Joh 2,1). Der Vater zeigt dem Sohn seine Liebe (Lk 3,33 und 9,35) und der Sohn folgt Ihm (Lk 5,30 und 6,38) und betet ihn an (Lk 10,2; Mk 14,36 und Hebr 5,7). In allen diesen Fällen ist der Sohn (Jesus) ein Medium zwischen Mensch und Gott (1 Tim 2,5) und stellt den Heiligen Geist als seinen Stellvertreter seitens Gottes als Beschützer seiner Jünger (Joh 14,16.25; 15,26; 16,7) dar.

Aus allen diesen Stellen kann man den unterschiedlichen Charakter und die besonderen Funktionen jeder dieser drei Personen erkennen. Der Unterschied zwischen diesen drei Personen (wie es in der Dreifaltigkeit als eine Schlüsselerkenntnis zum Ausdruck kommt), besitzt auch in den Lehren von der „transzendentalen Einheit des persönlichen Seins" und *taškīk* des Seins eine besondere und entscheidende Rolle. Es wurde bereits darauf hingewiesen, dass die Bedeutung in diesen Lehren so groß ist, dass eindeutig betont wird: Wenn die besondere und eigene Manifestation des „absoluten einheitlichen Wesens" ungeachtet bleibt, wird seine *rabubīyāt* (Gott als höchster Erzieher und Erhalter) ebenfalls negiert.

In der Lehre vom transzendentalen Sein haben wir gesehen, dass die Unterscheidung zwischen Menschen keineswegs deren Trennung und deren wesensmäßige und identitätsbezogene Mehrdeutigkeit bedeutet. Vielmehr gehen alle auf ein „absolutes Wesen" zurück und sind Erscheinungen und Manifestationen des einen Seins. Auch in der Trinitätslehre ist die Einheit des Wesens der Hauptpfeiler, und wie ich betont habe, hat die Bibel an zahlreichen Stellen die Einheit des göttlichen Wesens hervorgehoben.[13]

Überhaupt geht der Begriff „Person" auf das lateinische Wort *persona* zurück, und dort hat es die Bedeutung von „Rolle" und „Charakter". Es sieht so aus, dass dieses Wort deshalb für „dreifache Personen" verwendet worden ist, um folgende Wahrheit zum Ausdruck zu bringen: Genauso, wie die verschiedenen Rollen eines Schauspielers von einem Wesen ausgehen, so sind auch die Rollen dieser „dreifachen Personen" in der Welt unterschiedlich. Es ist natürlich klar, dass in einem Theater diese Rollen äußerlich und formal wahrgenommen werden, aber bei diesen drei Personen sind die Rollen ganz wirklich und inhaltlich bedeutsam.

---

[13] So z. B. Joh. 17,3; 1 Kor 8,6-8; 1 Tim 2,5.

7. Beschäftigung mit einer wichtigen Herausforderung

Trotz dieser Einsichten meint die kirchliche Tradition, dass die Personalität Gottes ohne die Personalität der drei Personen nicht möglich ist. Diese Behauptung stellt aus Sicht der islamischen philosophischen Kriterien eine Herausforderung dar und kann Kritik hervorrufen. Man kann aber auf diese Kritik in einem verständnisorientierten Dialog, begleitet vom Grundsatz der „Eintracht und Verständigung" eingehen:

Ich habe dargestellt, dass die Substanz und Identität aller Personen, Manifestationen und Erscheinungen nur das absolute Sein sind, was die Lehre von der Dreifaltigkeit ja auch gar nicht leugnet. Auf der anderen Seite wurde erklärt, dass das absolute Sein ohne die Wesen (Personen) keine Erscheinung hat. Mit anderen Worten: Die Erscheinung Gottes hängt von den Wesen (Personen) ab und nur durch diese kann sie erkannt werden. Die klare und unmissverständliche Botschaft dieser Aussage ist: Gott findet mit diesen Erscheinungen und Manifestationen seine „Personalität", und ohne diese kann man nicht von einem persönlichen und personenhaften Gott sprechen.

Was also die kirchliche Tradition über Dreifaltigkeit sagt, kann mit unserer Interpretation auch für einen an den qur'ānischen Monotheismus glaubenden Muslim akzeptabel sein. Dabei muss aber ein Punkt berücksichtigt werden: Alles, was gesagt wurde, steht nicht im Widerspruch dazu, dass das „Sein" *qua* Sein (die Natur des absoluten Seins an und für sich) unabhängig von Erscheinung und Manifestation für sich selbst, Personalität besitzt. Seine Personalität als das absolute Sein hängt nicht ab von seiner Beziehung und seinem Verhältnis zu seiner Personalität in der Funktion des Schöpfers. Wenn es so wäre, dann käme es zu einem Zustand der Bedürftigkeit, was dem Wesen des absoluten Seins widerspricht. Die Existenz des absoluten Seins ist zwar eine anerkannte Wahrheit, aber da es über menschlichen Vorstellungen steht, kann man zum Kern dieses Wesens nicht gelangen. Man kann es nur durch seine Erscheinungen und Manifestationen, die zur Entstehung von Wesen und Personen führt, erkennen. Aber die Unkenntnis der Natur und der Wesen des absoluten Seins bedeuten keineswegs die Existenzlosigkeit seiner Personalität. Deshalb haben islamische Philosophen und Mystiker immer wieder hervorgehoben, dass gerade diese Unkenntnis, Verborgenheit und das Versteckt-Sein seine Personalität ausmachen.

Wie oben bereits dargelegt wurde, besteht grundsätzlich zwischen Existenz und Personalität eine gegenseitige Bedingtheit. Obwohl die Theologen immer wieder erklärt haben, dass das göttliche Wesen an und für sich ohne jede Determiniertheit ist, wird trotzdem zur Verdeutlichung der Existenz des absoluten Seins (ohne Rücksicht auf dessen Erscheinung und Manifestation) die Auffassung vertreten, dass obwohl das absolute Sein (im Vergleich zu weltlichen Wesen) sich jeglicher Determiniertheit entzieht, die Unkenntnis der Tiefe seines Seins ihm dennoch eine besondere Determiniertheit verleiht. Wir können auf diese Determiniertheit nur zeigen, können sie aber nicht erkennen und erklären.

Der Beweis der Existenz des göttlichen Wesens ohne Berücksichtigung der weltlichen Wesen erleichtert auch die Antwort auf diese wichtige Frage, wie die weltlichen Wesen (Vielfalt) vor der Schöpfung gewesen sind. Die Antwort darauf lautet klar und deutlich: Die Schöpfung ist nichts anderes als Erscheinung des göttlichen Wesens. Gott hat also vor der Schöpfung keine Erscheinung gezeigt, war aber in seinem absoluten Sein und seiner absoluten Einheit anwesend, und wie es einmal formuliert worden ist, war somit die gesamte Schöpfung Teil dieses Seins.[14]

Die Erkenntnis über das absolute Wesen in der Position des absoluten Seins lehrt uns, dass alle schönen Attribute und Schönheiten, die zum Zeitpunkt der Schöpfung von Gott nach außen erschienen sind, vor der Schöpfung in seinem Sein vorhanden gewesen sind; sie waren nur verborgen. Also sind Barmherzigkeit und Größe Gottes durch die Schöpfung nur nach außen getreten und erschienen, aber besaßen auch vorher Existenz und Personalität. Es war aber eine Existenz im absoluten Sein und nicht in Form von Erscheinung und Manifestation. Wahrscheinlich ist dies der Sinn des Anfangs des Johannes-Evangeliums: „Im Anfang war das Wort, /und das Wort war bei Gott, /und das Wort war Gott." (Joh 1,1).

Die Bedeutung der Unterschiedlichkeit und Besonderheit von Personen wird an dieser Stelle nicht abgeschlossen. Die Unterschiedlichkeit zwischen ihnen ist ein Zeichen für die Unterschiedlichkeit ihres Verhältnisses zum absoluten Sein (Gott). Die Phänomenologie jener weltlichen Wesen, die im Laufe der Geschichte als Auserwählte Gottes bezeichnet werden, kann sich nur mit der Erkenntnis dieser Unterschiede erklären. Dazu kommt die Erkenntnis, dass wir das Verhältnis und die Beziehung der einzelnen weltlichen Personen aus der pyramidalen Struktur des Seins – wie in der Lehre von *taškīk* zum Ausdruck kommt – ableiten. So können wir die Nähe und Entfernung der Personen von der Pyramidenspitze besser begreifen. Nach Ansicht aller Religionen gehören die Propheten (Gesandten Gottes) zu diesen Auserwählten. Sie sind Vermittler der göttlichen Botschaft und Kanäle, durch die die göttliche Hilfe, Gnade und sein Segen fließen. Auch Paulus sieht Jesus als Medium zwischen Gott und Menschen (1 Tim 2,5) und betont immer wieder die *rabubīyāt* (erzieherische Funktion) Jesu gegenüber anderen Menschen.[15] Seine Jünger haben ihn als *rabbī* (mein Erzieher) angesprochen.

---

[14] PAUL TILLICH, Systematische Theologie, Bd. 1, Berlin 1987, hier: 267 „[Das Sein-selbst] Es ist die Macht des Seins, an der alles Seiende Teil hat".
[15] Vgl. Joh 1,39; Mk 9,5; Mk 10,51; 11,21; 14,45; Mt 26,25.49.

KATHARINA LAMMERS

Vielfalt in der Einheit?

„Das Problem des Zueinander von Einheit und Vielfalt ist [...] das Grund- und Schicksalsproblem des Abendlandes, nicht nur des abendländischen Denkens, sondern auch seines Menschenbildes und dessen praktischer Verwirklichung."[1] So konstatiert *Gisbert Greshake* in seiner Trinitätstheologie *Der dreieine Gott*. In der Tat: Die Frage nach dem Verhältnis von Einheit und Vielfalt ist in der Theologie und der Philosophie allgegenwärtig. Vor allem aber im Kontext der Trinitätstheologie ist sie brennend und drängend: Wie kann man die Einheit und die Vielfalt in Gott zusammendenken? Oder – christlich zugespitzt – wie kann ich an einer Trinitätstheologie festhalten, die die Vielfalt in Gott annimmt, ohne den Monotheismus aufzugeben?

Der vorhergehende Beitrag von *Ayatollah Ghaemmaghami* versucht aus einer muslimischen Perspektive auf diese Fragen eine Antwort zu geben. Erstaunlich ist dabei, dass Ayatollah Ghaemmaghami Denkfiguren aufgreift, die sich auch innerchristlich einer großen Beliebtheit erfreuen und in der aktuellen Debatte um die Trinitätstheologie immer wieder thematisiert werden. Im Folgenden möchte ich auf diese Denkfiguren aus christlicher Sicht eingehen. Dazu werde ich zunächst die Position Ayatollah Ghaemmaghamis darstellen und Parallelen in der christlichen Theologiegeschichte offenlegen, um anschließend damit verbundene Probleme skizzieren zu können.

Ayatollah Ghaemmaghami greift in seinem Beitrag zwei muslimische Herangehensweisen an die Verhältnisbestimmung von Einheit und Vielfalt auf: Zum einen das Konzept des *Einsseins in Persönlichkeit* und zum anderen das Konzept des *taškīk im Sein*. Ich möchte hier auf die Konzeption des *Einsseins in Persönlichkeit* eingehen, da sie mir für den christlich-muslimischen Dialog große Gesprächsmöglichkeiten zu bieten scheint.

Der zentrale Gedanke des Konzeptes *Einssein in Persönlichkeit* läuft auf die Unterscheidung von „Existenzwirklichkeit" und „erscheinender Wirklichkeit" hinaus. Gott ist das absolute Sein. Diesem absoluten Sein kann allerdings nur das absolute Nichtsein gegenüberstehen. Deshalb kann alles Existierende und damit jede Vielheit aus der absoluten Einheit Gottes abgeleitet werden und steht demnach nicht dem absoluten Sein gegenüber. Die existierende Vielheit ist „zwar eine Wirklichkeit, aber man kann sie nicht als wahres Kriterium der Existenz einstufen", so Ayatollah Ghaemmaghami.[2] Die absolute Existenzwirklichkeit ist somit Gott als das absolute Sein, die in der Welt

---

[1] GISBERT GRESHAKE, Der dreieine Gott. Eine trinitarische Theologie, Freiburg i. Br. u.a. 1997, 443.
[2] Siehe dazu den Aufsatz „Einheit und Vielfalt" von AYATOLLAH GHAEMMAGHAMI in diesem Band, 184.

existierende Vielfalt ist die erscheinende Wirklichkeit, die sich aus dem absoluten Sein emaniert: Die Welt als Emanation des absoluten Seins.

Gott manifestiert sich, nach Ayatollah Ghaemmaghami, als das absolute Sein in allen Wesen dieser Welt. Die Persönlichkeit jedes Wesens ist „Manifestation, Erscheinung und Offenkundig-werden Gottes."[3] Gott baut zu allen Wesen ein besonderes Verhältnis des Erziehens auf, das jedem einzelnen Wesen die individuelle Persönlichkeit gibt. Damit entsteht durch die Manifestationen Gottes die Vielfalt der Welt. Gott wird in dieser Konzeption als die Einheit des Seins und als die Vielfalt der Manifestationen gedacht.

Die Annahme einer Personalität Gottes, des absoluten Seins, und der Manifestationen dieses Seins, der existierenden Wesen, ist nach Ayatollah Ghaemmaghami notwendig, um eine Beziehung zwischen Gott und den Menschen anzunehmen, da Beziehungen ein Gegenüber und damit eine Unterscheidung zweier Größen voraussetzt.[4] Es geht hier aber nicht darum, die Markierungen von Abgrenzungen zwischen Gott und dem Menschen vorzunehmen: „Diese Grenzziehung bedeutet [...] keine Gegensätzlichkeit oder Abstand zwischen beiden Seiten, denn die Identität des Einen und der Vielfalt ist die gleiche."[5]

Diese Konzeption von Einheit und Vielfalt im absoluten Sein Gottes kann nun schwerlich die Beziehungen zu dem Neuplatonismus und damit zu Plotin verbergen. Denn auch „[d]ie neuplatonische Einheits-Lehre bedenkt das Erste als das Eine oder das Eine als das Erste in sich selbst, weiterhin dessen Bezug zum Vielen, in das oder als welches das Eine im Modus der Andersheit zu ihm selbst sich entfaltet."[6]

Der Neuplatonismus entwirft eine Konzeption des Seins, in der das absolute Sein, das Eine, Alles ist: Nach Plotin gilt: „τὸ ἓν πάντα": „Das Eine [ist] Alles"[7] und das meint:

> Das Eine ist Alles, weil durch es oder aus ihm Alles ist, weil es Ursprung, Prinzip [...] oder Ursache und Grund von Allem ist – ‚Alles' also, insofern ohne es überhaupt nichts wäre: das durch das Eine seiende Sein von Allem erweist sich als In-Sein des Einen oder als dessen das Sein insgesamt konstituierende Entfaltung, ohne daß dieses sich selbst aufgäbe, d.h. sich selbst realiter zum Anderen machte. Das Eine ist gerade als ἀρχή es selbst und nichts Anderes, zugleich aber durchaus Alles, weil dies nur durch das konstituierende und in Allem wirkende Prinzip *ist* und durch es auch im Sein bewahrt wird. Das Eine als das von ihm selbst her Nicht-Viele [...] ist somit die umfassende Bedingung von Vielheit,

---

[3] Vgl. GHAEMMAGHAMI, Einheit und Vielfalt, 186.

[4] Mitgedacht werden hier auch individuelle Verhältnisse zum absoluten Sein: Nicht jedes Wesen ist in der gleichen Weise mit dem Absoluten verbunden. Gott hat zu jedem Wesen seine eigene Beziehung. Dies zeigt sich in der jeweiligen Personalität des Menschen.

[5] GHAEMMAGHAMI, Einheit und Vielfalt, 186.

[6] WERNER BEIERWALTES, Denken des Einen. Studien zur neuplatonischen Philosophie und ihrer Wirkungsgeschichte, Frankfurt a.M. 1985, 38.

[7] Übersetzung nach: BEIERWALTES, Denken des Einen, 39.

Differenz und Teilung – Grund aller Formen von Sein, denen dieser selbst nicht unterworfen ist.[8]

Das Eine ist der Ursprung alles Seienden. Aus dem Einen emaniert sich die Vielheit. Das Eine überströmt sich und setzt das Viele damit erst frei. Plotin verwendet in diesem Zusammenhang die Lichtmetapher, die wir auch bei Ayatollah Ghaemmaghami und im Lichtvers im Qur'ān[9] wiederfinden können. Das Licht symbolisiert die Realität des Einen. Diese Realität „mindert sich mehr und mehr, je weiter wir herabsteigen, wie das Licht mit der Entfernung immer schwächer wird, bis wir schließlich im Reich des Körperlichen nur noch Schatten haben. Aber auch die Schatten sind nur Abschattungen des Einen".[10] Menschen sind damit ein Schatten des Einen, in ihnen lässt sich durch das Schattensein eine Ahnung des Einen erkennen.[11]

Nun stellt sich zwangsläufig die Frage, wie es sein kann, dass das Eine, das in sich einfach ist und keine Differenz birgt, doch Differenz ausbildet und aus dem Einen die Vielheit hervorgeht. Hier birgt die Absolutheit des Einen gerade die Möglichkeit der Erschaffung der Differenz, denn „die Form- und Gestaltlosigkeit des Einen meint weder diffuses Einerlei noch die absolute Leere; das Eine ist nicht die rudimentäre, sondern die reichste [...] Vor-Form der Formen; „über" oder „vor" den einzelnen Formen, die im Nus [sic!] ihren „Ort" haben, ist das Eine oder Gute als implikative Einheit die *aktive* Möglichkeit *zu* allen Formen in der Sphäre der Differenz."[12]

Der Nous wird von Plotin als das Erste gedacht, was das absolute Sein freisetzt, der Geist:

> Er ist der Inbegriff aller Ideen, Normen, Gesetze Seinsstrukturen, ist der Kosmos noëtos und zugleich auch der platonische Demiurg. Er steht dem Ur-Einen noch ganz nahe, ist ein Abbild von ihm, gleichsam der Blick, mit dem das Eine sich selbst schaut, oder in der Sprache der Mythologie: Er ist der zweite Gott, der Sohn Gottes, der vom ersten Gott gezeugt wurde (Enn. V 1,7). [...] Der Geist ist

---

[8] BEIERWALTES, Denken des Einen, 41.

[9] Q 24:35. Übersetzung von HARTMUT BOBZIN: Gott ist das Licht der Himmel und der Erde. Sein Licht ist einer Nische gleich, in welcher eine Leuchte steht Die Leuchte ist in einem Glas, das Glas gleicht einem funkelnden Gestirn, entflammt von einem segensreichen Ölbaum, nicht östlich und nicht westlich. Sein Öl scheint fast zu leuchten, auch wenn das Feuer es noch nicht berührte. Licht über Licht! Gott leitet, wen er will, zu seinem Licht. Gott prägt Gleichnisse für die Menschen, und Gott weiß alle Dinge.

[10] JOHANNES HIRSCHBERGER, Geschichte der Philosophie. Band 1: Altertum und Mittelalter, Freiburg i. Br. [14]1991, 305.

[11] Diese Denkfigur greift Ayatollah Ghaemmaghami auch unter dem Punkt „taškīk im Sein" auf: „Dass die Vielfalt der weltlichen Wesen Erscheinungen und Manifestationen Gottes (des absoluten Seins) sind, bedeutet nach der Lehre des „taškīk im Sein", dass diese Wesen alle Manifestationen und Lichtstrahlen einer einzigen Sonne, die in unterschiedlichen Intensitäten und Graden existieren und trotz ihrer Verzweigung und Vielfalt alle von einer Sonne herkommen." Vgl. GHAEMMAGHAMI, Einheit und Vielfalt, 191.

[12] BEIERWALTES, Denken des Einen, 49.

aber nicht Gott. Wo das Prädikat göttlich für ihn auftaucht, meint es, daß der Geist gottähnlich ist; nicht mehr.[13]

Die Welt entsteht schließlich in der Fortsetzung der Emanation durch den Nous. Im Nous, im Demiurgen sind schon alle Ideen und Urbilder grundgelegt, die nun ins Sein gerufen werden.[14]

Zeitlich befinden wir uns mit Plotin (204-269 n.Chr.) vor den großen Konzilien des frühen Christentums, die die Eckpfeiler einer spekulativen Trinitätstheologie und die Verhältnisbestimmung des Menschseins und des Gottseins Jesu Christi und der trinitarischen „Personen" bzw. „Instanzen" erst noch vornehmen werden. Das frühe Christentum versuchte die besonderen Erfahrungen, die es in der Begegnung mit Jesus, dem Christus und dem Geist Gottes gemacht hat und die biblisch bezeugt sind, in eine eigene Systematisierung zu bringen, die nicht dem Monotheismus widerspricht. Das trinitarische Bekenntnis entwickelte sich – wie bspw. *Walter Kasper* aufzeigt – nicht in einer reinen Spekulation, sondern hat den eigentlichen Sitz im Leben in der Taufe und der Eucharistie. Schon in der Didache findet sich ein trinitarisches Taufbekenntnis und auch das von Justin überlieferte Eucharistiegebet ist trinitarisch strukturiert.[15] Erst im Anschluss an diese trinitarische Bezeugung in den ursprünglichen Glaubensvollzügen entwickelte sich in der Abwehr des Vorwurfes der Häresie eine spekulative Trinitätslehre. Die christliche Trinitätstheologie knüpft hier auch an neuplatonische Traditionen an – jedoch mit einigen notwendigen Modifikationen. So wird der Nous bei Plotin zwar als „Sohn Gottes" vorgestellt, doch wird dieser Geist außergöttlich gedacht.[16] Diese Subordination des Sohnes und Geistes wird aber mit dem Konzil von Nizäa 325 n.Chr. als Häresie verworfen. Auch die Idee des Einen in der neuplatonischen Philosophie wird in der Trinitätstheologie aufgegriffen und abgewandelt:

> Das höchste Eine ist geradezu dadurch definiert, daß es alle Vielheit, selbst alle innere Relationalität ausschließt und deshalb allein durch radikale Negation definiert werden kann. Aus dem differenzlosen Einen tritt, indem dieses sich durch Reflexion auf sich selbst zurückbezieht, der Geist und damit erst das

---

[13] HIRSCHBERGER, Geschichte der Philosophie, 307.

[14] Vgl. hierzu ebd.

[15] Vgl. hierzu WALTER KASPER, Der Gott Jesu Christi, Mainz 1982, 304-305. Mit Verweis auf: Didache 7,1 (SC 248, 170f) und Justin Apol. I, 61, 13 (Corpus Apol. I, ed. v. Otto, 166f). Aus dem Grund dieser Verwurzelung des trinitarischen Bekenntnisses im Glaubensvollzug des frühen Christentums greift es m.E. zu kurz, wenn man lediglich darauf verweist, dass in den Evangelien Jesus keine „Gottheit" zugeordnet wird, um die Sohnschaft Jesu Christi zurückzunehmen und ihn lediglich als „Erzieher und Erhalter" zu deuten (vgl. GHAEMMAGHAMI, Einheit und Vielfalt, 176). Neben den Evangelien ist auch die Tradition des Glaubensvollzugs eine wichtige Quelle des christlichen Glaubens.

[16] Vgl. HIRSCHBERGER, Geschichte der Philosophie, 307: „Die Trinitätsspekulation hätte sich nur auf den Gott beziehen dürfen, der mit dem Einen identisch ist. Auch in ihm gab es ein Dreifaches: Geist, Freiheit, Wille (Enn. VI 8,18, 19-23; 38-43;19,12-20), wenn auch in einem höheren und ursprünglicheren Sinn als jenem den diese Begriffe in unserer Erfahrung haben."

(durch mögliche Differenzierung und Vielheit gekennzeichnete) Sein hervor, das sich wiederum in die „Weltseele" als das die Vielheit setzende und durchwaltende Prinzip „entäußert" und zwar so, daß die untergeordneten Hypostasen Ausstrahlungen bzw. Erscheinungsformen des Einen sind, das selbst unberührt über allem Sich-Vervielfältigenden steht. Es war also die Idee einer irgendwie sich abstufenden höchsten Einheit bereits vorgebildet; und damit lag für die Reflexion des trinitarischen Glaubens ein Modell bereit, das man bei allen notwendigen Korrekturen übernehmen konnte und übernahm.[17]

Der prominenteste Vertreter einer Trinitätslehre, die dieses Modell aufnimmt und modifiziert und damit ein intra-personales oder monosubjektives Denken entwickelt, ist der Kirchenvater Augustinus. Ausgangspunkt Augustins Denkens ist die Einheit Gottes, von der aus, gleichsam in einem zweiten Schritt, die Verschiedenheit bedacht wird – immer mit dem Anspruch, aufzuweisen, „daß die heilsgeschichtlichen Sendungen von Sohn und Heiligem Geist dieser Wesenseinheit und -gleichheit nicht widersprechen."[18] So ist der Bezugspunkt für seine bekannte Analogie zum göttlichen Lebensvollzug „Liebender – Geliebter – Liebe"[19] nicht ein interpersonales Geschehen,[20] sondern das eine menschliche Subjekt und sein Selbstvollzug.[21]

Das augustinische Denken einer Überordnung der Einheit vor der der Dreiheit hat sich in der lateinischen Tradition der Trinitätslehre durchgesetzt. Nach Gisbert Greshake wird an Augustinus damit „die spezifische Tendenz der westlichen Trinitätstheologie deutlich, nämlich die Wesenheit Gottes unabhängig von Vater, Sohn und Heiligem Geist zu „hypostasieren" und sie als die eine Gottesperson aufzufassen."[22]

---

[17] GRESHAKE, Der dreieine Gott, 62.

[18] Ebd., 65.

[19] AURELIUS AUGUSTINUS, De trinitate, IX, 2.2. Neu übers. und mit einer Einleitung hrsg. v. JOHANNES KREUZER, Hamburg 2001: „Siehe, wenn ich, der ich diese Fragen stelle, etwas liebe, dann sind es drei: Ich – das, was ich liebe – und die Liebe selbst. Ich liebe ja nicht die Liebe, ohne sie als eine liebende zu lieben. Denn es gibt keine Liebe wo nichts geliebt wird, Drei sind es also - Der Liebende, das Geliebte und die Liebe."

[20] Vertreter einer sozialen Trinitätstheologie nehmen hier oftmals ein interpersonales Geschehen als Bezugspunkt einer Analogie des Wesens Gottes als Liebe. Als prominentes Beispiel kann hier *Richard von St. Viktor* benannt werden, der das Wesen der vollkommenen Liebe erst in der Dreiheit verwirklicht sieht. RICHARD VON ST. VIKTOR, Die Dreieinigkeit. Übertragung und Anmerkungen von Hans Urs von Balthasar, Einsiedeln 1980 (Christliche Meister; 4), 83-101. Zur Etikettierung *Soziale Trinitätstheologie* und *Lateinische Trinitätstheologie* vgl. die Aufsätze von BERNHARD NITSCHE und THOMAS SCHÄRTL in diesem Band.

[21] Vgl. BERNHARD NITSCHE, Gott und Freiheit. Skizzen zur trinitarischen Gotteslehre, Regensburg 2008 (ratio fidei; 34), 122. Vgl. auch GRESHAKE, Der dreieine Gott, 65-66: „Selbst da, wo er [gemeint ist Augustinus; K.L.] von der trinitarischen Struktur der Liebe spricht (amans – id quod amatur – amor), schränkt er seine Betrachtung auf die Selbstliebe, also auf eine innerhalb der einen Person gegebene Wirklichkeit ein. Nimmt man noch hinzu, daß Augustinus „Person" wesentlich als Einheitsprinzip versteht […], so ist noch einmal mehr klar, daß im Rahmen einer solchen Verstehensanalogie die trinitarische Differenzierung, mindestens gedanklich, *nachträglich* zum unitarischen Ansatz erfolgt."

[22] GRESHAKE, Der dreieine Gott, 66.

Nach Augustinus haben in den verschiedenen Epochen immer wieder große Theologen an dieser Form des Denkens der Trinität festgehalten. Erwähnt seien hier nur *Thomas von Aquin* oder *Anselm von Canterbury*. Auch in der Gegenwart wird dieser Ansatz bspw. von *Thomas Schärtl*, der Gott als absolutes Leben denkt, vertreten.[23]

Mit einer Form der lateinischen oder monosubjektiven Trinitätstheologie verbindet sich jedoch ein immer wieder aufkommender Vorwurf: Der Vorwurf des Modalismus und damit der nur scheinbaren Verschiedenheit der trinitarischen Personen bzw. Instanzen. Der Vorwurf wird vor allem vonseiten der sozialen Trinitätstheologie ins Feld geführt, die von Anfang an von der Verschiedenheit der trinitarischen Personen her denken und damit eine vollkommen andere Ausgangssituation in den Blick nehmen will, als es monosubjektive Ansätze tun – wobei auch nicht verschwiegen werden darf, dass die soziale Trinitätslehre in die genau entgegengesetzte Gefahr läuft, der Überbetonung der Verschiedenheit und damit in die Gefahr des Tritheismus.[24]

Wichtig ist mir an dieser Stelle vor allem eines: Es gibt auch in der christlichen Tradition die (modifizierte) Aufnahme des von Ayatollah Ghaemmaghami dargestellten neuplatonischen Denkens. Die Gefahr, die ein solches Denken jedoch birgt, ist die, dass durch eine Fokussierung auf das Eine Pluralität und Differenz im Letzten spekulativ entwertet werden und es zu einer Vorherrschaft des Einen kommt. Diese Vorherrschaft ist nach Gisbert Greshake „dort gegeben, wo durch eine geradezu pathetische Fokussierung aller Wirklichkeit auf das Eine das Viele abgewertet, erdrückt und tendenziell zum Verschwinden gebracht wird.“[25]

Innerchristlich stellt sich zudem die brennende Frage, wie das zentrale christliche Bekenntnis der Verschiedenheit der drei göttlichen Personen oder Instanzen bei einer solchen Vorherrschaft des Einen genügend bedacht bzw.

---

[23] Vgl. hierzu seinen Beitrag in diesem Band, der sich explizit in der Tradition der lateinischen Trinitätstheologie versteht. Vgl. hierzu bspw. auch BRIAN LEFTOW, Necessity. In: C. TALIAFERRO/ C. MEISTER, The Cambridge Companion to Christian Philosophical Theology, Cambridge 2010, 15-30.

[24] Die genaue Auseinandersetzung zwischen den beiden Lagern der sozialen und der westlichen, lateinischen Trinitätslehre kann man beispielhaft in der Auseinandersetzung zwischen Nitsche und Schärtl in diesem Band gut verfolgen.

[25] GRESHAKE, Der dreieine Gott, 444. Dass ein solche Fokussierung auf das Eine auch gesellschaftlich schwerwiegende Folgen haben kann und hat, sollte nicht außer Acht gelassen werden. Geleitet von diesen Gefahren versteht etwa *Jürgen Moltmann* die Trinität als Urbild für die Gemeinschaft der Menschen. Aus den gegenseitigen Anerkennungsverhältnissen in Gott lässt sich nach ihm ein gesellschaftlich-demokratisches Grundmodell ableiten, das Sinnbild für gelungenes menschliches Zusammenleben fungiert. Vgl. JÜRGEN MOLTMANN, Trinität und Reich Gottes, 1986; GRESHAKE, Der dreieine Gott, 169. Thomas Schärtl stellt in diesem Zusammenhang die Frage, ob es sich hier nicht um eine politischen Motiven geschuldete Vereinnahmung der Trinitätstheologie handelt. Vgl. hierzu der Aufsatz „Trinität, Einheit und Eigenschaften Gottes“ von THOMAS SCHÄRTL in diesem Band, 16f.

bewahrt werden kann.[26] Dass eine tritheistische Schieflage auch christlicherseits nicht verantwortbar ist, muss nicht eigens erwähnt werden. Doch auch
eine Unterbestimmung der Verschiedenheit wird dem ursprünglichen
Bekenntnis nicht gerecht. Das Verhältnis zwischen Einheit und Verschiedenheit muss immer wieder genau ausgelotet werden – ob das einem rein neuplatonischen Konzept wie dem der *Einsheit in Persönlichkeit,* das die Einheit
Gottes als absolute Einheit mit allem Existierenden denkt, gelingt, scheint mir
jedoch fragwürdig.

Auch die Konsequenzen für die Bestimmung des Verhältnisses zwischen
Gott und Mensch und in Bezug auf eine Schöpfungstheologie in der Aufnahme einer starken Betonung der Einheit sind enorm, denn – so Greshake:

> [w]enn Gott differenzlos-eine absolute Seinsmacht wäre, könnte geschöpfliches
> Sein keinen Platz „neben ihm" haben. Denn die differenzlose, schlechthinnige
> Fülle schließt jedes selbstständige „Daneben" oder „Gegenüber" aus. Ein solcher
> Gott könnte weder ein freies Ja oder Nein des Geschöpfes empfangen, noch es
> mitwirken lassen, noch es überhaupt lieben, insofern Liebe ja den Selbstand
> des andern voraussetzt.[27]

Damit ist ein durch Freiheit bestimmtes Verhältnis, das ein Gegenüber und
damit echte Vielheit verlangt, zwischen Gott und Mensch nicht möglich. Mir
scheint, dass Ayatollah Ghaemmaghami die Beziehung zwischen Gott als dem
absoluten Sein und den einzelnen Wesen als von Gott her bestimmtes Verhältnis sieht und es damit nicht freiheitlich bestimmt, da sich Gott in jedem Wesen
in individueller Weise manifestiert.[28] Die Verschiedenheit in der Welt resultiert dann im Letzten aus den verschiedenen Weisen der Manifestation Gottes
in den Wesen. Es ist also keine wirkliche Vielheit, sondern nur eine schein-
bare Vielfalt, die im Letzten auf das Eine zurückzuführen ist.

Eine christliche Lösungsoption bietet an dieser Stelle ein trinitarisch aus-
gelegter Panentheismus, der in der Lage ist, sowohl Einheit als auch Verschiedenheit in Gott anzunehmen und damit die Welt als etwas Verschiedenes
in Gott zu denken kann. Denn, so Moltmann,

> die einseitige Betonung der *Welttranszendenz Gottes* führte zum Deismus wie
> bei Newton. Die einseitige Betonung der *Weltimmanenz Gottes* führte zum Pan-

---

[26] Der zentrale Punkt, an dem sich das Denken der Verschiedenheit bewähren muss, ist die biblisch bezeugte Selbstunterscheidung Jesu vom Vater. Diese muss m.E. jede Trinitätstheologie
ernst nehmen und mit der Einheit vermitteln.

[27] GRESHAKE, Der dreieine Gott, 229f.

[28] Nicht unerwähnt bleiben sollte an dieser Stelle, dass eine solche Konzeption gewaltige Anfragen vonseiten der Theodizee mit sich bringt. Da Gott für jede individuelle Beziehung verantwortlich ist, ist er auch für die Konsequenzen verantwortlich, die aus den verschiedenarti-
gen Verhältnissen Gottes zum Menschen entstehen. Denn: „die Erscheinung Gottes in verschiedenen Phänomenen [ist] nicht einheitlich […] und das Erscheinen und die Manifestation
in verschiedenen Wesen [ist] nicht gleich". GHAEMMAGHAMI, Einheit und Vielfalt, 186.
Wenn der Mensch also auf der Grundlage eines schlechteren Verhältnisses zu Gott Leid stif-
tet, kann er selbst nichts dafür! Eine Vorstellung, die in der gegenwärtigen Theodizeedebatte
wohl undenkbar scheint.

theismus wie bei Spinoza. Im trinitarischen Schöpfungsbegriff werden die Wahrheitsmomente des *Monotheismus* und des *Pantheismus* integriert. Der *Panentheismus* nach dem Gott, der die Welt geschaffen hat, zugleich der Welt einwohnt, und umgekehrt die Welt, die er geschaffen hat, zugleich in ihm existiert, läßt sich in Wahrheit nur trinitarisch denken und darstellen.[29]

So ist es möglich, Immanenz und Transzendenz Gottes zusammenzudenken und Einheit und Vielfalt im Gottesbegriff zusammenzubringen: Wenn man Gott als reine Relationalität denkt, entsteht durch die Verschiedenheit die Einheit und durch die Öffnung zur Verschiedenheit ist alle Verschiedenheit in Gott im Geist schon aufgenommen.[30]

Von muslimischer Seite könnten die 99 Namen Gottes als Zugang zur Wertschätzung der Vielfalt und damit als Lösungsoption für die Vermittlung von Einheit und Vielfalt dienen. *Muna Tatari* plädiert beispielsweise dafür, die 99 Namen Gottes als Wesenszüge des einen Gottes zu verstehen. Denn, so Tatari,

> im Zusammenhang mit den qur'ānisch und außerqur'ānisch zusammengestellten 99 Namen Gottes zeigt sich unbegrenzte Vielfalt in Gott und durch die mehrfache Aufnahme von Gegensatzpaaren auch Gegensätzlichkeit in Gott. Die Einheit in dieser Verschiedenheit kann nun mit Khorchide durch die Barmherzigkeit Gottes gelingen, welche Differenz in Gott nicht nivelliert, also kein platonisches Ineinsfallen der Gegensätze meint, sondern die Fülle der Namen harmonisiert, insofern alle Haltungen Gottes zur Schöpfung wesenhaft durch seine Barmherzigkeit konturiert sind.[31]

Interessant scheint mir an dieser Stelle, dass die Gegensätze in Gottes Wesen, wie sie sich in seinen 99 Namen zeigen (Erster, Letzter; Sichtbarer, Verborgener; Liebender, Rächender,...) einer relationalen Struktur entsprechen und durch ein einheitsstiftendes Prinzip, die Barmherzigkeit, zur Einheit vermittelt werden. Die 99 Namen Gottes sind damit nicht nur durch die Barmherzigkeit harmonisiert, sondern kommen nur in der Dynamik mit der Barmherzigkeit

---

[29] JÜRGEN MOLTMANN, Der gekreuzigte Gott, München 1972, 109.

[30] Vgl. hierzu bspw. die Herleitung der Trinitätstheologie von KLAUS VON STOSCH in: KLAUS VON STOSCH, Zeugnis für das Undarstellbare als Zeugnis für den Gott Jesu Christi? Für eine Theologie jenseits vorschneller Oppositionen. In: PETER HARDT/KLAUS VON STOSCH (Hg.), Für eine schwache Vernunft? Beiträge zu einer Theologie nach der Postmoderne, Ostfildern 2007, 57-65, hier 58-59: „Vielmehr wird man die Perichorese der innertrinitarischen Personen wohl so verstehen müssen, dass durch die jeweilige Besonderheit der einzelnen Person in der jeweiligen Relation zu der anderen Person Einheit entsteht. Einheit wäre in dieser Sicht nicht Bedingung der Möglichkeit der personalen Verschiedenheit, sondern Ergebnis des personalen Vollzugs. Einheit würde also nicht *in* der Unterschiedenheit oder *als* Unterschiedenheit, sondern *durch* Unterschiedenheit entstehen. Dies gilt innertrinitarisch eben deswegen, weil jede trinitarische Person ganz darin aufgeht, von der anderen her und auf die anderen hin zu sein, so dass Einheit aus ihrem Selbstvollzug folgt und nicht als Bedingung der Möglichkeit dieses Vollzugs gedacht werden kann."

[31] Siehe den Aufsatz „Gottes Wesen" von MUNA TATARI in diesem Band, 139.

Gottes zu ihrer eigentlichen Natur. Damit sind sie ohne Barmherzigkeit nicht denkbar.[32]

Neben diesen Kritikpunkten an einer zu starken Betonung der Einheit vor der Vielfalt bietet jedoch ein zentraler Punkt ein besonderes Gesprächsangebot im christlich-muslimischen Dialog: Die Tendenz der Betonung der Transzendenz Gottes in einer neuplatonischen Tradition.[33] Hier kann nochmals auf Plotin verwiesen werden, der Gott als das absolut Überseiende denkt, von dem keine weltlichen Prädikate ausgesagt werden können. Vor allem die christliche Tradition der Negativen Theologie macht sich diese Erkenntnis zu Eigen. So denkt bspw. *Nikolaus von Kues* Gott „als den *non-aliud*, als den *schlechthin Nicht-Anderen*, [...] als den, der so anders ist, dass sein Anderssein mit seinem Nichtsein verwechselt werden kann. [...Er ist] weder Nichts noch Etwas, weder sagbar noch unsagbar", sondern er ist der, „der das Nichtsein in Sein übergehen lässt, der allem Sein und Nicht-Sein vorausgeht."[34] Gott ist das In-eins-fallen aller Gegensätze.

An diesen Gedankengang *coincidentia oppositorum* schließt in der Gegenwart bspw. *Hans-Joachim Höhn* an, wenn er daraus folgert:

> Wenn die mystische Tradition des Christentums von Gott aussagt, dass er weder ein „Nichts" noch ein Seiendes sein kann, dann lässt sich von ihren Kernaussagen her auch eine theologische Zuspitzung [...] vornehmen. Die Theologie ist vor diesem Hintergrund damit konfrontiert, nur noch so von ihm reden zu können, dass sie ihn „im" Nichts sucht, in jenem Widerstreit, der um Sein und Nichtsein ausgetragen wird. Man kann offenkundig nur so von Gott reden, dass man vom Nichts redet, von dem man nur reden kann, weil die Welt restlos darauf bezogen und zugleich restlos von ihm verschieden ist. Das Wort „Gott" steht für jenen Unterschied zwischen Sein und Nicht-Sein, ohne den nichts wäre.[35]

Die Welt ist nach Höhn in dem Sinne auf das Nichts bezogen, dass sich alles Seiende – und damit auch die Welt – immer auf die Dimensionen des Noch-Nicht-Seins und des Nicht-Mehr-Seins bezogen weiß. „Nicht aus sich selbst zu existieren und dennoch vom Nichts unterschieden zu sein bedeutet für jedes Seiende, vor dem Nichtsein bewahrt zu sein und zugleich vom Nichtsein bedroht zu sein. Die Erfahrung des Nichts ist das dritte „meta"-physische Moment, das in der Erfahrung des Daseins mit-erfahren wird."[36] Gott selbst ist „nicht ohne die Welt und das Nichts zu denken, weil von Gott nur im Zusammenhang des restlosen Bezogenseins der Welt auf das Nichts gesprochen werden kann."[37]

---

[32] Siehe den Aufsatz „Gottes Wesen" von MUNA TATARI in diesem Band.

[33] Vgl. HIRSCHBERGER, Geschichte der Philosophie, 303.

[34] KLAUS VON STOSCH, Einführung in die Systematische Theologie, Paderborn u.a. 2006, 63.

[35] HANS-JOACHIM HÖHN, Der fremde Gott. Glaube in postsäkularer Kultur, Würzburg 2008, 188.

[36] Ebd., 170.

[37] Ebd., 189.

Gerade an diesem Ansatz von Hans-Joachim Höhn wird deutlich, dass menschliche Begriffe zur Beschreibung des Wesens Gottes allzu schnell an ihre Grenzen stoßen. Über Gott kann nach Höhn in menschlichen Begriffen nichts ausgesagt werden, Aussagen sind nur in der Verhältnisbestimmung vom Sein zum Nichts möglich. Das theologische Bemühen, Gottes Wesen zu verstehen, bedarf immer wieder eines Moments der Besinnung auf die Transzendenz Gottes. Gott bleibt im Letzten das *mysterium stricte dictum*, das nicht mit menschlichen Begriffen vollends beschrieben, sondern dem sich nur mit Grenzbegriffen genähert werden kann.

SEYED MOHAMMAD NASSER TAGHAVI

Die Beziehung zwischen dem Wesen Gottes und seinen Attributen

Die Diskussion über die Beziehung und das Verhältnis zwischen dem Wesen Gottes und seinen Attributen gehört zu den wichtigsten Problemen in der Theologie der abrahamitischen Religionen. Unter Theologie verstehen wir hier jene Disziplin, die sich mit der Gottesfrage beschäftigt. Gegenstand dieser wissenschaftlichen Disziplin ist die Diskussion über den religiösen Glauben und die Überzeugungen der Menschen aufgrund der Glaubenslehren und die Rechtfertigung dieser Lehren. In diesen Lehren gibt es jedenfalls bestimmte Schlüsselfragen und Themen, die zu gleichen Maßen die Theologen aller Religionen beschäftigen. Dies gilt vor allem dann, wenn es um abrahamitische Religionen geht, die auf einen gleichen Ursprung und auf eine gemeinsame göttliche Offenbarung zurückgehen. Hier tritt das gemeinsame Thema viel stärker zu Tage, und die Frage nach dem Wesen Gottes und die Erkenntnis Gottes wird als gemeinsames Thema dieser Religionen aktueller denn je. Die Frage der Einfachheit bzw. Unzusammensetzbarkeit Gottes und die Unmöglichkeit der Erkenntnis des göttlichen Wesens gehen zwar auf die antike griechische Philosophie zurück. Dennoch kann man für ihre genauere Durchdringung auch auf bekannte christliche Theologen wie beispielsweise den Heiligen Augustinus verweisen, der das Wesen Gottes als „reines Sein" betrachtet und somit als „nicht erkennbar" eingestuft hat.[1]

Auch in der islamischen Theologie wird weitgehend über die „Nicht-Erkennbarkeit" des göttlichen Wesens diskutiert. Dabei wird betont, dass der Mensch aufgrund der Beschränktheit seines Denkvermögens nicht das Wesen Gottes erfassen kann: Gott kann mit seiner Unbegrenztheit und Unendlichkeit nicht Gegenstand des Denkens eines endlichen und beschränkten Wesens sein. Also kann das Wesen Gottes wegen der Beschränktheit des menschlichen Denkvermögens von Menschen nicht erkannt werden, und wir können wegen dieser Beschränktheit sein Wesen nur negativ definieren und erfassen. Imam Sadegh (einer der Nachfolger des Propheten Mohammad und der 6. schiitische Imam) sagt über die Bedeutung von „allāhu akbar" („Gott ist größer") folgendes: Dieser Satz bedeutet nicht, dass Gott größer als alles andere in der Welt ist. Eine solche Aussage würde Gott Grenzen setzen und ihn auf einen bestimmten Bereich beschränken, denn wir haben ihn mit anderen Wesen verglichen und ihn größer als andere Wesen bezeichnet. Vielmehr bedeutet dieser

---

[1] Vgl. Theopedia, An Encyclopedia of Christianity: Historical development, Augustine. In: Eternal generation of the Son. (Abruf am 15.02.2013 unter http://www.theopedia.com /Eternal_generation_of_the_Son). Vgl. auch THOMAS VON AQUINO, Summe der Theologie, Bd. 1, Stuttgart 1985, 92-95.

Satz, dass Gott mit seiner absoluten Größe sich jeder Bestimmung und Beschreibung entzieht und wegen seiner Absolutheit und Unbeschränktheit nicht Gegenstand einer menschlichen Definition sein kann.[2]

1. Erkenntnis Gottes durch seine Attribute?

Es stellt sich nun eine grundlegende Frage: Soll der Mensch (ausgehend von seiner Beschränktheit und seiner Unfähigkeit, Gott zu erkennen) Gott als etwas „Unerkennbares" betrachten und ganz und gar auf IHN verzichten? Die Beschränktheit und Unfähigkeit des Menschen, Gott zu erkennen einerseits, und die Unendlichkeit und Unbeschränktheit des Göttlichen Wesens andererseits, sind beide von Ewigkeit, also kann der schwache Mensch niemals in akzeptabler Weise Gott erkennen und beschreiben.

Die Theologie gibt auf diesen Einwand eine negative Antwort und meint, dass eine andere Art der Gotteserkenntnis doch möglich sei, wenn der Mensch sich auf die Suche nach Attributen und Wirkungen Gottes macht. Dieser Weg sei sogar der einzig richtige Zugang zur Gotteserkenntnis.

Dieser Weg ist seit eh und je von religiösen Gelehrten und Theologen beschritten worden. Immer wenn man an die Grenzen der Unerkennbarkeit Gottes gestoßen ist, ist man zu einer beschränkten Gotteserkenntnis durch das Erkennen seiner Attribute und Wirkungen übergegangen.

Im Judentum und im Alten Testament nimmt Gott verschiedene Namen an: Dazu gehören der erhabene Name JAHWE[3], Bezeichnungen wie „Hoheit" und „Pracht" (vgl. nur Ps 96,6) und Eigenschaften wie gnädig, barmherzig, gerecht, beständig, furchtgebietend, treu und gerecht.[4] Er ist „der Erste und der Letzte" (Jes 44,6), „ein barmherziger und gnädiger Gott, langmütig, reich an Huld und Treue: Er … nimmt Schuld, Frevel und Sünde weg" (Ex 34,6f). Er hat „die Weisheit und die Macht" (Dan 2,20), ist „verzehrendes Feuer und ein eifersüchtiger Gott" (Dtn 4,24) und „heilig" (Lev 22,32). Auch im Neuen Testament wird Gott mit verschiedenen Namen und Attributen bezeichnet. Gott ist der „Hochgelobte" (Mk 14,61; Lk 1,68), und „der Mächtige… und sein Name ist heilig. Er erbarmt sich von Geschlecht zu Geschlecht" (Lk 1,49f). Er schenkt Erbarmen und erweist Gnade (Röm 9,14), er besitzt Weisheit und Erkenntnis (Röm 11,33). Schließlich trifft man auf Bezeichnungen wie „absoluter Herrscher", „allwissend", „fehlerfrei" und „der einzige Ursprung der Schöpfung."

---

[2] Vgl. Šaiḫ KULAINĪ, Uṣūl al-kāfī, Bd. 1, Teheran 1993, 114. Im Qur'ān und Hadīṯ gibt es zahlreiche Gründe dafür, dass man Gott nicht erkennen kann. Dazu gehört Q 20: 110: „sie aber umfassen es nicht mit (ihrem) Wissen." s. auch Q 2:255 und vgl. auch Šaiḫ KULAINĪ, Uṣūl al-kāfī,, Bd. 1, 135.

[3] Vgl. zur Selbstvorstellung Gottes mit diesem immer wieder im AT verwendeten Gottesnamen Ex 3,14.

[4] Vgl. etwa Ps 111,4.5.10; 18,26.

Auch im Islam wird im großen Umfang über die Attribute und Namen Gottes diskutiert. Im Qur'ān heißt es knapp und deutlich: „Und Gott hat die die schönen Namen – ruft ihn damit an!" (Q 7:180). Auch in weiteren drei Versen wird betont, dass Gott die schönsten Namen zukommen.[5] In weiteren Versen werden manche dieser Namen erwähnt. So heißt es in der Sure 59 „al-Hašr" (die Sammlung) unter den Versen 23 und 24: „Er ist Gott – der, außer dem es *keinen* gibt. Der König, der Heilige, der Heile, der Sicherheit Verleihende, der Wächter, der Mächtige, der Gewaltige, der Hocherhabene. Gott sei gepriesen; fern sei, was sie beigesellen. / Er, Gott, der Schöpfer, der Erschaffer, der Gestalter. Sein sind die schönsten Namen. Ihn preist, was in den Himmeln und auf Erden ist. Er ist der Starke, der Weise."

Es ist wichtig zu wissen, dass in der islamischen Theologie „Namen" und „Attribute" wesensgleich sind.[6] Abgesehen von verschiedenen Namen und Attributen, die man im Qur'ān für Gott vorfindet, sieht man auch in Über-lieferungen, die auf den Propheten und dessen Nachfolger zurückgehen, zahl-reiche weitere Namen und Attribute für Gott.

Im Zusammenhang mit der Diskussion über die Namen und Attribute Gottes treffen wir bei islamischen Gelehrten und Theologen auf eine sehr wichtige Feststellung, dass man in der islamischen Theologie zwar diesem Thema (Namen und Attribute) eine große Bedeutung beimisst[7], dennoch die Tatsache betont, dass man bei dieser Diskussion niemals die volle Wahrheit über die Namen und Attribute Gottes erreichen kann. Vielmehr können wir nur die „Bedeutung" dieser Attribute kennenlernen. Durch diese Bedeutungen und Zeichen können wir zu einem bescheidenen, begrenzten und allgemeinen Zugang zu bestimmten Aspekten und Dimensionen dieser Attribute gelangen, ohne Anspruch auf deren vollständige Erfassung erheben zu können. Auf diesen Punkt weist insbesondere der große und bekannte islamische Philosoph Mullā Ṣadrā aš-Šīrāzī hin.

Jedenfalls kann das Wesen Gottes – wie oben bereits betont wurde – nicht erkannt werden. Es wird sogar gelegentlich davon abgeraten, sich – im Hinblick auf die Unerreichbarkeit des göttlichen Wesens – auf diesen erfolg-losen Weg zu begeben.[8]

---

[5] Vgl. Q 17:110; 20:8; 59:24. Es ist darauf hinzuweisen, dass auch in islamischen Bittgebeten Gott mit vielen verschiedenen Attributen angeredet wird. Vgl. u.a. Das „Mojir Gebet" („Schutz gewährender") und „Jastashir Gebet" (Der nicht auf den Rat seiner Diener angewie-sen ist) in: Sheikh Abbas Ghomi, Mafatihuljanan (Paradieses-Schlüssel), Teheran 1995.

[6] Der Unterschied zwischen „Attributen" und „Namen" ist von äußerlicher Art, denn wenn ein Attribut einem Wesen übertragen wird, verwandelt es sich in einen Namen. Wenn wir z. B. einem bestimmten Menschen „Wissen" zuordnen, dann wird dieser ein „Wissender", was ein Name ist.

[7] Manche islamische Denker, wie Faḫr ar-Rāzī messen den göttlichen Namen so eine Bedeu-tung zu, dass sie diese als Gegenstand der Theologie überhaupt betrachten. Vgl. dazu: FAḪR RĀZĪ, al-Maṭālib al-ʿĀliyyeh, Bd. 1, Beirut 1999, 37.

[8] Vgl. dazu u.a. NAHJUL FĀSAHEH, (Worte und Sprüche des Propheten Mohammad), Teheran 1988, Nr. 1175.

Wir können uns damit begnügen, durch eine bescheidene und allgemeine Erkenntnis der Gottesattribute einen wichtigen Schritt zur Gotteserkenntnis unternommen zu haben.

2. Die Gottesattribute in der Perspektive unterschiedlicher theologischer Schulen

Die Art und Weise, wie wir die Attribute Gottes sehen, und auch unsere Betrachtungsweise vom Verhältnis zwischen Attributen und Wesen Gottes beeinflussen den Wert und die Bedeutung der Gottesattribute und direkt auch unsere Gotteserkenntnis. Es gibt einen Unterschied zwischen Menschen, die an Gott glauben, ohne ihm bestimmte Eigenschaften zuzuweisen, und Menschen, die Gott mit bestimmten Attributen in Verbindung bringen. Diese Unterschiede in Ansichten und Vorstellungen von Gottesattributen und die Herstellung einer Beziehung zwischen Wesen und Eigenschaften Gottes haben verschiedene theologische Positionen hervorgebracht. Die drei wichtigsten dieser Schulen werden im Folgenden skizziert. Es ist anzumerken, dass jede dieser Schulen wiederum eigene unterschiedliche Richtungen beinhaltet, auf deren detaillierte Darstellung in diesem Beitrag nicht eingegangen werden kann.

a) Theologie der Göttlichen Reinheit

Die Vertreter dieser Schule verneinen die Existenz von Attributen für Gott und betonen die Eigenschaftslosigkeit Gottes.[9] In dieser Schule gibt es allerdings mehrere Denkrichtungen. Manche Vertreter verneinen jede Eigenschaft für Gott und andere akzeptieren nur bestimmte Attribute und lehnen die meisten anderen ab. Wenn wir z.B. die Anhänger dieser Schule nach Eigenschaften wie „Wissen" und „Macht" (diese sind in den Heiligen Schriften des Islam, Christentum und Judentum für Gott genannt werden) fragen, werden sie antworten: alle diese Eigenschaften gehen auf „Reinheit" und „Negation" zurück. Wenn wir also sagen, Gott ist „mächtig" und „allwissend", dann heißt es, dass er nicht schwach und unwissend sei. Also können Gott Schwäche und Unwissenheit nicht anhaften, was nicht bedeutet, dass er im Besitz von Wissen und Macht ist.[10]

Zu dieser Schule gehört die Denkrichtung der „negativen Theologie". Im Christentum wird diese Schule meistens mit Pseudo Dionysius Areopagita und Nikolaus von Kues assoziiert, aber auch in prägnanter Weise von Thomas von Aquin vertreten. Er geht von der „ausweitenden Reinheit" aus. Demnach

---

[9] FAḫR AD-DĪN-AR-RĀZĪ, al-Muḥaṣṣal, Kairo 1905, 135.
[10] Vgl. ŠAHRESTĀNĪ (MULLĀ ṢADRĀ), al-Milāl wa an-nihāl, Bd. 1, Beirut 2000, 97.

sollten wir das Ausschließen bestimmter Eigenschaften für Gott so lange betreiben, bis wir an die wirklichen Hauptattribute Gottes herankommen gekommen sind. Das heißt, wir sollen das, was nicht ist, so lange aufzählen, bis wir das erreichen, was wirklich ist. Manche Vertreter dieser Denkrichtung gehen bei der Begründung ihrer These so weit, dass sie kein Attribut für so wertvoll halten, dass es es verdient hätte, Eigenschaft Gottes zu sein.[11]

Andere wollen nicht durchgängig alle Eigenschaften Gottes negieren, sondern gehen von der Verneinung eines Kreises von Attributen und Einschränkungen der göttlichen Eigenschaften aus. So geht man bei den drei Attributen „Macht", „Wissen" und „Gutwilligkeit" davon aus, dass Wissen und Gutwilligkeit Gottes unbeschränkt seien, aber seine Macht gewisse Grenzen hat und beschränkt ist. Um die Existenz des „Bösen" in der Welt zu rechtfertigen, meinen sie: Wenn die Menschheit vom Bösen befallen wird, dann zeigt es die Beschränktheit der göttlichen Macht, die eventuell nicht in der Lage ist, das Böse abzuwenden. Gott ist aber allwissend und kennt das Wesen des Bösen; er ist auch absolut gutwillig, so dass wir trotzdem Ihn grenzenlos anbeten und lieben können. Manche andere Vertreter meinen unter Bezug auf die Bibel, dass nicht nur die Allmacht, sondern auch das Allwissen Gottes antastbar ist.[12]

b) Anthropomorphe Theologie

In einer eher anthropomorph ausgerichteten Theologie erkennt man Gott Attribute zu, bei denen teilweise große Ähnlichkeiten zwischen göttlichen und menschlichen Eigenschaften zugrunde gelegt werden. Auch in dieser Schule gibt es verschiedene theoretische Denkrichtungen. Die Theologie der Ašʿariten gehört innerhalb des Islam dazu. Vertreter dieser Schule liefern eine sehr buchstabengetreue und an der Textoberfläche bleibende Interpretation von Qurʾān und Überlieferung. Theologen dieser Schule glauben sogar bei ihrer Deutung der Textoberfläche an die Möglichkeit einer Verkörperung und Personifizierung Gottes, indem sie manche Attribute Gottes wie menschliche

---

[11] Vgl. LEO J. ELDERS, The philosophical theology of St. Thomas Aquinas, Leiden 1990.

[12] Es ist ein Fehler, wenn man versuchen würde, unter Hinweis auf die Bibel die Macht Gottes einzuschränken. Ganz im Gegenteil wird in der Bibel an verschiedenen Stellen die Absolutheit der göttlichen Macht betont. So lesen wir aus dem Munde Ijobs: „Ich habe erkannt, dass du alles vermagst. Kein Vorhaben ist dir verwehrt." (Ijob 42,2). Vgl. auch Ijob 37,23 und 40,2). Im Magnificat des Lukas-Evangelium heißt es: „Denn der Mächtige hat Großes an mir getan." (Lk 1,49).

Auch im Islam sind keine der göttlichen Attribute (insbesondere Macht und Allwissenheit) einschränkbar. Gott ist die Urquelle der Macht und des Wissens. So heißt es immer wieder im Qurʾān: „Gott hat über alles Macht." (Q 48:21, vgl. auch Q 33:27). In weiteren ca. 37 Versen heißt es: „Gott hat über alles Macht." Über die Allwissenheit Gottes heißt es immer wieder im Qurʾān: „Er hat Wissen über alle Dinge." (z. B. Q 2:29)

Eigenschaften deuten und sie nach dem äußeren Wortsinn verstehen und interpretieren.

In der christlichen Theologie tendiert jede allzu wörtliche Auslegung des Inkarnationsglaubens zu einer anthropomorphen Gottesvorstellung, weil ein Gott, der uns in Menschengestalt gegenübertreten kann, notwendigerweise anthropomorph gedacht wird. Auch manche alttestamentlichen Textpassagen lassen ein sehr anthropomorphes Gottesbild erkennen (vgl. etwa Gen 3,8). Unabhängig von ihrer Religionszugehörigkeit sind jedenfalls Theologen aller drei abrahamitischen Religionen der Meinung, dass manche Eigenschaften Gottes in Seinem Wesen genauso zu finden seien wie sie bei Menschen vorkommen, so dass man menschliche und göttliche Eigenschaften in univoker Weise aussagen kann. Solche Theologen glauben an einen sehr menschenähnlichen Gott, so dass ich ihre Theologie als anthropomorph bezeichnen möchte.

c) Theologie der Objektivität und Identität von Gottes Wesen und Attributen

Die Schule der positiven Attribute Gottes[13] geht von der Existenz göttlicher Attribute aus. Sie lässt sich in zwei Denkrichtungen untergliedern: Die erste Richtung meint, dass die göttlichen Attribute akzidentiellen Charakters sind, also zum Wesen hinzugekommen sind, ohne dessen untrennbarer Bestandteil zu sein, so dass zwischen „Attributen" und „Wesen" eine Dualität besteht. Anthropomorphe Theologen glauben an den akzidentiellen Charakter der Attribute gegenüber dem Wesen.

Eine zweite Denkrichtung betrachtet die Attribute nicht als Akzidentien, sondern geht von einer Identität zwischen den Eigenschaften und dem Wesen Gottes aus und meint, dass die Eigenschaften und das Wesen Gottes miteinander deckungsgleich sind und eine Einheit bilden. Die Vertreter dieser Denkrichtung sehen in der Ansicht, dass die Attribute zum Wesen hinzugekommen sein sollen, gravierende Deutungsprobleme. Das erste Problem ist, dass in diesem Fall eine Trennung dieser Attribute vom Wesen Gottes für möglich gehalten wird, und also eine Situation vorstellbar ist, in der Gott diese Eigenschaften nicht mehr besitzt. In diesem Fall müsste etwa die Vorstellung eines Gottes ohne Wissen und Macht denkbar sein. Die Annahme der Akzidentialität der Attribute bringt aber auch ein weiteres Problem mit sich: mit dieser Hypothese wird Gott „zusammensetzbar", was gegen die islamische, christliche und jüdische Lehre verstößt, die die Einheit und Unteilbarkeit Gottes postuliert.

---

[13]   ṢADR AD-DĪN ŠIRĀZĪ (Mullā Ṣadrā), al-Hikma al-mutaʿālī, Bd. 5, Beirut 1981, 112.

Viele islamische und insbesondere schiitische Gelehrten und Theologen vertreten die These von der Objektivität des Wesens und der Attribute Gottes und legen dafür weitreichende Argumente vor. Diese betonen bei ihrer Annahme von der Objektivität der Attribute und des Wesens Gottes, dass Attribute dem Sinn nach subjektiv verschiedene Bedeutungen annehmen können. So sei der Sinn des Wissens vom Sinn der Macht verschieden, aber dennoch ist ihr Gegenstand in Wahrheit und Wirklichkeit ein und dasselbe Wesen, und das ist das göttliche Wesen.[14] Der wesentliche Grund dieser Theologen für diese Annahme der Übereinstimmung zwischen Attributen und Wesen ist das, was wir oben erwähnt haben – nämlich das Theologumenon, dass das Wesen Gottes absolut und unteilbar ist. Wenn also die Attribute nicht dem Wesen inhärent sind, dann hat man quasi die Formel vertreten, „Wesen plus Attribute", was auf eine Zusammensetzung des Wesens hinausgeht. Diese Gelehrten bringen auch weitere Argumente: wenn die Attribute getrennt vom Wesen vorkommen könnten, dann würde es heißen, dass Gott im Stadium des Wesens ohne Attribute gewesen ist, was einer Unvollkommenheit Gottes gleichkommt.[15]

Weitere Theologen beziehen sich über kognitive Argumentationen hinaus auf Verse im Qur'ān und begründen damit die Objektivität des Wesens und der Attribute Gottes. So ist man unter Bezug auf qur'ānische Verse zum Ergebnis gekommen, dass göttliche Eigenschaften nicht mit Eigenschaften anderer Wesen vergleichbar sind; denn bei anderen Wesen bestehe eine Trennung zwischen ihrem Wesen und ihren Eigenschaften.[16] Daraus wird abgeleitet, dass die Attribute und das Wesen Gottes identisch sind. Da Gott gesagt hat, dass Nichts und Niemand ihm gleicht, so gibt es auch kein mit ihm vergleichbares Verhältnis zwischen Wesen und Attributen, weil die Eigenschaften anderer Existenzen getrennt von ihren Wesen sind. Deshalb kommt man zum Prinzip, dass die Attribute Gottes mit seinem Wesen identisch sind.[17] Andere islamische Theologen beziehen sich auf qur'ānische Verse und betonen die „Bedürfnislosigkeit" Gottes. Dazu gehört z.B. der Vers: „O ihr Menschen! Ihr seid die Armen gegenüber Gott, und Gott ist der Reiche, der Rühmenswerte." (Q 35:15) Man hat daraus abgeleitet, dass Gott auf keine wesensfremden Dinge angewiesen ist, und dazu gehört auch ein wesensfremdes Attribut. Also wird Gott ein Attribut abgesprochen, welches außerhalb seines Wesens steht, denn andernfalls wird Gott auf etwas Wesensfremdes angewiesen sein, was dem Prinzip widerspricht, dass Gott „bedürfnis-

---

[14] Vgl. ŠAIḫ MUFĪD, al-Fuṣūl al-muḫtāra, Qom 1967, 279 und ḪĀĞEH NAṢĪRUDDĪN ṬŪSĪ, Qawāed ul Qawāed, Qom 1995, 63.

[15] Vgl. MULLĀ ABDUL RAZZĀQ LĀHĪĞĪ, Ğohar-e Morād, Qom 1998, 103.

[16] Als Beispiel s. Verse, in denen es heißt „Nichts ist Ihm gleich" (u.a. Q 42:11) und „Er ist Allāh, Einer, und „niemand ist Ihm jemals gleich." (Q 112,1.4)

[17] Vgl. AYATOLLĀH SEYYED MUḥAMMAD HOSSEIN TABĀTABĀĪ, Qur'ān-Kommentar „al Mizān", Bd. 6, Qom 1972, 90 und Bd. 20, 387.

los, reich und absolut" ist.[18] Man findet auch zahlreiche Überlieferungen von Mohammad und dessen Nachfolgern, die von islamischen Theologen als Beweis und Beleg für die Objektivität des Wesens und der Attribute Gottes gelten und die These von Analogie und Trennung zwischen Wesen und Attributen Gottes verneinen. Diese Belege werden von diesen Theologen als Beweise für ihre kognitiven Argumente gebracht, die die Objektivität des Wesens und der Attribute Gottes belegen.[19] Wir können in diesem kurzen Beitrag auf alle diese Argumente nicht eingehen.

3. Zusammenfassung und Ausblick zum Verhältnis von Einheit und Vielfalt

Ein genereller und umfassender Blick auf Qur'ān und islamische Überlieferungen sowie die Heranziehung von wissenschaftlichen und philosophischen Ableitungen und Argumenten bringen uns zum Ergebnis, dass die These von der Objektivität des Wesens und der Attribute Gottes aus beiden Blickwinkeln – also theologisch und philosophisch – zu untermauern ist. Die These von der Objektivität des Wesens und der Attribute Gottes besagt in Kürze: die Attribute des erhabenen Gottes sind seinem Wesen inhärent und innewohnend. Die Unterscheidung zwischen beiden ist nur rein subjektiver, lexikalischer und fiktiver Natur. Stelle man sich einen Menschen vor, der sowohl Dichter als auch Physiker wie auch Politiker ist. Alle diese „Persönlichkeiten" sind fester Bestandteil einer „Person". Mit diesem Beispiel wird deutlich, dass die „Vielfalt der Eigenschaften" mit der „Einheit des Wesens" vereinbar ist, und die Beziehung zwischen dem Wesen und dessen Attributen deutlich wird.

Die These von der Objektivität des Wesens und der Attribute Gottes wurde in der späteren philosophisch-islamischen Tradition als „Transzendentale Theosophie" bezeichnet, deren Begründer Ṣadr ad-Dīn aš-Šīrāzī (Mullā Ṣadrā) ist. Er geht in seiner Philosophie von der „Einheit des Seins" aus und postuliert in seiner Philosophie zunächst, dass die gesamte Schöpfung und alle Existenzen Erscheinungen der göttlichen Attribute sind. Somit impliziert die Erläuterung der Beziehung zwischen Gott und der Welt auch das Verhältnis zwischen Wesen und Attributen Gottes; denn die Seienden sind selbst

---

[18] Vgl. AYATOLLĀH ABDOLLĀH JAWĀD AMOLĪ, Tauḥīd dar Koran (Monotheismus im Qur'an), Qom 1991, 284.

[19] Vgl. dazu Überlieferungen in: ŠAIḪ SADDŪQ, Ketāb at-Tauḥīd, Qom 1979, Kapitel 2, Überlieferung Nr. 35, S. 80 und Nr. 36, S. 84. Vgl. ebd., Kapitel 6, Überlieferung Nr. 14 und ALLĀMEH MAĞLESĪ, Bihār al- anwār, Bd. 54, Beirut 1980, 80. Außerdem vgl. IBN AL-MASSAM AL-BAHRĀNĪ, Kommentar zu Nahğul Balāghah, Bd. 1, Teheran 1955, 122; IBN 'ABD AL-HADĪD, Kommentar zu Nahğul Balāghah, Qom 1956, 74; ṢADRUDDIN ŠIRĀZĪ, al-Ḥikma al-muta'ālī (al-asfar), Bd. 6, Beirut 1981, 140f; K. KULAINĪ, Uṣūl al-kāfī, Teheran 1993, Kapitel „Sefate az-zaat", 107.

Erscheinungen der göttlichen Eigenschaften. Also bekommt die Beziehung zwischen Einheit (göttlichem Wesen) und Vielfalt (Seienden) in der Theologie einen sehr wichtigen Stellenwert.

Über das Verhältnis zwischen Einheit und Vielfalt wurde in der islamischen Philosophie sehr intensiv debattiert. Die These von der „Einheit des Seins" verneint nicht das Vorhandensein der Vielfalt. Wer die Vielfalt negiert, betrachtet die Mannigfaltigkeit der Seienden als eine verwerfliche Spekulation, lehnt die Existenz dieser Seienden ab und behauptet, dass nur Gott die Wahrheit darstellt. Diese Denker sind aber keine Pantheisten: sie sehen nicht in allen Existenzen Gott und gehen auch nicht von der „Inhärenz des göttlichen Wesens in Natur und Menschen" aus.

Vielmehr sieht die These von der „Einheit des Seins" in der Schöpfung nur ein einziges „völliges Sein": das vollkommene reine und absolute Sein. Nur dieses SEIN ist die wahre Existenz, und die Vielfalt (Existenzen und Geschöpfe) sind Erscheinungen und Manifestationen des wahren Seins, also Gottes. Das absolute und reine Sein zeigt sich und erscheint in unterschiedlichen Formen und Manifestationen. In dieser Denkrichtung wird also die Existenz der Vielfalt nicht verneint; vielmehr wird ihre Objektivität und ihr wirkliches Dasein akzeptiert, dennoch wird die autonome Existenz dieser Geschöpfe verneint. Denn diese Existenzen sind nur Erscheinungen eines reinen und absoluten Seins, und nur dieser Tatsache verdanken sie ihre Existenz. Deshalb werden diese Erscheinungen und Geschöpfe in der islamischen Philosophie und Mystik als „Zeichen" oder „Seins-Spiegelung" [Spiegelung des Seins] bezeichnet. Damit meint man ein SEIN, das wie ein Spiegel die Wahrheit reflektiert. Das was der Spiegel reflektiert, ist weder eine Illusion, noch eine Fata Morgana oder Imagination, sondern eine wahrhafte Erscheinung. Wenn das wirkliche und ursprüngliche Wesen sich vom Spiegel entfernt, dann vergeht damit auch diese seine Erscheinung. Solange das ursprüngliche Wesen da ist, existieren auch seine Erscheinungen weiter. Man kann sogar sagen, dass das ursprüngliche Wesen auch ohne einen Spiegel da gewesen ist und einer Reflektion nicht bedarf. Demnach ist Gott die Wahrheit, und alle Kreaturen und Geschöpfe sind seine Manifestation und Spiegelung seines absoluten Seins.

4. Personalität Gottes und dialogisches Gott-Mensch-Verhältnis

Nach dieser Skizzierung des Verhältnisses zwischen Wesen und Attributen Gottes wollen wir eine kurze vergleichende Analyse im Hinblick auf eines der göttlichen Attribute, nämlich die Personalität bzw. das Personsein Gottes unternehmen. In der christlichen Theologie wird seit sehr langer Zeit über die Personalität Gottes diskutiert. Damit meint man einen Gott, der wie eine Person Personalität besitzt, und nicht einen Gott, der als eine Macht ohne Personalität existiert. Hier ist ein Gott gemeint, der eine Person ist und angeredet und angesprochen werden kann. Dieser Gott kann lieben und zielgerichtet handeln, besitzt also Eigenschaften, die einer Person zugeschrieben werden können. Der als Person verehrte Gott (unabhängig von unterschiedlichen Deutungen, Induktionen und Deduktionen, die von christlicher Theologie geliefert worden sind) gehört jedenfalls zu den wichtigsten Säulen des Christentums und der paulinischen Heilslehre. So spricht Paulus bei der Beziehung zwischen Gott und Mensch und der Wandlung dieser Beziehung von der Versöhnung zwischen Gott und dem sündigen Menschen.

Dabei sind manche für die Personalität Gottes gelieferten Deutungen und Erklärungen seitens bestimmter christlicher Theologen einer kritischen Untersuchung unterzogen worden. Ungeachtet dieser Diskussionen stellen wir fest, dass das Thema Personalität oder Personsein Gottes sich in der christlichen Theologie allein auf das Verhältnis zwischen Gott und Menschen bezieht, ohne Gott auf menschliche Eigenschaften beschränken zu wollen. Wenn man also Gott die Eigenschaft einer „Person" („Gott ist eine Person") gibt, dann meint man damit einen Gott, mit dem der Mensch in eine Beziehung treten kann, genauso wie er mit anderen Menschen eine Beziehung hat. Wenn wir so die Personalität verstehen, dann können wir feststellen, dass auch im Islam diese Personalität Gottes selbstverständlich ist. Die Selbstverständlichkeit dieses Sachverhalts war wohl der Grund dafür, dass man sich in der islamischen Theologie nicht gesondert damit auseinandergesetzt hat. Das Verhältnis „Ich-Du" zwischen Gott und Mensch ist, wie Martin Buber in seinem bekannten Werk „Ich und Du" schreibt, ein zweiseitiges, gegenseitiges und herzliches Verhältnis. Wir finden dies auch in islamischen Texten, im Qur'ān und den Überlieferungen. Im Islam bezeichnet sich Gott im Gespräch mit Menschen als „ICH"[20] und wird vom Menschen als „DU" angesprochen[21], was einen Höhepunkt der Herzlichkeit und Nähe zwischen beiden Seiten zeigt.

Entsprechend der Betrachtung von Babouri über den persönlichen Dialog und Ansichten der Vertreter der dialektischen Schule[22] ist Gott in der islamischen Theologie aktiv und agiert als Subjekt. Somit ist das Verhältnis zwischen Mensch und Gott nicht eine Beziehung zwischen „Ich und Es" und auch nicht „Ich und Sie" (im Sinne von sachlichem Respekt gegenüber einem Gesprächspartner), sondern in ganz herzlicher Weise eine Beziehung zwischen „Ich und Du". Wenn wir die Personalität Gottes als ein Zeichen für seine Liebe zu Menschen sehen (wie manche Theologen es meinen), dann begegnen wir im Qur'ān einem „rein personalen Gott", der deutlich, unmissverständlich und wiederholt seine Liebesbeziehung zu den Menschen zum Ausdruck bringt: „Und Allāh ist wahrlich mit euch gnädig und barmherzig."[23] Dieses

---

[20]   Vgl. u.a. Q 15:49; 2:60; 3:81; 16:2; 20:12.

[21]   Vgl. die Verse im Qur'ān, in denen der Mensch Gott mit „DU" anredet: Q 2:32.127-129.286; 3:8.35; 5:106; 21:92.

[22]   EMIL BRUNNER, Truth as Encounter, Translated by R. G. Smith, London 1964.

[23]   Q 57:9 und ähnliche Verse in 22:65; 16:7 und 2:143.

Liebesverhältnis ist im Qurʾān gegenseitig – dort heißt es, dass die Gläubigen stärker in ihrer Liebe zu Gott sind.[24]

Das Bittgebet hat im Islam einen besonderen Stellenwert, und seine Bedeutung wird immer betont. Gott bekräftigt im Qurʾān immer wieder seine Personalität und sagt: „Gewiss, ich bin Allāh." Die Menschen werden aufgefordert, ihn anzurufen und mit ihm zu sprechen, und er antwortet auf den Ruf der Menschen (Q 20:14). Die Fürbitte als Gebet ist nichts als eine Antwort auf den Ruf Gottes, was wiederum ein Zeichen für die Personalität Gottes ist. Im Islam ist jeder befugt und berechtigt, direkt mit Gott in ein Gespräch zu treten, ohne dass es eines Vermittlers bedarf. In islamischen Bittgebeten und stillen Anrufungen wird Gott mit „DU" angeredet, und so beginnen die islamischen Bittgebete in der Regel: „**O Gott! Ich** als Mensch bitte **Dich** als Gott" („O Gott! Ich spreche Dich an!"). Noch wichtiger ist, dass hier der Mensch nicht nur ein herzliches Gespräch mit Gott führt, sondern dass der Mensch in ein enges und inniges persönliches Zwiegespräch mit Gott eintritt und sagt: „O Gott! Ich will jetzt nur mit Dir allein sprechen, bitte schenke mir persönlich Gehör." In manchen islamischen Bittgebeten heißt es: „Höre bitte auf meinen Ruf, wenn ich Dich anspreche! Höre mein Gebet, wenn ich Dich anbete! Wende Dich mir zu, wenn ich Dich innig und still anbete!"

Dieses Verhältnis wird dann noch enger, wenn der Mensch sagt: „Bitte wähle mich als einen aus, mit dem Du redest und dem Du deine Geheimnisse preisgibst."[25] Dies bedeutet, dass einerseits der Mensch Gott anspricht, andererseits weiß der Mensch, dass Gott ihn hört und antwortet, so dass der Mensch direkt diese Antwort wahrnimmt. Dies kann nur dann möglich sein, wenn man an Gott als personales Wesen glaubt.

Der personale Gott hat im Islam so ein inniges und freundschaftliches Verhältnis zum Menschen, dass der Mensch im Gespräch mit ihm zu Zärtlichkeiten übergeht und Gott so anspricht, als wäre er eine eng und herzlich geliebte Person. Diese Gespräche haben in der islamischen Literatur einen besonderen Stil hervorgebracht. Sie ähneln dem Flüstern zwischen zwei sehr engen Freunden. So sagt der Mensch: „O Gott! Wenn Du mich wegen meines Vergehens bestrafst, dann werde ich Dir deine Barmherzigkeit vor Augen führen. Wenn Du mir meine Vergehen und Sünden vorhältst, dann halte ich Dir deine Gnade vor."[26]

Die Personalität Gottes gegenüber Menschen steht im Islam höher, als Gottes Liebe zu Menschen. Dazu gehört auch die Liebe Gottes zu seinen sündigen Dienern. In einem Hadith Qudsi[27] spricht Gott in Form einer

---

[24] „Aber diejenigen, die (wirklich) glauben, sind stärker in ihrer Liebe zu Gott." (Q 2:165)

[25] Diese Erkenntnis geht zurück auf ein bekanntes Bittgebet („Monājāt-e šabānieh"), das Imām ʿAlī und alle anderen Nachfolger des Propheten Muḥammad sprachen und den Muslimen empfahlen.

[26] Vgl. ebd.

[27] Nach islamischem Glauben beinhaltet ein Hadith Qudsi Gottesworte, die der Prophet direkt von Gott erhalten hat, aber mit seinen eigenen Worten und nicht mit dem Wort Gottes wie-

prophetischen Überlieferung: „Wenn Menschen, die sich von mir abgewandt haben, von meiner Liebe zu ihnen gewusst hätten, würden Sie vor Freude sterben!"[28]

Das Interessante an Bittgebeten, die vom Propheten Mohammad und dessen Nachfolgern stammen, ist, dass einerseits „Gott dem Menschen doch näher ist als seine Halsschlagader" (Q 50:16), aber andererseits diese herzliche Beziehung vom Respekt gegenüber Gott und der Anerkennung seiner Macht und Größe begleitet wird. Der Mensch sagt zwar „Ich" und „Du" und bezieht Gott in seine intimen Probleme und Geheimnisse ein. Dennoch vergisst er nicht die Größe und Macht des Schöpfers. So erwähnt der Mensch neben seinem innigen und herzlichen Zwiegespräch mit Gott auch seine Gaben und gesteht damit die eigene Bedürftigkeit ein und legt Sündenbekenntnisse ab. So heißt es in manchen islamischen Bittgebeten: „Du hast mir große Gaben beschert, Du hast mir deine Güte gegeben, Du hast mich auf den richtigen Weg geführt, Du hast mir Ehre verliehen, Du warst mir immer ein Helfer, und hast mir verziehen... Nun war ich derjenige, der sündigte, der vergaß und das Wort brach."[29] Auf der anderen Seite ist Gott so liebevoll und gnädig, dass er sich mit den Problemen der Menschen identifiziert. Hat ein Mensch Schulden, so sieht es aus, als ob Gott diese Schulden zu tragen hätte. Obwohl Gott reich und bedürfnislos ist und alle Reichtümer der Welt besitzt und sogar geschaffen hat, macht er sich Sorgen, wenn Menschen Schulden haben und sagt: „Wer ist es denn, der Allāh ein gutes Darlehen gibt? So wird Er es ihm vervielfachen; und für ihn wird es trefflichen Lohn geben."[30]

---

dergegeben hat. Dagegen beinhaltet der Qur'ān nach islamischem Glauben Worte, die sowohl inhaltlich, als auch der äußeren Formulierung nach, auf Gott zurückgehen. Der Qur'ān wurde demnach als göttliches Wort ohne jegliche Wortänderung vom Propheten wiedergegeben; Mohammad war nur der „Übermittler" ohne dass er etwas daran geändert hätte.

[28] Vgl. REIŠAHRĪ, Mizān al-ḥikma, Bd. 4, Teheran 1996, Überlieferung Nr. 2797.

[29] Teile aus dem Bittgebet des 3. Imam der Schiiten, Imam Hossein, Enkelsohn des Propheten Muhammad. Dieses Gebet wird „ʿArafeh-Gebet" genannt.

[30] Vgl. Q 2:245 und auch mit ähnlichen Worten in Q 57:11.

III. Zur Beziehungswilligkeit und Beziehungsmächtigkeit Gottes

JÜRGEN WERBICK

Christlich-trinitarischer Gottesglaube: Abkehr vom Monotheismus?

Eine Skizze

1. Zur christlich-theologischen Motivation des Trinitätsdogmas

Dass der Qur'ān den christlichen Trinitätsglauben als „gewaltige Sünde" ansieht, die nicht vergeben werden kann,[1] ist einerseits durchaus verständlich. Vieles ist missverständlich am Trinitätsdogma und auch missverstanden worden, innerhalb wie außerhalb der so unterschiedlichen Christentümer. Die christliche Theologie wird freilich – andererseits – herausstellen wollen, dass es ein Missverständnis des Trinitätsdogmas wäre, in ihm eine Abkehr vom biblischen Monotheismus zu sehen. Die folgenden kurzen Überlegungen wollen einen Zugang zum trinitarisch-monotheistischen Bekenntnis der Christen bahnen und die Glaubensmotivation zur Sprache bringen, die in den Kirchen der ersten fünf Jahrhunderte zum Trinitätsdogma drängte. Sie werden vom Spannungsreichtum eines Gottesglaubens zu sprechen haben, der sich kaum anders artikulieren ließ.

Das christliche Glaubensbekenntnis ist – so die hier auszulegende Glaubensüberzeugung – monotheistisches Bekenntnis zum dreieinen Gott: Zum *Vater*, der in unerschöpflicher Kreativität und Liebe alles ins Dasein gerufen hat, damit es in ihm seine Vollendung finde (1. Artikel); zu dem wahrhaft zuverlässigen Gotteswort, das im *Sohn* Jesus Christus den Menschen ein Mitmensch geworden ist und ihnen den Weg zu einem Leben in Fülle öffnete (2. Artikel); zu der Leben verändernden und in Jesu Gottesbeziehung hereinholenden, an ihr Anteil gebenden, die Menschen zu einer guten Hoffnung inspirierenden Macht des *Heiligen Geistes*, der sich die Glaubenden anvertrauen, da sie ihr zutrauen, die von Unglück und Sünde heimgesuchte Welt in Gottes gute Herrschaft zu verwandeln (3. Artikel). Der Sohn und der Heilige Geist werden mit Gott (dem Vater) in einem Atem genannt, weil der unermesslich-unendliche Gott den Menschen in Jesus Christus menschlich nahe gekommen und ihnen im Heiligen Geist zur Quelle eines Gott-erfüllten Lebens geworden ist; weil christlich von Gott deshalb nicht gesprochen

---

[1] Vgl. Q 4:48: „Siehe, Gott vergibt nicht, dass ihm etwas beigesellt wird [...] Wer Gott etwas beigesellt, der begeht eine ungeheure Sünde."

werden kann, ohne den mit zu nennen, der den Menschen der Immanuel (Mt 1,23, nach Jes 7,14 Septuaginta) – der „Gott ist hier mit uns" – geworden ist, und ohne den Geist zu nennen, in dem Gott uns ergreift und zu Menschen machen will, durch die er das „Angesicht der Erde" verwandelt und Gottes Herrschaft der Liebe und der Gerechtigkeit in dieser Welt anbahnt.

So fasst das trinitarische Bekenntnis der Christen zusammen, worauf diese sich bezogen wissen, da sie an Gott glauben:

- auf Gott den Vater, den unermesslichen Grund ihres Daseins und die Erfüllung all ihrer Hoffnung; er beruft die Menschen zur Lebens-Gemeinschaft mit sich und würdigt die von ihm Berufenen, für ihn selbst unendlich bedeutsam zu sein: in der Welt den unendlich und grenzenlos wohlwollenden Gott zu bezeugen und über diese Welt hinaus die Erwählten seines Wohlwollens zu sein;

- auf den Menschenbruder Jesus Christus, in dem Gott sich in seiner ganzen Göttlichkeit und gerade deshalb mitmenschlich-mitleidend geoffenbart hat, in dem Gott selbst mitten in unserer von Leid und Sünde gezeichneten Welt gegenwärtig wurde;

- auf den Heiligen Geist, durch den Gott sich als unendlich verheißungsvolle Herausforderung zum neuen Leben in der erlösenden Gottesgemeinschaft vergegenwärtigt und die Menschen zu hoffnungsvollen Zeugen dieser endzeitlich-endgültigen Wirklichkeit verwandelt.

Dieser dreieine Gottesbezug wird schon früh in Taufformeln ausgesprochen (so Mt 28,19) und im feierlichen Schluss (der Doxologie) gottesdienstlicher Gebete gemeinschaftlich zum Ausdruck gebracht. Gerade im Gebet wenden sich die Gläubigen ja an den Gott, der sich ihnen zuvor als der trinitarisch-beziehungsreiche geöffnet hat. Sie antworten, indem sie Gottes Beziehungswilligkeit dankbar rühmen und sich im Gebet darauf berufen. Die Frage, wen die Betenden eigentlich ansprechen, wird meist dahingehend beantwortet, dass die Gebete durch den Sohn und im Heiligen Geist, der das Gebet „beseelt", an den Vater gerichtet sind. Bald entstehen auch Formeln des Lobpreises, in denen dem Vater *und* dem Sohn *und* dem Heiligen Geist die Ehre erwiesen wird. Diese werfen nun aber die Frage auf, ob Sohn und Geist in gleichem Sinne wie der Vater als Gott anzusprechen, oder ob sie ihm unterzuordnen sind. In langen theologischen und kirchenpolitischen Kontroversen setzte sich die Einsicht durch – ausformuliert auf den Konzilien von *Nizäa*, 325, *Konstantinopel*, 381, und *Chalcedon*, 451 –, dass die beiden Gottesbegegnungswirklichkeiten Sohn und Heiliger Geist „nicht weniger" Gott sind als der Vater; dass sie aber auch nicht ein zweiter und dritter Gott neben dem Vater sind. Der eine Gott ist in drei „Personen" Gott. Sein Gottsein verwirklicht sich immer schon in den drei Gott-Wirklichkeiten *Vater*, *Sohn* und *Heiliger Geist*, die in der Offenbarungsgeschichte den Menschen Gottes guten Willen erfahrbar und zu einer Wirklichkeit machen, an der sie selbst teilhaben können. Die Antwort auf die Frage: *Wer* ist Gott? ist in diesem Sinne eine dreifache (wobei das Wort Person hier – wie *Augustinus* sagte – eher aus Verlegenheit gewählt wurde[2]), während die Frage: *Was* ist Gott? eine einfache Antwort findet: Gott ist in sich, aus sich und für uns Liebe.[3]

Aber ist dieses Bekenntnis noch vereinbar mit dem biblischen Glauben an den *einen* Gott, dem Monotheismus des Alten Testaments und damit auch Jesu selbst, mit dem strengen Monotheismus, den die Muslime festhalten und gegen den trinitarischen Glauben der Christen verteidigen? In der theologischen Reflexion der folgenden Jahrhunderte hat man mühsam versucht, die Mitte zu halten zwischen einem unbiblischen Drei-Gott-Glauben (Tritheismus) und einem zugespitzten Monotheismus, der das Bekenntnis zum Gottsein Jesu Christi und des Heiligen Geistes nicht mehr gültig zum Ausdruck bringen konnte. Dabei ging es nicht um einen „Kompromiss" zwischen biblischem Monotheismus und antikem Vielgötterglauben (Polytheismus). Das Glaubensinteresse an der Herausarbeitung der Vereinbarkeit von Monotheismus und trinitarischem Gottesverständnis lag vielmehr darin, den lebendigen, begrifflich so schwer zu fassenden Spannungsreichtum christlichen Gottesglaubens nicht einseitig aufzulösen und den Gedanken einer tatsächlichen Selbstoffenbarung Gottes in Jesus Christus und dem Heiligen Geist festzuhalten.[4]

---

[2] Vgl. AUGUSTINUS, De trinitate, V 9, wo Augustinus anmerkt, man habe die Formel „der Personen" geprägt, „nicht um damit den wahren Sachverhalt auszudrücken, sondern um nicht schweigen zu müssen", wenn man gefragt wird, wer die Drei seien, von denen man doch sagt, es seien drei.

[3] Das Glaubensbekenntnis der 11. Synode von Toledo aus dem Jahre 675 unterscheidet die trinitätstheologischen Was- und Wer-Perspektiven wie folgt: Man kann nicht sagen, „dass der Vater *derselbe* wie der Sohn sei, oder dass der Sohn der sei, welcher der Vater ist, oder dass der, welcher der Heilige Geist ist, der Vater oder der Sohn sei ... gleichwohl ist der Vater *dasselbe* wie der Sohn, der Sohn dasselbe wie der Vater, der Vater und der Sohn dasselbe wie der Heilige Geist, nämlich von Natur *ein* Gott" (DH 530).

[4] Der Begriff Selbstoffenbarung bzw. seine griechischen und lateinischen Korrelate spielen in diesem Zusammenhang jedoch noch lange keine zentrale Rolle, obwohl sich der Begriff schon im Altertum aus neuplatonischen Wurzeln heraus entwickelt; zur Begriffsgeschichte vgl. meinen Beitrag: Das Medium ist die Botschaft. Über einige wenig beachtete Implikationen des Begriffs der „Selbstoffenbarung Gottes" – mit Blick auf die Auseinandersetzung um die fundamentalistische Versuchung im Christentum. In: JÜRGEN WERBICK (Hg.), Offenbarungsanspruch und fundamentalistische Versuchung, Freiburg-Basel-Wien 1991, 187-245, hierzu besonders 189-224. In der Theologie der östlichen Patristik ist der Selbstoffenbarungsgedanke eher ein soteriologisch akzentuierter *Selbstmitteilungs*-Gedanke: Der Trinitätsglaube sollte zum Ausdruck bringen, dass Gott *selbst* das Menschsein angenommen habe und *sich selbst* – im Heiligen Geist – den Glaubenden schenke.

2. Die elementare Spannung christlichen Gottesglaubens

Wie viel Spannung brachte es in den Gottesglauben hinein, wenn man Ernst nahm, dass der allmächtig-lebendige Gott sich im ohnmächtig Gekreuzigten als er selbst zeigte! Wie spannungsreich war der Glaube daran, dass dieser Gott im Heiligen Geist um die Zuwendung der Menschen wirbt und um ihre freie Einwilligung in seinen guten Willen bittet![5] Wie kann das alles zusammengehalten, zusammengeglaubt werden? Einfacher wäre es, die Ohnmacht des Sohnes und das Angewiesensein des Geistes auf die freie Antwort der Menschen aus der Vorstellung des transzendent-allmächtigen Gottes herauszuhalten. Aber das hätte der Glaubenserfahrung der Christen zutiefst widersprochen, dass Gott ihnen in Jesus Christus und dem Heiligen Geist unwiderruflich und zuinnerst nahe kommt, um ihnen sein ewig-erfülltes Leben mitzuteilen. Der Gott der Christen ist eben so: dass er auf Gedeih und Verderb die Gemeinschaft der sündigen und scheiternden Menschen sucht, sie in ihrer Ohnmacht aufsucht und mit ihnen geht bis „zuletzt" – damit sich ihnen auch Leiden und Tod noch auf Gott hin öffnen. So ist dieser Gott: Dass er sie seiner Bitte um Gemeinschaft würdigt – und nicht aufhört, in seinem Geist um ihr Einverständnis – um Versöhnung (vgl. 2 Kor 5,20) – zu werben!

Das ist die Spannung, die im trinitarischen Gottesglauben zusammen gehalten werden soll: Der allmächtig-ewige Gott ist so *anders* allmächtig, als man es sich denken würde. Seine Größe zeigt sich in seiner Hingabe, in seiner „Schwäche", ja seiner „Dummheit" – gemessen an den Weisheiten und Kalkülen, mit denen sich die Mächte dieser Welt durchzusetzen wissen. Aber Gottes „Dummheit" ist weiser als die Menschen, seine Schwäche stärker als die Stärke der Menschen (1 Kor 1,25). Sie ist – wie der deutsche Philosoph Schelling diesen Satz des Paulus umgeschrieben hat – Gottes „Schwäche für den Menschen", in welcher der Unermessliche und Ewige sich den endlichen, sündigen Menschen unüberwindlich treu verbindet.[6] Die Schwäche für den Menschen, die sich auf dem Lebensweg des Messias Jesus manifestiert und im Heiligen Geist zur Erfahrung bringt, ist Gottes Macht, denn sie ist die Macht der sich selbst mitteilenden Liebe, die er seinem Wesen nach *ist* (vgl. 1 Joh 4,16): Die Liebe Gottes und der Gott, der die Liebe ist, wurden „unter uns dadurch offenbart, dass Gott seinen einzigen Sohn in die Welt gesandt hat, damit wir durch ihn leben" (1 Joh 4,9). Wir leben durch ihn, da wir an seinem Geist Anteil haben, der der Geist der Liebe ist – wenn wir uns in Gottes Liebe und so in Gott selbst hineinnehmen lassen.

---

[5] EBERHARD JÜNGEL spricht vom bittenden Gott christologisch; vgl. seinen eindrucksvollen Aufsatz: Die Autorität des bittenden Christus. Eine These zur materialen Begründung der Eigenart des Wortes Gottes. Erwägungen zum Problem der Infallibilität in der Theologie. In: DERS., Unterwegs zur Sache. Theologische Bemerkungen, München 1972, 179-188.

[6] Vgl. FRIEDRICH WILHELM JOSEPH SCHELLING, Philosophie der Offenbarung, Bd. 2, Darmstadt 1974, 26.

Am Messias Jesus und aus der Erfahrung des ohnmächtig-mächtigen Gottesgeistes in der Geschichte wird den Glaubenden die Leidenschaft Gottes für den Menschen spürbar, in der er sich grenzenlos in Mit-Leidenschaft ziehen lässt, damit die Menschen das Leben haben und es in Fülle haben (vgl. Joh 10,10). Diese Mit-Leidenschaft gehört gleichsam in Gott selbst hinein. Gott ist christlich nicht mehr anders denkbar, nicht mehr anders anzurufen und zu preisen als der Gott dieser grenzenlos liebenden Mit-Leidenschaft. Deshalb ist er der trinitarische Gott. Alle Versuche, der Identifikation des Messias Jesus und des Heiligen Geistes mit Gott auszuweichen, halten aus Gott heraus, was ihn in seinem „Wesen" kennzeichnet und was ihn deshalb zuinnerst bewegt: seine Schwäche für den Menschen, seine Mitleidenschaft, in der er die Gemeinschaft der Menschen sucht, und sie dazu erlöst, an seiner Menschlichkeit teilzuhaben. So formuliert das Bekenntnis zum dreieinen Gott den Glauben an einen Gott, dem so sehr an den Menschen liegt, dass er sich mit ihnen „identifiziert", ihr endliches, sündenverfallenes Erdenleben *an sich nimmt*, um ihnen das Heil der Gottesgemeinschaft zu eröffnen.

3. Das Geheimnis der Beziehungswilligkeit und Beziehungsmächtigkeit Gottes

Die christliche Theologie hat über Jahrhunderte hinweg dem Missverständnis zu wehren versucht, die Christen glaubten an drei Götter, indem sie das Geheimnis Gottes als das Geheimnis seiner Beziehungswilligkeit und Beziehungsmächtigkeit auslegte. Gott ist *immer schon* Beziehungswirklichkeit, ohne dass man sich diese Beziehungswirklichkeit als Persongemeinschaft in menschlicher Endlichkeit vorstellen dürfte. Die drei Gotteswirklichkeiten, welche die frühe Theologie *Personen* nannte, sind keine eigenständigen Subjekte und Selbstbewusstseine. Sie sind in den jeweils anderen ganz und gar bei sich selbst und in ihrem „gemeinsamen" Gottsein. Sohn und Geist haben vollkommen teil an der Gottes-Subjektivität des Vaters; sie haben vollkommenen Anteil an dem sich selbst mitteilenden Gott, dem Vater, der sich *ihnen* (in göttlicher Vollkommenheit und *durch sie* den endlichen Menschen) mitteilt. Gott ist in diesem Sinne wesentlich und „innerlich" Selbstmitteilung. In der Beziehung zu den Menschen lebt der göttliche Vater sein Wesen als der Gott, der in Sohn und Logos die Gemeinschaft der Menschen sucht und sich im Heiligen Geist zuinnerst für diese Gemeinschaft öffnet.

Gottes Geheimnis ist menschlicher Gemeinschaft unvergleichlich. Menschen können allenfalls – mehr oder weniger – miteinander *einig*, aber niemals *eines Wesens* sein. Nur „im Fleisch" können sie miteinander eins werden. Aber gerade dabei bleibt die wesentliche Verschiedenheit als Mann und Frau das menschlich Beseligende, die Erfüllung menschlich-endlichen Daseins. Gleichwohl kann vom Beziehungsgeheimnis des unendlich-*menschlichen*

Gottes gesprochen werden, wenn der menschlichen Erfahrung von Gemeinschaft und Beziehung bis in jene Vollkommenheit und Vollendung hinein
nach-gedacht wird, die alle Menschenerfahrung unendlich übersteigt. In die
Selbsttranszendenz menschlichen, auf endliche Wirklichkeit bezogenen
Denkens kann sich die Ahnung einer göttlich-unendlichen Vollkommenheit
einzeichnen, von der zuletzt eben nur noch dies gesagt werden kann: Sie ist
unendlich *mehr* Liebe und Gemeinschaftswille als unter Menschen denkbar
und erfahrbar wäre – und nicht weniger.

In diesem Sinne soll die elementare Gestalt des christlichen Glaubens an
den dreieinen Gott noch einmal von seinen biblischen Wurzeln her umrissen
werden. Von diesem Gott darf bezeugt werden, dass er unendlich und doch
zutiefst menschlich ist – und deshalb unendlich größer, beziehungsmächtiger
und beziehungswilliger, als es sich im Glauben für möglich halten und theologisch „ausdenken" lässt.

4. Teilgabe und Teilhabe

Die biblischen Zeugnisse legen Gottes Wirklichkeit als den Menschen zugewandte Gottes-Gegenwart aus. Das meint näherhin:

A. *Gott ist seinem Wesen nach zugängliche Präsenz*: Er ist biblisch-
alttestamentlich der Gott JHWH, dessen Name bedeutet: Ich bin für euch da
(Ex 3,14). Nach dem Matthäus-Evangelium ist er ganz gegenwärtig in einem
Menschen, dem *Immanuel* (Mt 1,23, nach Jes 7,14 Septuaginta). In diesem
Menschen nimmt er teil an der Menschenwelt. Er hält sich nicht in ewiger
Vollkommenheit aus der Welt des Endlichen und der Sünde heraus. Gottes
Dasein ist ein Mensch, der das Dasein Gottes in alle menschlichen Wirklich-
keiten hinein trägt und in ihnen Gott heilsam vergegenwärtigt. Die östliche
Christologie sagt es später so: Gott wird Mensch, damit die Menschen
„göttlich" werden können.[7] Er verbindet sich den Menschen mitmenschlich-
mitgöttlich, damit sie niemals gott-los sein müssen. In Christi Menschenwelt-
Teilnahme exponiert Gott sich selbst zuinnerst, setzt er sich den Menschen
aus, damit sie sich zu ihm bekehren; damit sie in der Gemeinschaft mit ihm
entdecken, wer sie (geworden) sind und werden können. In Jesus Christus
erträgt er den Widerstand gegen die Herausforderung, der Unwahrheit ihres
Daseins inne zu werden; in seinem guten Geist überwindet er ihn in Liebe und

---

[7]   Vgl. etwa ATHANASIUS, De incarnatione 54 („Der Logos ist Mensch geworden, damit wir
      vergöttlicht werden") bzw. Orationes contra arianos I, 38 („Die Menschen hat er zu Göttern
      gemacht, indem er selbst Mensch wurde"). Natürlich muss man hier berücksichtigen, dass die
      Rede von der Vergöttlichung der Menschen auf ein in der Antike noch mögliches weites Ver-
      ständnis von „Göttlichkeit" rekurriert.

Freiheit, damit sie an seiner grenzenlos beziehungswilligen Liebe teilhaben können.

Gott ist ganz da in seinem Sohn (dem Logos), in dem er *teilnimmt* an der Menschenwelt. Er ist ganz da in dem Geist, in dem er *Anteil gibt* an sich, in dem er die Menschen hineinnimmt in die Bewegung des Gott-ähnlich-Werdens, des In-Gott-vollendet-Werdens. Wenn der Sohn Jesus Christus die Wirklichkeit der Selbstexposition Gottes genannt werden darf – in ihm setzt Gott sich den Menschen aus –, so kann der Heilige Geist als Wirklichkeit der Gottes-Inklusion verstanden werden – durch ihn nimmt Gott die Menschen in sich hinein. Gott schließt die Menschen befreiend in seine Göttlichkeit – seine göttliche Liebe – hinein auf und ein, wenn sie sich seinem guten Geist und Willen öffnen. Anteilnehmen und Anteilgeben sind das innerste Geheimnis seiner Beziehungswilligkeit und Beziehungsfähigkeit; sie machen Gott wesentlich aus. Im Anteilnehmen und Anteilgeben realisiert sich das höchste Gut, das Er ist: Liebe in höchster Selbst-Verwirklichung und Selbstmitteilung. Gottes Dasein ist eben nicht eine ewig vollkommene „splendid isolation" im „Himmel". Die Realitäten des Anteil-Nehmens und Anteil-Gebens (Sohn und Geist) sind keine Gott untergeordneten Mittlerrealitäten. Sie sind Gott selbst, sind ihm „wesentlich"; sie gehören gleichsam in ihn hinein.

B. Damit gerät der neutestamentliche Gottesgedanke in die oben schon ange-sprochene, *kaum noch zu haltende Spannung:* Gott wird vollkommen Chris-tus-immanent gedacht. Seine Christus-Immanenz ist als die den Menschen Jesus von Nazaret ganz und gar – von Anfang an[8] – bestimmende, sein Leben tragende und seine Lebenswirklichkeit hervorrufende „Einwohnung", „Einfleischung" des an Gott Anteil gebenden Gottesgeistes verstanden. Diese vollkommene Immanenz Gottes im Heiligen Geist betrifft nicht nur einen „Teil" oder Aspekt der Menschenexistenz Jesu, etwa nur sein „Inneres". Vielmehr: Sein ganzes Leben bis ins Sterben hinein zeigt Gottes Wirklichkeit, zeigt seinen unerschöpflichen Beziehungswillen und seine Beziehungsmäch-tigkeit, die sich auch da noch als mächtig erweist, wo Menschen über den Sohn, der sich ihnen so radikal exponierte und gerade darin Gott *auslegte* (vgl. Joh 1,17[9]), den Tod verhängen. Auch dem am Kreuz Sterbenden ist Gott noch in seinem Geist immanent. Er erweckt ihn und macht ihn in den Gemeinden lebendig als die „pneumatische" (geist-liche) Christusgegenwart, aus der sie leben und ihren Weg der Christusnachfolge gehen, in der sie „aufleben" und dem guten Leben auf der Spur bleiben können.

Im Gespräch mit islamischer Theologie wird gerade diese Dimension christlichen Gottesglaubens anstößig und in höchstem Maße erläuterungs-

---

[8] Vgl. das Motiv der Zeugung Jesu aus dem Geist ohne Zutun eines Mannes bzw. die Taufe Je-su als Ergriffenwerden von Gottes Geist.

[9] Hier ist ja tatsächlich vom Fleisch gewordenen Logos als vom (endzeitlichen) Gottes-Exegeten und Gottes-Hermeneuten die Rede.

bedürftig sein. Unabweisbar ist ja die Frage: Wird Gott so Christus-immanent geglaubt, wie kann er dann noch *göttlich* sein, allmächtig, überzeilich/ überräumlich, werdelos-vollkommen, leidenslos, transzendent? Wie kann der Allmächtige im Gekreuzigten sein; wie kann man das Kreuz als den Gnaden- thron Gottes unter den Menschen verstehen (vgl. Röm 3,21ff.), so dass gesagt werden könnte, der Gekreuzigte sei die Selbstoffenbarung Gottes: jenes Of- fenbarwerden Gottes, in dem er selbst sichtbar und greifbar wird? Hier ist der andere Spannungspol in seiner theologisch unabdingbaren Bedeutung hervor- zuheben, soll das theo-logische Gespräch mit dem Islam und auch mit dem Judentum nicht von vornherein die gemeinsame monotheistische Basis verlie- ren.

C. *Gottes Menschen-(und Christus-)Immanenz negiert nicht seine Transzen- denz.* Sie teilt den Menschen vielmehr göttliche Transzendenz mit: Todes- Transzendenz, Sünden-Transzendenz, Gottes Überschreitungskraft, wie sie sich in der Auferweckung des Gekreuzigten so unendlich heilsam offenbarte. Gottes Transzendenz: Er vergeht nicht mit der Zeit und im Tod; er geht im Untergang des Endlichen nicht unter. Er hat die Macht zu einer Präsenz, in der das sinnlose Vergehen ins heilsame Jetzt aufgehoben ist, in der alle von solcher Präsenz Ergriffenen unverlierbar sie selbst sein können. Darin liegt seine Allmacht: Die Allmacht, sich mitzuteilen, ja auszuteilen in der Not und der Transzendenzlosigkeit des Menschseins, so dass diese Not in ihn hinein überwunden werden kann: Auf dem Weg zum Leben, der der Menschensohn- Christus in Person ist (vgl. Joh 14,7) und den der Geist führt.

D. *Untaugliche Kompromisse*: Von dieser Intuition aus zeigt sich die Untaug- lichkeit vieler Kompromissformeln, die man in den ersten Jahrhunderten der Theologiegeschichte ausprobiert hat. Wer Gottes Immanenz und seine Trans- zendenz nicht mit dieser Konsequenz ineinander denkt, wird geneigt sein, Transzendenz zu Lasten der Immanenz und Immanenz zu Lasten der Trans- zendenz zur Geltung bringen zu wollen. Die verschiedenen christologischen und trinitätstheologischen „Heterodoxien" denken die Radikalität der Gottes- immanenz nicht zu Ende. Nach ihren Entwürfen verweist nur *etwas* an Jesus Christus auf den unendlich-allmächtigen Gott, anderes – so etwa die anstößige Leiblichkeit, in der er gelitten hat – eben nicht. Oder sie verstehen die Menschwerdung Gottes „modalistisch" als das vorübergehende Anlegen einer Maske, die temporäre Übernahme einer Kommunikationsrolle, einer *persona,* eines *prosopon*. Die christologische Lehre von der hypostatischen Union – da- von, dass Jesus Christus ganz Mensch und ganz Gott ist und dass er so Gottes Offenbarungswirklichkeit (die Person des Logos) ist – versucht festzuhalten, dass nicht nur etwas an ihm, sondern er selbst in seiner Ganzmenschlichkeit Gott zeigt. Der Heilige Geist lässt ihn in Gott und Gott in ihm da sein; er geht von ihm aus,[10] so dass auch die Menschen ganz in Gott sein können. Wollte man die originär neutestamentliche Intuition dieser zutiefst menschlichen, Menschen-verwandelnden Gottespräsenz unverkürzt festhalten, so war man genötigt, Begriffe zu Hilfe zu nehmen, die über die biblischen Sprachhorizonte hinausführten, hinausführen mussten, weil sie Alternativen auszuschließen hatten, die biblisch so noch nicht gegeben waren und deshalb hier noch nicht nach Klärung verlangten. Mit der begrifflichen Explikation der unvergleichlichen Einheit Gottes im Begriff des einen göttlichen Wesens und der unvergleichlichen, unvergleichlich heilwirksamen Beziehungswirklichkeit Gottes im Begriff der drei-persönlichen Präsenzwirklichkeit Gottes war die Trinitätslehre in ihren „Eckdaten" erreicht. Alle weiteren begrifflichen Explikationen dienten „nur noch" zur theologischen Sicherstellung dieses trinitätstheologischen Leitgedankens und den vielfältigen Versuchen, das mithilfe der Begriffe Ausgesagte zu verstehen.

E. *Menschliches Gottverstehen?* Lässt sich tatsächlich, wenn auch auf sehr menschliche Weise, im systematischen Zusammenhang verstehen, wie der unermessliche Gott den Menschen in Jesus Christus – gerade in seinem Dasein für die Menschenschwestern und Menschenbrüder bis in den Tod hinein – und durch den Heiligen Geist noch über den Tod hinaus zu neuem Leben gegenwärtig sein konnte? Mit dieser Frage ist nicht nur das nervöse Zentrum der Trinitätstheologie markiert, sondern die elementare Herausforderung der christlichen Theologie durch die menschliche Vernunft von Anfang an ausgesprochen. Nach dem johanneischen Bekenntnissatz „Gott ist die Liebe" (1 Joh 4,7–8) konnte man und kann man – wie oben schon skizziert – versuchen, die Immanenz des unendlich Transzendenten als die Selbstvergegenwärtigung und Selbsthingabe des unendlich Liebenden zu denken, der zuinnerst und bis ins Äußerste Anteil nimmt und an sich Anteil gibt. Der Liebende will den Geliebten nahe sein, sie mit seiner Liebe in ihrem Innersten erreichen und „anstecken". In der Konkretheit des Menschenlebens Jesu von Nazaret kommt er auf sie zu, will er ihnen nahe kommen. Und er will sie in ihrem Innersten – da, wo ihr Selbstsein entspringt – mit dem Geist ergreifen, der Jesus, den Christus, beseelte und seinen Weg führte, damit sie als die zur Freiheit der Geschwister Jesu Christi Befreiten diesem in die Gottesherrschaft hinein nachfolgen. Er will sie durch seinen Geist in die unendliche Fülle der Liebe, die er selbst in seinem Wesen ist, hineinholen und in ihr vollenden: In jener endzeitlich-göttlichen Lebensgemeinschaft, in der sie von Ewigkeit her erwartet werden und willkommen sind.

---

[10] Vgl. Joh 19,34 und die Metapher des aus dem Herzen des Gekreuzigten fließenden Wassers.

5. Gott denken

Es bleibt die Frage: „Muss" man von Gott so sprechen und denken? Müssen wir, die Christen, so von Gott sprechen? „Muss" man die Liebe, die Gott in sich und für uns ist, so „konsequent" als trinitarische Wirklichkeit denken? Vielleicht ist es angemessener zu sagen: Christlich *darf* man Gott so denken – als den, der im Höchsten, das Menschen noch zu denken vermögen, gerade noch erahnt wird;[11] als den, der das Versprechen, das in diesem Gedanken liegt, erfüllen kann und unendlich weit übertreffen wird, weil in ihm ewig-unermesslich Wirklichkeit ist, was dieses Versprechen verspricht. Natürlich kann man einwenden, dass die Konsequenz, die das theologische Bedenken des biblisch Bezeugten zu diesem trinitarischen Gott hinführt, eher menschlichen Denk-Notwendigkeiten und Denk-Möglichkeiten entspringt als der Glaubens-Einsicht in das Göttliche selbst. Und so mag man erwägen, ob Gott nicht doch nur *quoad nos* – in der Beziehung zu den Menschen und deshalb für unser Bekennen und Beten wie für die dem Bekennen und Beten nachdenkende Theologie – trinitarisch sei; ob er im Letzten nicht jenes dem menschlichen Denken schlechthin sich entziehende Geheimnis sei, das von menschlichen Trinitätsgedanken weder erreicht noch als Geheimnis geachtet werde.

Man wird christlich-theologisch einzuräumen haben, dass von Gott hier durchaus menschlich gesprochen wird. Das Geheimnis der göttlich-unendlichen und unerschöpflichen Beziehungswilligkeit und Beziehungsmächtigkeit Gottes wird „mit Hilfe" menschlicher Beziehungserfahrung zur Sprache gebracht: Indem man ihr auf den Grund zu gehen, sie zu denken versucht und so eine Ahnung davon zu gewinnen hofft, wie sich im Geheimnis menschlicher Beziehungswilligkeit und Beziehungsfähigkeit Gottes Unendlichkeit als Verheißung ankündigt. Man kann darüber hinaus einräumen, dass die Trinitätstheologie überall da, wo sie eine einigermaßen nachvollziehbare Sprache gewinnt, doch nichts anderes als das Einbezogensein des nach einer beseligenden Beziehung zum Unendlichen sich ausstreckenden Menschen in das Unendlich-Göttliche zu sagen versucht: Gott als den zur Sprache bringt, der sich dem endlichen Menschen öffnet und mit ihm Gemeinschaft sucht. Wo man dieses Geheimnis der Einbeziehung menschlich zu denken versucht, da drängen sich trinitarische Strukturierungen geradezu auf; etwa nach – *secundum et post* – *Karl Rahner*: Gott ist der verheißungsvolle, sich als Verheißung öffnende *Horizont* aller Horizonte, in den hinein Menschen sich selbst und alles Gegenständliche – alle Objekte ihres Erkennens, Wollens und Handelns transzendieren und als endlich erkennbare und sinnvoll erstrebbare

---

[11] Gott das höchste Denkbare, so formuliert ANSELM VON CANTERBURY (Proslogion 2: Id quo maius cogitari nequit). Anselm lässt freilich keinen Zweifel daran, dass Gott im höchsten Gedanken noch nicht gedacht wird, da er selbst eben doch unendlich größer ist als alles, was gedacht werden kann (Proslogion 15: quiddam maius quam cogitari possit).

Gegenstände wahrnehmen; Gott ist in diesem Sinne das unendliche Woher, Wozu und Woraufhin des Menschen in allen seinen Selbstvollzügen. Gott ist aber auch das *Concretissimum*, in welchem sich – am geschichtlich Widerfahrenden – dieser Unendlichkeitshorizont als die unendlich verheißungsvolle Herausforderung des Menschen erschließt. Gott ist der *Vorgang des Aufschließens* selbst: Indem er sich „zuinnerst" öffnet, schließt er den Menschen für ihn selbst und für das unendlich verheißungsvolle Geheimnis seines Lebens – den unendlichen Gott – auf[12], so wie dieses Geheimnis ihm geschichtlich konkret im Fleisch gewordenen Logos begegnet.

Es ist also schon so: Wenn vom trinitarischen Gott gesprochen wird, wird vom Menschen gesprochen. Aber man wird nicht umhin können einzuräumen, dass sich die Sprache des Glaubens in den großen christlichen Traditionen der „Gott-Rede" – gerade da, wo sie nicht über Gott, sondern zu ihm sprach – durchaus zutraute, *zutreffend* von Gott zu sprechen, wenn sie von Gott, aber gerade zu Gott, trinitarisch sprach. Sie wusste sich zur Antwort herausgefordert und ermächtigt von einem Gott, der sich den Glaubenden nicht als der uneinholbare Horizont entzog, sondern konkret mitteilte, so wenig er aufgrund dieser Mitteilung auch begriffen, durchschaut oder „vereinnahmt" werden konnte. Seine Selbstmitteilung ist ja das Zugänglichwerden einer unendlich verheißungsvollen Herausforderung zur Selbsttranszendenz ins unumgreifbare Geheimnis eines in der Liebe vollendeten Lebens, als die Gottes Geist Menschen ergreift und göttlich lebendig macht. Trinitarische Gott-Rede wusste sich dazu ermächtigt, den „Sohn" Jesus Christus und Gottes guten Geist mit zu nennen, wenn sie Gott anredete. Die Betenden wussten sich auf den trinitarischen Gott bezogen. Und sie wagten es, ihn als die vollkommenste Wirklichkeit höchster *communicabilitas* – höchster SelbstMitteilsamkeit – zu rühmen (*Bonaventura*[13]): Als den, der sich ansprechen lässt, weil er in sich selbst wesentlich Kommunikation ist, sich als ansprechbar erwiesen hat und gerade so höchste Güte ist: Das höchste, sich verströmende Gute.[14] Von dieser doxologischen Wurzel haben sich auch die Versuche, über Gott „in sich selbst" zu sprechen, nie völlig losgelöst, so sehr sie über ihren Distinktionen und Definitionen in Vergessenheit geraten sein mag. Trinitätstheologie bleibt in ihrem theo-logischen Ursprung das Staunen darüber, dass Gott *so* angesprochen werden darf, und die solches Staunen tragende Zuversicht, dass er *zutreffend* so angesprochen wird. Noch in den Spekulationen etwa eines Bonaventura findet ja das Staunen darüber zur Sprache, dass Gott

---

[12] KARL RAHNER hat Ansätze zu dieser Sicht formuliert in: DERS., Grundkurs des Glaubens. Einführung in den Begriff des Christentums, Freiburg-Basel-Wien 1976.

[13] Vgl. BONAVENTURA, Itinerarium mentis in Deum, Cap. VI,2.

[14] Vgl. ebd. VI,2 (optimum … quo nihil melius cogitari potest). Das höchste Gute aber ist für *Bonaventura* in der Tradition des *Dionysius Areopagita* „summe diffusivum … sui" (ebd.). Gott als die unendliche Steigerung des Guten: dieser Gedanke geht zumindest bis *Origenes* zurück. Von Gott und seiner Unermesslichkeit ist zu sagen, „multis longe modis eum *meliorem* esse ab eo quod sensimus necesse est credi" (De principiis I,1,5).

so vollkommen, so das höchste, sich selbst verströmende und mit sich beschenkende, sich „kommunizierende" Gute ist, dass Menschen diese Vollkommenheit als solche wertschätzend erahnen, sich nach dieser Vollkommenheit ausstrecken und ihre Wertschätzung doxologisch zum Ausdruck bringen können.

Die in der Theologie empfundene Notwendigkeit, Gott als *ewig*-vollkommene, trinitarische Wirklichkeit zu denken, war mit der Herausforderung verbunden, die Rede von Gott denkend zu verantworten. Das konnte gewiss nicht heißen, Gottes Dreieinigkeit aus allgemeinen Denk- oder Seinsprinzipien abzuleiten. Aber es musste dargetan werden, wie das Denken Zugang finden kann zum Gedanken einer höchsten vollkommenen Wirklichkeit, die schon deshalb die im menschlichen Selbstverständnis und als Selbstverhältnis gegebene endlich-menschliche Vollkommenheit nicht unterbieten konnte. Wie also wäre Gottes Sein zu verstehen als die in sich differenzierte, dynamische Einheit eines Selbstverhältnisses – als den Menschen gegenüber gewiss unendlich vollkommenere Verwirklichung von Selbstreflexivität? Die Modelle der *Trinitätsspekulation* bei *Augustinus* und über *Thomas von Aquin, Bonaventura, Nikolaus von Kues* bis zu *Hegel* versuchten, diese Denkverpflichtung einzulösen: Gottes Dreieinheit musste denkbar sein, wenn der Gottesglaube nicht von vornherein dem Denken und Wissen feindlich sein sollte.

Die augustinische Tradition dachte die dynamisch-reflexive Dreieinheit Gottes von der Selbsterfahrung des Menschen her, der seine höchste Vollkommenheit in der erkennenden Selbstaffirmation („Selbst-Liebe") des Geistes erreicht, die allem anderen Erkennen und Wollen gleichsam transzendental zugrunde liegt. Die bei *Richard von St. Viktor* und *Bonaventura* ausgebildete Alternativposition machte geltend, dass der erkennend-liebende Selbstvollzug des absoluten Geistsubjektes immer zugleich sich zuinnerst öffnender Bezug zum Anderen ist und darin den normativen Bezug zu einem höchsten Gut realisiert, welches sich in diesem primordial-zweifachen, ursprünglich miteinander gegebenen und aneinander gebundenen Selbst- und Anderer-Bezug – in der Teilnahme am Anderen und in der ihm gewährten Selbst-Anteilgabe – ereignen soll. Beide Modelle rechtfertigen auf je ihre Weise die Ahnung des Glaubens, dass Gott *in sich* schon der ist, als der er sich in der Lebens- und Liebesgemeinschaft mit den Menschen erweist und erschließt: Dynamisch-trinitarische Einheit, die „zuinnerst bereit" ist, sich auf Mitgeliebt-Mitliebende[15] hin zu öffnen, um sich ihnen mitzuteilen.

Das „augustinische" Modell, das ganz vom *Selbst*-Vollzug des absoluten Geistes her und auf diesen hin denkt, scheint dem strengen Monotheismus stärker verpflichtet zu sein. Aber auch das deutlicher interpersonal akzentuierende Modell bleibt monotheistisch, solange es *prinzipientheoretisch* denkt

---

[15] Vgl. JOHANNES DUNS SCOTUS, der davon spricht, Gott habe die Menschen geschaffen, da er „vult alios habere condiligentes" (weil er andere Mitliebende haben wollte); Ordinatio III, d. 32, q. unica, n. 6.

und so die Einheit eines göttlichen Prinzips alles Wirklichen zur Geltung bringt. Das eine *Principium* aller Wirklichkeit ist die ewig-ursprüngliche, schöpferische Wirklichkeit des höchsten Guten, das es selbst ist und sich als solches vollzieht, indem es sich öffnet,[16] sich mitteilt und an sich Anteil gibt. Es ist seines Anderen fähig, fähig, es sein zu lassen und zugleich so mit ihm, für es, ja in ihm dazusein, dass das Andere dadurch tatsächlich es selbst werden kann; auf den Menschen hin gesagt: Sich selbst und seine Erfüllung aktiv empfangendes Subjekt sein kann. Dieses „christologische" Mit- und „pneumatologische" In-Sein Gottes im Menschen ist Gott nicht äußerlich, ist vielmehr sein Wesensvollzug, die seine Wirklichkeit und so auch seine geschichtliche Präsenz ausmacht. Das könnte menschlich-allzumenschlich und doch nicht unzutreffend so gesagt werden: Gott bezieht sich in sich selbst „ewig-wesentlich" auf *sich selbst* – auf den sich Beziehenden (den Vater) –, auf das höchste Gut, *als* das er sich selbst vollzieht (auf den Gottesgeist, in und aus dem er das höchste Gute ewig-vollkommen verwirklicht) und *auf* das unendliche, innerste Geöffnetsein seines Selbstvollzugs, auf die Mitteilbarkeit und Mitvollziehbarkeit seines Gutseins (den Sohn). In der Geschichte seiner Selbstmitteilung erweist Gott sich seines nicht-göttlichen Anderen – des Menschen – fähig: Ihm zugute nimmt er am Menschsein im Sohn Anteil, ohne damit sein Gottsein aufzugeben, und gibt er den Menschen im Geist an sich Anteil, damit die Menschen sie selbst und des höchsten Guten teilhaft werden können.

Muss man so von Gott sprechen, so spekulativ-überschwänglich? Man darf als Christ so sprechen. Und es wird jetzt vielleicht deutlich, warum diese Wendung, man müsse nicht, aber man *dürfe* so sprechen, mehr ist als ein theologischer Trick und eine Verharmlosung der trinitarischen Bekenntnisses im interreligiösen Gespräch oder gar die Verflüchtigung normativer kirchlicher Lehre ins unverbindlich Mögliche: Gott darf so angesprochen, von ihm darf so gedacht und geredet werden, weil man ihm die „höchsten Namen" (*Dionysius Areopagita*) beilegen und ihn – als von ihm erwählter, vertrauter Freund und

---

[16] Ich bevorzuge die dem prinzipientheoretischen Sprachgebrauch nähere Metapher des Geöffnetseins gegenüber den etwa von *Hans Urs von Balthasar* verwendeten Metaphern der Selbsthingabe bzw. Selbstweggabe, die das paulinisch-christologische Motiv der Kenosis als innergöttlichen Wesensvollzug herausstellen wollen, oder auch gegenüber der Metapher der Selbstzurücknahme Gottes, wie sie in der kabbalistischen Mystik als *Zimzum* gedacht worden ist; bei von Balthasar vgl. DERS., Theodramatik, Bd. III: Die Handlung, Einsiedeln 1980, 297-309. Dass auch die Rede vom Geöffnetsein trotz ihrer prinzipientheoretischen Intention noch metaphorisch bleibt, gäbe Anlass zu sehr grundsätzlichen Überlegungen, welche die Hermeneutik theologischen Sprechens insgesamt zum Gegenstand haben müssten. Hier nur so viel: „Treffende" und als solche auch verstandene Metaphern geben dem Sprechen und Glauben Raum für das *Unendlich Mehr und Höher* der Wirklichkeit Gottes gegenüber allen menschlichen Erfahrungen (hier des Geöffnetseins und der dadurch ermöglichten Präsenz für…). Treffend könne die Metaphern gleichwohl darin sein, dass sie das *Unendlich Mehr* vom *Ganz Anders* oder gar vom *Weniger* abgrenzen und die metaphorische Rede so semantisch gehaltvoll machen.

erwählte, vertraute Freundin (vgl. Joh 15,15) – als den vollkommen Guten wertschätzen, dieses Wertschätzen aber auch denkend verantworten darf: Den dreieinen Gott als den unendlich Vollkommenen zur Sprache bringen darf, der denkend erahnt werden kann als der noch unendlich Größere und Bessere zu aller menschlichen Vollkommenheit. Er kann und soll so *angebetet* werden: Als das unermessliche Geheimnis, dem sich Leben und Denken des Menschen anvertrauen dürfen; in dem sie sich verlieren dürfen, weil sie in ihm nicht untergehen, sondern von ihrer gerade noch erahnten, ersehnten Vollendung ergriffen werden. Das betend-denkende Erahnen des Geheimnisses bleibt aber nicht etwa zurück hinter den Notwendigkeiten, in denen menschliches Denken sich selbst gründet. Es wagt sich noch über das „nur Notwendige" – unabdingbar Vorauszusetzende – hinaus in das unermesslich-unumgreifbar vor ihm Liegende – von seiner „Schönheit" angezogen, hineingezogen in die Anbetung, die sich das Unausdenkbare nahe gehen und sich von ihm berühren lässt. Wenn noch die Spekulation zurückfindet zur Anbetung dessen, der so überwältigend und freigebend, so unergründlich und unerschöpflich-siegreich sich selbst mitteilende Liebe ist, wird sie davor gefeit sein, sich rechthaberisch gegen andere Formen der Gott-Anrede in Szene zu setzen.

Wenn man *glaubt*, so reden, Gott so anbeten zu dürfen, wird man sich verteidigen gegen Einwände, die das Recht und die Möglichkeit bestreiten, mit Vernunft so zu reden; wird man das Gemeinte erläutern, so dass es weniger missverständlich zur Sprache kommen kann. Aber man wird sich nicht zum Richter über jene machen, die der Überzeugung sind, so nicht beten und von Gott sprechen zu dürfen. Und man wird immer im Blick behalten müssen, dass Gott unendlich größer ist als das in menschlichen Begriffen aufgrund menschlich-endlicher Erfahrung zur Sprache Gebrachte. Hier gerät Trinitätslehre an ihre unüberschreitbare theo-logische Grenze. Es ist keine einschüchternde, menschliches Denken und Reden demütigende Begrenzung, sondern als Grenze eine zutiefst verheißungsvolle Herausforderung: Das unendliche Mehr Gottes wird auf Seine Weise herausbringen, wie das trinitarische Reden von Ihm zutrifft und übertroffen wird, wie Er es übertreffen und eschatologisch wahr machen wird. Soviel an „eschatologischem Vorbehalt" wird man christlich-theologisch – und so eben auch in die Trinitätslehre – immer einzubringen haben. Islam und Judentum mögen das als Selbstrelativierung des christlichen Bekenntnisses wertschätzen können. Die Christen selbst sehen darin die Glaubens-Rückbindung an einen Gott, in dessen unendlich-unermesslichem Mehr sie sich mit ihrer menschlich-allzumenschlichen Theologie gut aufgehoben und im besten Sinn des Wortes überboten wissen.

CEMIL ŞAHINÖZ

Trinitätslehre im Verständnis des Islam

Aus Sicht der Muslime scheint es schwierig zu sein, die Trinitätslehre als Monotheismus zu begreifen. Ein Gott, der in drei Personen verehrt wird, scheint für den Islam, in dem ein radikaler Monotheismusgedanke vertreten wird, problematisch zu sein. Daher stellt sich im muslimischen Diskurs immer wieder die Frage, ob die christliche Dreifaltigkeit nicht im Gegensatz zum Monotheismus steht und daher eine tritheistische Lehre sei. Die Argumentation, die viele Muslime an dieser Stelle verfolgen, und die Problemlagen in dieser Diskussion sollen hier kurz skizziert werden.

1. Jesusvorstellung im Islam und die Trinitätslehre

Bekannt ist, dass Muslime, Christen und Juden alle ihren Ursprung auf Abraham zurückführen. Ihre drei Propheten sind direkte Nachkommen der Söhne Abrahams - Muhammed über den ältesten Sohn Ismael; Moses und Jesus über Isaak.

Ein hervorstechender Aspekt des islamischen Glaubens an das Prophetentum ist, dass die Muslime an mehrere Gesandte Gottes glauben.[1] Sie gehen davon aus, dass alle Propheten vom gleichen Gott gesandt wurden. Ziel und Zweck waren immer gleich: Die Menschheit zu Gott zu leiten. Daher gilt Muhammed weder als der erste noch der einzige Prophet für die Muslime. Weder Muhammed noch Jesus kamen, um die grundsätzliche Lehre des Glaubens an den einen Gott zu ändern, die von den früheren Propheten gebracht worden war, sondern sie bestätigten und erneuerten sie.

In diesem Kontext ist die Rolle des Propheten Jesus für die Trinitäts-Diskussion wichtig. Die qur'ānische Darstellung von Jesus weist nachdrücklich die Vorstellung der Gottheit Jesu zurück und wehrt sich auch gegen die Bezeichnung als „Gottes Sohn". Zugleich stellt sie ihn als einen der großen Propheten Gottes vor. Der Qur'ān macht klar, dass die Geburt Jesu ohne Vater ihn nicht zu Gottes Sohn macht und erwähnt in diesem Zusammenhang Adam, der von Gott ohne Vater und Mutter erschaffen wurde.[2] Über seine Geburt, welche als Wunder bezeichnet wird, wird ausführlich im Qur'ān berichtet (Q 3:45-55). Auch wird berichtet – so zumindest die gängige Auslegung –, dass Jesus nicht am Kreuz starb (vgl. Q 4:157). Er vollbrachte mit Gottes Hilfe als Prophet viele Wunder, u.a. konnte er gleich nach seiner Geburt sprechen, um

---

[1] Vgl. Q 2:136; 3:84.
[2] „Wahrlich, Jesus ist vor Gott gleich Adam. Er erschuf ihn aus Staub. Dann sprach Er zu ihm: "Sei!", und er war." (Q 3:59)

seine Mutter zu verteidigen und ihre Frömmigkeit zu bestätigen. Gott gab ihm noch andere Fähigkeiten wie z.B. das Heilen von Blinden und Kranken, das Wiedererwecken von Toten, das Formen eines lebendigen Vogels aus Ton und das Wichtigste: Er gab ihm eine Botschaft an die Menschen. Diese Wunder, die ihm Gott gab, bestätigten ihn als Propheten.[3] Zudem wird Maria im Qur'ān als einzige Frau mit Namen erwähnt, und es wird betont, dass sie eine Jungfrau war. So wird sowohl sie als auch Jesus in Schutz genommen und besonders gewürdigt.

Der wichtigste Vers im Qur'ān, auf den die Muslime in der Diskussion zur Trinität hinweisen, ist folgender:

> Ihr Buchbesitzer! Geht nicht zu weit in eurer Religion, und sagt nur die Wahrheit über Gott! Siehe, Christus Jesus, Marias Sohn, ist der Gesandte Gottes und sein Wort, das er an Maria richtete, ist Geist von ihm. So glaubt an Gott und seine Gesandten und sagt nicht: «Drei.» Hört auf damit, es wäre für euch besser. Denn siehe, Gott ist *ein* Gott; fern sei es, dass er einen Sohn habe. Sein ist, was in den Himmeln und auf Erden ist. Gott genügt als Anwalt. (Q 4:171)

In dieser Passage wird deutlich, dass Jesus laut Qur'ān lediglich ein Prophet ist. Er sei der Messias und der Sohn der Maria, aber nicht Sohn Gottes. Jegliche Form einer Vergöttlichung des Propheten Jesus wird abgelehnt. Gott sei nur einer und Jesus habe eben diesen Monotheismus verkündet. Eine theologische Parallele hierzu kann direkt mit der Bibel hergestellt werden: „Höre, Israel, Jahwe, unser Gott, Jahwe ist einzig." (Dtn 6,4) Laut dem Lukasevangelium werfe sich Jesus nur vor den einen Herrn nieder, vor den allein man sich niederzuwerfen habe (vgl. Lk 4,8). Auch zu seiner Prophetenschaft findet man in der Bibel Parallelen: „Und das Wort, das ihr hört, stammt nicht von mir, sondern vom Vater, der mich gesandt hat." (Joh 14,24) Dass das Wort nicht von ihm selbst stammt, ist für die Muslime ein Merkmal aller Propheten. Aus dieser Textstelle und den Wortlauten „nicht von mir" und „der mich gesandt hat" leiten sie ab, dass Jesus nicht Gott selber sein kann. Ansonsten müsste er zwei verschiedene Persönlichkeiten gleichzeitig sein.

Des Weiteren steht laut *Hamideh Mohagheghi* die monotheistische Verkündigung Jesu im Widerspruch zur kirchlichen Christologie, wonach Jesus vergöttlicht werde.[4] Hierfür zitiert sie aus dem Judasbrief: „Ihm, der uns durch Jesus Christus, unseren Herrn, rettet, gebührt Herrlichkeit, Hoheit, Gewalt und Macht vor aller Zeit und jetzt und für alle Ewigkeit." (Jud 1,24f) Demnach dürfe Jesus nicht als Gott verstanden werden. Dass Jesus – auch laut dem Qur'ān – Wunder gezeigt hat, mache ihn nicht zu Gott, da er keine Schöpferfähigkeiten besäße. Demnach ist Jesus im islamischen Verständnis kein Messias im christlichen Sinne oder Gottessohn, sondern lediglich eine herausragende Persönlichkeit, die als Prophet auftritt und das Wort Gottes gemäß der

---

[3]   Q 2:87; 2:253, 5:110

[4]   Vgl. HAMIDEH MOHAGHEGHI, Trinität – Dreifaltigkeit. Eine muslimische Perspektive. In: Una Sancta, Zeitschrift für ökumenische Begegnung 64 (2009) 62-72, hier 57.

Schrift verkündet und erfüllt.[5] Wenn nach dem Prinzip, dass kein Vater bekannt ist und daraus Gott als Vater bezeichnet wird, entschieden wird, müsse laut Mohagheghi auch Adam als Sohn Gottes bezeichnet werden. Denn schließlich sei auch Adam vaterlos – und sogar mutterlos.[6]

2. Replik zu Jürgen Werbick

Mit Beachtung dieses Kontextes im Hintergrund und mit Blick auf Jürgen Werbicks Artikel in diesem Band ergeben sich aus der muslimischen Gottes- und Jesusvorstellung verschiedene Problematiken:

Die im Text von Jürgen Werbick zum Ausdruck kommende Demut vor dem Einen ist für einen Muslim sehr überzeugend. Zugleich kann aber der Schöpfer laut dem islamischen Verständnis nicht in dieser Art und Weise gesehen werden. Der *ḫalīfa* (der Mensch) ist zwar von Seiner liebenden Barmherzigkeit, die Er sich selbst vorschrieb, umfasst, aber sie findet nicht ihren Ausdruck im mit-leidenden Kreuzestod. Dass Sein Einwirken und Sein mitleidender Kreuzestod notwendig seien, um die Sünden der Menschen zu tilgen, wäre, qur'ānisch gesehen, ein Zweifel an seiner unendlichen, immer schon gegebenen Barmherzigkeit. Der Ihm sich ergebende und seiner Rechtleitung folgende *ḫalīfa* bedarf trotz seiner Neigung zur Sünde dieses Aktes nicht. Dieser Akt wäre eine Bindung der Barmherzigkeit Gottes an ein kontingentes geschichtliches Ereignis und damit eine Begrenzung seiner Barmherzigkeit (beispielsweise vor diesem Ereignis). Der Gedanke aber, dass Seine Barmherzigkeit eine Grenze habe, ist für Muslime nicht vorstellbar.

Dieses Eingreifen wird in der Literatur mit „Liebe"[7] erklärt. Jürgen Werbick schreibt hier von der „Schwäche Gottes für die Menschen." Daher leitet er ab, dass Gott die Gerechtigkeit in dieser Welt anbahnen musste. Hieraus leiten sich aber gleich zwei Problemlagen für den Islam ab:

A) Dass das Anbahnen der Gerechtigkeit der qur'ānischen Rechtleitung des Menschen widerspricht, wonach die Ungerechtigkeit oder Gerechtigkeit auf Erden vom Menschen selbst hergestellt wird, was ein Teil seiner Prüfung ist.

B) Dass Gott keinerlei Schwächen empfindet, da dies keine Eigenschaft von einem Schöpfer ist, sondern von Geschöpfen.

---

[5] MOHAGHEGHI, Trinität – Dreifaltigkeit, 56; vgl. MICHAEL SENDKER, Die Trinitätslehre – Tritheismus oder Dreifaltigkeit. Die Trinität aus Sicht des Islam und des Christentum, Münster 2009, 4ff.

[6] MOHAGHEGHI, Trinität – Dreifaltigkeit, 60.

[7] Im muslimischen Diskurs fällt oft die Argumentation, dass in der christlichen Theologie Gott auf das Wort „Liebe" reduziert wird. Der im islamischen Kontext verwendete Begriff „Barmherzigkeit" ist nur ein Aspekt Gottes unter vielen.

Inwieweit kann man es als Monotheismus verstehen, wenn sich eine Einheit in drei verschiedenen Varianten „zeigt" oder „öffnet", wo doch dann diese Einheit abhängig vom Raum sein muss? Der Mensch gewordene Logos würde in Jesus demnach nur einen Teil der Geschichte und der Menschheit einschließen, nämlich das Alte Israel. Gottes heilsame Gegenwart für die Menschen wäre damit historisch und räumlich begrenzt. Was ist aber mit den Menschen, die außerhalb von Israel leben oder gar vor Jesus lebten? Wird hier Gottes Wort an die Menschen nicht in unzulässiger Weise regional begrenzt? Auch diese Vorstellung steht im Widerspruch zum Islam, da Gott aus muslimischer Sicht nicht nur im Qur'ān spricht, sondern zu allen Zeiten Propheten berufen hat und durch sie seine gute Botschaft an die Menschen schickt.

Eine andere Frage, die sich in dieser Diskussion immer wieder für Muslime stellt, ist die, wie es sein kann, dass Gott in seiner eigenen Schöpfung existiert. Ist es nicht ein eklatanter Verstoß gegen die Transzendenz Gottes, ihn in einem Geschöpf zu sehen? Sicher ist Jesus von Nazaret aus christlicher Sicht erst einmal Inkarnation des Logos Gottes, so dass auch innerchristlich umstritten ist, ob man ihn als Gott bezeichnen kann. Aber nach meiner Beobachtung sprechen Christen doch immer wieder von Jesus als Gott, weshalb sich mir die Frage stellt, ob hier Gott nicht vergleichbar wird mit Seiner eigenen Schöpfung. Er wäre damit gewissermaßen Seine eigene Schöpfung in Seiner eigenen Schöpfung und das als „Person", was nicht nur aus muslimischer Sicht paradox zu sein scheint. Aus christlicher Sicht scheint diese paradoxe Grunderfahrung der Begegnung mit Gott in Jesus von Nazaret notwendig zu sein, um das Wesen Gottes als Liebe zu begreifen. Aber macht diese Rede nicht Gott selbst zu einer Schöpfung, die eines Schöpfungsaktes bedarf? Das wäre ein widersinniger Gedanke, weil Gott aus muslimischer und philosophischer Sicht keines Schöpfungsaktes bedarf.[8] Er existiert aus Sich selbst heraus. Doch selbst wenn man wegen der Präexistenz des Logos diese Paradoxie meint vermeiden zu können, fragt sich, wieso Jesus von Nazaret so entscheidend für die Wesenserschließung Gottes sein soll. Laut der islamischen Theologie ist die gesamte Schöpfung ein Zeichen Seines Wesens. Daher bedarf es nicht dieser einen Berührung von Gott und Mensch, um von Gott sprechen zu können.

3. Fazit

Jürgen Werbicks Artikel schafft es, die Sicht des „christlichen Monotheismusverständnisses" für Muslime klar und deutlich zu machen. Mit diesen Krite-

---

[8] „Sprich: 'Er ist Allāh, ein Einziger, Allāh, der Absolute (Ewige Unabhängige, von Dem alles abhängt). Er zeugt nicht und ist nicht gezeugt worden, und Ihm ebenbürtig ist keiner.'" (Q 112).

rien des Monotheismus scheint die Trinitätslehre in der Tat ein Monotheismus zu sein. Aus muslimischer Sicht bleibt diese Art des Monotheismus gleichwohl weiter kritikwürdig. Der Hauptursprung dieser Kritik liegt im unterschiedlichen Gottes- und Prophetenverständnis, also an den Kriterien. Der Gottesbegriff im Christentum unterscheidet sich vom muslimischen Verständnis eines Schöpfers. Es wird zwar von ein und demselben Gott gesprochen, die Vorstellungen aber, was es für ein Gott ist, welche Attribute er hat, was sein Handeln ist etc., unterscheiden sich. Diese unterschiedlichen Herangehensweisen führen dazu, dass die Trinitätslehre aus muslimischer Sicht nicht als geglückte Artikulation des Monotheismus gesehen wird. Denn zu sehr scheinen hier nicht „drei Erscheinungsformen des Einen" expliziert zu werden, sondern drei unterschiedliche Gottheiten – in Form von Vater-Sohn-Heiliger Geist.

Die Lehre von der Trinität beinhaltet also einen Gottesbegriff, der mit dem „islamischen Monotheismus" nicht konform zu gehen scheint. Die Argumentationsweise der Muslime ist in diesem Fall in fast allen Punkten gleich: Der in der Trinitätslehre entstehende Gottesbegriff ist dem monotheistischen Gottesbegriff des Islam fremd. Der „Gott der Trinitätslehre" beinhaltet nicht die Merkmale eines Einen Schöpfers, so wie es im Qur'ān beschrieben wird. Der Monotheismus-Gedanke des Islam scheint daher nicht kompatibel mit dem Monotheismus des Christentums zu sein.

KLAUS VON STOSCH

Streit um die Trinität

Die Frage nach der rechten Ausgestaltung der Trinitätstheologie ist einer der ältesten Streitpunkte im Christentum. Er ist so umstritten, dass sogar darüber gestritten wird, ob man darüber streiten sollte. Bis heute gibt es nicht wenige Christen, die mit dem trinitarischen Glauben nicht viel anfangen können und ihn einfach als Mysterium hinnehmen wollen. Auf der anderen Seite gibt es aber auch viele Theologen, die gerade in der Trinitätstheologie den Schlüssel für christliche Theologie überhaupt sehen und von ihm ausgehend alle Themen der christlichen Glaubenslehre verständlich machen wollen.[1] Manche versteigen sich sogar zu der Aussage, dass es nur mit der Trinitätstheologie möglich ist, überhaupt sinnvoll von Gott zu sprechen[2] und dass erst von der Trinität her die entscheidenden Argumente neuzeitlicher Religionskritik abgewehrt werden können.[3] Allerdings ist dabei wiederum umstritten, wie die Trinitätstheologie genau zu denken und zu formulieren ist, damit sie diesen Dienst leisten kann.

Um hier klarer zu sehen, will ich in dem nachfolgenden Beitrag einige der wichtigsten Debattenbeiträge zur Trinitätstheologie der letzten Jahre miteinander ins Gespräch bringen, um auf dieser Basis eine Klärung der theologischen Theoriebildung zu erreichen. Auf diese Weise will ich auch die in diesem Band jeweils ausführlich vorgestellten trinitätstheologischen Positionen würdigen und einordnen. Erst auf der Grundlage einer solchen präzisen Wahrnehmung der innerchristlichen Diskussionslage scheint mir ein muslimisch-christliches Gespräch zu dieser Theoriebildung fruchtbar zu sein.

Bevor ich in die Vorstellung der verschiedenen trinitätstheologischen Positionen einsteige, will ich die gemeinsame Ausgangsbasis aller Theorien verdeutlichen. Jede christliche Rede von der Trinität hat ihren Ausgangspunkt in der heilsgeschichtlichen Erfahrung. Es geht um die Erfahrung, dass uns einerseits in Jesus von Nazaret tatsächlich in unüberbietbarer Weise die Zusage Gottes erfahrbare Wirklichkeit wird, so dass die Vollmacht seines Rufs in die Nachfolge erst richtig gewürdigt wird, wenn er als Wesenswort Gottes erkannt wird. Andererseits geht es darum, dass die Macht der Liebe und die Nähe der Gottesherrschaft, die in Jesus hereinbricht auch nach seinem Tod erfahrbare Wirklichkeit bleibt und die Jünger und Jüngerinnen Jesu bis heute mit der Kraft ausstattet, die in Jesus erfahrbare Menschenfreundlichkeit Gottes in der Welt präsent zu halten. Aus christlicher Sicht ist es also so, dass der Geist Jesu

---

[1] Vgl. GRESHAKE, Der dreieine Gott.
[2] Vgl. SCHÄRTL, Theo-Grammatik, 152: „Von Gott reden können wir nur, wenn und weil Gott trinitarisch ist."
[3] Vgl. KASPER, Der Gott Jesu Christi, 381f.

auch nach seinem Tod erfahrbare Wirklichkeit bleibt und die ihm Nachfolgenden von innen ergreift und verwandelt. Dieser doppelten Erfahrung
einerseits von Gott in Jesus gerufen zu sein und andererseits bleibend von
demselben Geist ergriffen zu sein, der auch die Gemeinschaft mit Jesus trägt,
ist es geschuldet, dass Christen davon sprechen, dass Gott sich in zweierlei
Weise den Menschen mitteilt: als herausforderndes Zusagewort – normativ
Wirklichkeit geworden in Jesus von Nazaret – und als bleibende innere Wirklichkeit der dieses Zusagewort erkennenden und verbreitenden Liebe, in
christlicher Terminologie in der Geistwirklichkeit Gottes bzw. im Heiligen
Geist. Gott als Ursprung des Rufs, der mir im Logos herausfordernd entgegen-
tritt, und der Liebe, die mich im Geist ergreift und verwandelt, ist ein abgrün-
diges Geheimnis, das nur deswegen Vater genannt werden darf, weil Gott
selbst uns in seinem Logos zu dieser Anrede ermächtigt.

Die Rede von Gott als Vater, Logos und Heiligem Geist ist also zunächst
einmal nichts weiter als eine Auslegung der christlichen Erfahrung, von Gott
in Jesus gerufen und auch nach seinem Tod nicht im Stich gelassen zu sein.
Diesem Zeugnis dürften auch Muslime nicht fundamental misstrauen, wenn
sie sich bewusst machen, dass auch der Qur'ān Jesus wiederholt als Wort
Gottes würdigt (4:171; 3:45) und dass auch im Qur'ān Jesus vom Geist Gottes
begleitet wird (26:192f.), der Geist Gottes es ist, der die Menschen stärkt
(58:22) und Gottes Geist seine Mitteilung an die Menschen vermittelt (97:4).
Und in diesem Zeugnis sind sich eigentlich alle Christen einig und auch alle
theologischen Entwürfe zur Trinitätstheologie gehen von diesem heilsgeschichtlichen Bezugspunkt aus.

Der Streit beginnt erst, wenn versucht wird, diesen erfahrungsbezogenen
Ausgangspunkt zu Wesensspekulationen über das innertrinitarische Sosein
Gottes zu nutzen. In dieser sogenannten immanenten Trinitätstheologie haben
sich – wie auch in diesem Band deutlich wird – unterschiedliche theologische
Schulen entwickelt, die ich im Folgenden näher in den Blick nehmen will.
Dabei verzichte ich auf eine allgemeine Übersicht über die Debattenlage, weil
diese schon von Thomas Schärtl und Bernhard Nitsche in diesem Band geleistet wurde, und steige direkt mit einer Diskussion der sozialen Trinitätstheologien ein (1.). Denn diese Form der Trinitätstheologie dürfte es sein, die im
muslimisch-christlichen Gespräch besondere Schwierigkeiten bereitet. Danach
will ich wenigstens kurz auf monosubjektive Trinitätstheologien eingehen und
insbesondere die ja auch in diesem Band zusammengefassten Diskussions-
beiträge Thomas Schärtls und Jürgen Werbicks in den Blick nehmen (2.).
Schließlich versuche ich in Auswertung der muslimischen Beiträge in diesem
Band einige Folgerungen für das muslimisch-christliche Gespräch zu ziehen
(3.).

1. Soziale Trinitätstheologien auf dem Prüfstand

Als soziale Trinitätstheologien bezeichne ich alle trinitätstheologischen Entwürfe, die von drei Subjekten, Freiheiten und/ oder Selbstbewusstseinen in Gott sprechen und dadurch eine Art soziales Miteinander in Gott zu denken scheinen. Ihr Kennzeichen besteht darin, dass sie den Personenbegriff innertrinitarisch im Sinne seiner seit der Neuzeit entstandenen Bedeutung verwenden. Dagegen scheint es mir kein charakteristisches Kennzeichen sozialer Trinitätstheologie zu sein, dass hier „die Differenz zwischen den trinitarischen Personen als so groß gedacht wird, dass die Differenz von Gott und Welt demgegenüber fast (vernachlässigbar) klein erscheint.„[4] Denn zum einen kommt man vom Begriff unterschiedlicher Freiheiten nicht so leicht zu dieser Art der je größeren Differenz in Gott und zum anderen ist die Frage, wie die Differenz zwischen Gott und Welt zu denken ist, eine Herausforderung, die auch aus der Perspektive monosubjektiver Trinitätstheologie bedacht werden muss.

a) Argumente für soziale Trinitätslehren[5]

Die Attraktivität sozialer Trinitätstheologien liegt zunächst einmal darin, dass sie Gottes Wesen als Liebe einsichtig zu machen versprechen. Wenn Gott nicht nur Liebe *haben*, sondern Liebe *sein* soll, scheint es unausweichlich zu sein, Gott in sich als interpersonales Liebesgeschehen zu konzipieren. Da Liebe eine Mehrzahl von Personen braucht, insofern die Liebe zu einem Du immer größer ist als die Liebe zu mir selbst, scheint es auch Ich und Du in Gott geben zu müssen, wenn Gott vollkommene Liebe sein soll. Gerade dieser Gedanke ist es, der den Gedanken mehrerer Freiheiten in Gott nahelegt – und er wird auch bei Thomas Schärtl in seinem ersten Modellschema sehr treffend zusammengefasst.

Einen weiteren Anknüpfungspunkt für die soziale Trinitätslehre sehen manche Theologen in einer Art sozialpolitischer Dimension der trinitarischen Gottrede – etwa dann, wenn beispielsweise bei Moltmann und Boff das Zueinander der innertrinitarischen Personen als Modell für einen hierarchie-freien, Andersheit wertschätzenden zwischenmenschlichen Umgang verstanden wird.[6]

---

[4] Siehe den Aufsatz „Trinität, Einheit und Eigenschaften Gottes" von THOMAS SCHÄRTL in diesem Band, 33.

[5] In den folgenden beiden Unterabschnitten nehme ich teilweise wörtlich einige Gedanken aus meinem Artikel „Drei Religionen – Ein Gott?" auf.

[6] Vgl. nur LEONARDO BOFF, Der dreieinige Gott, Düsseldorf 1987, 112: „Alles ist in ihnen (den drei Personen; Vf.) gemeinsam und wird einander mitgeteilt, außer dem Unmitteilbaren: dem, was sie voneinander unterscheidet. Der Vater ist ganz im Sohn und im Heiligen Geist; der Sohn ist ganz im Vater und im Heiligen Geist; der Heilige Geist ist ganz im Vater und im

Ein drittes Argument für soziale Trinitätslehren besteht in der biblisch bezeugten Selbstunterscheidung Jesu von seinem himmlischen Vater. Diese Selbstunterscheidung müsse aber – so argumentieren vor allem Georg Essen und Magnus Striet in ihren Beiträgen – ihren Grund in der Selbstunterscheidung des Logos vom Vater haben, wenn Inkarnation ernst genommen werden soll. Es müsse deshalb verschiedene Personen bzw. verschiedene Subjekte in Gott geben. „Wenn" – so Walter Kasper in einer viel zitierten Formulierung – „die göttlichen Hypostasen in Gott keine Subjekte sind, können sie auch in der Heilsgeschichte nicht als Subjekte sprechend und handelnd auftreten."[7] Das Problem bei dieser Argumentation ist allerdings der Heilige Geist, der in der Bibel kaum als eigenes Subjekt auftritt und sich jedenfalls nicht in Selbstunterscheidung vom Vater absetzt.[8] Dennoch bleibt es richtig, dass die Freiheitsdifferenz zwischen Jesus und Gott auch innertrinitarisch eingeholt werden muss.

Von daher sprechen alle drei angeführten Argumente dafür, den innertrinitarischen Personenbegriff stark zu machen und die Rede von den drei Personen im Wesen des einen Gottes im Sinne des neuzeitlichen Personenbegriffs zu deuten. Dies ist deswegen bemerkenswert, weil es lange Zeit in der Entfaltung christlicher Trinitätstheologien als selbstverständlich galt, dass mit dem innertrinitarischen Personenbegriff etwas völlig Anderes gemeint ist, als das, was wir in unserer Alltagssprache mit Person meinen. Person bedeute eben – so die Vertreter der lateinischen bzw. monosubjektiven Trinitätstheologie bis heute – so etwas wie Seins-, Existenz- oder Gegebenheitsweise, dürfe aber nicht als selbständiges und vor allem nicht als selbstbewusstes Aktzentrum gedeutet werden. Dagegen schließen die Vertreter der sozialen Trinitätstheologie bewusst an den neuzeitlichen Personenbegriff an und müssen dann von den innertrinitarischen Personen auch so etwas wie Freiheit und Selbstbewusstsein aussagen. Kann man aber drei Freiheiten oder drei Bewusstseinszentren in Gott annehmen, ohne die Grenze zum Tritheismus zu überschreiten? Kann man wirklich annehmen, dass es mehrere Iche in Gott gibt, dass also das eine selbstbewusste Ich zum anderen Du sagen und sich für dieses Du entscheiden kann, ohne dass dadurch der Glaube an den einen und einzigen Gott aufgegeben wird?

Sohn. Von daher beziehen wir die Utopie der Gleichheit, die die Unterschiede achtet, der vollen Gemeinschaft und der gerechten Beziehungen für Gesellschaft und Geschichte." Diese Position fasst Schärtl in seinem Modellschema 2 zusammen.

[7] WALTER KASPER, Der Gott Jesu Christi, Mainz 1982, 368, zit. n. GRESHAKE, Streit um die Trinität, 535.

[8] Vgl. WERBICK, Gott verbindlich, 625.

b) *Freiheitsanalytische Aneignung des innertrinitarischen Personenbegriffs*

Wurde unter Vertretern sozialer Trinitätstheologien an dieser Stelle lange Zeit äußerst vorsichtig formuliert, um das monotheistische Grundbekenntnis nicht zu gefährden, so haben Gisbert Greshake, Magnus Striet und Georg Essen in den letzten zehn Jahren in profilierter Weise die Position vertreten, dass man von drei Freiheiten in Gott sprechen dürfe, denen jeweils auf unhintergehbare Weise Selbstbewusstsein eigne. Die Positionen Striets und Essens haben dabei deswegen in besonderer Weise Anstoß erregt[9], weil beide auch noch explizit darauf bestehen, dass die Rede von Selbstbewusstseinen, Freiheiten und Personen in Gott nicht nur in analoger, sondern in univoker Weise zu verstehen sei.[10]

Doch ehe ich auf diese Besonderheit eingehe, will ich kurz ihre Grundposition einer freiheitsanalytischen Aneignung des innertrinitarischen Personenbegriffs und seine Anwendung auf die immanente Trinitätslehre erläutern. Ihre Grundthese besteht wie gesagt darin, dass „in Gott mit drei Freiheiten und damit auch mit drei Bewusstseinen zu rechnen ist"[11]. Im Rekurs auf die Freiheitsanalyse ihres Lehrers Thomas Pröpper erläutern Striet und Essen den Freiheitsbegriff dadurch, dass sie Freiheit als das ursprüngliche Sich-Öffnen auf Gehalt hin bestimmen. Freiheit vollziehe ich nur, indem ich mich auf einen bestimmten Gehalt hin öffne und dadurch meine Identität bilde. Wie beim Menschen so sei auch bei den innertrinitarischen Personen Freiheit als Moment des Sichbestimmens durch die Affirmation von Gehalt zu verstehen. Anders als beim Menschen sei bei den innertrinitarischen Personen und damit bei Gott auszuschließen, dass die göttliche Freiheit

> durch das Sich-Öffnen auf einen Gehalt hin erst zu etwas wird, was sie zuvor nicht gewesen ist, und hierdurch erst ihr personales Selbstsein gewinnt. Eine im Begriff vollkommener Freiheit gedachte Freiheit wäre dann eine immer bereits bei sich seiende Freiheit, die dann auch immer bereits auf Gehalt hin geöffnet ist und diesen affirmiert hat, und es wäre darüber hinaus eine Freiheit, die alle als Gehalt möglichen Möglichkeiten immer bereits identifiziert hat."[12]

Eine göttliche Freiheit zu denken impliziert also, dass die Identität der Personen immer schon dadurch vollzogen ist, dass sich Freiheit auf einen voll-

---

[9] Vgl. nur VORGRIMLER, Randständiges Dasein des dreieinigen Gottes?, 547, der die Rede von drei Freiheiten in Gott für unannehmbar hält, und der meint, dass diese zwangsläufg in den Tritheismus führe; Freiheit dürfe nicht als Kennzeichen der innertrinitarischen Hypostasen verwendet werden, weil sonst eine neoidealistische Zerstörung der Einheit und Einzigkeit Gottes drohe (vgl. ebd., 551).

[10] Vgl. etwa die ausdrückliche Univozitätsbehauptung hinsichtlich des Personenbegriffs bei GEORG ESSEN, Die Freiheit Jesu. Der neuchalkedonische Enhypostasiebegriff im Horizont neuzeitlicher Subjekt- und Personenphilosophie, Regensburg 2001, 334 Fn. 57.

[11] STRIET, Monotheismus und Schöpfungsdifferenz, 147.

[12] DERS., Konkreter Monotheismus, 186f.

kommenen Gehalt bezieht und sich durch einen vollkommenen Gehalt bestimmt, der sie immer schon konstituiert und sie in ihrem Wesen mitbestimmt. Freiheitstheoretisch gesprochen ließe sich die Trinitätslehre dann so formulieren,

> dass die göttlichen Personen anfanglos sich in der formell unbedingten Aktualität der jeweils eigenen Freiheit vollständig als Gehalt aktuieren und so, als die gleichursprünglichen freien Personen, der eine Gott und die vollkommene Liebe sind. Gehalt der drei Freiheiten in dem einen Gott sind und können ja auch nur die jeweils anderen Freiheiten sein, da nur göttlicher Gehalt die notwendige Adäquanz für eine göttliche Person aufweist. Dieses ursprünglich freie Gehaltsein der Personen füreinander macht das Wesen des einen Gottes, vollkommene Liebe zu sein, aus."[13]

Gott könne also dann als vollkommene Liebe gedacht werden, wenn die einzelnen innergöttlichen Personen ganz Gehalt füreinander sind und sich so immer schon im Voneinander-her- und Aufeinander-hin-Sein realisieren, wenn sie gewissermaßen in ihrer Freiheit ganz und gar darin aufgehen, sich von der je anderen innergöttlichen Freiheit bestimmen zu lassen. Person in Gott bedeute also – so Gisbert Greshake in der gleichen Stoßrichtung –

> reine Beziehung, reines Voneinander-her- und Aufeinander-hin-Sein. Unter uns Menschen bleibt eine ständige Differenz zwischen Ich-Sein (bzw. In-sich-Sein) und Für-andere-Sein, zwischen Substanz-Sein und Beziehung-Sein. Das kann in Gott nicht so sein. Hier ist jede Person dadurch, dass sie gibt und empfängt."[14] D.h. „die eine Gottheit und die Vielheit der Personen sind gleichursprünglich, gleichwesentlich, gleichkonstitutiv."[15]

Diese Position sei deshalb nicht tritheistisch – so wiederum Magnus Striet –, weil sich die innertrinitarischen Personen in unvermittelter Unmittelbarkeit aufeinander beziehen und so eine Form von Einheit realisieren, die endlichen Freiheiten, die sich immer nur vermittelt aufeinander beziehen können, unmöglich sei.[16] Die drei innertrinitarischen Personen scheinen also so etwas wie eine perfekte Beziehung zu bilden, in der alle einander so sehr in Liebe zugewandt sind, dass durch die Verschiedenheit der Personen der eine und einzige Gott entsteht.

c) Kritik an einer freiheitsanalytischen Reformulierung sozialer Trinitätstheologien

Genau an dieser Stelle setzt nun aber die Kritik an der freiheitsanalytischen Reformulierung sozialer Trinitätstheologien an. Wie kann durch Zuwendung

---

[13] DERS., Monotheismus und Schöpfungsdifferenz, 149f.
[14] GRESHAKE, Streit um die Trinität, 536.
[15] Ebd.
[16] Vgl. STRIET, Konkreter Monotheismus, 191.

eines Ichs zu einem Du wirkliche Einsheit entstehen? Das Ich kann noch so sehr vom Du her und auf es hin sein; es bleibt doch in unhintergehbarer Weise ein Ich. Das Du kann nie wissen, was es für mich heißt, ich zu sein. Oder mit Thomas Schärtl gesprochen: „Rekonstruiert man die Einheit Gottes bewußtseinstheoretisch, so wird man zugeben müssen: Vater, Sohn und Geist ‚wissen', wenn sie ‚ich' sagen, um ein je Verschiedenes, zu dem die anderen Personen logischer Weise keinen Zugang finden werden."[17] Die Subjektperspektive erscheint uns zumindest in unserer Grammatik als unhintergehbar, so dass unklar bleibt, wie verschiedene Bewusstseine zusammen durch liebevolle Zuwendung eine Einheit bilden können, die noch monotheistisch interpretierbar wäre. Deshalb scheint der Vorwurf des Tritheismus beim Ausgangspunkt von drei unhintergehbaren Selbstbewusstseinen unausweichlich zu sein, auch wenn das eine Selbstbewusstsein das andere ganz und gar als seinen Gehalt nimmt. Die Denkfigur eines Kommerziums göttlicher Freiheiten oder Selbstbewusstseine scheint nicht mehr mit dem Monotheismus vereinbar zu sein und die selbstvermittelte Identität des Wesens Gottes zu zerstören.[18]

Dieses Problem ist den Vertretern sozialer Trinitätstheologien natürlich bewusst. Striet und Essen meinen es durch die oben erwähnte Denkfigur unvermittelter Unmittelbarkeit lösen zu können. Wenn sich die drei Bewusstseine in unvermittelter Unmittelbarkeit aufeinander beziehen, dann sei der Begriff wirklicher Einheit und Einsheit erreicht. Die Frage ist nun allerdings, wie unvermittelte Unmittelbarkeit zwischen Freiheiten zu denken ist, ohne dass die Unterscheidung in verschiedene Bewusstseine unterlaufen wird.[19] Wie kann eine Freiheit sich in ihrer Freiheit in unvermittelter Unmittelbarkeit auf andere Freiheit beziehen, ohne dass dadurch die Unterscheidung der Freiheiten unmöglich wird? Striet gibt selber zu, dass endliche Vernunft hier an ein im Letzten nicht mehr zu durchdringendes Geheimnis gerät.[20] Denn dadurch dass endliche Freiheit sich immer nur durch ihr fremde Gehalte realisieren könne, sei sie außerstande eine Wirklichkeit zu denken, die auf keinerlei Gehaltlichkeit angewiesen ist, die nicht ursprünglich sie selbst ist.[21]

---

[17] SCHÄRTL, Theo-Grammatik, 533 Fn. 226. Schärtl regt deshalb an besser von einem göttlichen Bewusstsein auszugehen, „das dreifach indiziert und damit referierbar sein kann" (ebd., 536).

[18] Vgl. ebd., 544f.; HELMUT HOPING, Die Selbstvermittlung der vollkommenen Freiheit Gottes. Kritische Anmerkungen zu Magnus Striets trinitätstheologischen Vorstoß. In: P. WALTER (Hg.), Das Gewaltpotential des Monotheismus und der dreieine Gott, 166-177, hier 171, 173; VORGRIMLER, Theologische Gotteslehre, 174.

[19] Die Schwierigkeit des Begriffs der unvermittelten Unmittelbarkeit besteht darin, dass der Mensch als Wesen der vermittelten Unmittelbarkeit zu bestimmen ist und gerade so seine Freiheit vollzieht (vgl. HELMUTH PLESSNER, Mit anderen Augen. Aspekte einer philosophischen Anthropologie, Stuttgart 1982, 31-55). Wie kann aber unter dieser Voraussetzung ein Freiheitsvollzug in unvermittelter Unmittelbarkeit gedacht werden?

[20] Vgl. STRIET, Monotheismus und Schöpfungsdifferenz, 150.

[21] Vgl. MAGNUS STRIET, Offenbares Geheimnis. Zur Kritik der negativen Theologie, Regensburg 2003 (ratio fidei; 14), 248: „*Dass* eine als frei zu denkende Wirklichkeit transzendental-

So sympathisch die in dieser Einsicht sichtbar werdende Bescheidenheit ist, so sehr bleibt durch sie doch das grundlegende Problem ungelöst. Die Behauptung einer unvermittelten Unmittelbarkeit im Kommerzium göttlicher Freiheiten ist menschlicher Vernunft offenbar nicht intelligibel. Von daher wird die tritheistische Gefährdung sozialer Trinitätslehren zwar erkannt und begrifflich abgewehrt, aber die Drei-Einigkeit Gottes wird im Letzten mehr beteuert als spekulativ einsichtig gemacht.[22] Zudem bleibt die Frage im Raum, ob die Rede von mehreren Selbstbewusstseinen und Freiheiten in Gott überhaupt überzeugend durchgehalten werden kann.

Gerade im Blick auf den Begriff des Selbstbewusstseins hat Pannenberg einige Überlegungen vorgelegt, die verdeutlichen, dass dieser Begriff nicht in adäquater Weise auf die innertrinitarischen Personen anwendbar ist. Pannenberg geht in dieser Reflexion davon aus, dass die für Selbstbewusstsein konstitutive

> Differenz zwischen Ich und Selbst im menschlichen Bewußtsein Ausdruck der Tatsache ist, daß wir nicht schlechthin mit uns identisch sind."[23] „Weil im Fall menschlicher Personalität die Identität der Person nie schon vollständig und exklusiv durch die Beziehung zum anderen bestimmt ist, darum fallen im menschlichen Selbstbewußtsein Ich und Selbst auseinander. Wären wir als menschliche Personen ganz und gar durch ein bestimmtes personales Gegenüber und durch ein bestimmtes Verhältnis zu ihm konstituiert, dann bliebe für den Unterschied von Ich und Selbst und also auch für ein Selbstbewußtsein der uns geläufigen Form kein Raum.[24]

Eben eine derartige Konstitution durch ein personales Gegenüber und die Relation zu ihm liegt nun aber bei den göttlichen Personen vor, so dass man bei ihnen nicht in sinnvoller Weise von Selbstbewusstseinen sprechen kann.

Es nimmt daher nicht wunder, dass auch manche Theologen, die sozialen Trinitätstheologien nahe stehen, lieber nicht von verschiedenen Selbstbewusstseinen in Gott sprechen, sondern mit Hans Urs von Balthasar darauf bestehen, dass die drei Personen „ein einziges Selbstbewußtsein, Erkennen und Lieben, kurz: einen einzigen Gott bilden"[25]. Will man aber weder den Begriff des Selbstbewusstseins noch den der Freiheit für die Explikation des innertrinitarischen Personenbegriffs verwenden, fragt sich, wie dieser überhaupt noch näher bestimmt werden kann. Ein gängiges, auch von Pannenberg propagiertes Angebot besteht an dieser Stelle in der Rede von drei Akt-

---

logisch betrachtet zu ihrem Wirklichsein auf keinerlei Gehaltlichkeit angewiesen ist, die nicht ursprünglich sie selbst ist, weil sie diese unvermittelte Fülle als vollkommene Liebe selbst ist, entzieht sich der menschlichen Vernunft, wenn sie die innere Möglichkeit dieses Wesens zu denken versucht."

[22] Vgl. den entsprechenden Vorwurf an Moltmann bei M. MURRMANN-KAHL, „Mysterium trinitatis"?, 345.

[23] PANNENBERG, Systematische Theologie, 409.

[24] Ebd., 465f.

[25] H.U. V. BALTHASAR, Eucharistie – Gabe der Liebe, Freiburg 1986, 2f. zit. n. HOPING, Die Selbstvermittlung der vollkommenen Freiheit Gottes, 175.

zentren[26], wobei allerdings zumeist unklar bleibt, wie ein Aktzentrum ohne Bewusstsein zu denken ist.[27] Von daher könnte es aussichtsreicher sein, zwar den Begriff des Selbstbewusstseins zu vermeiden, zugleich aber an den Freiheitsgedanken anzuknüpfen, um auf diese Weise zu verdeutlichen, was mit einem Aktzentrum gemeint sein könnte.

d) Freiheit ohne Selbstbewusstsein als Ausweg?

In diese Richtung weist der trinitätstheologische Vorstoß Bernhard Nitsches, der in diesem Band von ihm zusammengefasst und ins muslimisch-christliche Gespräch eingeführt wird. Nitsche erläutert in seinem Beitrag den Personenbegriff durch den Begriff freier, subjektiver Trägerschaft, ohne ihn als „reflexes, kategoriales Selbstbewusstsein" zu fassen.[28] Die Kritiker sozialer Trinitätstheologien beziehen sich seiner Ansicht nach auf eine reflexionstheoretische Fassung des Begriffs des Selbstbewusstseins, die Nitsche aber gerade ausschließt. So meint Nitsche der Kritik aus dem Lager der lateinischen Trinitätstheologie begegnen zu können und also gewissermaßen von drei Ichen in Gott ausgehen zu können, die nicht von sich selbst wissen, dass sie Iche sind. Dadurch dass sie nicht auf sich als Subjekte reflektieren können, vermeidet Nitsche das von Schärtl aufgezeigte Problem von der Unhintergehbarkeit des wissenden Selbstbezugs der einzelnen Selbstbewusstseine.

Nitsches Lösungsweg hängt also von der Intelligibiltät eines präreflexiven Selbstbewusstseins ab, das er etwa in den subjektphilosophischen Entwürfen von Dieter Henrich vorgedacht findet. Im Anschluss an dessen Kritik an der Unmöglichkeit einer reflexionstheoretischen Erfassung des Selbtbewusstseins meint er eine vordenkliche Ebene des Selbstbewusstseins konzipieren zu dürfen. Diese vordenkliche Ebene wird nun von ihm so gedacht, dass die drei vordenklich gegebenen Selbstbewusstseine vor jeder Zeit aufeinander bezogen sind. Vehement wendet er sich deshalb nicht nur gegen Georg Essen, dem er vorwirft, mit dem Begriff des Anerkennungsverhältnisses innertrinitarisch eine sozialphänomenologische Kategorie zu verwenden[29] als auch gegen die „Quasi-Verzeitlichung Gottes", die aus seiner Sicht den Ansatz von Magnus Striet kennzeichnet.[30] Dagegen setzt er sein Konzept eines „Kommerziums

---

[26] So etwa bei Hoping und bei PANNENBERG, Systematische Theologie, 347 mit Verweis auf Staniloaes Rede von „drei Subjekten, die füreinander vollkommen transparent, durchschaubar sind".

[27] Vgl. die entsprechende Kritik bei MURRMANN-KAHL, „Mysterium trinitatis"?, 342.

[28] Siehe dazu den Aufsatz „Muslimischer Monotheismus und christliche Trinitätslehre" von BERNHARD NITSCHE in diesem Band, 101.

[29] Vgl. NITSCHE, Gott und Freiheit, 198.

[30] Gegen Striet empfiehlt Nitsche ein transzendentallogisch strukturiertes kritizistisches Denken, das Raum und Zeit als transzendentalen Schein durchschaut, der auf einer vordenklichen und vorzeitlichen Ebene nicht nötig sei, so dass die Rede von einer Zeitlichkeit in Gott als Anthropomorphismus erkennbar werde (vgl. ebd., 201).

vordenklichen Sich-Entschließens und vorzeitlichen Retroszendierens", das
jede Form des Tritheismus ausschließe, weil es „sowohl die vordenkliche und
vorzeitliche (ewige) Gleichursprünglichkeit der Entschlüsse als auch die
inhaltliche Gemeinsamkeit ihres Gehalts begründet."[31] Der Entschluss der
innergöttlichen Freiheiten für einander geschieht Nitsche zufolge also
prätemporal[32] und präreflexiv. So ergibt sich ein Kommerzium von drei Freiheiten, die als Einheit gedacht und ausgesagt werden können, „weil jede
Hypostase vollkommene Freiheit ist, die in ihrer formalen Unterschiedenheit
zugleich *ab ovo* auch material vollkommen zur jeweils anderen vollkommenen
Freiheit und ihrem je eigenen Freiheitsverhältnis entschlossen ist."[33]

Der hier verwendete, von Hermann Krings herkommende Freiheitsbegriff
enthält allerdings einiges an Sprengstoff für die Einheit Gottes, wenn man ihn
innertrinitarisch zur Näherbestimmung des Personenbegriffs verwendet. Geht
man in der Tradition von Hermann Krings von einem formellen Un-
bedingtheitsmoment jeder Freiheit aus, das darin besteht, dass diese sich
ursprünglich zu sich selbst bestimmt und sich zu dieser Bestimmung noch
einmal verhalten kann, wäre davon auszugehen, dass auch die innertrinitarischen Freiheiten sich zueinander in unterschiedlicher Weise in Beziehung
setzen können. Eben diese latente Möglichkeit eines Götterstreits ist es, die
Nitsche mit seiner Konzeption prätemporal und präreflexiv füreinander
entschiedener innergöttlicher Freiheiten vermeiden will. Damit haben die
innertrinitarischen Freiheiten aber anders als endliche Freiheiten nicht mehr
die Möglichkeit, sich zu sich selbst verhalten zu können und bringen somit
eine kompatibilistische Note in den Freiheitsbegriff hinein, der sich im Blick
auf den Menschen theologisch nicht akzeptieren lässt, weil sonst unlösbare
Probleme im Blick auf die Theodizeefrage entstehen würden.[34] Durch diese
Spannung wird recht unklar, was Freiheit im Blick auf die göttlichen Personen
eigentlich genau bedeuten mag, weil das zentrale Moment endlicher Freiheit,
nämlich die Komponente alternativer Möglichkeiten, ja bei ihnen fehlt. Dieses
Problem ist Nitsche durchaus bewusst, weswegen er ja auch nur von einer
analogen Verwendung des Freiheitsbegriffs reden möchte. Und in der Tat ist
gerade diese Relativierung des eigenen Ansatzes entscheidend, um Nitsches
Ansatz vom Vorwurf des Tritheismus freizusprechen. Er wird dadurch nur
leider sehr schwer verständlich, weil man sich kaum vorstellen kann, was ein
freies Subjekt eigentlich sein soll, das seiner selbst nicht bewusst ist, das sich

---

[31] Ebd., 210.

[32] Vgl. ebd., 178: „Der innergöttliche Ent-Schluss zu Gehalt geht aller Zeit prätemporal voraus
und kann prinzipiell nicht mit einem menschlich-sozialen Anerkennungsverhältnis, welches
durch kategoriale Prozesse der Zustimmung oder Ablehnung, durch empirische Zeitfolgen
und sinnliche Wahrnehmungsprozesse, durch psychologische Dispositionen und individuelle
Vorlieben usw. bestimmt ist, verglichen werden."

[33] NITSCHE, Muslimischer Monotheismus und christliche Trinitätslehre, 110.

[34] Vgl. zur Erläuterung KLAUS VON STOSCH, Freiheit als theologische Basiskategorie? In:
MThZ 58 (2007) 27-42, hier 33.

zu sich selbst nicht verhalten kann und das aus allen zeitlichen Vollzügen herauskatapultiert wird. Die muslimische Kritik an Nitsches Konzeption bei Muna Tatari, das die von ihm verwendeten Begriffe aus der Subjektphilosophie am Ende nichts mehr mit ihrem Sitz im Leben zu tun haben und dadurch ihre Überzeugungskraft verlieren, scheint mir von daher durchaus nachvollziehbar zu sein, und es fragt sich, ob die Trinitätstheologie nicht auch in verständlicherer Weise einsichtig gemacht werden kann.

2. Monosubjektive Trinitätstheologien auf dem Prüfstand

a) Die semiotische Trinitätstheologie bei Thomas Schärtl

Sucht man nach einer Alternative zu den sozialen Trinitätstheologien liegt es nahe, sich zunächst einmal bei den trinitätstheologischen Entwürfen umzusehen, die ausdrücklich nur von einer Freiheit, einem Selbstbewusstsein und einem Ich in Gott sprechen und die man deswegen als monosubjektiv charakterisieren könnte. Besonders interessant erscheint mir in unserem subjekttheoretischen Kontext dabei der Ansatz von Thomas Schärtl, weil er ebenfalls beim Begriff des Subjekts anschließt. Schärtl argumentiert ganz auf der Linie neuzeitlicher Subjektphilosophie dafür, dass es drei verschiedene Dimensionen des Selbstbewusstseins im Menschen gibt. Zunächst einmal gibt es die Bedingung der Möglichkeit des Subjektseins, die man als transzendentales Selbst bezeichnen könnte. Dieses Selbst steht für die Tatsache, dass ich schon ‚ich‘ bin, bevor ich ‚ich‘ sage, so dass mein Selbstsein Bedingung der Möglichkeit meiner Selbstprädikation ist. Diese transzendentale Dimension des Selbstbewusstseins ist zu unterschieden von ihrer empirischen Dimension, die die direkte Wahrnehmung meiner selbst meint und die Schärtl als empirisches Selbst bezeichnet. Schließlich wäre noch als dritte Instanz des Selbstbesitzes das semiotische Selbst zu nennen, das für die zeichenhafte Aneignung und Symbolisierung des Selbstbewusstseins steht. Ich kann mich nicht anders ergreifen als durch Zeichen und bin doch auch unabhängig von den Zeichen empirisch da und liege allen Zeichenhandlungen und aller empirischen Selbstwahrnehmung transzendental voraus. Diese drei Instanzen überträgt Schärtl nun auf das Selbstbewusstsein Gottes und formuliert folgendermaßen: „Im Vater ist die Substanz Gottes als transzendentales Selbst da; im ewigen Logos als ‚empirisches Selbst‘ und im Heiligen Geist als semiotisches Selbst.“[35] Diese Struktur des Selbstbesitzes Gottes kann laut Schärtl auch Grundlage dafür sein, um Gott als Liebe zu bestimmen, indem man vom

---

[35] Siehe den Aufsatz „Trinität, Einheit und Eigenschaften Gottes“ von THOMAS SCHÄRTL in diesem Band, 64.

„Vater als dem *Grund* des Gottseins Gottes ausgeht, im Logos ihre *wahre Ausprägung* und im Geist ihre Geschenk-*Gestalt* findet."[36]

Mit seinem Ansatzpunkt beim menschlichen Selbstbewusstsein zur Veranschaulichung des absoluten Lebens Gottes und seiner Liebeszuwendung stellt sich Schärtl deutlich in die Tradition der lateinischen Trinitätstheologie. Schon für Augustinus (354-430) ist die Einheit Gottes vergleichbar mit der Einheit der menschlichen Vernunft. Deshalb spricht man bei ihm von einer psychologischen Trinitätslehre. Der menschliche Geist (*mens*) wird bei Augustinus konzipiert als Einheit von Erinnerung (*memoria*), Einsicht (*intelligentia*) und Wille (*voluntas*). Auch in seiner Selbsterkenntnis und Selbstliebe sei der Geist trinitarisch strukturiert (*mens – notitia – amor*). Dagegen lehnte schon Augustinus ebenso wie Schärtl vehement die Rede von drei Freunden oder einem familiärem Leben in Gott ab, die er nur als *vestigium trinitatis,* nicht aber als akzeptables Bild für sie akzeptiert, weil dieses in den Tritheismus führe.[37] So wie Augustinus also drei Dimensionen in der Vernunft ausmacht, entdeckt Schärtl drei Instanzen[38] im Selbstbewusstsein und erläutert die Trinitätslehre also nicht durch inter-, sondern durch intrapersonale Analogien.

Ähnlich angelegt ist auch seine semiotische Rekonstruktion der Trinitätstheologie, die beim Zeichenverstehen ansetzt und insofern auch ein intramentales Geschehen zur Explikation der Trinitätstheologie verwendet. Im Anschluss an Charles Sanders Peirce (1839-1914) unterscheidet Schärtl in der Semiose zwischen Gegenstand, Zeichen und Interpretant und will zeigen, dass „ein legitimiertes und ankommendes Sprechen von Gott nur dann möglich ist, wenn Gott es in den Akt seiner Selbst-Bezeichnung aufnimmt, wenn es als Moment in der Semiose Gottes begriffen werden kann: Die im Vater versammelte ‚Gottheit' Gottes wird im Sohne, dem ewigen LOGOS, zum Zeichen und findet im Geist den Interpretanden, der in den Geschöpfen die Interpretation leitet."[39] Auch hier geht es also um das innergöttliche Selbstbewusstsein, auch wenn in dieser Rekonstruktion der Schwerpunkt auf den Prozess der Zeichenwerdung in Gott gelegt wird. Gottes Sein erscheint in dieser Perspektive wesentlich als Sein in semiotischer Vermittlung[40] und dieser innergöttliche Vermittlungsprozess wäre hier also das Analogon für das trinitarische Sein Gottes.

Auch Andersheit meint Schärtl in diesem Prozess als innergöttliche Wirklichkeit einführen zu können, ohne dass die Einheit Gottes gefährdet würde. Denn „[i]m Prozess der Zeichenwerdung und der Findung der Interpretanten ist die Kategorie der Alterität *formal* mitgesetzt, ohne dass schon die Existenz eines geschöpflichen Anderen notwendig gefordert und ohne dass die Trinität

---

[36] Ebd., 55.
[37] Vgl. GRESHAKE, Der dreieine Gott, 97.
[38] Der Begriff der Instanz fungiert bei Schärtl als Ersatz des Personenbegriffs (vgl. SCHÄRTL, Theo-Grammatik, 531).
[39] Ebd., 156f.
[40] Vgl. ebd., 160.

als quasi-geschöpfliche Sozietät karikiert werden müsste."[41] Ganz auf dieser Linie ist die Setzung von Alterität auch in Schärtls neuem Vorschlag von Anfang an mitgedacht, wenn er vorschlägt, Gott „als *absolutes Leben* zu denken, *das im Anderen seiner selbst ganz und gar gegenwärtig* sein kann."[42]

Schärtls Vorschläge laufen also darauf hinaus, menschliche Bewusstseinsphänomene und Zeichenbildungsprozesse analog auf Gott zu übertragen, um so die Rede von der Trinität als begriffliche Notwendigkeit aufzuzeigen. So behauptet Schärtl wörtlich, „dass ein Gott, der absolutes Leben ist, mit begrifflicher Notwendigkeit trinitarisch ist: Gott wäre auch dann dreifaltig, wenn es weder eine Welt noch jemals eine Inkarnation gegeben hätte"[43]. Im Hintergrund dieser steilen These steht Schärtls Vorwurf an die Theorieentwürfe der neueren lateinischen Trinitätstheologie, dass hier Gott nur deshalb trinitarisch zu sein scheint, „damit er sich offenbaren kann oder sich erfahren lässt"[44]. Um mit seinem eigenen ja ebenfalls offenkundig an der lateinischen Trinitätslehre orientierten Ansatz diesem Vorwurf zu entgehen, löst Schärtl die Trinitätslehre weit von ihrer heilsgeschichtlichen Grundlage und versucht sie spekulativ einsichtig zu machen.

Eine derartige Rede von begrifflichen Notwendigkeiten in Gott dürfte aber kaum der menschlichen Rede von Gott angemessen sein. Jürgen Werbick bringt es in seinem Beitrag in diesem Band auf den Punkt: Man *muss* nicht in dieser Weise, man *darf* so von Gott sprechen.[45] In Gott gibt es kein „Muss", schon gar nicht ausgehend von menschlichen Phänomenen wie dem menschlichen Selbstbewusstsein, dem Begriff des Lebens und dem Phänomen der Semiose. All diese Phänomene können nur dann helfen, die Trinitätslehre verständlich zu machen, wenn sie mit äußerster Vorsicht auf Gott übertragen werden. Sie können keinesfalls dazu führen, begriffliche Notwendigkeiten für die Rede von Gott zu konstruieren. Problematisch scheint mir zudem die mangelnde Verzahnung dieser Form von Trinitätstheologie mit der Heilsgeschichte zu sein, die bei Schärtl genauso wie bei Augustinus nur äußerlich mit dem innertrinitarischen Geschehen verbunden wird, so dass der konkrete Erschließungszusammenhang des absoluten Lebens Gottes aus dem Blick gerät.[46]

---

[41] Ebd., 161.
[42] SCHÄRTL, Trinität, 67.
[43] Ebd.
[44] Ebd., 21.
[45] Vgl. neben seinem Beitrag in diesem Band auch WERBICK, Gott verbindlich, 614: „Wenn noch die Spekulation zurückfindet zur Anbetung dessen, der so überwältigend und freigebend, so unergründlich und unerschöpflich-siegreich Liebe ist, wird sie davor gefeit sein, sich rechthaberisch gegen andere Formen der Gott-Anrede in Szene zu setzen. Wenn man *glaubt*, so reden – Gott so anbeten – zu dürfen, wird man sich verteidigen gegen Einwände, die das Recht bestreiten, so zu reden."
[46] Vgl. die entsprechenden Vorwürfe gegen Augustinus bei HANS-JOACHIM SANDER, Einführung in die Gotteslehre, Darmstadt 2006, 90.

Schärtl knüpft in seinen Überlegungen zur Trinitätstheologie an einen wichtigen Strang der Tradition an und führt mit seinem Begriff der *Instanz* eine interessante Kategorie zur Erläuterung des Personenbegriffs ein. Seine Ablehnung der Rede von mehreren Subjekten, Freiheiten und Selbstbewusstseinen ist gut nachvollziehbar, und sein Versuch, die Trinitätslehre durch die Terminologie semiotische Prozesse oder von Selbstbewusstseinsphänomenen her zu erschließen, ist durchaus inspirierend. Allerdings überzieht er – ebenso wie einige der Vertreter der sozialen Trinitätstheologie, mit denen er sich auseinandersetzt – in meinen Augen die Begründungsansprüche und Tragweite seiner Rekonstruktion der Trinitätslehre, wenn er meint, hier Denknotwendigkeiten aufzeigen zu können und läuft Gefahr, den heilsgeschichtlichen Bezugspunkt der Trinitätslehre aus dem Blick zu verlieren. Von daher will ich im Folgenden einen ebenfalls konsequent monosubjektiven Ansatz zur Trinitätstheologie würdigen, der konsequent auf die heilsgeschichtliche Rückbindung aller Überlegungen setzt.

b) Die monosubjektive und interpersonale Trinitätstheologie Jürgen Werbicks

Ausgangspunkt der Trinitätstheologie Werbicks ist ebenso wie bei der sozialen Trinitätstheologie die Aussage, dass Gott die Liebe ist. Statt nun das Liebesgeschehen in Gott spekulativ einsichtig machen zu wollen, geht es Werbick um die Wahrnehmung der biblisch bezeugten Erfahrung, dass der Gott Israels und Jesu Christi „zuinnerst von der Liebe bewegt wird, sie in sich selbst lebt und sie in der Gemeinschaft mit denen leben will, die seine Liebe erwidern können" (560)[47], die sich in der „Christus-Erfahrung und d[er] Pneuma-Erfahrung der Christen" (562) Bahn bricht. Eben die Dignität dieser Erfahrungen soll durch die Trinitätslehre geschützt werden. Einerseits geht es dabei um die Selbstidentifizierung Gottes mit der Lebenshingabe Jesu, die uns dazu ermächtigt zu sagen, dass dieses Leben der Hingabe Gottes Dasein lebt, ja Sein Dasein ist (545). „In ihm ereignet sich Gottes Dasein für die Menschen." (589f.) Andererseits geht es um die Selbstidentifizierung „in seinem Heiligen Geist als die Zukunft der Menschen" (550). In diesem Geist öffnet Gott sich, „damit Er zum ‚Ort' wird, in dem alle ‚wohnen' und ihre Würde finden können" (551), so dass im Geist die „vollkommene Realität der kommunikativen Präsenz Gottes" (600) erfahrbare Wirklichkeit wird.

Gott ist also in mehrfacher Weise für die Menschen präsent, ja er in dreifacher Weise für die Menschen da. Die Rede vom Vater stehe für „Gottes hervorbringend-tragende Präsenz", die vom Sohn bzw. Logos für „Gottes mitmenschlich-solidarische Präsenz" und die vom Heiligen Geist für „Gottes

---

[47] Die Zahlen im Text beziehen sich in diesem Kapitel alle auf WERBICK, Gott verbindlich.

zur Teilhabe an seinem Geist und zur Mitwirkung mit ihm inspirierende Präsenz." (609) Von daher könnte man erwarten, dass Jürgen Werbick den innertrinitarischen Personenbegriff durch den der Präsenz- oder Daseinsweise ersetzen möchte. Anders als Karl Rahner, Karl Barth oder auch Thomas Schärtl hält Werbick aber an dem Personenbegriff fest und versucht diesen mit einem neuen Inhalt zu füllen. Denn dass die drei Daseinsweisen Gottes bzw. die drei Gotteswirklichkeiten, die in der klassischen Trinitätslehre als *Personen* bezeichnet werden, nicht als Subjekte, Selbstbewusstseine oder Iche aufgefasst werden dürfen, ist für Werbick klar. Wie kommt er dann dennoch dazu, von Personen zu sprechen?

Ein Ansatzpunkt für die Weitung des Personenbegriffs bei Werbick dürfte die Personalität des Heiligen Geistes sein. Auch heilsgeschichtlich ist ja klar, dass der Geist Gottes kein eigenes Selbstbewusstsein Gottes impliziert, sondern eine Weise, wie Gott da ist. Im Geist ist das Verständnis von Person nicht „mit der Erfahrung personalen Gegenüberseins verbunden, sondern mit dem des mich zuinnerst Ergreifenden, Verwandelnden und in Freiheit Setzenden." (599) Werbick gibt offen zu, dass die bleibende Rede von Person an dieser Stelle ein semantisches Wagnis darstellt (600), will den Personenbegriff aber nicht aufgeben, weil er eine Problem-Konstellation beschreibt, „eine prekäre Balance, insofern er nicht einfach Subjektsein und Objektsein gegeneinander stellt, sondern die Spannung zwischen Selbstbezug und Bezogenwerden durch andere bzw. zwischen dem Bezug auf andere und dem Selbstbezug artikuliert" (636). Insofern sowohl der Geist als auch der Logos als Personen charakterisiert werden, füllt sich dieser Begriff mit der inneren Dynamik genauso wie mit dem Gedanken des Gegenüberseins, Subjekt- und Objektsein greifen ineinander und werden in Relationalität zusammengedacht. Der Personenbegriff kann so die unauflösliche Verwobenheit der Personen untereinander verdeutlichen, die in Begriffen wie dem der Präsenzweise vergessen werden könnte. Denn wenn die Personen subjektive und objektive Seiten in sich bergen, die nur voneinander her und aufeinander hin verständlich werden, wird deutlich, dass der Personenbegriff die relationale Struktur des Wesens Gottes beschreiben kann. Der Personenbegriff soll eben – so Jürgen Werbick – den Bezug „auf die kommunizierenden Gotteswirklichkeiten [verdeutlichen], in denen und durch die Gott immer schon wirkt, was er ist: vollkommene Kommunikation der Liebe in vollkommener Partizipation – in vollkommener wechselseitiger Teilhabe und Teilnahme aneinander" (627).

Jürgen Werbick vertritt also ein mono-subjektives, aber interpersonales Verständnis der Trinität, in dem er daran festhält, „dass der Sohn-Logos und der Geist am Subjektsein des Vaters vollkommen teilhaben" (631). Sie sind also nicht verschiedene Subjekte oder verschiedene Freiheiten, sind aber auch nicht einfach nur Seinsweisen des einen Gottes. Denn sie sind nicht anders präsent als durch ihren Bezug aufeinander, d.h. sie werden erst erfahrbare Wirklichkeit, wenn sie in ihrer relationalen Struktur kommunikabel werden. Gerade weil die einzelnen trinitarischen Personen nicht anders da sein können und sich auch nicht anders auf sich selbst beziehen können, als indem sie sich auf die anderen Personen beziehen, kann von ihnen nur gesprochen werden, indem sie unterscheidend miteinander in Beziehung gesetzt werden.[48] Von daher kann man sagen, dass „ihr *Duverhältnis mit ihrem Selbstverhältnis unmittelbar identisch ist*"[49]. Damit wird deutlich, dass Selbstverhältnis bzw. Selbstand und Du-Verhältnis bzw. Relation beim trinitarischen Personenbegriff keine Alternativen darstellen, sondern die Personen genauso durch die Relationen konstituiert sind wie die Personen Ermöglichung von Relationalität sind.[50] Das Beziehungsgeschehen göttlicher Liebe ist eben dadurch grundlegend von menschlicher Liebe unterschieden, „daß hier der Selbstand der Liebenden nicht von der ‚Bewegung' ihres Liebens unterschieden werden kann."[51]

Damit ist ein Personenbegriff erreicht, der Grundlage für die Beschreibung einer lebendigen Einheit Gottes sein kann und der doch zugleich eng heilsgeschichtlich rückgebunden bleibt, da er seine Bedeutung stark von der heilsgeschichtlichen Daseinsweise Gottes in Sohn und Geist bezieht. Dadurch entfernt sich der Personenbegriff allerdings auch weit von seiner heutigen alltagssprachlichen Bedeutung, so dass auch die Trinitätslehre Werbicks leicht missverstanden werden kann, wie ja vielleicht auch die rechte harsche Reaktion von Cemil Sahinöz in dem vorliegenden Band verdeutlicht.

Um so wichtiger ist es auch bei Werbicks Rekonstruktion der Trinitätslehre auf dem analogen Charakter der trinitarischen Rede von Gott zu bestehen. Analogie kann dabei ganz im Sinne der thomistischen Tradition zunächst einmal als Proportionalitätsanalogie, also als Verhältnisgleichheit, verstanden werden, d.h. im Blick auf das Personsein Gottes: Der eine Gott steht in einem ähnlichen Verhältnis zu seinem Personsein wie wir Menschen.[52] Geht man davon aus, dass der eine Gott in drei Personen zu denken ist, dann gibt es eine Analogie zwischen dem Verhältnis Gottes zu einem relationalen Geschehen und dem Verhältnis des Menschen zu seiner selbstbewusst und frei verfassten Identität. Eben diese konstitutive Beziehung auf Relationalität ist es, die den menschlichen Personenbegriff übersteigt. Wenn es dennoch möglich ist, dass der eine Gott in drei Vollzügen Person und dadurch an drei Erfahrungsorten ansprechbar für den Menschen ist, dann kann das nur in einer handelnden Selbstvermittlung Gottes in der Geschichte gründen. Diese handelnde Selbstvermittlung gilt es deshalb in der Debatte um die immanente Trinitätslehre nie aus den Augen zu verlieren. Statt wie manche Vertreter lateinischer oder

---

[48] Vgl. WERBICK, Art. Trinitätslehre, 547: „Könnte und müßte sich der Sohn auf sich selbst beziehen, *ohne* sich immer schon auf Vater und Geist zu beziehen, dann – aber nur dann – wäre er ein dem Vater und dem Geist gegenüber selbständiges, von ihnen unabhängiges Aktzentrum; ebenso beim Geist."

[49] Ebd.

[50] Vgl. HILBERATH, Der dreieinige Gott und die Gemeinschaft der Menschen, 109.

[51] WERBICK, Art. Trinität, 249.

[52] Vgl. zur Analogielehre STOSCH, Gott – Macht – Geschichte, 27-30.

sozialer Trinitätstheologien in – für den Dialog der Religionen problema-
tischer Weise – zu behaupten, dass die Trinitätslehre die spekulative Voraussetzung für eine Rede vom Handeln Gottes ist, gilt es diese strikt als eine
mögliche Interpretation von Gottes Geschichte mit den Menschen zu rekonstruieren und die immanente wieder konsequenter an die ökonomische Trinitätslehre rückzubinden. Nur so kann deutlich werden, dass die Rede von Gott
als Liebe nicht spekulativ, sondern durch die Erfahrung der Wirklichkeit
vollmächtiger Liebe in der Geschichte vermittelt ist.

3. Ausblick auf den muslimisch-christlichen Dialog

Blickt man von der komplizierten innerchristlichen Diskussionslage zur Trinitätstheologie auf die muslimische Lehre von der Einheit und Einzigkeit Gottes
(*tauhid*), so könnte man auch als Christ versucht sein, die ganze trinitätstheologische Spekulation einfach hinter sich zu lassen und sich in die schein-
bare Einfachheit des Glaubens an den einen Gott zurückzuziehen. Allerdings
holen einen dann all die Fragen ein, auf die die Trinitätstheologie Antwort zu
geben verspricht. Zwei wenigstens will ich nennen.

Wie kann es sein, dass mir in der Geschichte tatsächlich das Wesenswort
Gottes begegnet bzw. dass mich Gott tatsächlich in der Geschichte anspricht,
wenn das Wort Gottes nicht immer schon eine Wirklichkeit Gottes ist? Nicht
umsonst betont ja auch der Hauptstrom des sunnitischen Islam die
Unerschaffenheit und Präexistenz des Qur'ān und muss von daher davon
Rechenschaft geben, wie dieser in Gott gedacht werden soll, ohne eine eigene
Wort- bzw. Logoswirklichkeit in Gott zu denken.[53] Wird diese Wirklichkeit
muslimischerseits zugegeben, wird man sich nicht damit zufrieden geben
können, diese Wortwirklichkeit einfach neben Gott stehen zu lassen, weil
sonst die Einheit Gottes gefährdet ist. An dieser Stelle stellt die Rede von
einer Geistwirklichkeit Gottes, die Gottes präexistentes und unerschaffenes
Wesenswort mit seinem Wesen verbindet, einen Ausweg dar, der auch für
Muslime zumindest verständlich sein sollte. Auch sie werden spekulativ
klären müssen, wie sich Gottes Wort zu Gottes Wesen verhält, sobald sie
dieses Wort als präexistent und unerschaffen anerkennen. Leugnen sie wie die
Schiiten und die Schule der Mu'taziliten diese Unerschaffenheit des Wortes
Gottes stellt sich die Frage, wie noch gedacht werden kann, dass es wirklich
Gott selbst ist, der sie in seinem Wort anspricht und wie Gott zu einer solchen
geschaffenen und der Zeit unterworfenen Wirklichkeit überhaupt in Beziehung treten kann, ohne seine Transzendenz und Absolutheit zu zerstören.

Eine zweite Frage bezieht sich auf das Verhältnis von Gottes Einheit zur
Vielfalt und Differenz der Schöpfung. Es ist auch aus nichtchristlicher Sicht

---

[53] Vgl. STOSCH, Der muslimische Offenbarungsanspruch als Herausforderung komparativer
Theologie.

unbezweifelbar, „dass zum Denken des endlichen Geschöpfes der Gedanke des Nichtseins, der Differenz gehört (ich bin *nicht* a, b, c, ...; a ist *nicht* b und nicht c usw.). Würde nun aber das Nichtsein *nur* zum endlichen Denken gehören, so wäre das Absolute selbst, reine ‚kompakte' Identität, die aus ihrer Unendlichkeit nichts Endliches entspringen lassen könnte. Da Gott nun aber faktisch Schöpfung entspringen ließ, stehen wir vor folgender Alternative:

Entweder [muss]... Gott ... als Korrelat der Setzung des Endlichen selbst verendlicht werden.

Oder aber das Nicht, die ‚Andersheit', muss ursprünglich zum Absoluten selbst, nämlich zu Gott als dem trinitarischen Gott gehören. Sie muss ursprünglich anderes göttliches Subjekt sein: der Sohn."[54]

Auch wenn man an dieser Stelle nicht von einem zweiten göttlichen Subjekt sprechen möchte, um nicht in die Schwierigkeiten einer sozialen Trinitätstheologie zu geraten, wird man Greshake doch zugeben dürfen, dass die Differenz einen Ort in Gott haben muss, wenn man Gott durch seine Beziehung zur Schöpfung nicht verendlichen will. Möchte man an dieser Stelle die Schöpfung bzw. das Viele nicht in neuplatonischer Manier als bloßen Schein begreifen und ihm jede eigene Wirklichkeit absprechen, führt wieder kein Weg daran vorbei, Differenz in Gott selbst zu denken. Und auch hier bietet die Trinitätstheologie einen interessanten Weg, der in allen oben betrachteten Theoriebildungen im Blick war.

Sicher lauern bei der Diskussion dieser Probleme eine ganze Reihe von Anschlussfragen, und man wird hier in keinem Fall die Trinitätstheologie als die einzige Lösung ansehen dürfen. Dennoch stellen sich bei der Behauptung der Einheit Gottes angesichts der Tatsache der Schöpfung und dem Glauben an Offenbarung Probleme, die auch die islamische Philosophie und Theologie immer schon beschäftigt haben und für die es Antworten zu finden gilt, die die jeweilige Besonderheit der Religion würdigen. Man kann sicher nicht sagen, dass Muslime die hier liegende Herausforderung schon genügend bearbeitet haben.

Auch in dem vorliegenden Band bleiben einige Desiderate offen. So bleiben die in diesem Band vorliegenden Beiträge von *Ayatollah Ghaemmaghami* und *Mohammad Nasser Taghavi* zu sehr einer neuplatonisch gefärbten Verhältnisbestimmung von Gott und Welt verpflichtet, um die Eigenständigkeit und Differenz der Schöpfung überzeugend denken zu können. Am aussichtsreichsten für eine moderne Anknüpfung an die soeben beschriebenen Fragestellungen scheinen mir im vorliegenden Band die Überlegungen von *Muna Tatari* zu sein. Wenn sie von Gegensatzpaaren spricht, die durch Barmherzigkeit als Leitkategorie zusammengehalten werden, könnte dieser Gedanke durchaus zu einer Reflexion auf Einheit durch Differenz verdichtet werden. Interessant ist dabei ihr Blick auf die Schöpfung als Ausdruck von Gottes Namen mit Verweis auf Ibn Arabi. Unklar bleibt mir in ihrem

---

[54] GRESHAKE, Der dreieine Gott, 223.

Gedankengang jedoch, wie in ihrem panentheistischen Konzept Gott als personales Gegenüber bestimmt werden kann. Sicherlich könnten für diese Fragestellung die Namen Gottes ein wertvoller Anknüpfungspunkt sein. Aber Tatari deutet das in ihrem Beitrag nur an, so dass man auf die weitere Diskussionsentwicklung gespannt sein darf.

Auch wenn man christlicherseits die muslimischen Gesprächspartner/-innen inspiriert durch die Trinitätstheologie immer wieder in Diskussionen verwickeln wird, kann man andererseits auch aus christlicher Sicht durchaus die Vorbehalte des Qur'āns gegen die Trinitätstheologie ernst nehmen und von ihnen lernen. Hierbei gilt es zunächst einmal wahrzunehmen, dass sich der Qur'ān in seiner Trinitätskritik offenbar an eine Gruppe von Personen wendet, die glauben, dass nicht nur Jesus, sondern auch Maria Teil der Trinität sind (5:116). Immer wieder wird nicht nur der Gedanke der Gottessohnschaft abgewiesen, sondern auch die in der christlichen Orthodoxie gar nicht vorkommende Idee, dass Gott eine Partnerin hat (72:3; 6:101). Bevor man sich an dieser Stelle christlich von dieser falschen Unterstellung distanziert, gilt es genauer nachzufragen, in welches historische Umfeld die qur'ānischen Aussagen hineingesprochen sind.

Schon lange geht man in der Orientalistik davon aus, dass wir zur Zeit der Herabsendung des Qur'ān auf der arabischen Halbinsel einen zugespitzten Streit zwischen monophysitisch und nestorianisch orientierten Interpretationen der Christologie hatten.[55] Während es im südlichen Arabien christliche Siedlungen syrischen Ursprungs gab, die durch monophysitische Einflüsse in der Christologie geprägt waren[56], dominierte der Nestorianismus in Persien, weil er durch die Perserkönige zwischenzeitlich gewissermaßen zur Staatsreligion gemacht wurde.[57] Nirgendwo in Arabien gab es eine allgemein anerkannte Christologie, „sondern verschiedene, im christologischen Dauerstreit befindliche, regional-nationale Kirchentümer und Sekten, die zum Teil recht unterschiedliche Formen von Christologie verfochten."[58]

Innerhalb der offenbar in Arabien besonders starken Monophysiten gab es nun deutlich tritheistische Tendenzen, die beispielsweise bei *Johannes Grammaticus Philoponus* (gest. um 575) greifbar werden.[59] Erklären lässt sich diese tritheistische Schlagseite der orientalisch-christlichen Frömmigkeit durch auch in Äthiopien immer noch einflussreiche altägyptische Vorstellungen von Göttertriaden.[60] Eng hiermit zusammen hängt die im Mono-

---

[55] Vgl. TOR ANDRAE, Der Ursprung des Islam und das Christentum, Uppsala 1926, 27f.

[56] Vgl. HORST BÜRKLE, Jesus und Maria im Koran. In: GÜNTER RISSE u.a. (Hg.), Wege der Theologie: an der Schwelle zum dritten Jahrtausend, Paderborn 1996, 575-586, hier 575.

[57] Vgl. ANDRAE, Der Ursprung des Islam und das Christentum, 16f.

[58] MARTIN BAUSCHKE, Jesus – Stein des Anstoßes. Die Christologie des Korans und die deutschsprachige Theologie, Köln u.a. 2000 (Kölner Veröffentlichungen zur Religionsgeschichte; 29), 104.

[59] Vgl. ebd., 153.

[60] Vgl. ebd., 154.

physitismus bereits seit *Cyrill von Alexandrien* verbreitete göttliche Verehrung Mariens. So erwähnt beispielsweise *Epiphanius von Salamis* „eine Gruppe trakischer Frauen, die nach Arabien ausgewandert waren und der Muttergottes … göttliche Verehrung erwiesen. Analog zum rituellen Genuss des Leibes Jesu brachten sie Maria besondere (Brot-)/ Kuchen … dar. *Theodor Klauser* zufolge ist es ‚so gut wie sicher, dass diese Sektenbildung auf der Annahme beruhte, dass mit dem sich einbürgernden Gottesgebärerintitel Marias Göttlichkeit ausgesprochen werden sollte'.“[61] In diese Richtung weisen auch Tendenzen in der judenchristlichen, koptischen und syrischen Theologie, die den Heiligen Geist mit Maria identifizieren, „woraus die triadische Gottesvorstellung Vater (Gott) – Mutter (Geist) – Sohn (Jesus) resultierte. Diese weibliche, besser: mütterliche Pneumatologie ist bereits bei den Judenchristen in Ägypten bekannt, wie das *Hebräerevangelium* dokumentiert. In Fragment 3 wird das *Pneuma Hagión* ausdrücklich als die Mutter Jesu bezeichnet.“[62] Auch ein als Marianiten bezeichneter Zweig der Montanisten hielt Maria wie Jesus für gottgleich[63] und in der monophysitischen Kirche Abessiniens, „der Kirche, wo Maria – als Erbin der Isis – eine Verehrung genossen hat wie sonst nirgends in der Christenheit“, wurde Maria ebenfalls in geradezu anstößiger Weise verehrt.[64] So kommt Martin Bauschke zu dem überzeugenden Fazit: „Religionsgeschichtlich kann kein Zweifel daran sein, dass Maria im Orient an die Stelle der Kulte der Muttergöttinnen trat.“[65]

Diese monophysitische Überformung des christlichen Glaubens auf der arabischen Halbinsel war natürlich nie Mehrheitsmeinung im Christentum. Im Gegenteil wurden die Monophysiten im Byzantinischen Reich unterdrückt und zeitweise verfolgt. Aber auch in Arabien selbst gab es Widerstand gegen den Monophysitismus – allerdings nicht so sehr durch die Orthodoxie, sondern vielmehr von den Gegenspielern der Monophysiten auf dem Konzil von Ephesus, den Nestorianern. So widerrief die nestorianisch geprägte Kirche in Ostsyrien bereits 484 offiziell auf der Synode von Beth Lapat das Konzil von Ephesus und identifizierte damit Marias Titel als Gottesgebärerin als Wurzel aller Probleme. Dieses nestorianische Christentum breitete sich von Südarabien seit dessen Eroberung durch die Perser 597 auch über die arabische Halbinsel aus, so dass zur Zeit Muhammads eben auch der Nestorianismus erheblichen Einfluss in Arabien hatte.[66]

---

[61] Vgl. ebd., 154f.
[62] Ebd., 156f. „Auch die judenchristliche Sekte der Elkesaïten vertrat eine weiblich-mütterliche Pneumatologie.“ (ebd., 157 Fn. 157)
[63] Vgl. ebd., 155.
[64] ANDRAE, Der Ursprung des Islam und das Christentum, 205.
[65] BAUSCHKE, Jesus – Stein des Anstoßes, 155.
[66] Vgl. ebd.,156, mit Verweis auf ANDRAE, Der Ursprung des Islam und das Christentum, 7ff., 201ff., sowie SEBASTIAN BROCK, The Christology of the Church of the East in the Synods of the fifth to early seventh centuries. In: DERS., Studies in Syriac Christianity. History, literature and theology, Hampshire/ Brookfield 1992, 125-142.

Betrachtet man vor dem Hintergrund dieser historischen Auseinandersetzungen die Stellungnahmen des Qur'āns, dann wird deutlich, dass sich dieser eindeutig gegen den Monophysitismus und die ihm inhärenten tritheistischen Tendenzen positioniert. Von daher dürfte sich auch der Vorwurf des Unglaubens in Sure 5:17.72 konkret gegen monophysitische Christen richten, die in ihren Gottesdiensten selbstverständlich Christus mit ‚unser Gott' oder sogar mit ‚allmächtiger Gott' anriefen.[67] Und es ist fraglich, ob der Qur'ān nur die triadisch-tritheistischen Gottesvorstellungen der orientalisch-christlichen Volksfrömmigkeit zurückweist oder sich tatsächlich auch gegen die orthodoxe Trinitätstheologie wendet.

Schaut man sich die konkreten qur'ānischen Stellungnahmen an, ist jedenfalls deutlich, dass er bestimmte theologische Konstruktionen im Blick hat, die er anprangert und die sicher auf die beschriebenen Sekten, nicht aber auf das orthodoxe Christentum zutreffen. Offenbar hat der Qur'ān die Sorge, dass die Rede von drei Göttern dazu führen kann, dass es zu einem Götterstreit kommt[68] und Gottes Allmacht negiert wird.[69] Von daher muss man die harsche qur'ānische Formulierung – „Ungläubig sind, die sagen: ‚Siehe, Gott ist der Dritte von dreien.' Kein Gott ist außer einem Gott!" (5:73) – nicht als Kritik am orthodoxen christlichen Glauben verstanden werden, sondern nur als Warnung vor einer phänomenologischen Aufladung des Personenbegriffs in der Trinitätslehre. Schauen wir noch einmal auf die soziale Trinitätslehre und die Grundlagen, die sie etwa schon bei Richard von St. Viktor hatte, so besteht in der Tat die Gefahr von einem Dritten von Dreien in Gott zu sprechen und auf diese Weise in den Tritheismus abzurutschen. Überhaupt birgt der Personenbegriff bis heute diese Gefahr, insbesondere dann wenn man ihn nicht rein transzendentallogisch verwendet, sondern personenphänomenologisch auflädt.[70] Von daher wird man auch aus christlicher Sicht der qur'ānischen Warnung vor bestimmten Formen der Trinitätstheologie eine bleibende Wahrheit zubilligen dürfen. Wichtig wäre jeweils präzise zu schauen, was der Qur'ān in seiner Kritik vor Augen hat. Wenn es etwa heißt: „So glaubt an Gott und seine Gesandten und sagt nicht ‚Drei!' Hört auf damit, es wäre für euch besser. Denn siehe, Gott ist *ein* Gott; fern sei es, dass er einen Sohn habe. Sein ist, was in den Himmeln und was auf der Erde ist. Gott genügt als Anwalt."

---

[67] Vgl. BAUSCHKE, Jesus – Stein des Anstoßes, 151. Auch nach *Ṭabarî* richtet sich diese Stelle gegen die monophysitischen Jakobiten (vgl. ebd., 152).

[68] „Gott hat keinen Sohn angenommen, und neben ihm ist kein anderer Gott. Denn dann würde jeder Gott mit dem davongehen, was er schuf, und der eine von ihnen würde sich über den anderen erheben. Gott ist erhaben über das, was sie da behaupten." (23:91; vgl. 25:2)

[69] „Gelobt sei Gott, der keinen Sohn annahm und der mit keinem seine Macht geteilt hat und der nicht wegen seiner Schwäche eines Freunds bedarf." (17:111)

[70] Wie leicht hier Missverständnisse entstehen und wie riskant hier also die Rede von Personen in Gott ist, macht der oben referierte Vorwurf Nitsches an Essens Kategorie des Anerkennungsverhältnisses deutlich, das dieser innertrinitarisch zwar sicher nicht personenphänomenologisch verwenden will, dabei aber sogar von einem Theologen missverstanden wird, der eigentlich von ähnlichen Denkvoraussetzungen herkommt.

(4:171), so ist deutlich, dass der trinitarischen Glaube nicht dazu führen darf, Gott von der Welt wegzurücken oder zu denken, dass man vor ihm einen Anwalt bräuchte. Wie wenig die hier überlieferte Kritik an der Gottessohn-schaft ein Angriff auf die Besonderheit Jesu ist, kann man daran erkennen, dass im selben Vers Jesus als das Wort Gottes bezeichnet wird – eine Kenn-zeichnung, die einen der entscheidenden Gründe dafür liefert, warum Christen die Trinitätslehre entwickelt haben.

Eben die Kennzeichnung einer geschöpflichen Wirklichkeit als Wort Gottes führt ja dazu, einen ungeschaffenen Kern in diesem Wort anzunehmen und damit dann auch in der oben dargelegten Weise zur Trinitätslehre. Wie gesagt ist diese Entwicklung nicht alternativenlos. Aber bei allen mit ihr verbundenen Schwierigkeiten, die den Einsprüchen des Qur'ān auch aus christlicher Sicht bleibende Bedeutung verleihen, ist es doch so, dass die trinitarische Theorie-bildung vielleicht eine der leistungsstärksten theologischen Theorien der Gegenwart darstellt, die auch Muslime vor eine bleibende Herausforderung stellt.

Autorenverzeichnis

AYATOLLAH GHAEMMAGHAMI (*1968), war von 2004 bis 2008 Leiter des *Islamischen Zentrums in Hamburg*. Er studierte an der Hochschule Teheran sowie an der theologischen Hochschule Qom. Als Junioprofessor an verschiedenen Universitäten Teherans lehrte er u.a. Islamische Philosophie und Prinzipien des Islamischen Rechts. Er ist als Vorsitzender des Instituts für rational islamische Rechtsfindung und Friedenstheologie (IFRIR) tätig.
Veröffentlichungen (Auswahl): Europäischer Islam oder Islam in Euopa. Erfahrungen und Ansichten eines Ayatollahs in Europa, Berlin, Tübingen 2010; Erlaubt der Islam die Steinigung? In: *FAZ*, 17.10.2010, S. 3.

HUREYRE KAM (*1981), ist Kollegiat am Graduiertenkolleg Islamische Theologie und wissenschaftlicher Mitarbeiter an der Goethe-Universität Frankfurt. Seine Dissertation beschäftigt sich mit den methodologischen Prinzipien im exegetischen Werk von al-Maturidi.

MOUHANAD KHORCHIDE, Prof Dr. (*1971), Professor für Islamische Religionspädagogik am Zentrum für Islamische der Universität Münster.
Veröffentlichungen (Auswahl): Der Islamische Religionsunterricht zwischen Integration und Parallelgesellschaft: Einstellungen der islamischen ReligionslehrerInnen an öffentlichen Schulen, Wiesbaden 2009; zusammen mit Klaus von Stosch (Hg.), Herausforderungen an die Islamische Theologie in Europa, Freiburg-Basel-Wien 2012.

KATHARINA LAMMERS (*1984), Lehramtsstudium für Gymnasien und Gesamtschulen der Katholischen Theologie und Germanistik in Paderborn. Seit Nov. 2009 wissenschaftliche Mitarbeiterin am Lehrstuhl für Systematische Theologie und ihre Didaktik sowie Promotionsstudium an der Universität Paderborn bei Klaus von Stosch zum Thema: „Gott als Liebe denken. Annäherungen an die Trinitätstheologie aus der Perspektive des muslimisch-christlichen Dialogs".
Veröffentlichungen (Auswahl): Die Theologie der Einheit Gottes als Grundlage eine Theologie der Befreiung? Eine Auseinandersetzung mit der Theologie des Tauḥīd. In: Klaus von Stosch/ Muna Tatari (Hg.), Gott und Befreiung: Befreiungstheologische Konzepte in Islam und Christentum, Paderborn u.a. 2012, 195-202.

AARON LANGENFELD (*1985), Lehramtsstudium für Gymnasien und Gesamtschulen der Katholischen Theologie und Germanistik in Köln. Seit 2010 Wissenschaftliche Hilfskraft am Institut für Katholische Theologie der Universität Paderborn und zugleich Promotionsstipendiat der Friedrich-Ebert-Stiftung. Dissertation zum Thema „Das Absurde in der Welt. Zum Konzept einer Soteriologie im christlich-muslimischen Gespräch" bei Klaus von Stosch.

BERNHARD NITSCHE, Dr. Dr. (*1963), Theologischer Referent des Erzbischöflichen Seelsorgeamtes Freiburg und Privatdozent für Fundamentaltheologie an der Universität Freiburg.
Veröffentlichungen (Auswahl): Gott und Freiheit. Skizzen zur trinitarischen Gotteslehre, Regensburg 2008 (ratio fidei; 34); Gott – Welt – Mensch. Raimon Panikkars Denken – Paradigma für eine Theologie in interreligiöser Perspektive? (Beiträge zu einer Theologie der Religionen 6). (TVZ) Zürich 2008; Christologie. Eine Einführung, Paderborn 2012.

CEMIL ŞAHINÖZ (*1981), ist Diplom-Soziologe, Psychologe, Journalist, Autor und Doktorand der Theologie. Er ist Mitgründer und 1. Vorsitzender des Vereins „WIR - Verein für Wissenschaft, Integration und Religion e.V.". Sahinöz arbeitet als Journalist für zahlreiche Zeitungen und Zeitschriften (u.a. „Islamische Zeitung", „Kismet", „Zukunft"). Er setzt sich für den Dialog der Völker, Kulturen und Religionen ein und ist Integrationsbeauftragter beim DRK.

THOMAS SCHÄRTL (*1969), Professor für Philosophie an der Katholisch-Theologischen Fakultät der Universität Augsburg.
Veröffentlichungen (Auswahl): Theo-Grammatik. Zur Logik der Rede vom trinitarischen Gott, Regensburg 2003 (=Ratio Fidei, Bd. 18); Gotteserfahrung denken. In: Stimmen der Zeit 225 (2007) 444-456; Neuer Atheismus: Zwischen Argument, Anklage und Anmaßung. In: Stimmen der Zeit 226 (2008) 147-161; Trinität als Gegenstand der Analytischen Theologie. In: ZKTh 135 (2013) 26-50.

KLAUS VON STOSCH (*1971), Professor für Katholische Theologie (Systematische Theologie) und ihre Didaktik und Vorsitzender des *Zentrums für Komparative Theologie und Kulturwissenschaften* an der Universität Paderborn.
Veröffentlichungen (Auswahl): Gemeinsam mit Reinhold Bernhard (Hg.), Komparative Theologie. Interreligiöse Vergleiche als Weg der Religionstheologie (Beiträge zu einer Theologie der Religionen; 7), Zürich 2009; Offenbarung, Paderborn u.a. 2010; Komparative Theologie als Wegweiser in der Welt der Religionen, Paderborn u.a. 2012 (Beiträge zur Komparativen Theologie; 6).

SEYED MOHAMMAD NASSER TAGHAVI (*1970), islamischer Theologe und Philosoph und wirkt u.a. von 2004-2008 als stellvertretender des *Islamischen Zentrums Hamburg*. Z.Zt. ist er u.a. stellvertretender Vorsitzender im „Institut für rational-islamische Rechtsfindung und Friedenstheologie"

(IFRIR). Taghavi promovierte zum Thema „Demokratischer Liberalismus und religiöse Volkssouveränität".

Veröffentlichungen (Auswahl): Die Vortrefflichkeit des Freitags, Islamisches Zentrum Hamburg, Hamburg 2008; Tierrechte im Islam, Islamisches Zentrum Hamburg, Hamburg 2007; Ethik im täglichen Leben, Islamisches Zentrum Hamburg, Hamburg 2008.

MUNA TATARI (*1971), Wissenschaftliche Mitarbeiterin am *Zentrum für Komparative Theologie und Kulturwissenschaften* an der Universität Paderborn. Promovierte im Fach Komparative Theologie zum Thema: „Gott und Mensch im Spannungsfeld von Gerechtigkeit und Barmherzigkeit. Versuch einer Positionsbestimmung" bei Klaus von Stosch und Farid Esack (Johannesburg).

Veröffentlichungen (Auswahl): Geschlechtergerechtigkeit und Gender-Ǧihād. Möglichkeiten und Grenzen frauenbefreiender Koraninterpretationen. In: Hansjörg Schmid u.a. (Hg.), „Nahe ist dir das Wort..." Schriftauslegung in Christentum und Islam. Theologisches Forum Christentum – Islam. Regensburg 2010, 129-143; zusammen mit Klaus von Stosch (Hg.), Gott und Befreiung. Befreiungstheologische Konzepte in Islam und Christentum, Paderborn u.a. 2012 (Beiträge zur Komparativen Theologie; 5).

JÜRGEN WERBICK (*1946), emeritierter Professor für Fundamentaltheologie an der WWU Münster.

Veröffentlichungen (Auswahl): Von Gott sprechen an der Grenze zum Verstummen, Münster 2004; Gott verbindlich. Eine theologische Gotteslehre, Freiburg-Basel-Wien 2007; Vergewisserungen im interreligiösen Feld, Berlin 2011.

Verwendete Literatur in Auswahl

AUGUSTINUS, De Trinitate. Lateinisch-Deutsche Ausgabe (hrsg. von Johann Kreuzer), Hamburg 2001, V.

BEIERWALTES, WERNER, Denken des Einen. Studien zur neuplatonischen Philosophie und ihrer Wirkungsgeschichte, Frankfurt a.M. 1985.

BOFF, LEONARDO, Der dreieine Gott, Düsseldorf 1987.

CROSS, RICHARD, Two Models of the Trinity? In: HeyJ 43 (2002) 275-294.

ESSEN, GEORG, Die Freiheit Jesu. Der neuchalkedonische Enhypostasiebegriff im Horizont neuzeitlicher Subjekt- und Personphilosophie, Regensburg 2001.

GRESHAKE, GISBERT, Der dreieine Gott. Eine trinitarische Theologie, Freiburg-Basel-Wien 1997.

DERS., Streit um die Trinität. Ein Diskussionsbeitrag. In: HerKorr 56 (2002) 534-537.

HILBERATH, BERND JOCHEN, Der dreieinige Gott und die Gemeinschaft der Menschen. Orientierungen zur christlichen Rede von Gott, Mainz 1990.

JOHNSON, ELIZABETH A., Quest For the Living God. Mapping Frontiers in the Theology of God, New York – London 2007.

KASPER, WALTER, Der Gott Jesu Christi, Mainz [3]1995.

KREINER, ARMIN, Das wahre Antlitz Gottes - oder was wir meinen, wenn wir Gott sagen, Freiburg-Basel-Wien 2006.

LEFTOW, BRIAN, A Latin Trinity. In: Philosophical Theology (Anm. 19), 76-106.

LONERGAN, BERNARD, The Triune God. Systematics, ed. by R.M. Doran – H.D. Monsour, Toronto – Buffalo – London 2007.

MOHAGHEGHI, HAMIDEH, Trinität - Dreifaltigkeit. Eine muslimische Perspektive. In: Una Sancta, Zeitschrift für ökumenische Begegnung 64 (2009) 62-72.

MOLTMANN, JÜRGEN / LAPIDE, PINCHAS, Jüdischer Monotheismus, christliche Trinitätslehre. Ein Gespräch, München 1979.

MOLTMANN, JÜRGEN, Trinität und Reich Gottes. Zur Gotteslehre, München 1980.

MURRMANN-KAHL, MICHAEL, „Mysterium trinitatis"? Fallstudien zur Trinitätslehre in der evangelischen Dogmatik des 20. Jahrhunderts, Berlin-New York 1997 (Theologische Bibliothek Töpelmann; 79).

NITSCHE, BERNHARD, Gott und Freiheit. Skizzen zur trinitarischen Gotteslehre, Regensburg 2008 (ratio fidei; 34).

PANNENBERG, WOLFHART, Systematische Theologie. Bd. 1, Göttingen 1988.

PLANTINGA, CORNELIUS, Gregory of Nyssa and the Social Analogy of the Trinity. In: The Thomist 50 (1986) 325-352.

RAHNER, KARL, Der dreifaltige Gott als Urgrund der Heilsgeschichte. In: MySal, Bd. II: Die Heilsgeschichte vor Christus, 3. unveränderte Aufl., Einsiedeln – Zürich – Köln 1978, 317-401.

DERS., Einzigkeit und Dreifaltigkeit Gottes im Gespräch mit dem Islam. In: DERS., Schriften zur Theologie, Bd. XIII: Gott und Offenbarung, bearb. von P. Imhof, Zürich – Einsiedeln – Köln 1978, 129-147.

RICHARD VON ST. VIKTOR, Die Dreieinigkeit. Übertr. u. Anm. v. H. U. v. Balthasar, Einsiedeln 1980.

SCHÄRTL, THOMAS, Theo-Grammatik. Zur Logik der Rede vom trinitarischen Gott, Regensburg 2003 (ratio fidei; 18).

DERS., Auf der Suche nach einer trinitarischen Denkform. In: M. STRIET/ K. MÜLLER (Hg.), Dogma und Denkform, Regensburg 2005, 163-178.

DERS., Trinität als Gegenstand der Analytischen Theologie, in: ZKTh 135 (2013) 26-50.

SCHMIDBAUR, HANS-CHRISTIAN, Personarum Trinitas. Die trinitarische Gotteslehre des heiligen Thomas von Aquin, St. Ottilien 1995.

STOSCH, KLAUS VON, Gott – Macht – Geschichte. Versuch einer theodizeesensiblen Rede von Gottes Handeln in der Welt, Freiburg-Basel-Wien 2006.

DERS., Der muslimische Offenbarungsanspruch als Herausforderung komparativer Theologie. Christlich-theologische Untersuchungen zur innerislamischen Debatte um Ungeschaffenheit und Präexistenz des Korans. In: ZKTh 129 (2007) 53-74.

DERS., Drei Religionen – Ein Gott? Untersuchungen im Umfeld der neueren Debatte um Monotheismus und Trinitätstheologie. In: JOACHIM NEGEL/ MARGARETA GRUBER (Hg.), Figuren der Offenbarung. Biblisch – Religionstheologisch – Politisch, Münster 2012 (JThF 24), 173-203.

STRIET, MAGNUS, Konkreter Monotheismus als trinitarische Fortbestimmung des Gottes Israels. In: DERS. (Hg.), Monotheismus Israels und christlicher Trinitätsglaube, Freiburg-Basel-Wien 2004 (QD 210), 155-198.

DERS., Monotheismus und Schöpfungsdifferenz. Eine trinitätstheologische Erkundung. In: P. WALTER (Hg.), Das Gewaltpotential des Monotheismus und der dreieine Gott, 132-153.

DERS., Spekulative Verfremdung? Trinitätstheologie in der Diskussion. In: HerKorr 56 (2002) 202-207.

VORGRIMLER, HERBERT, Randständiges Dasein des dreieinigen Gottes? Zur praktischen und spirituellen Dimension der Trinitätslehre. In: StZ 220 (2002) 545-552.

DERS., Theologische Gotteslehre, Düsseldorf ³1993, 172-174.

WALTER, PETER (Hg.), Das Gewaltpotential des Monotheismus und der dreieine Gott, Freiburg-Basel-Wien 2005 (QD 216).

WERBICK, JÜRGEN, Art. Trinität. In: LThK 11 (2001), 242-251.

DERS., Art. Trinitätslehre. In: THEODOR SCHNEIDER (Hg.), Handbuch der Dogmatik. Bd. 2, Düsseldorf 1992, 481-576.

DERS., Gott verbindlich. Eine theologische Gotteslehre, Freiburg 2007.

WOHLMUTH, JOSEF, Zum Verhältnis von ökonomischer und immanenter Trinität – eine These. In: ZKTh 110 (1988) 139-162.

Personenregister